侵权责任法之
医疗损害责任三方解读

QINQUAN ZERENFA ZHI
YILIAO SUNHAI ZEREN SANFANG JIEDU

李 冬 ◎ 编著

常 林 ◎ 审定

中国政法大学出版社

2015·北京

声　　明　　1. 版权所有，侵权必究。

　　　　　　2. 如有缺页、倒装问题，由出版社负责退换。

图书在版编目（CIP）数据

侵权责任法之医疗损害责任三方解读/李冬编著.—北京：中国政法大学出版社，2015.4
ISBN 978-7-5620-5821-2

Ⅰ.①侵… Ⅱ.①李… Ⅲ.①医疗事故－侵权行为－民事责任－研究－中国　Ⅳ.①D922.164

中国版本图书馆CIP数据核字(2015)第002122号

出 版 者	中国政法大学出版社
地　　址	北京市海淀区西土城路25号
邮寄地址	北京100088 信箱8034分箱　邮编100088
网　　址	http://www.cuplpress.com（网络实名：中国政法大学出版社）
电　　话	010-58908285(总编室) 58908334(邮购部)
承　　印	北京鑫海金澳胶印有限公司
开　　本	720mm×960mm　1/16
印　　张	23
字　　数	330千字
版　　次	2015年4月第1版
印　　次	2015年4月第1次印刷
定　　价	58.00元

序　言

　　2010年颁布的《侵权责任法》，首次从法律层面对医疗损害责任作出专章规定，一定程度上统一了法律界对医疗损害责任的认识，缓解了"二元法律适用论"在医疗损害责任纠纷案件审理实践中的混乱。

　　医疗损害责任纠纷与其他民事纠纷最大的不同之处在于：由于医疗行为的高度专业性，案件中是否存在医疗过错以及医疗损害程度的判定都属于超出法官认知能力的"专门性问题"，为了做到准确的事实认定，法官需要向其他具有相同专业知识的专家寻求帮助，这也是世界范围内的惯例，在我国司法实践中，最主要的方式就是医疗损害司法鉴定。

　　在进行医疗损害技术过错判定时，司法鉴定人主要依赖个人鉴定经验、临床专家建议和临床诊疗规范，由于缺乏具体可操作的规范，医疗损害技术鉴定意见带有鲜明的鉴定人主观色彩，甚至不同鉴定人针对相同的案件出具的鉴定意见中，结果也不尽相同。缺乏统一标准的意见，很难具备令人信服的证明力，这也是司法实践中，医疗损害重复鉴定比例居高不下的主要原因。

　　2012年，司法部、科技部联合开展"十二五"国家科技支撑计划项目，其中"司法鉴定关键技术研究"

旨在为我国司法鉴定行业提供相关的理论和技术支持。中国政法大学承接其中"医疗纠纷司法鉴定关键技术"子课题（课题编号2012BAK16B02-2），集中证据科学研究院的鉴定及法律专家，力争通过课题攻关，为我国医疗损害技术鉴定提供理论基础坚实、标准客观、可操作性强的技术规范。

  本书作为医疗纠纷司法鉴定关键技术阶段性成果之一，从法律、医学、法医学分别对《侵权责任法》医疗损害责任部分进行解读，帮助法律工作者、医务人员和司法鉴定人从不同角度对医疗损害责任部分的具体条款进行深入理解，为建立统一的医疗损害技术鉴定规范及标准奠定基础。

  本研究得到了中国政法大学证据科学研究院刘鑫教授、王旭教授以及各位同事的指导和帮助，以及司法部司法鉴定科学技术研究所陈忆九、朱光友、夏文涛等老师的鼎力支持，对诸位老师给予的无私帮助致以衷心感谢。

  在本书出版过程中，还要特别感谢中国政法大学出版社刘知函老师及其他编辑作出的不懈努力，在此深表谢意。

李冬

2015年4月于北京

目录

序　言……1

上篇　侵权责任法之医疗损害责任法律解读

第一章　侵权责任法概述……3

第一节　大陆法系国家医疗侵权法简介……3
　　一、德国民法典……3
　　二、法国民法典……4
　　三、日本民法典……5
　　四、荷兰民法典……6
　　五、埃塞俄比亚民法典……8
第二节　英美法关于医疗注意义务的规定……10
　　一、注意义务概述……10
　　二、注意义务判定标准……11
　　三、专业人士的理性人模型……12
第三节　我国《侵权责任法》对国外立法经验的借鉴……13

一、在立法形式上对大陆法系和英美法系侵权法的借鉴……14
二、在立法模式上对大陆法系和英美法系侵权法的借鉴……15

第二章 侵权责任法中的医疗损害责任……18

第一节 侵权责任法关于患者权益保护的一般性条款……18
一、《侵权责任法》第2条的条款设计……19
二、侵权责任法保护法益的特点……19
三、民事法益之种类……20

第二节 侵权责任法规定的医疗替代责任……21
一、单位替代责任的一般性规定……21
二、医疗损害赔偿中的替代责任……25
三、替代责任后的追偿权……26

第三节 侵权责任法中的医疗损害责任……27
一、医疗损害责任的概念……27
二、医疗损害责任的基本特征……28
三、医疗损害责任的学理分类……31

第三章 医疗技术损害责任……35

第一节 医疗技术损害责任概念释义……35
一、医疗技术损害责任……35
二、医疗机构……36
三、医务人员……36
四、诊疗行为……37
五、诊疗规范……37
六、典型案例评析……39

第二节 医疗技术损害责任的归责原则……41
一、学界的基本观点……41
二、司法实践……42
三、典型案例评析……44

第三节 医疗技术损害责任所涉条文释义……50
一、《侵权责任法》第54条……50

二、《侵权责任法》第57条……52

三、《侵权责任法》第58条……56

四、《侵权责任法》第60条……57

第四章 医疗伦理损害责任……60

第一节 医疗伦理损害责任名词释义……60

一、医疗伦理损害责任……60

二、特殊检查、特殊治疗……61

三、近亲属……61

四、替代医疗方案……61

第二节 医疗伦理损害责任的归责原则……62

一、法国民法典的规定……62

二、我国学界观点……63

第三节 医疗伦理损害责任所涉条文释义……65

一、《侵权责任法》第55条……65

二、《侵权责任法》第56条……71

三、《侵权责任法》第62条……73

四、典型案例评析……75

第五章 医疗产品损害责任……89

第一节 医疗产品损害责任名词释义……89

一、医疗产品损害责任……89

二、产品缺陷……90

三、药品、消毒药剂、医疗器械的界定……90

第二节 医疗产品损害责任的归责原则……91

一、医疗产品损害责任适用无过错责任原则……91

二、医疗产品损害责任的构成要件……92

第三节 医疗产品损害责任所涉条文释义……94

一、《侵权责任法》第59条……94

二、典型案例评析……97

第六章 医疗管理损害责任……100

第一节 医疗管理损害责任名词释义……100
　　一、医疗管理损害责任……100
　　二、病历及病历管理……101
　　三、医疗管理损害责任的归责原则……102
第二节 医疗管理损害责任所涉条文释义……102
　　一、《侵权责任法》第58条……102
　　二、《侵权责任法》第61条……103
　　三、《侵权责任法》第63条……104
　　四、典型案例评析……106

第七章 侵权责任法的灰色地带——错误出生问题……118

第一节 错误出生的概念及国外判例……118
第二节 错误出生损害赔偿责任的确定……120
　　一、特别抚养费用的确认……120
　　二、错误出生中财产损害与精神损害的区分……122
第三节 错误出生中的因果关系及原因力规则的具体适用……123

中篇 侵权责任法之医疗损害责任医学解读

第一章 引言……129

第二章 《侵权责任法》第54条……131

第一节 医学解读……131
　　一、什么是诊疗行为……131
　　二、医疗机构的替代责任及除外……133
　　三、医疗损害责任中的故意和过失……134
第二节 风险提示及临床工作建议……135
　　一、工作时间外应当慎重进行医疗活动……135

二、关于诊疗规范的依从性……136
三、典型案例评析……136

第三章 《侵权责任法》第55条……138

第一节　医学解读……138
　　一、替代医疗方案的医学内涵……138
　　二、近亲属的知情同意权……139
第二节　风险提示及临床工作建议……140
　　一、临床工作中授权委托书的使用……140
　　二、告知对象问题……140
　　三、告知形式及内容……142
　　四、替代医疗方案的告知内容……142
　　五、典型案例评析……143

第四章 《侵权责任法》第56条……149

第一节　医学解读……149
　　一、医疗特权的具体内涵……149
　　二、医疗特权应符合的条件……151
第二节　风险提示及临床工作建议……153
　　一、治疗特权的临床应用……153
　　二、典型案例评析……154

第五章 《侵权责任法》第57条……157

第一节　医学解读……157
　　一、"医疗水准"释义……157
　　二、"医疗水准"的形成……158
第二节　风险提示及临床工作建议……159
　　一、"当时医疗水平"的判断原则……159
　　二、典型案例评析……160

第六章 《侵权责任法》第58条……165

第一节 医学解读……165
  一、法律法规及诊疗规范的强制力……165
  二、病历的书写……166
  三、伪造、篡改病历的认定……168

第二节 风险提示及临床工作建议……170
  一、医疗纠纷诉讼中病案常见问题……170
  二、典型案例评析……171

第七章 《侵权责任法》第59条……174

第一节 医学解读……174
  一、不合格血液的认定……174
  二、无过错输血的认定……176
  三、药械缺陷的表现形式……177

第二节 风险提示及临床工作建议……178
  一、医疗机构自配制剂缺陷致害责任的法律适用……178
  二、药品不良反应与药品缺陷……179
  三、典型案例评析……180

第八章 《侵权责任法》第60条……183

第一节 医学解读……183
  一、何为患方过错……183
  二、紧急医疗救治释义……184
  三、如何理解"当时的医疗水平限制"……184

第二节 风险提示及临床工作建议……186
  一、"患方不配合诊疗"的表现形式……186
  二、"患方不配合诊疗"的对策……187
  三、医疗紧急性的判断……187
  四、典型案例评析……188

目 录

第九章 《侵权责任法》第 61 条……191

第一节　医学解读……191
　　一、病历书写的基本规范……191
　　二、患者对病历的知情权……193
第二节　风险提示及临床工作建议……195
　　一、加强病历管理，提高病历质量……195
　　二、典型案例评析……198

第十章 《侵权责任法》第 62 条……203

第一节　医学解读……203
　　一、患者隐私权的内容……203
　　二、侵害患者隐私的具体行为……205
　　三、隐私权保护的免责事由……206
第二节　风险提示及临床工作建议……206
　　一、患者隐私权的限制情形……206
　　二、艾滋病患者的隐私保护……209
　　三、典型案例评析……211

第十一章 《侵权责任法》第 63 条……213

第一节　医学解读……213
　　一、广义的"过度医疗"……213
　　二、关于本条的理解要点……215
第二节　风险提示及临床工作建议……216
　　一、过度检查与防御性医疗……216
　　二、过度检查的标准问题……218
　　三、典型案例评析……218

| 第十二章 | 《侵权责任法》第 64 条……222

第一节　医学解读……222
　一、医务人员权利保护现状……222
　二、消极处理恶性伤医事件的后果……223
　三、我国医患矛盾加剧的原因分析……223
第二节　风险提示及临床工作建议……225
　一、对侵犯医务人员合法权益事件的处理机制……225
　二、典型案例评析……227

下篇　侵权责任法之医疗损害责任法医学解读

| 第一章 | 引　言……231

　一、困境中的医疗损害责任纠纷诉讼……231
　二、传统医疗事故技术鉴定的不足……234
　三、出路——建设统一的医疗损害技术鉴定体制……236

| 第二章 | 侵权责任法与医疗损害技术鉴定……242

第一节　医疗损害技术鉴定中的专门性问题……242
　一、专门性问题概述……242
　二、医疗损害技术鉴定中的专门性问题……243
第二节　《侵权责任法》逐条解读……244
　一、《侵权责任法》第 54 条……244
　二、《侵权责任法》第 55 条……245
　三、《侵权责任法》第 56 条……248
　四、《侵权责任法》第 57 条……248
　五、《侵权责任法》第 58 条……249
　六、《侵权责任法》第 59 条……250
　七、《侵权责任法》第 60 条……250
　八、《侵权责任法》第 61 条……251

九、《侵权责任法》第62条......252

十、《侵权责任法》第63条......252

十一、《侵权责任法》第64条......252

第三章 医疗损害技术鉴定中的过错认定......254

第一节 医疗过错概述......254

一、医疗过错的概念和类型......254

二、医疗损害中的故意和过失......257

三、医疗机构的过错和医务人员的过错......258

四、过错程度及意义......259

第二节 医疗过错的判定原则......260

一、"专业判断"的原则......260

二、以"注意义务"作为医疗过失判断的基本准则......261

三、以"是否尽到与当时的医疗水平相应的诊疗义务"为审查原则......264

四、"医疗紧急处置行为的宽泛性"原则......265

五、"告知——知情——同意"原则......267

六、"并发症的审查"原则......268

七、"医疗意外免责"原则......270

八、典型案例评析......271

第四章 医疗损害技术鉴定中的因果关系判断......273

第一节 因果关系理论汇总......273

一、英美法系因果关系理论......273

二、大陆法系的因果关系理论......279

第二节 医疗损害因果关系的判定......281

一、法医学的因果关系......281

二、医疗损害技术鉴定的基本原则......282

三、因果关系判定的基本规则......285

四、典型案例评析......288

五、因果关系判定的基本程序和方法......294

第五章 医疗损害技术鉴定中的参与度评定……298

第一节 原因力理论与医疗损害参与度……298

一、原因力理论……298

二、医疗损害参与度……300

三、原因力与参与度……302

第二节 医疗损害参与度评定……302

一、参与度评定规则……302

二、医疗技术损害参与度等级划分依据……304

三、典型案例评析……306

第六章 损害后果与医疗损害鉴定……322

第一节 医疗损害中的损害后果……322

一、损害后果概述……322

二、医疗损害结果类型化……324

三、常见的损害后果类型及其判定……324

第二节 损害后果与医疗损害技术鉴定……327

一、概述……327

二、典型案例评析……328

上篇 侵权责任法之医疗损害责任法律解读

第一章
侵权责任法概述

第一节 大陆法系国家医疗侵权法简介

从我国立法传统来看，承袭大陆法系的痕迹十分明显。尽管近年来，越来越多的学者开始系统研究英美判例法，并将其应用到我国立法活动中，但从我国近几年新颁布的几部法律来看，其立法过程、法律结构、条文内容均带有典型的大陆法系特点，因此在了解我国侵权责任法之前，有必要简单了解其他大陆法系国家的侵权法立法情况。[1]

一、德国民法典

《德国民法典》是德意志帝国1896年公布，1900年施行的一部民法典，它是继1804年《法国民法典》之

---

[1] 曹艳林、刘久畅、李峰、段行如："部分大陆法系国家民法典医疗侵权比较法研究"，载《中国卫生法制》2009年第5期。

后，大陆法系国家的又一部重要的民法典。《德国民法典》公布至今已有一百多年，期间经过多次修订，但其基本结构、基本内容和条文顺序的编排都没有发生改变。《德国民法典》共2385条，分为5编：总则、债务关系法、物权法、亲属法和继承法。《德国民法典》体系完整，概念科学，字义准确，对20世纪各国制定的民法典都有重大影响。瑞士、奥地利、日本、东欧各国的民法典制定都在不同程度上参照了《德国民法典》。[1]该法典第二编第二十五节是关于侵权行为的规定，第823条（损害赔偿义务）："①故意或因过失不法侵害他人的生命、身体、健康、自由、所有权或其他权利的人，对他人负有赔偿由此而发生的损害的义务；②违背以保护他人为目的的法律的人，负有相同的义务。依法律内容，即使无过失仍可能违背此种法律的，只有在过失的情形下，才发生赔偿的义务。"[2]《德国民法典》侵权行为的规定与我国侵权责任法的作用和地位大致相似，损害赔偿义务部分类似于我国《侵权责任法》总则部分第6条、第7条，但没有规定专门的医疗损害赔偿责任，其医疗损害按照过错侵权责任进行赔偿。

二、法国民法典

1804年颁布的《法国民法典》（又称《拿破仑民法典》）被称为世界上第一部现代意义的民法典。拿破仑将《法国民法典》作为他一生最伟大的成就。二百多年过去了，法国历史上经历了两个王朝、两个帝国和四个共和国，却只有一部民法典，著名法学家卡尔波尼耶将《法国民法典》称为"法国真正的宪法"[3]。尽管经过了多次修订，《法国民法典》仍是法国民法最重要的基础和最重要的渊源。《法国民法典》分为人、财产以及所有权的各种变更、取得财产的各种形式三卷。《法国民法典》第四编非因约定而发生的债的第二章是关于侵权行为与准侵权行为的规定。第1382条规定："人的任何行为给他人造成损害时，因

---

[1] 杜景林、卢谌译：《德国民法典》，中国政法大学出版社1999年版，第1~5页。

[2] 杜景林、卢谌译：《德国民法典》，中国政法大学出版社1999年版，第201~202页。

[3] 罗结珍译：《法国民法典》，法律出版社2004年版，序言第1~5页。

其过错致该行为发生之人应当赔偿损害。"第1383条规定："任何人不仅对因其行为造成的损害负赔偿责任，而且还对因其懈怠或疏忽大意造成的损害负赔偿责任。"[1]《法国民法典》侵权行为和准侵权行为中，没有专门的医疗侵权的规定，医疗损害按照过错责任原则进行赔偿。此外，法国是一个行政法律非常发达的国家，医疗损害赔偿主要由《法国公共卫生法典》进行调整。该法典第L.1142-14条规定：医疗事故、医疗损害和医院感染调解和赔偿由地区委员会认定，第L.1142-8条第1款中提到的损害是由于第L.1142条中的医疗专业人员、医疗机构、卫生服务组织或是第L.1142-2条中的卫生产品生产者的责任而导致的，那么对造成损害的人员或机构承担民事或行政责任的承保人，如果委员会认定其应当承担责任，该承保人应在收到委员会作出的报告后四个月内，以保险合同规定的最高额为限向受害人或其权利继受人支付用于赔偿全部损害的赔偿金。该赔偿金是对受害人或其权利继受人所受损害及应得到的赔偿所做的预先评估或者说具有临时性特征，也是对1985年7月5日通过的为提高医疗事故受害人处境加快损害赔偿进程的第85-677法第29条所列的各种补偿的扣除，在更广意义上它能促使受害人得到各种性质和来自于各赔偿义务人对同一损害的赔偿。对属于损害赔偿金中应扣除的补偿和赔偿部分，应由损害责任人的承保人对赔偿义务人支付的赔偿给予报销。因为损害赔偿金实际上是给予受害人获得某种利益，而该利益的价值根据《法国社会保障法》第L.351-11条规定的情形是可以提高的。如果承保人未被告知受害人的损害已经痊愈，那么其支付的赔偿金为临时性的。最终的赔偿金应当自承保人被告知受害人已经痊愈起的两个月内支付。可以看出，在法国，医疗损害赔偿处理的主要法律依据既有《法国民法典》，又有《法国公共卫生法典》的相关规定。

三、日本民法典

《日本民法典》编纂过程中，经历了新旧民法典的更替，从以《法国民法典》为蓝本转为以《德国民法典》为蓝本。1895年，民法典前

---

[1] 罗结珍译：《法国民法典》，法律出版社2004年版，第1073页。

三编（总则、物权、债权）提交国会审议并顺利通过，民法典后两编（亲属、继承）也于1898年提交国会审议并顺利通过。新民法典与旧民法典相比，在内容编排上，分为总则、物权、债权、亲属、继承五编，共1146条；在条文处理上，只列原则、变则或易产生歧义事项规则，而不作过于详细的规定。日本民法典施行以来，经历30多次修改。[1]《日本民法典》没有关于医疗损害赔偿方面的专门规定，医疗损害赔偿处理主要依据的是侵权行为的相关规定。《日本民法典》第三编债权第五章侵权行为对侵权损害赔偿进行了规定。《日本民法典》第709条（侵权行为的要件）："因故意或过失侵害他人权利时，负因此而产生损害的贴偿责任。"第710条（非财产损害的赔偿）："不论是损害他人身体、自由或名誉情形，还是侵害他人财产权情形，依前条规定应负赔偿责任者，对财产以外的损害，亦应赔偿。"第722条（损害赔偿的方法、过失抵销）："①第417条（债务不履行时损害赔偿的方法）的规定，准用于因侵权行为而发生的损害赔偿；②受害人有过失时，法院可以斟酌其情事，确定损害赔偿额。"第724条（损害赔偿请求权的消灭时效）："对于因侵权行为而产生的损害赔偿请求权，自受害人或其法定代理人知悉损害及加害人时起，3年时间不行使时，因时效而消灭。自侵权行为时起，经过20年时，亦同。"[2]从《日本民法典》侵权行为法的规定可以看出，《日本民法典》没有专门医疗损害赔偿的规定，医疗损害赔偿与普通损害赔偿一样，按照过错责任原则，对造成的损害进行赔偿。

四、荷兰民法典

现行《荷兰民法典》是1947年《荷兰民法》再法典化的结果，也被称为新《荷兰民法典》。新《荷兰民法典》前两编（人法和家庭法）生效于1970年，财产法、总则、物权法和债法总则实行于1992年。荷兰民法再法典化整合了民法、商法、消费者权益保护法以及许多原法典以外的私法规范，并吸收判例和学说的成果，形成统一的新法典，取代了荷兰施行150年的民法典和商法典。现行《荷兰民法典》包括九编：

---

[1] 王书江译：《日本民法典》，中国法制出版社2000年版，第4页。
[2] 王书江译：《日本民法典》，中国法制出版社2000年版，第126~128页。

人法和家庭法、法人、财产法总则、继承法、物权法、债法总则、有名合同、运输法、智力成果法。〔1〕《荷兰民法典》第六编第三章是关于侵权行为的规定,其中,第162条规定:"①任何人对他人实施可被归责的侵权行为的,应当赔偿该行为使他人遭受的损害;②除有正当理由外,下列行为视为侵权行为:侵犯权利、违反法定义务或有关正当社会行为的不成文法规则的作为或不作为;③侵权行为是由行为人的过错或者依法律或公认的准则应由其负责的原因所致的,归责于该行为人。"〔2〕第163条规定:"被违反的准则并非旨在保护受害人免于遭受其所受损害的,不发生损害赔偿义务。"〔3〕《荷兰民法典》第163条规定了一般侵权行为的归责原则,但在荷兰,医疗损害的赔偿不是适用侵权行为法的规定,而是按照合同法的规定。新《荷兰民法典》采取典型合同形式,将医疗合同直接纳入了民法典,直接以民事基本法的形式规定医疗合同关系的各项内容。

  荷兰于1994年颁布了《医疗服务法案》,该法案具体规定了病人在医疗关系中所享有的各项权利,以及可能导致医疗责任的各项侵权情形;该法案于1995年被收入了《荷兰民法典》第七编"具体合同"之中,并易名为"医疗服务合同"。荷兰立法上的这一做法区别于欧洲其他国家将医疗关系推给法院决定的做法,目前在整个欧洲都是独一无二的〔4〕。《荷兰民法典》第446条规定的适用范围为:"①有关医疗服务的合同——本节中称为医疗服务合同——是指作为一个自然人或者法人的健康照护提供者,根据其职业活动或者商业活动,与另一方订立的以直接向其提供医疗服务或者向某特定第三人提供医疗服务的合同。与医疗服务直接相关的一方称为病人。②医疗服务合同的条款将包括:a. 所有活动——包括对身体的检查和提供建议——这些活动包括直接对一个人实施的意图治愈其病症,或者防止其感染某种疾病,或者作为妇产科手术前的身体状况检查行为;b. a项以外的其他直接与人相关的

---

〔1〕 王卫国主译:《荷兰民法典》,中国政法大学出版社2006年版,译序第1~3页。
〔2〕 王卫国主译:《荷兰民法典》,中国政法大学出版社2006年版,第203~205页。
〔3〕 王卫国主译:《荷兰民法典》,中国政法大学出版社2006年版,第203~205页。
〔4〕 宁红丽:"大陆法系国家的医疗合同立法及其对中国大陆的借鉴意义",载《月旦民商法杂志》2004年第4卷。

由专业的外科医生或者牙医实施的活动。③本条第1款规定的医疗活动还包括护理行为以及与护理相关的照顾，同时也包括在实施这些行为中所产生的直接供应给病人的实物组织。④第1款所指的医疗活动不包括制药产品供应法案中规定的与药物的供应有关的活动。这类活动应当由依照该法案注册的药剂师进行。⑤因某人的权威使一方负有对其健康进行评价或提供照护的义务，接受保险或者照护上的便利，或者对一个人受教育、劳动关系或者从事特定工作的能力的评价，不存在医疗服务合同。"此外，"医疗服务合同"详细规定了医患双方的权利义务，在荷兰，医疗过程中因医疗过失造成损害的，按照违约责任进行赔偿。

五、埃塞俄比亚民法典

在各国的侵权行为法立法中，《埃塞俄比亚民法典》规定的侵权行为法（以下称埃塞俄比亚侵权行为法）别具一格，具有鲜明的特色。埃塞俄比亚侵权行为法采用的是全部的、完全的一般化，即侵权行为法规定的侵权行为一般条款概括的是全部侵权行为，在侵权行为一般条款之下，分别规定不同的侵权行为类型，其模式是："侵权行为一般条款＝全部侵权行为＋类型化规定"。这种侵权行为法的模式打破了《法国民法典》所创立的、已经沿袭了150年的一般化立法模式，创造了新的侵权行为法一般化立法模式，具有新意。这种立法方法引起了各国侵权行为法学理论界的重视，也得到了各国立法机构的重视。目前正在起草的《欧洲统一侵权行为法》采用的就是这种立法模式，构建了统一的欧洲侵权法的基本框架。[1]

埃塞俄比亚侵权行为法的具体内容是：

1. 规定概括全部侵权行为的一般条款。《埃塞俄比亚民法典》第十三题"非契约责任与不当得利"中的第一章为"非契约责任"，即侵权责任。该章首先设置的是侵权行为一般条款，即第2027条。这个侵权行为一般条款分为三部分，分别规定的是过错责任的侵权行为、无过错责任的侵权行为和替代责任的侵权行为。在这个侵权行为一般条款之下，分为五节，分别规定了侵权行为的不同类型以及损害赔偿责任。

---

[1] 张新宝主编：《侵权法评论》（第1辑），人民法院出版社2003年版，第198页。

第 2027 条的内容是：①任何人应对因过犯给他人造成的损害承担责任，而不论他为自己设定的责任如何；②在法律有规定的情形，一个人应对因其从事的活动或所占有的物给他人造成的损害承担责任；③如果某人根据法律应对第三人负责，他应对该第三人因过犯或依法律规定发生的责任负责。这个条文就是侵权行为一般条款，其概括的是全部侵权行为。

2. 规定三种侵权行为基本类型并实现侵权行为立法的具体化。埃塞俄比亚侵权行为法在其侵权行为一般条款的统率下，将侵权行为划分为三种基本类型，对具体的侵权行为做出详细的规定，实现了侵权行为法立法的一般化和类型化结合。埃塞俄比亚侵权行为法具体规定的侵权行为类型及其具体侵权行为，分为以下三种：

（1）因过犯所生的责任（过错责任的侵权行为）。这种侵权行为就是适用过错责任原则的侵权行为，可以由故意行为或者纯粹的疏忽构成，可以由行为或者不行为构成。因过犯所生的侵权行为，法典规定了一般情形和特殊情形。其一般情形是：①违反公共道德；②职业过失；③故意伤害；④滥用权利；⑤违反法律；⑥上级命令。其特殊情形是：①人身攻击；②干涉他人自由；③诽谤；④对配偶权的侵辱；⑤非法侵入；⑥对财产的侵犯；⑦缔约过失；⑧无视既有合同的责任，即侵害债权；⑨不公平竞争；⑩虚假表示等。

（2）过犯阙如的责任。这种侵权行为就是适用无过错责任原则归责的侵权行为。该法典规定以下六种情形为无过错责任：①身体伤害；②危险活动；③因动物产生的责任；④建筑物责任；⑤机器和机动车辆；⑥制造物责任。

（3）对他人行为承担责任。这种侵权行为是替代责任的侵权行为，《埃塞俄比亚民法典》规定了以下种类：①父亲的责任，即法定代理人的责任；②国家赔偿责任；③社团的责任；④雇主的责任；⑤独立的工人；⑥刊载、出版诽谤内容的报纸的执行编辑、小册子的印刷商或书籍的出版者的责任。

由此可见：第一，上述埃塞俄比亚侵权行为法的内容，明确地表达了立法者融合大陆法系侵权行为一般化立法模式与英美法系侵权行为类型化立法模式相结合的立法意图，它规定侵权行为一般条款，坚持的是大陆法系的传统，但是它继承大陆法系的传统而又不拘泥于传统，采用了创新的做法；第二，它关于侵权行为类型的规定则完全采纳英美法系侵权行为法的传统做法，对侵权行为作出类型化的划分，并且在基本类型下再具体规定各种不同的具体侵权行为；第三，由于它的侵权行为一般条款概括的是全部侵权行为，因此，又给社会发展和新类型侵权行为的法律适用预留出了合理的空间，使法律具有了前瞻性，具有与时俱进的功能。因此，杨立新教授认为，埃塞俄比亚民法对我国《侵权责任法》的制定有重要参考价值。[1]

第二节　英美法关于医疗注意义务的规定

一、注意义务概述

侵权法中的注意义务起源于英美判例法。注意义务的存在和注意义务的违反是英美侵权法判断侵权人是否存在过失和承担侵权责任的前提和基础。近两个世纪以来，英美侵权法上的注意义务迅猛发展，形成了较为完善且独具特色的检验方法、判断标准及抗辩事由，其适用范围也逐渐从"有形损害"领域，拓展到"精神损害"及"纯经济损失"领域。近年来注意义务日益受到大陆法系侵权法的重视，它促使侵权法方法论由裁判法学向预防法学、由利益法学向评价法学转变。我国《侵权责任法》也参考了注意义务的相关理论，最为典型的即为医疗损害责任中的第57条："医务人员在诊疗活动中未尽到与当时的医疗水平相应的诊疗义务，造成患者损害的，医疗机构应当承担赔偿责任。"

《牛津法律大辞典》对注意义务的解释是：一个人对他人造成损害后，只有当法院判定被告在当时情况下，对原告负有不为加害行为或不让加害行为发生的法律义务，而被告却未加注意，或未达到法律所要求的注意标准，或未采取法律所要求的预防措施而违反此种义务时，他才在法律上对受害人承担过失责任。如果在当时不存在注意的义务，由此

---

[1] 杨立新："论埃塞俄比亚侵权行为法对中国侵权行为法的借鉴意义"，载《扬州大学学报（人文社会科学版）》2005年第5期。

发生的损害都属于无侵权行为的损害，被告不承担责任。从该定义可以看出，在英美法系，注意义务有以下内涵：

第一，注意义务不是凭空产生的，也不是毫无边际的，它是以义务人对损害结果的发生是否具有合理的预见性为前提的。合理的预见性应当是真实的和实质性的，而非臆想的或遥不可及的。

第二，义务人与权利人之间须具有足够的近邻关系。这种近邻关系包含了因义务人的侵权行为而产生的与权利人在时间、空间以及相互关系上的紧密联系，不具有近邻关系的当事人是不会产生注意义务的。

第三，注意义务既包括积极的作为，也包括消极的不作为。通常情况下，注意义务大多表现为消极的不作为，即行为人应尽到合理的注意不损害他人权利的义务，对他人面临的危险或损害不负注意义务。只是在行为人与权利人在法律上具有特定的关系，行为人的不作为危及权利人的权利时，行为人才负有积极作为的义务。

二、注意义务判定标准

英美侵权司法实践中，判断行为人是否违反了注意义务，通常要以一个与行为人处于同样情形的"普通谨慎的正常人"（以下简称"常人"）为参照，若行为人像"常人"一样行为，甚至比"常人"的标准还要高，他就没有违反注意义务，若行为人未像"常人"那样行为，或其行为未达到"常人"的标准，他就违反了注意义务，应承担相应的侵权责任。这个"常人"就是一个遇事能够以普通的谨慎合理应对的正常人，也就是我们所说的"理性人"。

什么是理性人？《牛津法律大辞典》的定义是："理智的人，一种拟制的人，其预见力、注意力、对伤害的谨慎防范及对伤害的觉察能力等类似的假想特性和行为常被用作判断具体被告人的实际预见力和注意力等的参考标准。"[1]《布莱克法学词典》的解释是：理性人的行为出于理智，做事不会过度拖延，对将来发生的事情采取合适的但不是过分的预防措施。《英汉法律词典》将理性人看成是法律所拟定的具有正常精

---

[1] [英] 戴维·M. 沃克：《牛津法律大辞典》，光明日报出版社1988年版，第751页。

神状态、普通知识和经验及处事能力的人,是一项抽象的客观标准。[1]

其实,英美法上的理性人就是法律对某一行业、某一社会阶层中的人或者从事某种社会活动的人提出的普遍或一般化的要求,它不是任何具体的人,而是一个客观化或类型化的行为标准。[2]正确理解理性人标准,应注意把握好以下几个方面:

第一,所谓理性人,实际上是一个被法律虚构假想的人。他不是现实生活中的任何特定的人,而是法官为判案需要拟制的标准化了的人。

第二,理性人并不是一个完美无缺的人,也不是谨慎的楷模。事实上,理性人标准是社会公众均可以达到的标准,在预见力、谨慎、勇气、判断、自制、无私等方面他代表了而且不超过社会的通常水平。

第三,理性人标准是一个主客观相统一的标准。一方面,理性人标准创造出了一个只具备社会一般人所拥有的经验知识和逻辑推理能力的普通人的模型;另一方面,理性人本身就是一个主观臆想的高度抽象的产物,由于知识、经历、立足点的不同,不同的法官、陪审员头脑中的理性人标准是不一致的,因为"即便是法官本人也不可能总是像理性人那样判断案情"。

三、专业人士的理性人模型

科学技术的发展和知识技能的提高使人类社会分工越来越细,不同行业、不同领域的专业人士应运而生。所谓专业人士,就是指那些拥有某个领域的专业知识和技能并运用这些知识和技能为社会服务的专门人员。现代社会专业人士门类众多,包括医生、律师、建筑师、设计师、会计师等。专业人士一般要受到专门的培训和考核,取得从事专门行业的执业资格,由于他们在专业领域内比一般人拥有更多的知识和技能,因此,专业人士的行为标准就不是一般理性人的标准,而是必须达到本行业中一个合格的、普通的从业人员在相同或相似条件下所应采取的行为标准。进一步讲,专业人士的行为标准必须达到从事该专业所要求的普通专业人员必须具备的最低限度的水平,而不要求达到"平均水

---

[1] 夏登峻主编:《英汉法律词典》,法律出版社1995年版,第693页。
[2] 程啸:"现代侵权行为法中过错责任原则的发展",载《当代法学》2006年第1期。

平"，因为一方面某专业的平均水平是很难统计和把握的，另一方面如果存在一个平均水平的话，必然有相当多的专业人士达不到这个水平，后果是不堪设想的。尽管某行业的专业人士水平有高有低，但对他们适用的注意义务标准是一致的，高水平的专业人士并不比低水平的专业人士要承担更多的注意义务。因此，对于一个经验丰富、技术高超的医生而言，即使在一次手术中没有发挥出他应有的水平，但只要这一水平不低于相同条件下其他医生所应发挥的最低水平，就不能说他违反了注意义务。

鉴于专业知识的适用条件及可能产生的风险、后果大多不为普通人所知悉，专业人士在提供专业服务时通常负有告知义务，行为人未履行这一义务，便被视为违反了相应的注意义务。最为典型的即是医疗行为中的知情同意环节。

英美法系中，专家证言在涉及专业人士行为标准的案件中意义重大。由于专业知识超出法官和普通陪审员的认知范围，专家证言在判断专业人士的行为是否达到相应的行为标准时往往起着决定性的作用。要证实被告的行为不符合专业标准，只靠专家证言证明自己在同等情况下不会采取被告的行为方式是不够的，还必须证明被告的行为在当时的专业领域是不能够接受的，才能确定被告违反了专业标准。[1]

第三节 我国《侵权责任法》对国外立法经验的借鉴

我国《侵权责任法》在借鉴国外侵权法立法经验上，体现了"大陆法系为体，英美法系为用，广泛吸纳我国司法经验"的立法指导思想，[2]借鉴了大陆法系和英美法系侵权法的立法经验，适当融合了两大法系侵权法的立法优势，形成了符合我国国情的侵权责任规则。杨立新教授认为，《侵权责任法》在借鉴大陆法系和英美法系立法经验方面

---

[1] 王钦杰："英美侵权法上注意义务研究"，山东大学2009年博士学位论文。
[2] 杨立新：《侵权法论》，人民法院出版社2005年版，第309页。

的成果主要表现在以下几个方面。[1]

一、在立法形式上对大陆法系和英美法系侵权法的借鉴

我国《侵权责任法》在立法形式上，既有大陆法系侵权法的成文法特点，又有英美法系侵权法相对独立性的特点，是一个具有相对独立性的成文侵权法。

1.《侵权责任法》是成文法，这保持了大陆法系侵权法的传统。它用88个条文规定了侵权法的全部内容，其条文数量和容量仅次于《埃塞俄比亚民法典》的侵权法。《埃塞俄比亚民法典》侵权法有135个条文，其他国家的侵权法一般都是三十几个或四十几个条文，甚至是十几个条文，《法国民法典》侵权法才有5个条文。相比之下，侵权责任法是篇幅、容量都很大的成文法侵权法。

2.《侵权责任法》是作为一个独立的法律进行规定的，这借鉴了英美侵权法的立法特点。在大陆法系民法典中，侵权法都是债法的组成部分，最典型的是我国台湾地区"民法"，其仅仅把侵权行为法作为债的发生原因之一进行规定，与合同之债、代理权之授予之债、无因管理之债和不当得利之债相并列，并不占有很大的立法空间。英美侵权法却不是这样，在英美法系民法中，侵权法与财产法、合同法等处于同等地位，具有相当的独立性，因此，侵权法的地位非常显耀。我国《侵权责任法》借鉴了英美侵权法的这个立法特点，其单独作为一部法律进行了规定，成为民法典的一个相对独立的组成部分，这完全像英美侵权法的立法形式。

3.《侵权责任法》保持了《民法通则》的传统。实际上，在确定侵权责任法在民法中的相对独立地位这一点上，并不是从侵权责任法开始的，《民法通则》就把民事责任单独作为一章，其中规定了侵权责任。《民法通则》在规定了主体、民事法律行为等之后，单独规定一章"民事权利"，最后专章规定"民事责任"。《民法通则》于1986年通过之后，各界曾经特别赞赏这种做法，认为这是一个民法立法的创举。经

---

[1] 杨立新："我国侵权责任法草案对国外立法经验的借鉴"，载《中国法学》2009年第5期。

过实践检验，这样的做法并不正确，因为在民法典中，各种民事责任的规定通常都要跟随相应的部分直接规定，例如，违反合同的责任就要规定在《合同法》中，即使是在合同法中规定，也不能把不同的合同责任规定在一起，而必须分别规定在合同成立、合同生效以及违约责任等相关部分。[1]尽管如此，《民法通则》把侵权法与债法相分离，在民事责任部分单独作出规定的立法方式，是完全正确的，经实践证明是成功的。这借鉴了英美侵权法的立法形式，让侵权法单独作为民法的相对独立部分，能够使它占据更大的立法空间，发挥更大的法律调整作用。

正是有了《民法通则》民事责任单独规定的立法经验和教训，所以在起草民法典时，立法机关和法律专家一致认为，应当继续保持《民法通则》的传统，并且应当借鉴英美侵权法的立法形式，先单独规定《侵权责任法》，在编纂民法典的时候再将其作为民法典的单独一编。这样就打破了大陆法系民法规定侵权法的一般做法，使侵权责任法别具一格。在这一点上，《侵权责任法》完全是在借鉴英美侵权法立法形式的优势，并与《民法通则》的传统相结合，形成了鲜明的中国特色，成为在世界范围内第一部以侵权法命名的成文法。其意义在于，最大限度地扩展侵权责任法的容量，使其具有更大的发挥法律调整作用的空间，作为民事权利的保护法，能够更好地保护民事主体的合法民事权益，制裁民事违法，保护民事主体的行为自由。

二、在立法模式上对大陆法系和英美法系侵权法的借鉴

我国《侵权责任法》在立法模式上，既借鉴了大陆法系侵权法的一般化立法模式，又借鉴了英美侵权法的类型化立法经验。

1. 大陆法系侵权法与英美侵权法的不同立法模式。大陆法系侵权法的立法模式是一般化方法。侵权法一般化立法模式的基本特点，就是首先确立一个侵权行为一般条款，这个一般条款或者概括大部分侵权行为，即一般侵权行为，如《法国民法典》第1382条和《德国民法典》第823条；或者概括全部侵权行为，如《埃塞俄比亚民法典》第2027

---

[1] 杨立新：《合同法》，高等教育出版社2006年版，第289~291页。

条。侵权法规定了侵权行为一般条款，使侵权法的内容特别简明，具有高度的概括性，可以充分发挥法官的创造性。大陆法系侵权法的侵权行为一般条款有两种方式。第一种是德国、法国式的一般条款，其只概括一般侵权行为，而不是概括全部侵权行为。我国《民法通则》第106条第2款也是这样，它概括的是一般侵权行为而不包括特殊侵权行为，特殊侵权行为则另有具体规定。习惯上把它叫作小的一般条款。第二种是埃塞俄比亚式的一般条款，《埃塞俄比亚民法典》第2027条尽管也是在债法中规定的，但它概括的不是一般侵权行为，而是全部侵权行为，包括过错责任的侵权行为、无过错责任的侵权行为以及替代责任的侵权行为，在这三个分类的下面，再对每一个具体的侵权行为做出具体规定。[1]《埃塞俄比亚民法典》的这种方法既有大陆法系的特点，也有英美法系的特点，是把大陆法系和英美法系侵权法的立法模式结合到一起的做法。这种侵权行为一般条款通常叫作大的一般条款，是能够概括全部侵权行为的一般条款。

英美侵权法的立法模式是类型化方法。在英美侵权法中，对侵权行为的规定都是类型化的规定，没有抽象规定，更没有一般化的规定。《美国侵权法重述》把侵权行为分为十三类：故意侵权行为、过失侵权行为、严格责任、虚假陈述、诽谤、侵害的虚伪不实、侵害隐私权、无正当理由的诉讼、干扰家庭关系、对优越经济关系的干扰、侵犯土地利益、干扰不同的保护利益和产品责任。[2]英国侵权法把侵权行为分为八类：非法侵入、恶意告发、欺诈加害性欺骗和冒充、其他经济侵权、私人侵扰、公共侵扰、对名誉和各种人格权的侵害和无名侵权。[3]这些都是对侵权行为类型进行具体规定，立法模式是完全的类型化，根本没有一般性规定。

关于我国的《侵权责任法》，专家的设想是要把两大法系侵权法的立法模式结合起来，既要有一般性规定，即侵权行为一般条款的规定，

---

[1] 薛军译：《埃塞俄比亚民法典》，中国法制出版社2002年版，第370页。

[2] 刘兴善译：《美国法律整编·侵权行为法》，台湾地区司法周刊杂志社1986年版，第414页。

[3] [德]克雷斯蒂安·冯·巴尔：《欧洲比较侵权行为法》（上卷），张新宝译，法律出版社2002年版，第335~337页。

还要有具体规定，即侵权行为类型化的规定，应融汇大陆法系和英美法系立法模式的特点，形成一部新型的侵权法。[1]《埃塞俄比亚民法典》规定的侵权行为法就是这种融合的典范，是专家起草《侵权责任法（建议稿）》所仿效的立法蓝本。

2. 在特殊侵权责任的规定中大量借鉴英美法特别是美国侵权法的规则。在第七章规定的"医疗损害责任"中，《侵权责任法》借鉴了法国医疗损害责任法把医疗过失行为分为医疗科学过失和医疗伦理过失的经验，[2]以及美国侵权法医疗产品责任的经验，[3]将医疗损害责任分成四个类型：第一种类型是医疗技术损害责任，违反医学原理，违反医疗常规、规程造成受害患者损害，适用过错责任原则；第二种类型是医疗伦理损害责任，违反告知义务、保密义务等医疗伦理、良知等造成受害患者损害，适用过错推定原则；第三种类型是医疗产品损害责任，药品、医疗器械、消毒制剂以及血液和血液制品致人损害，适用产品侵权责任规则，即无过错责任原则；第四种是医疗管理损害责任，即医疗机构违反了医院关于救护、后勤、护理等管理制度，导致患者损害，适用过错责任原则。

---

[1] 杨立新主编：《中华人民共和国侵权责任法草案建议稿及说明》，法律出版社2007年版，第5页。

[2] （台）朱柏松：《医疗过失举证责任之研究》，元照出版公司2008年版，第124页。

[3] 杨立新："医疗损害责任改革研究"，卫生部2009年招标科研课题报告。

第二章
侵权责任法中的医疗损害责任

第一节　侵权责任法关于患者权益保护的一般性条款

医疗损害赔偿纠纷中，患者遭受侵害的民事权益主要是生命权与健康权，在一些特殊案例中，可能涉及隐私权、亲权等人格权或财产权。《侵权责任法》总则部分的第2条，即对其所保护的民事权益做了相应的规定，该条款作为一般性条款，不仅适用于医疗损害责任，也适用于侵权责任法规定的其他民事侵权责任。

我国《侵权责任法》第2条分两款分别规定："侵害民事权益，应当依照本法承担侵权责任。""本法所称民事权益，包括生命权、健康权、姓名权、名誉权、荣誉权、肖像权、隐私权、婚姻自主权、监护权、所有权、用益物权、担保物权、著作权、专利权、商标专用权、发现权、股权、继承权等人身、财产权益。"此条规定，既明确了侵权责任法调整因侵害民事权益产生的社会关系，又作为一般条款高度概括了承担民事责任的范围；既广泛列举了具有绝对性民事权利的种类，又明确了民事权益涉及人身、财产两个方面;既注意到与民法通则相关规定的连续性,又具有与其他国家民法一般条款规定不同的创造性。[1]

一、《侵权责任法》第2条的条款设计

《侵权责任法》第2条作为侵权责任一般条款,借鉴的是埃塞俄比亚侵权法的侵权责任一般条款立法模式。[2]第2条第2款是对侵权责任法保护的民事权益范围的列举,但《侵权责任法》的适用范围不限于明文列举的权利类型,对于故意侵害债权的行为,也可以适用侵权责任一般条款进行救济。现实生活中侵权的类型纷繁复杂,难以穷尽,法律不可能为每一个侵权类型都规定构成要件与免责事由,否则,将在立法中出现成百上千的侵权形态。[3]

二、侵权责任法保护法益的特点

侵权责任法所保护的权利和利益应当是私法上的、可以根据侵权法提供救济的权利或利益,具体来说,这种权利主要是指绝对权,但又不限于绝对权,它还包括利益,这些权利或利益具有以下几个特点:

第一,私益性。侵权行为所侵害的权利或利益必须是特定的民事主体的权利或利益,而非社会公共利益或受公法保护的利益。

第二,排他性。侵权法保护的对象既有权利,又有利益,但这种权利和利益都必须具有排他性。排他性主要表现在公开性和具有对抗第三人的效力上。所谓公开性,是指这种权利和利益不限于特定当事人之间,而能够为第三人所知道和了解。只有通过公示的方法向社会公开,才能够为第三人所知道和了解。所谓对抗第三人,就是说这种权利和利益可以排除任何第三人的侵害,在其遭受侵害的时候,权利人可以针对任何第三人提出主张和提起诉讼。

第三,对世性。侵权责任法所保护的权利主要限于绝对权。因为绝

---

[1] 刘士国:"侵权责任法第二条规定之解析",载《暨南学报(哲学社会科学版)》2010年第3期。

[2] 杨立新主编:《中华人民共和国侵权责任法条文释解与司法适用》,人民法院出版社2010年版,第14页。

[3] 张莹:"浅谈侵权责任法中的权益保护",载《法治与社会》2011年第12期。

对权的权利人对抗的是除他以外的任何人,所以又称为对世权。所谓绝对权,是指无须通过义务人实施一定的行为即可以实现并能对抗不特定人的权利。绝对权主要包括所有权、人身权、知识产权。从义务人的范围来看,绝对权是指义务人不确定,权利人无须经义务人实施一定行为即可实现利益的权利。绝对权也就是绝对法律关系中的权利,在这种关系中,权利人是特定的,但义务人是不特定的,除权利人之外的一切人都负有不得侵害其权利和妨害其行使权利的义务。

三、民事法益之种类

《侵权责任法》第 2 条第 2 款规定:"本法所称民事权益,包括生命权、健康权、姓名权、名誉权、荣誉权、肖像权、隐私权、婚姻自主权、监护权、所有权、用益物权、担保物权、著作权、专利权、商标专用权、发现权、股权、继承权等人身、财产权益。"即该法所保护的民事权益,主要包括人身和财产两大类。

1. 人身法益。

(1) 一般人格权。一般人格权,指关于人之存在价值及尊严之权利,其标的包括生命、身体、健康、名誉、自由、姓名、贞操、肖像、隐私等全部人格利益。因此,一般人格权是以主体全部人格利益为标的的总括性权利。实质上,一般人格权虽然以权利为名,但其内容广泛、难以明确限界,其能否成为侵权法保护客体,尚需要利益衡量与价值判断为之。

关于胎儿利益的法律保护,是民法理论的基本问题。从各国法律规定看,有两种类型:一是有法律人格说,即胎儿与自然人出生后一样享有权利能力;二是人格溯及说,即胎儿无人格,但予以特别保护,涉及继承、赠与、损害赔偿等请求权,对胎儿的这些利益予以特别保护,待以后出生时,享有这些特别权利,并且将这些特别权利的资格溯及至继承、赠与、损害发生之时。我国继承法采权利能力溯及说,分割遗产时为胎儿保留一份,待将来活着出生时取得遗产所有权,并溯及至继承开始时享有遗产的所有权。既然是溯及享有所有权,就不是无权利的利益,而是以权利为根据的。

(2) 死者人格法益。一个人死亡后,他已不可能再享有实际权利中包含的个人利益，由于权利中包含了社会利益的因素，因此在公民死亡后，法律仍需要对这种利益进行保护。在此情况下，只能说与该死者生前有关的某些社会利益应当受法律保护，不能说该死者的某些具体民事权利应当受到法律保护。

所谓死者的人格利益，同死者的权利命题一样，都是生前享有的，死后主要是由于社会利益的需要，才予以继续保护。名誉权、荣誉权在死后仍受法律保护，也是出于保护社会利益的需要。就此而言，那种单纯保护死者在世亲属利益的解释是不完全正确的，死者人格利益是死者生前人格权问题和社会利益问题。

2. 财产法益。财产法益是指财产所有权和其他物权。财产所有权包括国家、集体组织和公民个人所享有的对各类动产和不动产的所有权。其他物权包括全民所有制企业经营权、使用经营权、采矿权、承包经营权、宅基地使用权等。无论是对所有权还是对其他物权的侵害，均构成对财产的侵害。

纯经济损失，在我国法律中并非没有规定，如人身伤害引起的误工损失、被抚养人生活费（来源丧失），依照民法通则、侵权责任法赔偿范围的规定均应予以赔偿。法律没有规定的，原则上不赔偿。如两车相撞引起其他车辆堵车的损失，超出赔偿范围之外不予赔偿。当然，实践中也会出现一些特殊情况，不赔偿显失公平，法院可作为特例裁判赔偿。无论何种情况，不管是否应予赔偿，纯经济损失并非是没有权利依据的利益，它们都是财产损失，都具有民法上财产权或所有权、其他物权，甚至债权的依据。

第二节 侵权责任法规定的医疗替代责任

一、单位替代责任的一般性规定

《侵权责任法》第34条第1款规定，用人单位的工作人员因执行工作任务造成他人损害的，由用人单位承担侵权责任。此条款可解释为，用人单位承担的侵权责任。

用人单位承担的侵权责任，是以用人单位的工作人员因执行工作任务造成他人损害为前提条件。详言之，用人单位承担侵权责任有如下四方面的构成要件：

第一，是用人单位的工作人员实施的侵权行为。那么，如何认定"用人单位"及"用人单位的工作人员"呢？笔者以为，此处的"用人单位"应包括国家机关、企业、事业单位、社会团体、个体经济组织、民办非企业单位等。此处的"工作人员"包括国家公职人员以及与用人单位建立劳动关系的各类人员。之所以强调"建立劳动关系"，是因为在我国用工实践中，许多劳动者并没有与用人单位订立书面劳动合同，但仍然在用人单位的指挥、监督、管理下从事劳动活动。进而言之，若以订立劳动合同作为判断是否为某一用人单位的劳动者，则为用人单位规避法律责任提供了法律根据。因而，对劳动者的认定，似乎不存在立法障碍，而存在实践障碍。换言之，认定某人是否在用人单位的指挥、监督和管理下从事劳动活动，需要运用证据规则来证明，包括证明劳动者的工作方法、时间、场所、材料，以及社会保险费的支付等。需要指出的是，用人单位承担的侵权责任，是以其自身及其劳动者在身份上具有合法性而言。换言之，若一方或者双方均不具有合法身份，那么，就不是侵权责任规制的问题，而是行政法或者劳动法甚至刑法规制的问题。

第二，工作人员的行为是执行工作任务。一般来说，工作人员执行工作任务，是指工作人员在用人单位规定的工作时间、地点、方式为用人单位进行工作，才能认定为执行工作任务。言下之意，工作人员虽然在用人单位规定的工作时间、地点、方式进行工作，但不是为用人单位而工作，则不能认定为执行工作任务。例如，某一工作人员在工作时间内，因私事打伤了他人，用人单位就不应为其承担侵权责任。需要说明的是，对用人单位的工作人员因执行工作任务造成他人损害，是一个非常复杂的问题，仅从理论上分析恐怕无法解决，需要根据具体案件来判断。其中，是否因执行工作任务而造成他人损害，不能以用人单位和劳动者主观意思为判断根据，而应以工作人员的工作是否对用人单位有利为判断根据。因为，劳动者在工作过程中，存在着各种致他人损害的风险，以及不同的工作状态。是否执行职务，应当以行为的外观来确定，在客观上认为是执行职务的，不考虑用人者和被用人者的意思如何，都属于执行职务。

第三，造成他人损害。首先，一般情形下，他人应当理解为除用人单位以外的自然人。那么，法人等组织体，是否为此处规定的他人呢？笔者以为，他人还应当包括法人等组织体。因为，用人单位的工作人员因执行工作任务造成他人损害，可能不是自然人，而是一个组织体。例如，某一工作人员在为饭店送啤酒时，因搬运不慎将一箱啤酒摔坏而引起爆炸，造成饭店餐具、墙壁等损坏，在此等情形下，造成的损害就是饭店，而不是自然人。其次，损害不仅指财产损害，而且指精神损害。同时，此种造成他人损害是合法损失，对于他人造成的不合法损害，用人单位不应给予赔偿。例如，某工作人员对一不法行医者身体造成了伤害，导致其无法行医，用人单位就不应给予赔偿。因为，侵权责任法保护的权益是合法权益，而不是非法权益。最后，对于财产损害应以填补为限，精神损害的赔偿数额，则由法官根据不同地域、不同案情裁量。

第四，工作人员有过错。用人单位承担侵权责任的前提是工作人员具有过错。若工作人员无过错，那么用人单位就不应当承担侵权责任。换言之，用人单位承担侵权责任，是以工作人员有过错为前提的。若工作人员对造成他人损害没有过错，那么用人单位就不应当承担侵权责任。从此意义上讲，用人单位承担的是过错责任。在法律上之所以要求被使用人具有过错，是基于用人者责任的正当性考虑。只有当用人者通过任用被使用者升高了危险时，用人者的责任承担才具有正当性基础。

值得一提的是，用人单位承担侵权责任后是否可以向工作人员追偿。对此，我国《侵权责任法》未予规定，至于为何不予规定，起草该法的立法者给出了如下四方面的理由：第一，从目前发展趋势看，不少国家越来越限制雇主行使追偿权或者不允许雇主进行追偿，认为雇主可以通过企业保险等方式来解决赔偿费用的问题；第二，侵权责任法主要解决对外责任的问题，用人单位和工作人员的内部责任可以通过协议等方式来约定；第三，确定用人单位行使追偿权的条件比较困难，即若规定工作人员有故意情形下可以追偿，那么是否意味着工作人员有重大过失就不能追偿，容易引发歧义；第四，目前我国职工工资水平还不太高，若对追偿权作出规定，有的用人单位可能利用此规定，将本应当承担的责任转嫁给工作人员。[1] 看来解决此问题,尚待实践经验。

此外,用人单位的工作人员在执行工作任务中,因第三人侵权遭受人身损害,用人单位是否承担侵权责任。对此,《最高人民法院关于审理人身损害赔偿案件适用法律若干问题的解释》(法释〔2003〕第20号)第12条规定:"依法应当参加工伤保险统筹的用人单位的劳动者,因工伤事故遭受人身损害,劳动者或者近亲属向人民法院起诉请求用人单位承担民事责任的,告知其按《工伤保险条例》的规定处理。因用人单位以外的第三人侵权造成劳动者人身损害,赔偿权利人请求第三人承担民事赔偿的,人民法院应予支持。"由此可见,此司法解释的初衷是,由用人单位承担的工伤赔偿责任转由工伤保险解决。但是,若劳动者的工伤是因第三人的侵权造成的,那么,如何处理工伤保险与第三人侵权之间的关系?

对此,在实务界和学术界有两种不同看法:其一,实务界人士认为,基于《工伤保险条例》已于2004年1月1日起施行,并征得国务院法制办以及劳动和社会保障部的意见,对工伤保险和民事损害赔偿的关系按照"混合模式"予以规范。混合模式的实质,就是在用人单位责任范围内,以完全的工伤保险取代民事损害赔偿,但劳动者遭受工伤,是由于第三人的侵权行为造成,第三人不能免除民事责任。[2] 其二,学术界人士认为,在雇主加害且不存在第三人侵权介入的场合,属于替代模式。在第三人加害行为的场合,权利人可以选择请求工伤保险给付,也可以选择请求普通人身损害赔偿,属于选择模式。[3] 上述两种观点,第二种观点具有合理性和现实性。"合理性"系指上述司法解释并未作禁止性规定,即工伤者只能依人身损害赔偿行使请求权,而不能依《工伤保险条例》行使工伤保险请求权;"现实性"系指多数情形下,第三人尚有支付能力不足,若不允许工伤者依《工伤保险条例》

---

[1] 全国人大常委会法制工作委员会民法室编:《中华人民共和国侵权责任法条文说明、立法理由及相关规定》,北京大学出版社2010版,第394页。

[2] 陈现杰:"《最高人民法院关于审理人身损害赔偿案件适用法律若干问题的解释》的若干理论与实务问题解析",载《法律适用》2004年第2期。

[3] 张新宝:"工伤保险赔偿请求权与普通人身损害赔偿请求权的关系",载《中国法学》2007年第2期。

行使工伤保险赔偿，那么，工伤者的权利救济可能就会落空。另外，因第三人行为造成劳动者伤残或者死亡，即便采取免除模式，亦不能排除侵权责任的适用。因为，若以工伤赔偿即告结束，则等于免除第三人侵权责任，不符合《侵权责任法》第6条第1款规定，即行为人因过错侵害他人民事权益的，应当承担侵权责任。[1]

二、医疗损害赔偿中的替代责任

《侵权责任法》第54条规定："患者在诊疗活动中受到损害，医疗机构及其医务人员有过错的，由医疗机构承担赔偿责任。"第57条规定："医务人员在诊疗活动中未尽到与当时的医疗水平相应的诊疗义务，造成患者损害的，医疗机构应当承担赔偿责任。"上述两条规定，说明在诊疗活动中，事实意义上的行为人是医务人员，法律意义上的行为人是医疗机构。[2]

医疗机构与医务人员存在着雇佣关系，也就是我国法律规定的劳动关系，而医疗机构属于用人单位的范畴，医疗损害是医疗活动中医务人员的职务行为。由此可见，医疗损害的赔偿责任符合用人单位承担替代责任的构成要件，那么医疗损害的赔偿主体就应该为医疗机构。《侵权责任法》规定，医疗机构及医务人员的过错造成患者的损害，应当由医疗机构承担责任。这里，医疗机构承担责任实际上是一个专家责任的问题。专家责任是指提供专门技能或者知识服务的人员，由于其在服务中的过错导致人员损害而应承担的民事责任。医务人员应当认定为专家的一种，因为医疗服务的对象为人的生命健康。所以医务人员在诊疗活动中提供的医疗服务具有特殊性、风险性、专业性，一般的公众是很难了解的。[3]

为了更好地控制和监督在医疗活动这种专业行为中存在的肆意妄为，妥善管理行为中存在的风险，合理的分配责任，平衡各方的利益，现在各国比较通行的做法就是由所在的医院承担替代责任，也就是说医

---

[1] 王立明："析用人单位或者用工单位的替代责任"，载《青海民族大学学报》2011年第1期。

[2] 柳经、李茂年：《医患关系法论》，中信出版社2002年版，第57页。

[3] 乔世明：《医疗过错认定与处理》，清华大学出版社2003年版，第135页。

务人员的这种专家责任通常发生转承。当医务人员对患者造成了医疗损害以后，不是按照一般的"为自己负责"的规则，由医务人员对患者承担民事责任，而是由医疗机构对此承担责任，即行为主体与责任主体相分离，由责任主体对行为主体的行为负责。替代责任作为一种特殊的责任承担形式，是一种法定的责任，而医务人员与医疗机构这样的替代责任是由侵权责任法所确认的，是适用于所有的医疗损害赔偿责任。[1]侵权行为主体与责任主体之间存在法律规定的某种替代责任所要求的特定关系，责任主体就应对行为主体执行其职务活动承担替代的侵权责任。从替代责任理论基础的整体理论出发，医务人员在执行医疗机构委托的医疗活动时，可能包藏着医务人员实施的医疗损害的行为，包藏着侵害他人权利或利益的风险。医务人员是医疗机构的雇员，医疗机构通过雇用医务人员来辅助扩大其医疗机构的业务范围，使其获得更高的利润和更大的利益，那么相应的，医疗机构也应当承担更大范围的风险。所以，这种风险理所应当由医疗机构承担。从保护患者的权益出发，即采用危险分摊理论，在各方利益中寻找平衡点。医疗损害赔偿涉及的赔偿数目往往较大，医疗人员通常不具有足够的财产及能力承担责任，若由其负责，将很难使患者得到相应的赔偿。而医疗机构拥有足够的赔偿能力，具有良好的经济实力，由医疗机构承担赔偿责任会使患者的权益得到有效的保障，也有利于减少执行中的纠纷。

三、替代责任后的追偿权

在用人者为其劳动者的职务行为承担赔偿责任之后，各国法律一般允许其对有重大过失或者故意的劳动者享有追偿的权利，用人者可以根据具体情况，如劳动者的过错程度、劳动者的报酬的多少等，要求劳动者向其支付部分或全部的赔偿费用。在英美法中，虽然一般认为劳动者应当与用人者就其侵权行为承担连带责任，从而用人者在承担责任后可以向劳动者追偿，但实际上对劳动者的判决很少执行。一般用人者并不行使此种追偿，除非劳动者犯了重大错误或其自己已经为此投保。现实的倾向是限制或废除用人者对劳动者的追偿权，而通过减低工资等对之

---

[1] 古津贤：《医疗侵权法论》，吉林大学出版社2008年版，第241页。

处罚。[1] 我国实务中也有法官认为："在雇佣关系中，雇工相对于用人者来说在经济上处于弱势地位。雇工的收入依靠用人者开出的工资，其从事雇佣活动是为了谋生。而用人者使用劳动者为其工作是为了追求经济利益，对由此而产生的经营风险，除非劳动者有故意或重大过失，用人者应对此负责。"《最高院关于审理人身损害赔偿案件适用法律若干问题的解释》亦采纳了这种做法，笔者认为这种做法较为妥当，其理由在于：首先，基于报偿责任原理，劳动者的职务行为是为了用人者的利益，因此劳动者的职务行为的风险也应当归于利益的享有者，而不宜由劳动者承担；其次，通常情况下，作为经营者的用人者也更有能力通过保险或者将赔偿费用纳入成本来提供商品或服务价格将损害转嫁到全社会，从而分担职务行为致害的风险；最后，通常情况下，劳动者的资力有限，难以实现受害人的损害赔偿请求权，而用人者资力更为雄厚。如果劳动者的连带责任范围过于宽泛，在受害人向劳动者请求时，巨额赔偿可能令劳动者倾家荡产，但同样的数额对于作为大企业的用人者却不会造成太大负担。因此，有必要对劳动者行为的责任加以适当的限制。

此外，在追偿权的范围上，日本学说和判例认为，在用人者为大企业时，不能允许其滥用追偿权。由于用人者对劳动者本身负有选任和监督的义务，对损害的发生，其亦有过失，因此发生共同侵权行为，故在用人者承担责任后，应当将其追偿的数额限制在合理范围内。此种做法也是值得借鉴的。

第三节　侵权责任法中的医疗损害责任

一、医疗损害责任的概念

界定医疗损害责任的概念，应当着眼于全部的医疗侵权行为，而不是指某一部分或者某一类型的医疗侵权责任。这个概念是指侵权责任的一种类型，即涉及医疗或者发生在医疗领域中的侵权责任类型。因此，

---

[1] 弗莱明：《民事侵权法概论》，香港中文大学出版社1992年版，第143页。

医疗损害责任是指医疗机构及医务人员在医疗过程中因过失，或者在法律规定的情况下无论有无过失，造成患者人身损害或者其他损害，应当承担的以损害赔偿为主要方式的侵权责任。[1]

二、医疗损害责任的基本特征

第一，医疗损害责任的责任主体是医疗机构。医疗损害责任的责任主体是医疗机构，且须为合法的医疗机构，其他主体不构成医疗侵权责任，如果不具有合法资质的机构或个人因实施临床医疗行为造成损害的，应以侵权责任法一般条款予以制裁。按照1994年2月26日国务院《医疗机构管理条例》第2条的规定，医疗机构应当是从事疾病诊断、治疗活动的医院、卫生院、疗养院、门诊部、诊所、卫生所（室）以及急救站等机构。除此之外，不属于医疗机构。例如，执业助理医师不得成立个体诊所，设立个体诊所行医的，由于不是医疗机构，仍为非法行医。[2] 有人认为，发生医疗损害责任之后，由于造成损害的医生是在医疗机构进修的不具有资质的"医生"、医院聘用的不具有医生资格的"医生"，医疗机构主张自己的医生不合资质而否认医疗机构的侵权责任，是没有道理的。理由是，医疗损害责任是医疗机构的责任，而不是医生自己承担的责任，因此，医院聘用或者进修的不具有医生资质的"医生"，过错在于医疗机构，并不妨害医疗机构依法承担自己应当承担的侵权责任。没有合法资质的医疗机构发生医疗损害责任，应当适用侵权责任法的一般规定确定侵权责任，不适用医疗损害责任的规定。对于取得医师执业证书的医师在家中擅自诊疗病人造成人身损害事故的，由于医疗活动应当是医疗机构的活动而不是医生个人的活动，因此，也不认为是医疗损害责任，也应当适用一般侵权行为的规则处理。[3] 相反，精神病医院与一般的医疗机构不同，对精神病患者负有更高的注意义务，甚至是监护义务，造成患者人身损害仍构成医疗损害责任，只不过对其要求更高、更严格，承担的责任更重罢了。

---

[1] 杨立新："医疗损害责任概念研究"，载《政治与法律》2009年第3期。
[2] 卫生部2001年9月24日《关于执业助理医师能否设置个体诊所问题的批复》。
[3] 卫生部2005年11月7日《关于取得医师执业证书的医师在家中擅自诊疗病人造成死亡适用法律有关问题的批复》。

第二，医疗损害责任的行为主体是医务人员。医疗损害责任的行为主体是医务人员，而不是其他人员。医务人员包括医师和其他医务人员。按照《执业医师法》第2条的规定，医师包括执业医师和执业助理医师，是指依法取得执业医师资格或者执业助理医师资格，经注册在医疗、预防、保健机构中执业的专业医务人员。尚未取得执业医师或者执业助理医师资格，经注册在村医疗卫生机构从事预防、保健和一般医疗服务的乡村医生，也视为医务人员。按照《执业医师法》第30条的规定，执业助理医师应当在执业医师的指导下，在医疗、预防、保健机构中按照其执业类别执业。执业助理医师独立从事临床活动，也属于医务人员，发生医疗中的人身损害事故，构成医疗损害责任。[1]不具有医务人员资格的，即使发生医疗损害，也不认为是医疗损害责任。例如，非法行医的医生或者非医生，都不适用医疗损害责任的法律规范，而应当适用一般侵权行为的规则。对于取得医师资格但未经执业注册的人员私自开设家庭接生造成孕妇及新生儿死亡的有关人员，尽管其具有医师资格，但由于其未经执业注册，仍应视为非法行医，造成医疗损害的，也应当按照一般侵权行为处理。[2]对于未取得医师资格的医学专业毕业生（包括本科生、研究生、博士生以及毕业第一年的医学生[3]），应当区分情况，违反规定擅自在医疗机构中独立从事临床工作的，也不认为是医务人员[4]，但在上级医师的指导下从事相应的医疗活动的，不属于非法行医，[5]可以构成医务人员，成为医疗损害责任的行为主体。按照《护士管理办法》的规定，护士系指按照该办法规定取得中华人民共和国护士执业证书并经过注册的护理专业技术人员。没有经过

---

[1] 卫生部2006年12月26日《关于执业助理医师独立从事诊疗活动发生医疗事故争议有关问题的批复》。
[2] 卫生部2006年12月18日《关于未经执业注册医师私自开展家庭接生造成人员死亡有关法律适用和案件移送问题的批复》。
[3] 卫生部2000年6月3日《关于取得医师资格但未经执业注册的人员开展医师执业活动有关问题的批复》。
[4] 卫生部2005年9月5日《关于医学生毕业后暂未取得医师资格从事诊疗活动有关问题的批复》。
[5] 卫生部办公厅2002年5月29日《关于正规医学专业学历毕业生试用期间的医疗活动是否属于非法行医的批复》。

注册登记的护理人员,不认为是合法执业的护士。只有合法执业的护士在护理活动中造成患者人身损害的,才构成医疗损害责任,否则为非法行医,按照一般侵权行为规则处理。

第三,医疗损害责任发生在医疗活动之中。医疗损害责任发生的场合是医疗活动,在其他场合不能发生这种侵权责任。医疗活动应当准确理解,并不是只有医疗才是医疗活动,例如,在医院进行的身体检查,在医院进行的医疗器械的植入,对患者的观察、诊断、治疗、护理、康复等,也都是医疗活动,不能认为身体检查、身体康复等不进行治疗,就不是医疗活动。医疗机构进行的影像、病理、超声、心电图等诊断性活动也是医疗活动。同样是美容活动,医疗美容是运用手术、药物、医疗器械以及其他具有创伤性或者侵入性的医学技术方法,对人的容貌和人体各部位形态进行的修复与再塑,[1]因此属于医疗活动,而没有通过这样的手段进行的美容,例如进行面部护理、一般的保健按摩等,不认为是医疗活动。

第四,医疗损害责任是因患者人身等权益损害的过失行为而发生的责任。医疗损害责任主要因患者身体、健康、生命权损害的人身损害行为而发生的责任,并且须有过失。其中,造成患者健康权损害,是造成患者的人身伤害,包括一般伤害和残疾;造成生命权损害,是指造成患者死亡;造成患者身体权损害,是指患者的身体组成部分的实质完整性以及形式完整性的损害,即造成患者人体组成部分的残缺,或者未经患者本人同意而非法侵害患者身体。尤其应当注意的是对于身体形式完整性的侵害,身体权属于患者本人,未经本人同意,医务人员不得非法接触。其他损害,包括医生未尽告知义务所侵害的患者知情权、自我决定权、隐私权等其他民事权益,而且首先不是健康利益。[2]在一般情况下,构成医疗损害责任必须有过失,但在医疗产品造成损害的医疗损害责任,在归责原则上并不要求医疗机构必须有过失。

第五,医疗损害责任的基本形态是替代责任。替代责任也称为间接

---

〔1〕 卫生部《医疗美容服务管理办法》第2条规定。
〔2〕 [德] 克雷斯蒂安·冯·巴尔:《欧洲比较侵权行为法》(下),焦美华译,法律出版社2001年版,第389页。

责任、转承责任、延伸责任，是指责任人为他人的行为和为人的行为以外的自己管领下的物件所致损害承担赔偿责任的侵权责任形态。[1]替代责任的最基本特征，是责任人与行为人相分离，行为人实施侵权行为，责任人承担侵权责任。医疗损害责任就是替代责任。造成患者人身损害的行为人是医务人员，但其并不直接承担赔偿责任，而是由造成损害的医务人员系属的医疗机构承担赔偿责任。只有医疗机构在自己承担了赔偿责任之后，对于有过失的医务人员才可以行使追偿权。

三、医疗损害责任的学理分类

杨立新教授认为，医疗损害责任在学理上，可以分为医疗技术损害责任、医疗伦理损害责任、医疗产品损害责任以及医疗管理损害责任四个种类，笔者赞同这种分类方法。

1. 医疗技术损害责任，是指医疗机构及医务人员从事病情检验、诊断、治疗方法的选择，治疗措施的执行，病情发展过程的追踪，以及术后照护等医疗行为中，存在不符合当时医疗水平的过失行为，[2]医疗机构所应当承担的侵权赔偿责任。

医疗技术损害责任的归责原则为过错责任原则，举证责任由受害人负担。证明医疗机构的赔偿责任构成，须由原告即受害患者一方承担举证责任，在必要的情况下，例如在受害患者无法提供充分证据证明医疗机构的过失时，可以实行举证责任缓和；在原告证明到一定程度时，转由医疗机构承担举证责任。

医疗技术损害责任具体体现在《侵权责任法》第57条："医务人员在诊疗活动中未尽到与当时的医疗水平相应的诊疗义务，造成患者损害的，医疗机构应当承担赔偿责任。"以及第58条第1项："患者有损害，因下列情形之一的，推定医疗机构有过错：（一）违反法律、行政法规、规章以及其他有关诊疗规范的规定。"

2. 医疗伦理损害责任，是指医疗机构及医务人员从事各种医疗行

---

[1] 杨立新主编：《中华人民共和国侵权责任法建议稿及说明》，法律出版社2007年版，第7页。

[2] （台）陈忠五："法国法上医疗过错的举证责任"，载（台）朱柏松等：《医疗过失举证责任之比较》，元照出版公司2008年版，第125页。

为时，未对病患者充分告知或者说明其病情，未提供对病患者及时有用的医疗建议，未保守与病情有关的各种秘密，或未取得病患者同意即采取某种医疗措施或停止继续治疗等，以及其他医疗违法行为，而违反医疗职业良知或职业伦理上应遵守的规则的过失行为，[1]医疗机构所应当承担的侵权赔偿责任。

医疗伦理损害责任具体体现在《侵权责任法》第55条："医务人员在诊疗活动中应当向患者说明病情和医疗措施。需要实施手术、特殊检查、特殊治疗的，医务人员应当及时向患者说明医疗风险、替代医疗方案等情况，并取得其书面同意；不宜向患者说明的，应当向患者的近亲属说明，并取得其书面同意。医务人员未尽到前款义务，造成患者损害的，医疗机构应当承担赔偿责任。"以及第62条："医疗机构及其医务人员应当对患者的隐私保密。泄露患者隐私或者未经患者同意公开其病历资料，造成患者损害的，应当承担侵权责任。"

3. 医疗产品损害责任，是指医疗机构在医疗过程中使用有缺陷的药品、消毒药剂、医疗器械以及血液及制品等医疗产品，因此造成患者人身损害的，医疗机构或者医疗产品的生产者、销售者所应当承担的侵权赔偿责任。澳大利亚的医疗性产品法案认为，医疗产品是一个统称，既包括药品，也包括医疗器械，是指用来或声称能预防、诊断、减缓或监测某一疾病或病情的产品。[2]

医疗产品损害责任应适用产品责任的一般原则，即无过错责任原则，如梁慧星教授所说，医疗"产品缺陷致损，虽然构成侵权，但应当适用产品质量法的规定"。[3]但按照《产品质量法》第41条、第42条和第43条的规定，无过错责任原则仅对产品生产者适用，对产品销售者须有过失，受害人才可以向其主张赔偿。参照这样的规定，侵权责任法应当规定，因药品、消毒药剂、医疗器械等医疗产品缺陷造成患者

---

[1] （台）陈忠五："法国法上医疗过错的举证责任"，载（台）朱柏松等：《医疗过失举证责任之比较》，元照出版公司2008年版，第139~144页。

[2] 赵西巨："英美法系主要国家CAM产品立法模式探究"，载《南京中医药大学学报》2007年第3期。

[3] 梁慧星："医疗损害赔偿案件的法律适用问题"，载《人民法院报》2005年7月6日。

人身损害，销售者、医疗机构没有过失的，受害患者一方只能向医疗产品生产者按照无过错责任原则的要求起诉并请求赔偿。如果医疗机构或者医疗产品销售者对于造成的损害有过失，则实行不真正连带责任规则，受害患者一方既可以向医疗机构要求赔偿，也可以向生产者或者销售者要求赔偿。医疗机构承担赔偿责任后，属于生产者、销售者责任的，有权向生产者或者销售者追偿。因输入不合格的血液以及血液制品造成患者人身损害的，受害患者一方主张提供机构承担责任的，无论有无过失都可以请求，但主张医疗机构赔偿的，须医疗机构在主观上存在过失，否则只能向血液及其制品的提供者请求赔偿。

医疗产品损害责任具体体现在《侵权责任法》第59条："因药品、消毒药剂、医疗器械的缺陷，或者输入不合格的血液造成患者损害的，患者可以向生产者或者血液提供机构请求赔偿，也可以向医疗机构请求赔偿。患者向医疗机构请求赔偿的，医疗机构赔偿后，有权向负有责任的生产者或者血液提供机构追偿。"

4. 医疗管理损害责任，是指医疗机构和医务人员违背医政管理规范和医政管理职责的要求，具有医疗管理过错，造成患者人身损害、财产损害的医疗损害责任。

医疗管理也叫作医政管理。[1] 医疗管理损害责任的构成，不是医疗机构及医务人员的伦理过错或者技术过错，而是须具备医疗管理过错，即医疗机构及医务人员在医政管理中，由于疏忽或者懈怠甚至是故意，不能履行管理规范或者管理职责，造成患者人身损害或者财产损害，应当承担的医疗损害责任。

医疗管理损害责任的法律特征是：

（1）构成医疗管理损害责任以具有医疗过错为前提。医疗管理损害责任不同于适用过错推定原则的医疗伦理损害责任，也不同于适用无过错责任原则的医疗产品损害责任，而与医疗技术损害责任相似。医疗机构承担医疗管理损害责任必须符合过错责任原则的要求，无过错则无责任。

---

[1] 王喜军、杨秀朝：《医疗事故处理条例实例说》，湖南人民出版社2003年版，第6页。

（2）医疗管理损害责任的过错是医疗管理过错。医疗管理损害责任应当具备的过错是医疗管理过错，既不以医疗技术过错为构成要件，也不以医疗伦理过错为构成要件，而以医疗管理过错为要件。判断医疗管理过错的标准，既不是违反当时的医疗水平的诊疗义务所确定的高度注意义务，也不是违反医疗良知和医疗伦理的疏忽或者懈怠，而是以医疗机构和医务人员的管理规范和管理职责为标准确定的医疗管理过错，因而与其他三种医疗损害责任均不相同。

（3）医疗管理过错的认定方式是原告证明。医疗管理过错与医疗伦理过错的认定方式不同，是采取原告证明的方式，由原告一方证明医疗机构的过失。例如救护车急救不及时致使患者受到损害，原则上应当由受害患者一方承担举证责任，必要时可以实行举证责任缓和，即患者一方只要证明存在过错的可能性，即可推定医疗机构有过错。

（4）医疗管理损害责任的主要损害事实是人格、身份和财产损害。医疗管理损害责任造成的损害，与一般侵权行为所造成的损害性质相同，是患者的人身损害和财产损害。在医疗技术损害责任构成中，损害事实只包括受害患者的人身损害事实，一般不包括其他民事权益的损害。在医疗伦理损害责任中，损害事实主要是精神型人格权或者人格利益损害。在医疗管理损害责任构成中，不仅包括受害患者的人身损害事实，而且包括患者的财产损害事实，甚至还包括身份损害事实，例如妇产医院给产妇抱错孩子，就是侵害了患者的身份权。

第三章
医疗技术损害责任

第一节 医疗技术损害责任概念释义

一、医疗技术损害责任

医疗技术损害责任，是指医疗机构及医务人员从事病情检验、诊断、治疗方法的选择，治疗措施的执行，病情发展过程的追踪，以及术后照护等医疗行为中，存在不符合当时医疗水平的过失行为，医疗机构所应当承担的侵权赔偿责任。

医疗技术损害责任具体体现在《侵权责任法》第54条："患者在诊疗活动中受到损害，医疗机构及其医务人员有过错的，由医疗机构承担赔偿责任。"第57条：医务人员在诊疗活动中未尽到与当时的医疗水平相应的诊疗义务，造成患者损害的，医疗机构应当承担赔偿责任。第58条第1项："患者有损害，因下列情形之一的，推定医疗机构有过错：（一）违反法律、行政法规、规章以及其他有关诊疗规范的规定。"第60条："患者有损害，因下列情形之一的，医疗机构不承担赔偿责任：（一）患者或者其近亲属不配合医疗机构进行符合诊疗规范的诊疗；（二）医务人员在抢救生命垂危的患者等紧急情况下已经尽到合理诊疗义务；（三）限于当时的医疗水平难以诊疗。前款第一项情形中，医疗机构及其医务人员也有过错的，应当承担相应的赔偿责任。"

二、医疗机构

按照1994年2月26日国务院《医疗机构管理条例》第2条的规定，医疗机构是从事疾病诊断、治疗活动的医院、卫生院、疗养院、门诊部、诊所、卫生所（室）以及急救站等机构。除此之外的机构都不属于医疗机构。

三、医务人员

医务人员包括医师、护士和其他医务人员。

按照《执业医师法》第2条的规定，医师包括执业医师和执业助理医师，是指依法取得执业医师资格或者执业助理医师资格，经注册在医疗、预防、保健机构中执业的专业医务人员。尚未取得执业医师或者执业助理医师资格，经注册在村医疗卫生机构从事预防、保健和一般医疗服务的乡村医生，也视为医务人员。按照《执业医师法》第30条的规定，执业助理医师应当在执业医师的指导下，在医疗、预防、保健机构中按照其执业类别执业。执业助理医师独立从事临床活动，也属于医务人员。

按照《护士管理办法》的规定，护士系指按照该办法规定取得国家护士执业证书并经过注册的护理专业技术人员。没有经过注册登记的护理人员，不认为是合法执业的护士。

医务人员并非只包括医师和护士，还有与诊疗活动有关的相关活动的工作人员，例如救护车的调度、驾驶、跟班救护人员等。这些人员虽然没有行医资质，但在医疗机构工作，并参与医疗活动，也属于医务人员。

以上人员在发生医疗侵权事件时，符合医疗损害责任纠纷的主体规定，属于侵权责任法中医疗损害责任部分的调整范围，而非以上人员发生医疗侵权案件时，应适用侵权责任法的一般性条款进行调整。

四、诊疗行为

有学者认为，诊疗行为是指临床医务人员为了诊断、治疗疾病，或者对患者的健康状况进行评价，使病人尽快康复和延长其寿命而进行的临床实践活动。[1] 笔者认为，诊疗行为应包括两部分：首先应指适格的医疗机构及其医务人员通过各种检查，使用药物、器械及手术等方法，对疾病做出判断和消除疾病，缓解病情，减轻痛苦，改善功能，延长生命，帮助患者恢复健康的临床医学实践行为；其次是指不以单纯治疗为目的而实施的实验性诊疗行为、侵袭性诊疗行为以及美容行为等。简言之，诊疗行为就是医疗机构及其医务人员在诊疗活动中的临床实践行为。[2]

五、诊疗规范

我国目前对"诊疗规范"没有明确定义。但 1994 年卫生部颁布的《医疗机构管理条例实施细则》第 88 条中有"技术规范"的定义。"技术规范"是指由卫生部、国家中医药管理局制定或者认可的与诊疗活动有关的技术标准、操作规程等规范性文件。其中，"规范性文件"就是由卫生部下属的行政机关发布的，如以卫生部办公厅名义发布的各种"诊疗规范"，即前面所指的"技术规范"的一种。

2006 年，国家卫生部、国家中医药管理局、总后卫生部三家联合委托中华医学会，由其各医学分会制定了相关的学科《临床诊疗指南》。2006 年至今，《临床诊疗指南》已经出版发行 47 分册，涉及临床各主要学科。同时，上述三家又联合下发通知要求："各级各类医疗卫生机构和学术团体要组织医务人员认真学习《临床诊疗指南》，医疗卫生机构及其医务人员要在执业过程中参照执行。"尽管上述三家联合发文要求各级各类医疗卫生机构和学术团体在执业过程中参照执行，但卫生部却未明确该内容就是临床医疗行为中的医疗行为规范。

2006 年卫生部委托中华医学会由其各医学分会制定了《临床技术

---

[1] 杨志寅："论规范化诊疗行为模式的建立"，载《中国行为医学科学》2004 年第 6 期。
[2] 杨立新："医疗损害责任构成要件的具体判断"，载《法律适用》2011 年第 5 期。

操作规范》，但卫生部却未下文要求各级各地医疗机构遵照执行。针对上述《临床诊疗指南》和《临床技术操作规范》，虽然卫生部没有明确其属于"诊疗规范"，但在已经过去的几年中，已有部分律师或相关人员引用其作为判断医疗行为是否存在过错、过失，以此进行医疗事故诉讼。由于现代临床诊疗技术突飞猛进，主要针对某类疾病的诊疗技术规范已经远远不能规范相关技术的具体临床应用，比如心脏病冠状动脉介入治疗技术、内镜微创技术等就需要单独制定相应的技术规范。如此，在上述《临床诊疗指南》之外，由中华医学各专业分会制定了大量的指南、专家意见、专家共识、指导原则等。目前这些分门别类的诊疗技术规范在临床医疗实践中发挥着重要的规范性作用，但卫生部未明确其是否属于诊疗规范。

笔者认为，诊疗规范应当包括以下内容：①现行的临床医学专业教科书；②卫生部、国家中医药管理局制定或者认可的与诊疗活动有关的技术标准、操作规程等规范性文件；③药品说明书；④国家药品监督管理局主持编纂、颁布实施的药典。而在以上几种规范中，如果出现冲突，其效力应当作如下规定：②＞①，③＞④＞①。

以用于肿瘤化疗治疗的甲氨蝶呤为例，在《药理学》中记载，该药物除了可以用于化疗外，在治疗风湿性关节炎方面亦有一定疗效，在一些医疗教科书上，也记载了此药治疗风湿性关节炎的用法、计量。但考虑到此类化疗药物的副作用及用药反应均较大，通常不作为治疗风湿性关节炎的一线药物使用。笔者查阅了不同药品生产厂家生产的甲氨蝶呤药物说明书，绝大部分说明书中仅注明了该药物用于肿瘤化疗的使用方法，却没有治疗风湿性关节炎的用法说明，也就是说，作为甲氨蝶呤药物的质量责任主体，厂商不认可其作为风湿性关节炎的治疗用途。

这就在甲氨蝶呤的实际使用中产生这样一个矛盾：究竟以药典或教科书为准，还是以药品说明书为准。笔者就曾处理过一起因使用甲氨蝶呤超量造成患者死亡的医疗纠纷案例，在该纠纷中，医患双方争论焦点之一就是医务人员没有告知甲氨蝶呤的使用风险，也没有按照说明书规定的适应证用药。笔者认为，药品说明书实际上是药品生产厂家对自己产品的质量保证，超出其说明书规定的适应证用药，则生产厂家不再承担质量保证责任，同时，不同厂商生产的同一种药物因为原材料、工艺差别，可能含有不同的微量杂质，可能在超出其说明书适应证范围用药时导致损害。而药典仅对某有效成分的用途作出原则性规定，并不能规范所有的药物，因此，在实际使用时，如果药品说明书与药典之间存在矛盾，应以药品说明书为准。

六、典型案例评析

朱某诉某大学附属医院医疗损害责任纠纷一审民事判决书[1]

原告：朱某。

被告：某大学附属医院。

原告朱某与被告某大学附属医院医疗损害责任纠纷一案，本院于2014年4月15日立案受理后，依法适用简易程序公开开庭进行了审理。原告朱某及被告某大学附属医院的委托代理人到庭参加诉讼。本案现已审理终结。

原告朱某诉称，2013年5月9日原告至被告处入院治疗，并行骨髓穿刺手术，后原告大小便失禁、下肢无知觉，同年6月28日出院。由于被告在行手术时原告神经受到损伤，致原告瘫痪，生活无法自理，责任在于被告，被告的治疗行为存在过错，诉讼要求被告赔偿医疗费人民币（以下币种均为人民币）25 000元。

被告某大学附属医院辩称，被告的诊疗行为符合常规，不具有过错。不同意原告的诉请。

经审理查明，2013年5月9日原告至被告处入院治疗，并行骨髓穿刺手术，同年6月28日出院。现原告认为被告的医疗行为存在过错，致使原告瘫痪、生活不能自理，要求被告予以赔偿。

审理中，经原、被告双方当事人一致同意，本院委托上海市医学会进行医疗损害鉴定。经鉴定，上海市医学会出具的《医疗损害鉴定书》分析意见为：①诊疗问题：患者为双下肢进行性感觉麻木加重，医方对

---

[1] 上海市宝山区人民法院（2014）宝民一（民）初字第XXXX号民事判决书，载中国裁判文书网 http://www.court.gov.cn/zgcpwsw/sh/shsdezjrmfy/shsbsqrmfy/ms/201408/t20140823_2644047.htm.

其"脊髓病变"诊断正确,为明确脊髓病变的原因而实施腰椎穿刺有适应证。②操作方面:医方选择的腰椎穿刺部位在腰4、5间(在脊髓的马尾神经节段处),符合操作常规。穿刺时患者仅有穿刺部局部疼痛,无其他部位的放射痛,故局部的机械性神经损伤可排除;医方在操作上仅限于取脑脊液,故不存在因注入药物所致的化学损伤。③目前状况:依据送鉴病历资料和现场医学检查,患者双下肢截瘫,双侧Babinski(+),第8胸椎以下平面感觉消失,住院后至今没有改变,因此患者现在的症状、体征与入院前影像学检查已提示的"脊髓病变"有关。④因果关系:患者目前的神经损伤表现为上运动元神经损害,与脊髓穿刺可能造成的下运动神经元损伤不同,故医方的医疗行为与患者的现状之间不存在因果关系。鉴定意见为:"本例不属于对患者人身的医疗损害"。为此被告支付鉴定费3 500元。庭审中,原告对该鉴定意见表示不予认可,被告对该鉴定意见表示无异议。

以上事实,有相关病史资料、《医疗损害鉴定意见书》及双方当事人陈述等证据为证,经庭审质证属实,本院予以认定。

本院认为,当事人对自己提出的诉讼请求所依据的事实或者反驳对方诉讼请求所依据的事实有责任提供证据加以证明。没有证据或者证据不足以证明当事人的事实主张的,由负有举证责任的当事人承担不利后果。根据《医疗损害鉴定意见书》,被告对原告的诊疗行为符合医疗常规,并不具有过错,未对原告构成医疗损害。原告诉称被告的医疗行为存在过错,但无证据予以佐证,故原告要求被告承担民事责任并赔偿损失,于法无据,本院难以支持。据此,依照《最高人民法院关于民事诉讼证据的若干规定》第二条之规定,判决如下:

原告朱某要求被告某大学附属医院赔偿医疗费25 000元的诉讼请求不予支持。

案件受理费减半收取计212元,由原告负担。鉴定费3 500元,由被告负担。

如不服本判决,可在判决书送达之日起15日内向本院递交上诉状及副本,上诉于上海市第二中级人民法院。

审 判 员:陆××

二〇一四年六月二日
书 记 员：冯××

案例评析：

　　本案是一起因患者在脊髓穿刺术后出现进行性下肢感觉及运动丧失而引发的医疗损害责任纠纷诉讼。从判决情况来看，本案原被告的争论焦点在于脊髓穿刺是否存在过错，以及是否与原告瘫痪的后果之间存在因果关系，这是一个典型的医疗技术损害问题，法官从其常识出发无法做出判断，因此需要医学专家的协助。从上海地区的医疗纠纷审理实践来看，法官倾向于通过医学会的医疗损害技术鉴定，来解决医疗损害案件事实认定中的专门性问题。具体到本案，医学会出具的医疗损害技术鉴定意见认为：被告医院的医疗行为没有违反操作常规，不存在过错，此处的操作常规应指《临床诊疗指南》和《临床技术操作规范》中所规定的内容；患者的损害是自身疾病的不可逆转归，与被告的医疗行为之间没有关系。法院经过质证，采信了该鉴定意见，判决被告某大学附属医院不承担赔偿责任。

第二节　医疗技术损害责任的归责原则

　　医疗损害责任的归责原则，是指确定医疗机构承担医疗损害责任的一般准则，是在受害患者的人身损害事实已经发生的情况下，为确定医疗机构对自己的医疗行为所造成的损害是否需要承担赔偿责任的准则。广而言之，侵权责任归责原则是侵权行为法的统帅和灵魂，是侵权行为法理论的核心。研究医疗损害责任，首先就必须研究其适用何种归责原则。[1]

一、学界的基本观点

　　《侵权责任法》实施之前，在我国民商法学界，对于医疗损害责任

---

〔1〕　杨立新：《医疗侵权法律与适用》，法律出版社2008年版，第47～48页。

适用何种归责原则的意见,主要有以下三种观点:[1]

1. 过错责任原则说。这种学说认为,医疗损害责任的归责原则同样是过错责任原则,尽管其过错的认定,多数采取过错推定的方式,但由于过错推定并不是一个归责原则,因此,我国医疗损害责任的归责原则并不是过错推定原则,而是过错责任原则。医疗事故虽暂由特别法规调整,但其构成并无特别要求,所有的责任都是过错责任。[2]

2. 过错推定原则说。该学说认为,过错推定原则不同于过错责任原则,是一个独立的归责原则,独立调整一些侵权行为类型,医疗损害责任就是其中的一种。医疗损害责任的归责原则具有特殊性,即不适用过错责任原则,而适用过错推定原则。其特点在于,其侵权责任构成的其他三个要件,即医疗行为的违法性、损害事实和因果关系,是由受害患者一方承担举证责任,而医疗过失要件要由法官进行推定,受害患者一方无须举证,医疗机构如果认为自己没有过错,则应自己举证,能够证明自己没有过错的,免除其赔偿责任,反之则应当成立侵权责任。

3. 综合说。此说认为,医疗损害责任的归责原则并非实行单一的归责原则,而是二元的或者三元的归责原则体系,如同侵权行为法的侵权归责原则体系一样。对于一般的医疗损害责任,应当适用过错责任原则;对于特殊的医疗损害,则适用过错推定原则;对于输血感染艾滋病病毒等医疗损害责任,应当适用无过错责任原则。

二、司法实践

1. 《侵权责任法》实施之前。2002 年 4 月 1 日实施的《最高人民法院关于民事诉讼证据的若干规定》第 4 条第 8 项明确规定,对医疗侵权纠纷的过错要件和因果关系要件进行推定,实行举证责任倒置,受害患者不必举证证明医疗机构的过失和因果关系,而由医疗机构举证证明自己没有过失以及医疗行为与损害后果之间没有因果关系。据此,在全国法院对医疗损害责任实行过错推定原则,受害患者起诉,只需证明医

---

[1] 杨立新:"论医疗损害责任的归责原则及体系",载《中国政法大学学报》2009 年第 2 期。

[2] 张新宝:《侵权责任法原理》,中国人民大学出版社 2005 年版,第 223 页。

疗机构的行为具有违法性、自己在就医期间造成人身损害即可,其他的证明责任统一由医疗机构一方负担,须医院自己举证证明。

医疗侵权纠纷举证责任倒置的规定在学理上存在很大争议,但在司法实践中却波澜不惊,究其原因,是因为出于医疗侵权纠纷的专业性,为了确定过错要件和因果关系,人民法院往往需要委托鉴定机构进行鉴定,而除了法院依职权提起的以外,绝大多数司法鉴定的启动过程被认为是负有举证责任一方当事人的举证过程,这个过程在医疗侵权纠纷中至关重要。由医疗机构申请鉴定,从经济角度和程序上均不存在问题,相反,患者一方申请鉴定则可能出现经济负担过重或者在鉴定前无法全面获取病历信息的问题。

2.《侵权责任法》实施之后。杨立新教授认为,我国医疗损害责任的归责原则应当形成一个体系,应当根据不同的医疗损害责任类型,分别适用过错责任原则、过错推定原则和无过错责任原则,而不是适用单一的过错责任原则或者过错推定原则。因此,《侵权责任法》中规定的医疗损害责任归责原则体系由过错责任原则、过错推定原则和无过错责任原则构成,分别适用于医疗技术损害责任及管理损害责任、医疗伦理损害责任、医疗产品损害责任。[1]

就医疗技术损害责任而言,适用过错责任原则确定侵权责任。据此,确定医疗机构承担侵权赔偿责任,应当具备侵权责任的一般构成要件,即违法行为、损害事实、因果关系和医疗过失。在证明责任上,实行一般的举证责任规则,即"谁主张,谁举证",四个要件均须由受害患者承担举证责任。

但是,《侵权责任法》第58条规定了例外情形:"违反法律、行政法规、规章以及其他有关诊疗规范的规定",造成患者损害的,推定医疗机构有过错。该条规定了医疗技术损害责任的过错推定责任原则,被认为是对过错责任原则的补充和制衡。

首先需要明确,医疗机构是否存在违反法律、行政法规、规章及其他有关诊疗规范的规定,医疗机构是没有证明义务的,证明责任仍然在

---

[1] 杨立新:"论医疗损害责任的归责原则及体系",载《中国政法大学学报》2009年第2期。

患者一方，如果患者证明医疗机构存在第 58 条规定的情形之一，医疗机构不能进行反证，而患者的证明方式，可以是书证、物证、鉴定意见、专家证言等等，并不局限于鉴定意见一种形式。

三、典型案例评析

杜某诉广东省某医院医疗损害责任纠纷民事判决书[1]

原告：杜某，男，汉族，1965 年 2 月 18 日出生，四川省南部县人，住四川省南部县。

被告：广东省某医院。

原告杜某诉被告广东省某医院医疗损害责任纠纷一案，本院受理后，于 2013 年 12 月 12 日公开开庭进行审理。原告杜某及其委托代理人、被告某医院的委托代理人到庭参加诉讼。本案现已审理终结。

原告杜某诉称：原告杜某是东莞市某机械制造有限公司员工，月均工资 2788 元。2011 年 3 月 22 日原告杜某上班时发生工伤事故，在车间捡机器护罩去打磨时被砸伤左脚部，2011 年 3 月 23 日上午在某医院治疗，被诊断为"左足第 4 趾骨离断"。2011 年 4 月 10 日转入东莞市太平人民医院治疗，诊断为"左足第 4 趾骨远端陈旧性骨折"，并做内固定钢板手术，当时原告杜某左足第 4 趾神经感觉和左脚足背神经一直正常良好。2012 年 4 月 18 日原告杜某到被告广东省某医院治疗。2012 年 4 月 19 日被告医院对原告杜某左足第 4 趾做取钢板手术，术后原告杜某仍疼痛。2012 年 5 月 16 日被告医院医生对原告杜某左足再次做手术，不料，当时做手术医生采取不当措施伤害到神经，导致原告杜某术后左足麻木，神经疼痛，第 4 趾无神经感觉。2012 年 5 月 30 日原告杜某从被告某医院出院，后转入东莞市第一人民医院、广东省康复医院治疗，仍未好转。目前，原告杜某行动十分不便，留下终生残疾。被告某医院的行为给原告杜某造成极大的伤害。为保护原告杜某合法权益，特提出诉讼，请求判令：被告某医院向原告杜某赔偿残疾赔偿金、误工费、护

---

[1] 广东省东莞市第二人民法院（2013）东二法民一初字第 XXXX 号民事判决书，载中国裁判文书网 http://www.court.gov.cn/zgcpwsw/gd/gdsdgszjrmfy/dgsdermfy/ms/201408/t20140824_2647523.htm.

理费、交通费等合计 648844 元。

被告某医院辩称：原告杜某在做"皮神经瘤切割手术"之前就已经有腿脚麻木疼痛的症状存在，原告杜某所陈述的"损害结果"是由于其他原因引起的。原告杜某是因为脚部受到工伤在第一次手术之后，来到被告某医院做第二次手术"内固定物取出术"的。原告杜某是在 2011 年 3 月发生工伤，2011 年 4 月在东莞市太平人民医院治疗，2011 年 5 月 4 日出院。第一次手术后，原告杜某遵照医嘱按时到东莞市太平人民医院复查。在 2011 年 10 月 12 日的复查中，原告杜某自行主诉："左第四跖骨陈旧性骨折内固定术后半年，自诉伤足疼痛。"根据东莞市太平人民医院的病历记录可以清楚地看到原告杜某早在入被告某医院治疗之前就已经存在左足疼痛麻木的症状。在原告杜某入住被告某医院的入院记录中也很清楚的记录了原告杜某陈述的症状："左足背侧第 4 跖骨处见一纵行陈旧性手术瘢痕，已愈合，足趾血运好，左足稍麻木，足趾运动正常。"原告杜某在被告某医院的主治医生在首次病程中依据原告杜某的陈述，初步诊断原告杜某"左足麻木考虑可能与足底神经受压迫所致"。再者，原告杜某在东莞市太平人民医院的诊断证明其有严重的腰椎间盘突出症的情况，众所周知，腰椎间盘突出极易压迫患者的神经，引起下肢疼痛和麻木。以上情况表明，原告杜某所称的"损害结果"，早在其入住被告某医院之前就已经存在，其所述的左足麻木与被告某医院的"皮神经瘤"没有因果关系，而是由于其他原因引起的。被告某医院对原告杜某实施的"皮神经瘤切割手术"手术成功，被告某医院没有过失。"皮神经瘤切割手术"是一个比较简单的手术，被告某医院对原告杜某的手术是成功的，成功地摘除了患者脚部的皮神经瘤，没有造成患者的肢体损伤，被告某医院的手术在技术上没有任何错误。

综上所述，被告某医院在对原告杜某的手术中，从技术方面讲是成功的，没有任何过失。原告杜某的左足疼痛麻木在到被告某医院治疗之前就已经存在，可能是工伤之后压迫神经所致，也可能是腰椎间盘突出压迫神经所致，但应与被告某医院实施的"皮神经瘤切割手术"之间没有直接的因果关系。

经审理查明：原告杜某于 2011 年 3 月 22 日不慎被重物砸伤左足被

送被告某医院,经 X 射线检查诊断为左足第 4 跖骨远端骨折,未见明显移位,行中药外敷治疗。2011 年 4 月 10 日复查 X 片发现左足第 4 跖骨骨折,骨折处略成角畸形,建议转上级医院治疗。2011 年 4 月 10 日原告杜某入住东莞市太平人民医院,因左足第 4 跖骨陈旧性骨折,对位对线不良,于 2011 年 4 月 12 日行左足第 4 跖骨切开复位钢板内固定。术后左足背疼痛,曾在门诊治疗。2012 年 4 月 18 日原告杜某入住被告某医院要求取除钢板,2012 年 4 月 19 日在麻醉下行原切口取除内固定钢板,术后左足疼痛明显。2012 年 5 月 16 日被告某医院在硬膜外麻醉下行原手术切口进行探查,发现左足背手术瘢痕内有皮神经瘤,将瘤体切除,术后原告杜某左足疼痛症状未缓解,行走不便,被告某医院建议原告杜某休息 1 个月,到上级医院复查。原告杜某于 2012 年 5 月 30 日出院。2012 年 7 月 31 日,原告杜某因重物砸伤左足背侧疼痛、肿胀,术后 1 年多左第 4 趾及足背仍感麻木、疼痛、足趾屈伸活动受限而入住广东省工伤康复医院治疗。入院后行理疗、关节松动及增强肌力训练,并予活血化瘀、消肿治疗,2012 年 9 月 28 日出院。2012 年 12 月 27 日,原告杜某到东莞市太平人民医院对腰椎进行 MRI 检查。2013 年 3 月 29 日,原告杜某到东莞市太平人民医院进行肌电图及诱发电位检查。2013 年 3 月 30 日,东莞市太平人民医院经诊断后出对原告杜某出具《疾病诊断证明书》,建议进一步治疗。2013 年 5 月 7 日,原告杜某因左足背疼痛,夜间疼痛明显,影响睡眠 1 年而入住东莞市太平人民医院。入院后经治疗无好转,于 2013 年 6 月 6 日出院,建议转上级医院治疗。

  本案在审理过程中,本院根据原告杜某的申请,依法委托广东南天司法鉴定所对被告某医院的诊疗行为进行医疗损害司法鉴定。广东南天司法鉴定所受理鉴定委托后依法定程序组织专家进行鉴定,并于 2013 年 9 月 11 日出具了粤南(2013)临证字第 90 号《法医学司法鉴定意见书》,鉴定主要意见为:被告某医院在对原告杜某经 X 光检查诊断为左足第 4 跖骨骨折,未见明显移位,而被告某医院采用外敷中药等治疗,未予以制动,以至于活动时造成骨折移位后,因这种治疗措施不当而施行左第 4 跖骨切开复位钢板内固定手术治疗。东莞市太平人民医院对左足第 4 跖骨陈旧性骨折,对位不良,采取切开复位,钢板内固定治疗方案是符合骨科常见疾病治疗常规的。原告杜某伤后 1 年进入被告某医院时检查左足稍麻木,趾活动正常,病历中记录见病人术前存在切口部疼痛的描述,而手术拆除钢板后因病人疼痛严重,院方考虑皮神经瘤。此时距取钢板术后1月,再次手术探查,在原疤痕内发现皮神经瘤,将瘤体切除。原切口尚在瘢痕期内,是很难确定皮神经瘤的,切除的组织是否为皮神经瘤,应按医疗常规送病理检查,而被告某医院病历记录中未见送病理检查及病理报告的任何记录。综上所述,被告某医院在对原告杜某的医疗行为中,在首次发现左足第4跖骨骨折时未采取固定制动措施致其骨折移位而导致手术治疗。取出钢板手术后发现疼痛明显,诊断为皮神经瘤采取手术切除,而切除组织未送病检,违反医疗常规,存在过错,其过错与手术后出现左足疼痛,活动受限等症状存在一定的因果关系,其属同等因素,过错参与度为41%~60%。原告杜某对上述鉴定意见不服,要求重新鉴定。原告杜某支付了此次鉴定费9000元。

本案在审理过程中,根据原告杜某的申请,本院依法委托广东康怡司法鉴定中心对原告杜某进行伤残等级鉴定及后续治疗费鉴定。在鉴定过程中,由于原告杜某不配合鉴定,广东康怡司法鉴定中心终止鉴定。后原告杜某不再申请伤残鉴定,本院委托南方医科大学司法鉴定中心再次对原告杜某的后续治疗费进行鉴定。2014年2月21日,南方医科大学司法鉴定中心致函本院,称由于没有相应的后续治疗费鉴定标准予以参照,该中心无法确切评估原告杜某所需的后续治疗费,因此,该中心决定不予受理鉴定。

另查,广东省东莞市中级人民法院(2013)东中法民五终字第XXXX号民事判决确认,原告杜某受伤前在东莞市鸿顺机械制造有限公司工作,其在不加班的情况下月工资为1338.06元。庭审中,被告某医院主张原告杜某在广东工伤康复医院住院治疗是针对工伤的,期间的护理费不应支持。

以上事实,有病历资料、广东南天司法鉴定所粤南(2013)临证字第90号《法医学司法鉴定意见书》、广东康怡司法鉴定中心《同意受理通知书》和《终止鉴定函》、南方医科大学司法鉴定中心《函》、广东省东莞市中级人民法院(2013)东中法民五终字第1451号民事判决书、当事人陈述、本院庭前证据交换笔录、鉴定笔录、庭审笔录等附卷为证。

侵权责任法之医疗损害责任三方解读

本院认为：本案的争议焦点有二，一是被告某医院的医疗行为是否存在过错，如有过错，是否给原告杜某造成人身损害；二是原告杜某的损失包括哪些。

关于焦点一。本案在审理过程中，依法委托广东南天司法鉴定所对被告某医院的诊疗行为进行医疗损害司法鉴定。鉴定机构的人员具有相应的鉴定资质，鉴定程序合法，鉴定意见依据充分，本院对广东南天司法鉴定所的鉴定意见予以采信。原告杜某要求重新鉴定不符合法律的规定，本院不予准许。被告某医院在对原告杜某的医疗行为中，在首次发现左足第4跖骨骨折时未采取固定制动措施致其骨折移位而导致手术治疗。取出钢板手术后发现疼痛明显，诊断为皮神经瘤采取手术切除，而切除组织未送病检，违反医疗常规，存在过错，其过错与手术后出现左足疼痛，活动受限等症状存在一定的因果关系，综合本案的情况，本院酌情确定被告某医院承担50%的民事责任。

关于焦点二。根据《中华人民共和国侵权责任法》、《最高人民法院关于审理人身损害赔偿案件适用法律若干问题的解释》和《最高人民法院关于确定民事侵权精神损害赔偿责任若干问题的解释》等的有关规定，原告杜某损失包括：误工费、护理费、交通费、住院伙食补助费等，各项合计10 178.29元，由被告某医院承担50%即为5 089.15元。对于原告杜某超出上述数额的诉讼请求，缺乏法律依据，本院不予支持。被告某医院虽因过错给原告杜某造成伤害，但对其精神损害未达到严重的后果，故原告杜某要求被告某医院赔偿精神损害抚慰金没有事实和法律依据，本院不予支持。

因原告杜某没有提供合法有效的证据证明其后续治疗费的具体数额，故原告杜某起诉要求被告某医院支付后续治疗费没有事实和法律依据，本院依法不予支持，如原告杜某在以后实际发生医疗费的，可另行主张权利。

综上所述，依照《中华人民共和国侵权责任法》第十五条、第十六条、第五十四条，《最高人民法院关于审理人身损害赔偿案件适用法律若干问题的解释》第十七条、第二十条、第二十一条、第二十二条、第二十三条，《中华人民共和国民事诉讼法》第六十四条第一款、第一百四十二条，《最高人民法院关于民事诉讼证据的若干规定》第二条的规定，判决如下：

一、限被告某医院于本判决发生法律效力之日起五日内向原告杜某支付误工费、护理费、交通费、住院伙食补助费共计 5 089.15 元；

二、驳回原告杜某的其他诉讼请求。

如不服本判决，可在本判决书送达之日起十五日内向本院递交上诉状，并按对方当事人的人数提交副本，上诉于广东省东莞市中级人民法院。

审　判　员：尹××

代理审判员：黄××

人民陪审员：李××

二〇一四年四月三十日

书　记　员：刘××

案例评析：

本案是一起因医疗机构手术不当、没有遵守诊疗规范引起的医疗纠纷。本案在审理中恪守《侵权责任法》第 54 条关于过错责任"谁主张、谁举证"的规定，要求患者申请医疗过错司法鉴定。当患者对第一次鉴定意见不服，又没有提出合理重新鉴定理由时，法官没有启动重新鉴定。同时，由于患者一方的不配合，导致残疾等级鉴定无法启动，举证不能的责任应由患者承担。

有学者认为，如果医疗机构出现侵权责任法第 58 条第一款的违法情形，应当承担全部过错责任。但患者损害仍可能是其自身疾病与医疗损害因素共同作用的结果，违反诊疗规范的强制性规定，仅代表其主观过失严重程度较高，并不能作为原因力水平的判断依据。在司法实践中，如果医疗机构存在技术性过错，鉴定过程中仍会综合考虑患者疾病因素、医疗机构违反诊疗常规的严重程度等因素，对损害后果按照原因力程度进行分割，但违反诊疗规范的过失水平，要高于违反业内共识、专家观点等情形，这也是司法鉴定中评判医疗过错参与度的重要依据。

第三节　医疗技术损害责任所涉条文释义

一、《侵权责任法》第54条

"患者在诊疗活动中受到损害，医疗机构及其医务人员有过错的，由医疗机构承担赔偿责任。"

本条是关于医疗损害责任归责原则的一般性规定，以及医疗损害责任构成要件及其责任承担主体的规定。

诊疗活动的概念在之前已经有论述，在司法实践中，以下几种行为往往不被认为属于侵权责任法规定的诊疗活动：一是，医院设施或者管理瑕疵，导致患者在医院摔伤、坠楼、自杀等情况；二是，医疗机构或医务人员故意伤害患者；三是非适格医疗机构或医务人员主体实施的临床操作，导致患者损害的情况。以上情况，应适用侵权责任法关于人身损害赔偿的一般性规定。

根据本条的规定及民事侵权责任理论，医疗损害侵权责任的构成要件有四个：一是医疗机构和医务人员的诊疗行为；二是患者的损害后果；三是诊疗行为与损害后果之间的因果关系；四是医疗机构或医务人员的过错。

1. 违法诊疗行为。关于医疗侵权责任构成要件中是否应包括"医疗行为违法性"这一要件，目前国内理论界尚存在争议。王利明教授认为，医疗损害责任的构成要件中，应当仅包括医疗行为，不考虑该行为的违法性。杨立新教授认为，侵权行为的违法性，是指行为在客观上与法律规定相悖，主要表现为违反法定义务、违反保护他人的法律和故意违背善良风俗致人以损害。[1] 杨立新教授同时认为，侵权行为的违法性，并非是指违反了法定的诊疗规范性文件，而是指行为在客观上与法律规定相悖，主要表现为违反法定义务、违反保护他人的法律和故意违背善良风俗致人以损害。[2] 作为医疗损害责任的诊疗行为违法性，是

---

[1] 杨立新：《侵权责任法》，法律出版社2011年版，第110页。
[2] 杨立新：《侵权责任法》，法律出版社2011年版，第110页。

指医疗机构及其医务人员在诊疗行为中违反了对患者的生命权、健康权、身体权、自我决定权以及隐私权、所有权等民事权利不得侵害的法定义务。这个法定义务不是医疗机构及其医务人员对患者的注意义务，因为那是构成过错要件的注意义务。违法性的法定义务是医疗机构及其医务人员作为患者享有的绝对权的义务主体，对患者享有的权利的不可侵义务的违反。医疗机构及其医务人员作为民事主体，在患者作为人格权的权利主体时，自己作为义务主体对患者权利负有不可侵义务，即不得侵害患者的权利。违反了这个不作为义务，就具有违法性。

2. 患者的损害。医疗损害责任构成中的患者受到损害要件，是医疗机构及其医务人员在诊疗活动中，造成患者的人身损害事实和财产损害事实以及精神损害事实。有的学者认为这个损害事实还包括患者近亲属的财产的损害，[1] 这种情况只有在受害患者死亡的情形下才存在。

医疗损害责任的患者受到损害要件，是指医疗机构及其医务人员的诊疗行为致使患者的人身权利、财产权利以及其他利益受到侵害，造成患者人格利益和财产利益减少或者灭失的客观事实。

作为侵权法上的损害，应当具有以下特征：①损害是侵害合法民事权益所产生的对受害人人身或者财产不利的后果；②这种损害在法律上具有救济的必要与救济的可能；③损害后果应当具有客观真实性和确定性。

3. 诊疗行为与损害后果之间的因果关系。《民法通则》和《侵权责任法》虽然没有对因果关系作出直接规定，但在司法实践中因果关系的重要性没有动摇过。英美法系侵权法有法律上的因果关系与事实上的因果关系划分，前者是指某一加害行为是否符合某一特定的侵权诉因的要件问题，后者是指加害行为与损害之间的关系。大陆法系侵权法一般只是规定事实上的因果关系，目前关于实施上的因果关系在大陆法系占主导地位的学说是经过改良的相当因果关系说，相当因果关系学说的基本含义是："加害人必须对以他不法行为相当条件的损害负赔偿责任。"但是对超出这一范围的损害后果不负民事责任。相当原因必须是损害后果发生的必要条件，并且具有极大增加损害后果发生的可能性即"客观

---

[1] 张新宝：《侵权责任法》，中国人民大学出版社2010年版，第233页。

可能性"。

医疗损害责任案件中，往往存在多因一果的情况。多因一果是指多个原因造成受害人单一损害后果的情况。这里的多因，可能包括几家医疗机构的共同过错、患者自身疾病因素、现有科学技术不能避免的并发症、医疗产品瑕疵以及不可抗力等情况。而如何判断各种原因是否存在，以及在损害后果中所占的原因力比例和过错大小，在司法实践中往往需要经过鉴定中心进行司法鉴定，而《中华人民共和国民事诉讼法》修订后，专家意见也将起到越来越重要的作用。

4. 医疗机构及医务人员的过错。过错责任原则是侵权责任法的主要归责原则，多数侵权行为之构成仍以加害人的过错为要件，医疗侵权责任也不例外。如前所述，医疗损害责任可以分为医疗技术损害责任、医疗伦理损害责任、医疗管理损害责任以及医疗产品损害责任。其中前三种一般情况均应适用过错责任原则（《侵权责任法》第58条规定除外），而医疗产品损害责任适用无过错责任原则。

过错是指加害人的一种心理状态，表现为故意和过失两种形式。过失包括疏忽大意的过失和过于自信的过失两种。在医疗技术损害责任中，医疗机构和医务人员对患者损害后果的发生，主观上是持一种过失心态，即应当知道患者具有发生损害的可能性，但因为疏忽大意或者自信能够避免而导致损害后果的发生。但如果医疗机构和医务人员对患者损害发生持有一种故意心态，则可能构成故意伤害，属于刑法的调整范畴。

在医疗技术损害责任中，如何判断医务人员是否存在过失，其标准为是否达到了应当达到的注意义务，即第57条规定的"与当时的医疗水平相当的诊疗义务"。该条最后规定了医疗技术损害责任的赔偿主体，即医疗机构。《侵权责任法》第34条规定了用人单位的替代责任，亦适用于医疗损害责任纠纷。医疗机构不得以"无用人不当"或者"已经尽到监督义务"为由推卸赔偿责任。对于有重大过失的医务人员，医疗机构在承担赔偿责任后，可以行使追偿权。

二、《侵权责任法》第57条

"医务人员在诊疗活动中未尽到与当时的医疗水平相应的诊疗义务，

造成患者损害的，医疗机构应当承担赔偿责任。"

本条规定了医务人员在诊疗活动中的注意义务。

1. 注意义务概述。所谓注意义务，是法学上的一个专业术语，是指一个人在从事某种活动时，应该给予高度的谨慎和注意，以避免给他人造成不应有的危险或损害的责任，欠缺或违反应负的注意义务即构成过失。因此，注意义务是判断行为人是否承担过失责任的前提条件。判断行为人的行为是否存在过失，主要就看行为人是否履行了应尽的注意义务和履行其注意义务的程度。

注意义务是侵权行为法的核心概念之一，这一概念的重要性在侵权行为法中可以通过"违反注意义务——有过错——产生侵权责任"这样的逻辑体系得以体现。

在英美法系国家，被告的行为是否为过失行为，其客观的判断标准是理性人的标准。这种标准实际上包含了注意义务的内容。那么理性人的含义是什么呢？他是法律上的假想人，是被理想化和标准化了的，具有法律所期望的一般人所应有的谨慎和理性。当判断被告的行为是否谨慎时，要看一个理性人处在被告的情况下会如何行为，以此作为衡量。英美法系作为经验型的法律体系，重司法实务而轻理论归纳，因此英美法学中对概念的规定往往是描述性的。《牛津法律大辞典》对"注意义务"的解释是："一种为了避免造成损害而加以合理注意的法定责任。在侵权法中，行为人无须因疏忽而承担责任，除非其造成损害的行为或疏忽违反了应对原告承担的注意义务。如果一个人能够合理地预见到其行为可能对其他人造成人身上的伤害或财产上的损害，那么，在多数情况下他应对可能受其影响的人负有注意义务。因此，医师对其患者负有注意的义务；高速公路的驾车人应对其他人负有注意的义务。"[1] 简言之，注意义务是指"行为人应采取合理的注意而避免给他人的人身或财产造成损害的义务"。[2]

大陆法系的侵权法，在罗马法中，就曾以"善良家父"行为来判

---

[1] [英] 戴维·M. 沃克：《牛津法律大辞典》，光明日报出版社1988年版，第137页。转引自屈茂辉："论民法上的注意义务"，载《北方法学》2007年第1期。

[2] 黄劲："论注意义务在侵权行为法上的地位"，载《哈尔滨学院学报》2008年第4期。

定行为人有无过失。而"善良家父"是一个细心的、谨慎的、勤勉的人的标准。这其中已经包含了注意义务的精神，换句话说，"善良家父"即负有注意义务的人。在法国，法官极注重运用"善良家父"标准来衡量行为人的过失，并把过失作为违反了"善良家父"应负的注意义务。德国法则用"以同职业、同年龄人的行为来衡量行为人的行为"的客观标准。[1]1902 年的"枯树案"判决中通过类推适用《德国民法典》第 836 的规定，确立了一般安全注意义务。[2]大陆法系侵权行为法中的注意义务概念，更多地受到了刑法中注意义务理念的影响。通说认为，注意义务就是义务主体谨慎、小心地行为（作为或者不作为）而不使自己的行为给他人造成损害的义务。[3]注意义务涵括结果预见的义务和结果避免的义务两部分：[4]结果预见的义务是指行为人根据行为时的具体情况，所负有的应当预见自己的行为可能引起的结果发生的义务；结果避免的义务是指行为人所负有的避免因自己的行为而发生危害结果的义务。判断能否预见和能否回避的标准都是客观的，而不考虑行为人的心理因素。注意义务在法律上是一个客观的概念，是隐含在法律规范中、实现于法律关系中的、主体以相对受动的作为或不作为的方式保障权利主体获得利益的一种约束手段。[5]

医务人员的注意义务，是指医务人员在医疗活动中，应该具有高度的注意，对患者尽到最善良的谨慎和关心，以避免患者遭受不应有的危险或损害的责任。对医务人员注意义务的理解应包括以下几方面：①这是医务人员最基本的义务，要求医务人员在为患者提供医疗服务的过程中，积极履行其应尽的职责，对患者尽到最善良的谨慎和关心，从而保护患者的生命健康不受医疗容许性为先以外的侵害；②也是医疗过失的判断依据；③我国《侵权责任法》规定的注意义务的标准，即为"与

---

〔1〕 王利明：《侵权行为法研究》（上卷），中国人民大学出版社 2004 年版，第 493 页。

〔2〕 屈茂辉："论民法上的注意义务"，载《北方法学》2007 年第 1 期。

〔3〕 屈茂辉："论民法上的注意义务"，载《北方法学》2007 年第 1 期。

〔4〕 [日]大塚仁：《犯罪论的基本问题》，冯军译，中国政法大学出版社 1993 年版，第 244 页。

〔5〕 李大平："医师注意义务的概念及其与医疗过失行为的关系——医师的注意义务系列研究"，载《法律与医学杂志》2004 年第 4 期。

当时的医疗水平相当"。

2. 当时的医疗水平。医务人员实施具体的医疗行为，都需要借助一定的技术和设备。由于我国地域辽阔，各地之间的经济发展水平极不平衡，各地的医疗资源配备也不一致，因而各地的医疗条件、医疗设备、医疗技术和水平之间的差别很大。医疗机构实施医疗行为，必须以现有的技术和条件来实施，不可能超越自己的能力和技术。医疗纠纷司法鉴定也应当限于医疗机构现有的技术和条件来做技术性判断。诊疗技术现有化规则，在《侵权责任法》第57条界定为"当时的医疗水平"，两者内涵相同。

诊疗技术现有化原则，对医疗行为的考察主要注重两个方面：一是医疗机构的性质和级别。医疗机构的性质，在于考察医疗机构是综合性医院还是专科医院。一般而言，专科医院在某一临床专业领域范围内具有独到的技术实力，其技术先进性和规范程度应当超过综合性医院。关于医疗机构的级别，根据卫生部《医院分级管理办法（试行）》第4条、第5条的规定，医院按功能、任务不同划分为一、二、三级，每一级又确定为甲、乙、丙二等，[1]目前我国的医疗机构分级为三级九等制。按照我国现有医院等级的划分，三级甲等医院的技术实力最强。不过需要注意，即使医院的等级相同，由于地域不同也会表现出不同的技术差异性。

二是，就医务人员的资质而言，我国医师的技术职务划分为医士、住院医师、主治医师、副主任医师、主任医师等级别，护理人员也划分为护士、护师、主管护师、副主任护师、主任护师等级别。[2]不过需要注意，即使医务人员的技术职务级别相同，由于地域不同、医院的级别和性质不同也会表现出不同的技术差异性。

诊疗技术现有化原则就是要求医疗纠纷司法鉴定专家在进行医疗纠纷司法鉴定的时候，应当对具体的医疗机构和医务人员进行个别性对待，即将该医疗机构和医务人员放在它所处的具体地理位置中去考察其

---

[1] 在最初的卫生部《医院分级管理标准》中将医院确定为甲、乙、丙三等，三级医院增设特等，共三级10等。后在医院评审中将三级医院中的"特等"取消，因而共分为9个级别。

[2]《卫生技术人员职务试行条例》和相关实施意见（职改［1986］第20号）。

技术能力和水平，从而判断医疗机构及其医务人员在实施医疗技术活动中是否尽到其应当尽的义务，是否存在医疗不当和过失，从而进一步判断该医疗行为是否存在过错。[1]

三、《侵权责任法》第58条

"患者有损害，因下列情形之一的，推定医疗机构有过错：（一）违反法律、行政法规、规章以及其他有关诊疗规范的规定；（二）隐匿或者拒绝提供与纠纷有关的病历资料；（三）伪造、篡改或者销毁病历资料。"

本条是关于医疗机构过错推定的规定。

从第58条的具体条款来看，第1项实际是对过错责任的补充，可以适用于医疗技术损害以及医疗伦理损害责任，而第2项、第3项则是医疗管理损害责任的范畴。

笔者认为，在医疗技术损害责任中；对于医疗机构及医务人员的注意义务的考察，可以分为两个层次，第一个层次是没有尽到"与当时医疗水平相当的诊疗义务"，但未触犯"违反法律、行政法规、规章以及其他有关诊疗规范的规定"，此时适用于《侵权责任法》第55条、第57条之规定，采取过错责任原则，由患者就医疗机构及医务人员是否存在过错以及是否与损害后果之间存在因果关系承担举证责任。在司法实践中，如果人民法院无法判断责任程度，则应当由患者一方申请进行鉴定或提供专家意见；第二个层次是医疗机构及医务人员违反注意义务的程度已经达到本条规定的"违反法律、行政法规、规章以及其他有关诊疗规范的规定"，则人民法院应当直接推定医疗机构存在过失，且杨立新教授在其《中华人民共和国侵权责任法司法解释草案建议稿》第101条认为："依照侵权责任法第58条规定推定医疗机构有过错的，法院即可认定医疗机构有过错；医疗机构不得主张推翻该过错推定。"梁慧星教授也认为："总结裁判实践经验，本条明文规定，凡具备本条列举的三种情形之一时，应当推定医疗机构有过错。特别应当注意，本条所谓过错推定，属于不可推翻的推定，而与通常所谓推定允许以反证加

---

[1] 刘鑫、高鹏志："医疗过错鉴定规则体系研究"，载《证据科学》2012年第3期。

以推翻不同。"

与学理上的讨论不同,在司法实践中,对本条第 1 项需要考虑以下几个问题:

第一,关于本条第 1 项的证明责任问题。即应当由谁来证明因为医疗机构或医务人员违反法律、行政法规、规章以及其他有关诊疗规范的规定,导致患者损害呢?从《侵权责任法》第 54 条和本条规定来看,该责任在于患者一方。

第二,证明程度问题。尽管专家均认为本条属于不可推翻的推定,但在司法实践中,一般会分两种情况:一是,医疗机构违反法律、行政法规、规章以及其他有关诊疗规范的情形十分明显,一般成人均可以确信医疗机构存在过错且造成患者损害后果的,人民法院可以直接推定医疗机构存在过错并承担相应的赔偿责任;二是,尽管患者方进行举证,但不能让人确信医疗机构违反法律、行政法规、规章以及其他有关诊疗规范的情形十分明显,则需要患方通过申请鉴定进行证明。如果不申请鉴定,则人民法院对此专门性问题无法认定,则患方可能承担举证不能的责任。

第三,鉴定意见作出后,医疗机构是否可以再次申请进行反证。法理上认为该推定应当不可推翻,但如果根据《民事诉讼法》、《司法鉴定程序通则》之规定,患方申请的鉴定存在法定重新鉴定的情形,则人民法院通常会同意进行二次鉴定。

四、《侵权责任法》第 60 条

"患者有损害,因下列情形之一的,医疗机构不承担赔偿责任:(一)患者或者其近亲属不配合医疗机构进行符合诊疗规范的诊疗;(二)医务人员在抢救生命垂危的患者等紧急情况下已经尽到合理诊疗义务;(三)限于当时的医疗水平难以诊疗。前款第一项情形中,医疗机构及其医务人员也有过错的,应当承担相应的赔偿责任。"

本条规定了医疗机构不承担医疗技术责任的法定事由。

考虑到医学技术的局限性以及本身自带的风险性,如果对医疗机构强制施加过多的责任,只会导致医学技术的停滞,医务人员的消极保守,最终损害的仍是广大患者权益。因此,本条作为医疗行为豁免制度的规定，明确了三种医疗机构不承担赔偿责任的具体情形，是对医疗技术损害责任条款的平衡。

除侵权责任法之外，我国《医疗事故处理条例》也规定了医疗豁免条款，具体见第33条："有下列情形之一的，不属于医疗事故：（一）在紧急情况下为抢救垂危患者生命而采取紧急医学措施造成不良后果的；（二）在医疗活动中由于患者病情异常或者患者体质特殊而发生医疗意外的；（三）在现有医学科学技术条件下，发生无法预料或者不能防范的不良后果的；（四）无过错输血感染造成不良后果的；（五）因患方原因延误诊疗导致不良后果的；（六）因不可抗力造成不良后果的。"《侵权责任法》第60条第1款规定对应了《医疗事故处理条例》第33条第1款、第2款、第3款、第5款，而第4款输血责任则归纳入医疗产品损害责任的范围，根据《侵权责任法》第29条的规定，不可抗力造成他人损害的，不承担责任。该条款同样适用于医疗损害责任部分，因此，本条对此不再赘述。

1. 患者或者其近亲属不配合医疗机构进行符合诊疗规范的诊疗。医患之间必须相互配合，才能达到理想的治疗效果。如果患者或者其近亲属不配合医疗机构的诊疗活动，造成损害发生，患者要对自己的不配合行为承担责任。在司法实践中，最常见的情形包括患者延误治疗、不按医嘱服药或私自用药、故意隐瞒病史或病情、拒不配合医务人员的治疗等，如果由于患者的以上自身原因造成损害，则医疗机构不应当承担赔偿责任。

但需要注意的是，根据本条第2款规定，患者或者其近亲属不配合医疗机构进行符合诊疗规范的诊疗同时，医疗机构及其医务人员也有过错的，应当按照双方的过错程度，承担相应的赔偿责任。在此情况下，患者的损害后果实际上是有其自身疾病、不配合治疗的状态、医疗过失等多种因素造成，属于多因一果的情况，对于不同原因力在损害后果中的过错比例，司法实践中需要通过鉴定来予以明确。同时，"患者或者其近亲属不配合医疗机构进行符合诊疗规范的诊疗"情形是否存在，其证明责任在于医疗机构，即如果医疗机构要通过证明患者存在以上情形以免除或减轻自己的责任，根据谁主张谁举证的原则，需要出具相关的证据，这就要求医疗机构平时重视病历书写和音频、视频资料的取得和保存。

2. 医务人员在抢救生命垂危的患者等紧急情况下已经尽到合理诊疗义务。在紧急情况下为抢救生命垂危的患者，不能要求医务人员具有和平时一样的注意义务，医务人员只要按照紧急救治措施的医疗规范实施诊疗行为，没有违反一般性的诊疗常规，就可以不承担相应责任。该条款被认为是医疗损害责任的紧急避险条款，如果医疗机构在抢救过程中为保护患者生命权而牺牲其他较小的利益，尽管也造成患者的损害，但不应当承担赔偿责任。

3. 限于当时的医疗水平难以诊疗。此条款与第57条相对应。现代医学技术虽然取得了长足的发展，但由于人体的复杂性和差异性，并非所有疾病都能得到救治。在实践中，本条款出现的情况有两种：第一，患者的病情过于危重，现有医疗水平已经不能阻止其损害后果发生的进程，如重症肝癌晚期患者因恶病质导致的死亡，此种情况下，不能苛求医疗机构承担没有挽救患者生命的责任；第二，在治疗过程中出现的因患者病情异常或者体质特殊而发生的医疗意外。所谓医疗意外，就是由于病情异常或者患者体质特殊而发生难以预料和防范的不良后果。[1] 医疗意外的发生，是难以预料的，医务人员在主观上不存在过失，患者的损害是由于其体质异常或者特殊病情结合发生的，医务人员本身无法预料、防范及避免。但此处仍需明确，"当时的医疗水平"应当有地域以及医院资质的差别。对经济落后地区的基层医疗水平判断，不能与经济发达地区的三甲医院放在同一水平上。

---

[1]《医疗事故处理条例》起草小组编：《医疗事故处理条例释义》，中国法制出版社2002年版，第132页。

第四章
医疗伦理损害责任

第一节 医疗伦理损害责任名词释义

一、医疗伦理损害责任

医疗伦理损害责任,是指医疗机构及医务人员从事各种医疗行为时,未对病患者充分告知或者说明其病情,未提供对病患者及时有用的医疗建议,未保守与病情有关的各种秘密,或未取得病患者同意即采取某种医疗措施或停止继续治疗等,以及其他医疗违法行为,而违反医疗职业良知或职业伦理上应遵守的规则的过失行为,[1]医疗机构所应当承担的侵权赔偿责任。

医疗伦理损害责任见于《侵权责任法》第55条:"医务人员在诊疗活动中应当向患者说明病情和医疗措施。需要实施手术、特殊检查、特殊治疗的,医务人员应当及时向患者说明医疗风险、替代医疗方案等情况,并取得其书面同意;不宜向患者说明的,应当向患者的

---

[1] (台)朱柏松等:《医疗过失举证责任之比较》,元照出版公司2008年版,第139~144页。

近亲属说明,并取得其书面同意。医务人员未尽到前款义务,造成患者损害的,医疗机构应当承担赔偿责任。"第 56 条:"因抢救生命垂危的患者等紧急情况,不能取得患者或者其近亲属意见的,经医疗机构负责人或者授权的负责人批准,可以立即实施相应的医疗措施。"第 62 条:"医疗机构及其医务人员应当对患者的隐私保密。泄露患者隐私或者未经患者同意公开其病历资料,造成患者损害的,应当承担侵权责任。"

二、特殊检查、特殊治疗

特殊检查、特殊治疗的具体规定见于《医疗机构管理条例实施细则》第 88 条:"特殊检查、特殊治疗:是指具有下列情形之一的诊断、治疗活动:(一)有一定危险性,可能产生不良后果的检查和治疗;(二)由于患者体质特殊或者病情危笃,可能对患者产生不良后果和危险的检查和治疗;(三)临床试验性检查和治疗;(四)收费可能对患者造成较大经济负担的检查和治疗。"

三、近亲属

我国《民事诉讼法》、《行政诉讼法》、《刑事诉讼法》对近亲属的规定均不相同,如《民事诉讼法》中所指的"近亲属"包括配偶、父母、子女、兄弟姐妹、祖父母、外祖父母、孙子女、外孙子女;《行政诉讼法》中所指的"近亲属"包括配偶、父母、子女、兄弟姐妹、祖父母、外祖父母、孙子女、外孙子女;《刑事诉讼法》中所指的"近亲属"包括配偶、父母、子女、同胞兄弟姐妹。由于《侵权责任法》属于民法的部门法之一,因此,应以《民事诉讼法》的规定为准:近亲属包括配偶、父母、子女、兄弟姐妹、祖父母、外祖父母、孙子女、外孙子女。

四、替代医疗方案

目前,学界对替代医疗方案的定义尚无统一认识。[1] 笔者认为,替代医疗方案,应当是诊疗规范中明确规定的、可以用于诊疗某疾病的

---

[1] 2010 年 9 月 14 日颁布实施的浙江省高级人民法院民一庭《关于审理医疗纠纷案件若干问题的意见(试行)》第 2 条解释为存在多种医疗方案且有较大风险者。

几种医疗方案之一。替代医疗方案的选择是指在手术与药物、根治与姑息、激进与保守等相互冲突的治疗方案之间进行的选择，医师必须根据患者的具体病情进行综合评估，并将可选择的治疗方案向患方做出阐述和建议，以帮助患者作出最终的选择。如果是学术界正在研究讨论，或某些医学专家个人习惯采用，但未得到医疗行业认可的医疗方法，则不属于替代医疗方案。

第二节　医疗伦理损害责任的归责原则

从学理讨论来看，以杨立新教授为代表的学者普遍支持医疗伦理损害责任采取过错推定责任原则，这是沿袭法国民法典的规定。

一、法国民法典的规定

19世纪之前，法国社会普遍观念是法律不入医界。由于医疗机构是具有崇高神圣使命的职业，因而医疗行为即使有所耽误、拖延、误判、轻微疏忽、缺失或者无知，导致病患病情或伤势加剧甚至死亡，充其量也仅是一种医疗失误，不足以引起法律责任，而承担道德义务。[1]

近现代以来，法国法律对医疗机构不再拘泥于这种道德责任，而使医生或医院承担法律上的责任。与其他国家不同，法国的医疗损害责任分为国家赔偿责任和民事赔偿责任，公立医院实行国家赔偿，私立医院承担司法责任，实行双轨制，但都统一实行过错责任原则。医疗过错是医疗损害责任的核心概念，医疗过错的有无，乃是决定医疗损害责任是否存在的关键因素。原则上受害人主张医疗机构承担医疗损害责任，就必须举证证明医疗机构或者医护人员具有医疗过错，但这种一般性原则并非一成不变，而使医疗过错的举证责任分配原则随着医疗过错的种类形态不同而有所调整修正。[2]

---

[1]（台）陈忠五："法国法上医疗过错的举证责任"，载《东吴法律学报》2005年第1期。

[2]（台）陈忠五："法国法上医疗过错的举证责任"，载《东吴法律学报》2005年第1期。

至于具体的医疗过错形态，分为医疗科学上的过错和医疗伦理上的过错。医疗科学上的过错，系指医疗机构及医护人员从事病情的检验诊断、治疗方法的选择，治疗措施的执行以及病情发展过程的追踪或术后照护等医疗行为，不符合当时既存的医疗专业知识或技术水准而言。[1]而医疗伦理的过错，系指医疗机构或医护人员从事各种医疗行为时，未对病患充分告知或者说明其病情，未提供病患及时有用的医疗建议，未保守与病情有关的各种秘密，或未取得病患同意即采取某种医疗措施或停止继续治疗等，而违反医疗职业良知或职业伦理上应遵守的规则而言，分为医疗资讯上的过错和病患同意的过错。

可见，法国的医疗损害责任的归责原则是实行双轨制，即医疗科学过错实行过错责任原则，举证责任由受害人负担；而医疗伦理过错则实行过错推定原则，将医疗过失的举证责任彻底归于医疗机构。[2]

二、我国学界观点

以杨立新教授为代表的主流观点认为，应当借鉴法国医疗伦理过错的概念，确定医疗伦理损害责任实行过错推定原则，直接推定医疗机构的过失，除非医疗机构能够证明自己的医疗行为没有过失，否则应当就其医疗伦理过错造成的损害（包括人身损害和精神损害）承担赔偿责任。[3]

参考法国医疗损害责任法的基本做法，可以确定我国医疗伦理损害责任包括违反资讯告知损害责任、违反知情同意损害责任、违反保密义务损害责任、违反管理规范损害责任等类型。其中违反资讯告知损害责任是医疗机构及医务人员在从事各种医疗行为时，未对患者充分告知义务或者说明其病情，未对患者提供及时有用的治疗建议，未保守与患者病情有关的各种秘密，因此违反医疗职业良知或者职业伦理上应当遵守

---

[1]（台）陈忠五："法国法上医疗过错的举证责任"，载《东吴法律学报》2005年第1期。

[2]（台）陈忠五："法国法上医疗过错的举证责任"，载《东吴法律学报》2005年第1期。

[3] 杨立新："论医疗损害责任的归责原则及体系"，载《中国政法大学学报》2009年第2期。

的注意义务的医疗行为。违反知情同意损害责任是未尽告知义务而未取得患者同意即采取某种医疗措施或者停止继续治疗,违反医疗职业良知或者职业伦理应当遵守的规则,侵害患者知情权和自我决定权等人格权的医疗行为。

医疗伦理损害责任适用过错推定的理由是:在法国,1997年2月25日法院的一项判决改变医疗损害责任中严苛的原告举证负担的做法,认为任何依照法律规定或者契约约定负有履行某种特种资讯义务者,应当举证证明其已履行此义务。医师对病患负有资讯义务,并应负担证明其已妥善履行此义务的责任。这项裁判宗旨背后的意义是,法律政策上不再认为医疗机构或医务人员通常均会善尽告知说明、建议或征得病患同意后才采取医疗措施。反而,未尽告知说明建议或征得病患同意的情形,成为具有原则性、常态性的事实,而被推定。此种推定,同时意味着法律政策上对医疗行业不再具有高度信赖,也多少说明了近代法国社会医患关系的紧张与不信任感。[1]

在我国,对于医疗伦理损害责任实行过错推定原则的理由是:第一,资讯、保密等义务是医疗机构及医务人员应当履行的高度注意义务,是否履行,医疗机构及医务人员具有主动权,有责任提供证据证明;第二,受害患者一方在诉讼中已经证明了医疗机构及医务人员违反告知、保密等义务,按照违法推定过错的规则,可以推定医疗机构及医务人员存在过错;第三,在医疗中,患者通常处于被动状态,而医疗机构通常在告知等义务履行以及取得患者知情同意的时候,要签署同意书,因此,告知等义务的履行,通常可以通过提出"患者同意书"而得到证明,尽管实行推定过错,但如果医疗机构及医务人员已经善尽上述义务,是能够举出证据证明自己没有过错的。因此,医疗伦理损害责任实行过错推定原则,是客观的,实事求是的,并非给医疗机构及医务人员增加诉讼上的负担,并不违反诉讼中的武器平等原则。

以上属于学术上的探讨,但在司法实践中,笔者发现,人民法院对于患方提出的医疗机构侵犯其知情同意权的理由,会将其列为专门性问

---

[1] (台)陈忠五:"法国法上医疗过错的举证责任",载《东吴法律学报》2005年第1期。

题仍会要求患者一方通过申请司法鉴定来完成其举证过程，证明医疗机构存在过错。患者主张医疗机构侵犯其隐私权，需要证明医疗机构未经其允许，将隐私泄露给第三人，并导致其人格权益受到伤害。从司法实践来看，医疗伦理损害责任仍采取的是过错责任原则，具体到举证责任上，就是谁主张，谁举证。究其原因，主要在于以下两点：

第一，司法实践中很少见单纯的医疗伦理损害责任纠纷，医疗机构往往在侵犯知情同意权的同时还存在医疗过失等医疗技术损害责任的情况，二者均为损害结果的原因。为节省诉讼资源以及避免出现不同的鉴定意见，人民法院不可能同时进行两个司法鉴定，而是要求司法鉴定机构对医疗机构是否存在技术及伦理过错同时进行鉴定。

第二，从《侵权责任法》的具体条文来看，医疗伦理损害责任部分表述的仍为过错责任原则，而非第58条的过错推定责任原则表述。因此，人民法院均采取谁主张、谁举证的证明责任原则。

值得注意的是，北京市高级人民法院出台的《北京市高级人民法院关于审理医疗损害赔偿纠纷案件若干问题的指导意见（试行）》（以下简称《指导意见》）对医疗伦理损害责任也是规定为过错责任原则，具体见于第8条第1款："对于医疗产品损害以外的医疗损害赔偿纠纷案件，患者一方认为医疗机构有医疗过错，以及医疗行为与损害结果之间存在因果关系，应当承担相应的举证责任。"同时，该《指导意见》第18条又规定，人民法院认为需要委托医疗损害鉴定的，一般应要求患者一方申请鉴定。患者一方申请鉴定的，患者一方和医疗机构均应当提交鉴定所需的病历资料。这在司法实际操作中确立了除医疗产品损害以外其他医疗损害赔偿纠纷案件的医疗过错责任原则。

尽管该《指导意见》仅限于指导北京地区的医疗损害赔偿纠纷审理，但也反映出司法实践与理论界对侵权责任法认识的不统一。

第三节　医疗伦理损害责任所涉条文释义

一、《侵权责任法》第55条

"医务人员在诊疗活动中应当向患者说明病情和医疗措施。需要实施手术、特殊检查、特殊治疗的,医务人员应当及时向患者说明医疗风险、替代医疗方案等情况,并取得其书面同意;不宜向患者说明的,应当向患者的近亲属说明,并取得其书面同意。医务人员未尽到前款义务,造成患者损害的,医疗机构应当承担赔偿责任。"

本条是关于医务人员说明义务及患者知情同意权的规定。

1. 患者知情同意权概述。所谓患者的知情同意权,是指在诊疗活动中具备意思表达指示能力的患者,在非强制状态下充分接受和理解各种与其所患疾病相关的诊疗信息,在此基础上对医务人员指定的诊疗计划资源作出选择的权利。知情同意权包括知情权和同意权,知情权的实现和恰当行使是同意权得以正确行使的前提和基础。

患者的知情同意权可以从以下几方面了解:①患者的知情同意权从医疗人员角度看待,即医务人员的一项义务,保证患者这项权利的顺利实现,要求医务人员必须充分履行说明告知和解释的义务;②知情同意权实质上是一种特别的人格权——自我决定权,其客体不仅仅是健康利益,而是一种自我决定的人格利益和人格尊严;[1]③知情同意权的侵权责任是独立于诊疗过程中因医务人员过失而造成的对患者生命、健康、身体权利损害的侵权责任,即使是医学上毫无瑕疵的治疗也不能阻却未充分履行告知义务的侵权责任。[2]

《侵权责任法》生效前,我国关于患者知情权的条款见于以下法律法规和规范性文件:1994年《医疗机构管理条例》第33条规定:"医疗机构施行手术、特殊检查或者特殊治疗时,必须征得患者同意,并应当取得其家属或者关系人同意并签字。"该条例所规定的患者知情及同意的范围只限于手术、特殊检查和特殊治疗,显然不包括患者的病情、普通检查及治疗、医疗风险等。1999年《执业医师法》第26条规定:"医师应当如实向患者或者其家属介绍病情,但应注意避免对患者产生不利后果。医师进行实验性临床医疗,应当经医院批准并征得患者本人或者其家属同意。"该法规定患者的知情权范围仅限于患者的病情,而

---

[1] 赵西巨:"知情同意原则下医疗过失损害赔偿责任的几个问题",载《法律与医学杂志》2004年第1期。

[2] [德]克雷斯蒂安·冯·巴尔:《欧洲比较侵权行为法》(下卷),焦美华译,法律出版社2004年版,第103页。

采取何种医疗措施以及产生何种医疗风险不属知情范围；关于患者同意权，该法仅规定为对实验性临床医疗的同意。2002年《医疗事故处理条例》第11条规定："在医疗活动中，医疗机构及其医务人员应当将患者的病情、医疗措施、医疗风险等如实告知患者，及时解答其咨询；但是，应当避免对患者产生不利后果。"该条例将患者知情的范围扩大到"病情、医疗措施及医疗风险"。《侵权责任法》生效后，根据上位法优于下位法、新法优于旧法的原则，以上条款与《侵权责任法》第55条不一致的，自动失效。

2. 医务人员履行说明义务的范围。医务人员履行说明义务的范围分为两种情况：一是，在日常诊疗活动中，应向患者说明病情和医疗措施；二是，在实施手术、特殊检查、特殊治疗的情形下，应当向患者说明医疗风险、替代医疗方案等情况。

在日常诊疗过程中，医务人员的说明义务主要在于病情和医疗措施，具体包括疾病诊断、性质、严重程度、发展变化趋势、治疗方法、各种医疗措施的利弊、费用及不采取医疗措施可能的后果等。

当患者实施手术、特殊检查、特殊治疗前，则除了向患者说明病情及医疗措施外，还需要说明医疗风险及替代医疗措施。医疗风险，是指医疗措施可能出现的并发症、后遗症、不良反应等情况。替代医疗方案，是指"能够取代现有医疗计划，并起到相同效果的另一套医疗计划"。替代医疗方案的选择是指在手术与药物、根治与姑息、激进与保守等相互冲突的治疗方案之间进行的选择。

在讨论"替代医疗方案"的告知范围时，笔者认为应把握以下几条原则：

（1）替代医疗方案必须是已经成为诊疗常规的诊疗方法，[1] 目前仍处于学术讨论范围或者临床试验阶段的治疗方案，不应作为替代医疗方案向患者披露，除非穷尽现有治疗措施仍无法改善患者病情，而不得已采取实验性治疗方案。诊疗规范作为医务人员从业的基本技术规范，应当得到遵守，这是规范临床行为、保障患者安全的需要。从《侵权责

---

[1] 马新耀、张思兵："替代医疗方案及其相关法律问题"，载《中国医院》2012年第11期。

任法》第58条的规定也可见，违反法律、行政法规、规章以及其他有关诊疗规范的规定，可以直接推定医疗机构存在过错。临床尚未成熟的诊疗方法，如某些专家的学术观点、尚处于临床试验的医疗方法，即使应用于某种疾病的治疗，医疗机构与患者之间所形成的也不是一般的诊疗合同关系，而是带有实验性质的临床医疗合同关系，该医疗行为的主要目的不是治疗特定患者的疾病，而是试验新的治疗方法，患者需要签订特殊的实验性医疗知情同意书。因此，尚未成熟的治疗方法不属于替代医疗方案的告知范围。

（2）替代医疗方案应分为本医疗机构能够实施以及需转院实施的方案予以分别告知。患者诊治疾病，受其自身疾病、经济条件、地理因素等原因限制，在初诊时并不一定能够获得最佳治疗方案，同时，医疗机构受硬件设施、人员配备以及医院资质等因素影响，亦不一定能为患者提供最佳治疗方案。从保障患者生命健康权的角度考虑，应当将医院所能实施的治疗方案和其他医院可能实施的治疗方案均向患者进行告知，以便患者进行选择，此举是对患者知情同意权的充分尊重，也有利于为"替代医疗方案"划定客观的统一标准，在发生医疗纠纷后更便于厘清双方责任。

（3）替代医疗方案的告知深度。在明确替代医疗方案的范围后，应当讨论替代医疗方案的告知深度。笔者认为，这个问题应当分为两面考虑，首先是具体到每种替代医疗方案，医务人员应当向患者告知什么内容；其次是医务人员对替代医疗方案的告知应当达到何种标准。

《侵权责任法》第55条提到的"特殊检查和特殊治疗"，在我国法律中具有明确定义。1994年生效的《医疗机构管理条例实施细则》第88条规定："特殊检查、特殊治疗是指具有下列情形之一的诊断、治疗活动：（一）有一定危险性，可能产生不良后果的检查和治疗；（二）由于患者体质特殊或者病情危笃，可能对患者产生不良后果和危险的检查和治疗；（三）临床试验性检查和治疗；（四）收费可能对患者造成较大经济负担的检查和治疗。"结合《侵权责任法》第55条第1款的具体规定，我们可以得知，替代医疗方案与常规治疗方案一样，都是以治疗患者疾病为最终目的；都具有风险性，可能对患者产生不良后果；都可能对患者造成经济上的负担。因此，笔者认为，医务人员为履行替代医疗方案的告知义务而所做的说明，应包括病情、治疗措施、治疗费用、手术成功率、并发症及医疗风险的存在等相关信息，而其在不同情势下具体说明之内容和范围有所不同。

3. 知情同意的告知对象及代理行使知情同意权的问题。从第55条的具体规定来看，医务人员告知义务的对向方为患者本人，这有别于《医疗事故处理条例》和《执业医师法》的相关规定，只有在不宜向患者告知的情况下，才向其近亲属履行告知义务。

对于未满18周岁的未成年人以及完全或部分不能辨认自己行为的精神病人，其知情同意权由其近亲属代为行使，而在患者昏迷、意识障碍或者麻醉状态下要改变手术方案等情况下，则需要其近亲属代为行使知情同意权。

何为不宜向患者告知，在《侵权责任法》中没有明确规定，但在我国医务界，普遍认为，心理脆弱的患者以及重症晚期患者，为保护其心理，使其安心接受治疗，可以选择性的不向其告知病情，而是向其近亲属进行告知，此为保护性告知策略。但在实际操作中，这种方法存在一定风险，因为患者是否属于"不宜告知"的范围，完全靠医务人员的主观判断，在极端情况下，医务人员选择向患者隐瞒病情，而向其家属告知，并由其家属选择治疗方案，反而可能被患者认为侵犯了其知情同意权。因此，目前各个医院的普遍做法，是患者入院后即签订《授权委托书》，在不宜向其告知、手术中临时需要变更手术方案等情况下，由患者指定的被授权人行使其知情同意权。

4. 医务人员履行说明义务的标准。对于医务人员告知义务的履行充分性上，学界存在两种不同的标准，其一是理性医生标准，其二是病人标准。

（1）理性医生标准。理性医生标准亦称之为专业标准，根据该标准的规定，在确认医生说明义务的充分性时，法院是根据医疗行业的操作程式和惯例，考察一个正常的理性医生处于同样或者类似情况下会以何种方式向病人说明哪些方面的相关信息。该项判断标准在知情同意理论发展初期即已采用，并且至今在司法实践中仍得到大多数的支持。理性医生标准适用之合理性基础在于，医疗行为具有专业性，外行人一般不能合理地评价涉及说明义务履行等医疗决策的适当性，因此应由行业内标准予以衡量。

（2）病人标准。理性医生标准的采用并不能够充分保护病人的利益，更多的是倾向于医生的利益，其对于知情同意理论中病人自主决定权的因素并未予以充分考虑。该标准在其适用中，主要是探究病人就所建议治疗行为欲知晓哪些相关信息，即确定医生是否告知了对病人作出"同意"之医疗决定具有实质重要性的信息。[1]而这些信息是否具有实质重要性，判断的主体是病人。因此，以病人接受程度为判断标准，形成两种观点，其一为理性病人标准，其二为特定病人标准。理性病人标准亦称为客观标准，是在 Canterbury V. Spence 案中得到首次采用，指一正常人若处于同样情况下，对于相关信息的理解。特定病人标准亦称为主观标准，是在 Scott V. Bradford 案中首次采用的，指从具体个案中特定病人的立场出发分析，其所需了解哪些方面具有实质重要性的相关信息，[2]由主观标准过于限制医生创造性，加重其负担，故在司法实践中使用较少。

在我国司法实践中，究竟适用理性医生标准还是客观病人标准尚存在争议。但法官出于审判便利，普遍倾向于采用理性医生标准，亦有学者主张，应采用客观病人标准。[3]而从英美法系国家的立法变革来看，客观病人标准是主要发展方向。

笔者认为，从我国司法实际情况考虑，应当采取客观病人标准为衡量医务人员是否已尽告知义务的标准。采用"合理患者标准"的理由是：第一，充分保护患者自我决定权，使医生履行对患者的最大诚信义务，考虑患者的最大利益；第二，"合理患者标准"和"合理医生标准"的最大区别在于，患者无须提供专家证言证明医生未履行告知义务，减轻了患者的举证责任；第三，"合理人"的标准是虚拟的，不会缺少告知标准；第四，决定告知患者何种医疗信息不是医生的特权，患者和医生一样，能决定特定信息对决定者来说是否重要。[4]具体到替

---

[1] 龚赛红：《医疗损害赔偿立法研究》，法律出版社2001年版，第342页。
[2] 王泽鉴：《侵权行为法》，中国政法大学出版社2001年版，第231页。
[3] 盛皓："医患关系中医生说明义务之运用"，载《人民法院报》2001年9月17日。
[4] 杨立新：《〈中华人民共和国侵权责任法〉精解》，知识产权出版社2010年版，第72页。

代医疗方案的告知，应以行业惯例和行业标准为参照。如卫生部委托中华医学会编纂的《临床诊疗规范》丛书，对具体疾病的治疗方法均作出详细介绍，可作为医务人员告知的参照依据。

二、《侵权责任法》第 56 条

"因抢救生命垂危的患者等紧急情况，不能取得患者或者其近亲属意见的，经医疗机构负责人或者授权的负责人批准，可以立即实施相应的医疗措施。"

本条是医疗机构实施紧急救治措施的规定。

对医疗机构实施紧急救治行为的性质有两种解释：一是，从患者的角度将其理解为紧急救治权，即指公民在患病生命垂危时，有得到紧急抢救、治疗的权利，属于公民享有的医疗权的重要内容之一；二是，从医疗机构的角度将其理解为紧急救治义务，即指在患者生命垂危等紧急情况下，不能取得患者本人或者其近亲属意见时，医务人员经过批准对生命垂危的患者实施相应救治措施的义务。

医疗机构实施紧急救治义务的相关法律依据见于《医疗机构管理条例》第 31 条："医疗机构对危重病人应当立即抢救。对于限于设备或者技术条件不能诊治的病人，应当及时转诊。"《执业医师法》第 24 条规定："对急危患者，医生应当采取紧急措施进行诊治，不得拒绝急救处置。"《医疗事故处理条例》第 33 条第 1 项规定："在紧急情况下为抢救垂危患者生命而采取紧急医学措施造成不良后果的"，不属于医疗事故。以上规定明确了医务人员在履行法定的紧急救治义务造成患者不良后果的责任豁免，使紧急救治义务的内容更加完善。

当患者病情危急，医务人员必须迅速采取医疗措施对患者进行救治时，减轻或免除医务人员的告知义务是必要的。何谓"紧急情况"，有学者认为，存在"生命上的重大危险性"和"时间上的紧迫性"时，就认定为紧急情况，简称"重大紧迫两要件说"。[1] 还有学者主张"不利因素比较说"，认为应当根据不利因素的对比来认定医疗紧迫性，即当治疗措施内在的危险性小于不立刻施行该治疗措施而产生的危险

---

[1] 罗秀、蒲川："紧急医疗时说明义务的履行"，载《中国医院管理》2010 年第 1 期。

性，并且能够认定忽略患者的知情同意权具有相当合理性时，就应认定属于紧急情况。[1] 从《侵权责任法》第56条规定来看，笔者认为，侵权责任法倾向于"重大紧迫两要件说"。"立即实施相应的医疗措施"显示了时间上的紧迫性，"生命垂危"表明了患者生命存在重大危险。只是紧急情况的情形不应局限于"抢救生命垂危的患者"之情形，只要不迅速采取医疗措施，患者健康利益将会遭受严重受损都应包括在内。

当实施紧急医疗措施与患者知情同意权冲突时，应如何协调？《侵权责任法》56条给出了答案，即应先取得患者或近亲属意见，无法取得患者或近亲属意见时才应由医疗机构负责人批准。因患者处于紧急情况而不能行使知情同意权，如前文所述，该项权利应由患者的近亲属代为行使。此时，医疗机构是否应先取得患者近亲属的同意，以肖志军拒签手术同意书致"妻子"及胎儿双亡案为例，[2] 如果答案是肯定的，在医院已经将拒绝手术会导致的胎儿死亡风险以书面形式及时告知后，患者近亲属仍然作出不同意手术的选择，产生的后果应该完全由患方承担，医院不承担责任。医院真的无责任吗？答案当然是否定的。首先，在紧急情况下医院没有为患者生命利益考虑，而是想方设法拿到手术同意书这一"免死金牌"，规避责任的行为动机更为明显。其次，肖志军虽因受性格顽固、生活困窘、对医院的不信任等因素的影响，已经不能很好地去代理患者行使权利，维护患者的利益，这一点医院应能及时判断，果断行使紧急治疗权。类似的案件在国外的处理结果完全相反，一未成年患者因为脾破裂被送到医院，昏迷不醒，因为患者的宗教信仰，患者的母亲代表患者不同意输血，结果医院申请法院另行指定监护人授权输血，患者得救了。后来患者以侵犯自己的决定权和宗教信仰自由为

---

[1] 夏芸：《医疗事故赔偿法——来自日本法的启示》，法律出版社2007年版，第395~396页。

[2] 2007年11月27日，产妇李丽云因难产生命垂危，被"丈夫"肖志军送到医院。医院经检查后认为必须马上进行剖宫产手术，而肖志军却拒绝在手术通知单上签字，经医生和护士的反复劝说，肖志军仍然不同意进行手术。最后因错过最佳治疗时间，李丽云及腹中胎儿双亡。详情见李领臣、朱加强："悲剧何以发生？——评李丽云及胎儿死亡事件"，载《法治研究》2008年第3期。

由起诉医院。法院认为,在国家保障公民的生命权面前,公民的自己决定权和信仰是微不足道的。如果我是躺在病榻上昏迷的患者,我更相信专业的医生,而不是对疾病无知、恐惧、担忧的家人。[1]笔者认为,近亲属作为患者权利的代理人,当面临紧急情况时,由于紧张、偏执、无知等因素的影响往往不能很好地行使法律赋予的权利,并做出理智的选择,甚至滥用权利损害患者利益。然而相比之下,医生基于丰富的专业知识和医疗经验更能做出对患者有利的决定。所以,在紧急情况下,"无法取得患者近亲属意见"不仅包括近亲属无表达能力或不在场,难以取得患者近亲属意见的情形,还应包括近亲属不当行使代理权危及患者重大利益的情形。此时,医务人员可以优先行使紧急处置权而不必承担未履行告知义务的责任,只有这样,李丽云的悲剧才不会重新上演。

三、《侵权责任法》第 62 条

"医疗机构及其医务人员应当对患者的隐私保密。泄露患者隐私或者未经患者同意公开其病历资料,造成患者损害的,应当承担侵权责任。"

本条是关于保护患者隐私权的规定。

1. 患者隐私权的概述。"隐私权"的概念起源于 1890 年美国法学家萨缪尔·沃伦和路易斯·布兰戴斯在《哈佛大学法学评论》上发表的《隐私权》一文,[2]它是指自然人享有的对其个人的与公共利益无关的个人信息、私人活动和私有领域进行支配的一种人格权。其客体是隐私事项,即与公共利益、群体利益无关的事项。隐私权的主要内容包括:①个人生活安宁权,权利主体能够按照自己的意志从事或不从事某种与社会公共利益无关或无害的活动,不受他人的干涉、破坏或支配;②个人生活情报保密权,个人生活情报如个人的身高、体重、女性三围、病历、身体缺陷、健康状况、婚姻家庭、嗜好、心理特征等,权利主体有权禁止他人非法利用;③个人通讯秘密权,权利主体有权对其个

---

[1] 李领臣、朱加强:"悲剧何以发生?——评李丽云及胎儿双亡案件",载《法治研究》2008 年第 3 期。
[2] 鹏程:《公民的基本权利》,中国社会科学出版社 1999 年版,第 263 页。

人信件、电话、传真及谈话的内容加以保护，禁止他人非法窃听或窃取；④个人隐私利用权，权利主体有权依法按自己的意志利用隐私，以从事各种满足自身需要的活动。

我国通说认为，隐私权是指自然人享有的对其个人的、与公共利益无关的个人信息、私人活动和私有领域进行支配的一种人格权。隐私权包括以下四种基本权利：①隐私隐瞒权；②隐私利用权；③隐私维护权；④隐私支配权。

2. 医疗损害责任中的隐私权。患者的隐私权，是指在医疗活动中患者拥有保护自身隐私部位、病史、身体缺陷、特殊经历、遭遇等隐私，不受任何形式的外来侵犯的权利。这种隐私权的内容除了患者的病情之外还包括患者在就诊过程中只向医生公开的，不愿让他人知道的个人信息、私人活动以及其他缺陷或隐情。

在疾病的诊治过程中，医护人员提供的是一种与患者的生命、健康密切相关的医疗服务，这就决定了他们在医疗行为中很容易了解患者的隐私，比如：①医师通过问诊和患者的自我陈述，可知悉患者的个人生活习惯、既往病史、家族病史等；②医护人员对患者进行体检时，可接触和发现患者身体的敏感部位及其生理病理状态、身体缺陷；③医师对患者的血液、组织和器官进行检验，可能发现某些隐私；④患者前往医院就诊本身就是隐私。此外，患者的姓名、肖像、住址、电话号码等也可以成为隐私的内容。患者的隐私权就是在诊疗过程中，患者有权保护其不愿他人知道的医疗信息不被探知和披露。在医疗行为中，患者的隐私权一般情况下由患者本人行使，但下列情况则应当另行考虑，由患者的家属或其他监护人行使：①患者为未成年人、精神病人等无民事行为能力人或限制行为能力人；②患者因疾病丧失表达能力，或不能正确表达意志。

侵犯患者隐私权，适用过错责任，符合以下构成要件的，应承担民事赔偿责任：①行为人主观有过错，即知道或者应当知道其所披露的信息等属于他人隐私；②客观上实施了侵害他人隐私权的行为，即在未经隐私权所有者的同意，便擅自采用书面或者口头形式，公布他人隐私材料或者宣扬他人隐私的行为；③须给他人造成损害后果；④侵权行为与损害后果之间有因果关系。

3. 侵犯隐私权的民事责任。根据相关法律规定，侵犯隐私权所需承担的民事责任主要包括：停止侵害，恢复名誉、消除影响、赔礼道歉、赔偿损失以及支付精神损害抚慰金。其中，争议较大的是精神损害抚慰金的支付。根据 2001 年《最高人民法院关于确定民事侵权精神损害赔偿责任若干问题的解释》第 10 条的规定，精神损害的赔偿数额根据以下因素确定：①侵权人的过错程度，法律另有规定的除外；②侵害的手段、场合、行为方式等具体情节；③侵权行为所造成的后果；④侵权人的获利情况；⑤侵权人承担责任的经济能力；⑥受诉法院所在地平均生活水平。但未给出具体计算方法，所以目前没有统一的赔偿标准。

四、典型案例评析

周某等诉武警某医院医疗损害责任纠纷二审民事判决书[1]

上诉人（原审原告）徐某某，男，1991 年 5 月 9 日出生。

上诉人（原审原告兼徐某某委托代理人）周某，女，1958 年 5 月 12 日出生。

上诉人（原审被告）中国人民武装警察部队某医院。

上诉人周某、徐某某因与上诉人中国人民武装警察部队某医院医疗损害责任纠纷一案，不服北京市海淀区人民法院（2013）海民初字第 XXXX 号民事判决，向本院提起上诉。本院依法组成合议庭审理了本案。现已审理终结。

周某、徐某某在原审法院诉称：2012 年 5 月 4 日患者徐某龙入中国人民武装警察部队某医院就诊，武警某医院以脑出血后遗症将患者转入神经干细胞移植科。入院检查生命体征正常，专科检查一般情况：神志清，精神可，言语流利，对答切题，定向力、理解力、判断力、计算力正常，记忆力正常。2012 年 5 月 7 武警某医院给患者行干细胞移植术。2012 年 5 月 11 日行干细胞移植术并脑立体定位术。2012 年 5 月 16 日行干细胞移植术。2012 年 5 月 17 日医生通知"明天可以出院了"，家

---

[1] 北京市第一中级人民法院（2014）一中民终字第 XXXX 号民事判决书，载中国裁判文书网 http://www.court.gov.cn/zgcpwsw/bj/bjsdyzjrmfy/ms/201406/t20140627_1786246.htm.

侵权责任法之医疗损害责任三方解读

属要求观察两天，但武警某医院没有同意。2012年5月18日14时，徐某龙在万般无奈的情况下出院。2012年5月19日凌晨2时左右，也就是出院后不足12小时家属发现徐某龙精神举止有异常情况，但因不懂得医学知识没有重视。7时许发现患者情况不对，遂呼120急送武警某医院救治。急诊头部CT示：左侧额颞顶部硬膜下出血。门（急）诊诊断：脑出血，昏迷，神经干细胞移植术后。武警某医院于2012年5月19日11时开始实施"左侧额颞顶硬膜下血肿清除术及大骨瓣减压术"，术前后诊断：左侧额颞顶部硬膜下出血；脑疝。术后患者呈昏迷状态，双瞳等大等圆5mm，光反射迟钝，双侧巴宾斯基征（+），复查CT示：左侧硬膜下及硬膜外血肿，中线移位。于2012年5月21日再次行"左侧额颞顶硬膜下血肿清除术"。术后高热，呼吸机辅助呼吸。双瞳不等大，反射迟钝，病情急剧恶化，于2012年5月27日因抢救无效死亡。2012年5月28日尸检证实：患者系干细胞移植术后及硬膜下出血血肿清除术后，病人硬膜下血肿形成，并继发脑水肿、脑内多灶性出血、软化，循外呼吸衰竭死亡。武警某医院采取哄瞒欺骗手段令患者接受了一个并不认可的手术，导致患者命丧黄泉。武警某医院没有履行告知义务，违法对患者实施了手术，干细胞移植手术知情同意书非患者本人签字；手术同意书也均非患者本人签字；神经干细胞移植手术系属第三类医疗技术，处于临床试验阶段，但武警某医院对患者只字未提实验性临床医疗这个概念。武警某医院医疗过错导致患者脑出血的发生并加重。武警某医院没有告知术后注意事项，术后患者没有得到专业的护理指导和病情观察。脑立体定向术后并发颅内出血通常在术后5~10天发生而武警某医院无视危险因素的存在，于术后第7天强行要求患者出院。武警某医院强行要求患者提早出院，使患者并发脑出血没有得到及时的病情观察和救治。武警某医院急于履行救治义务，导致患者病情急剧恶化而死亡。武警某医院伪造病历，并且不依法提供客观病历给患方。综上，武警某医院违反医疗常规规范，违反《药物临床试验质量管理规范》，违反《医疗技术临床应用管理办法》，违反《中华人民共和国医师法》，违反《侵权责任法》，违反《医事故处理条例》，违反《世界医学大会赫尔辛基宣言人体医学研究的伦理准则》等法律法规，剥夺患者知情同意权，急于履行职责，严重不负责任，伪造病历，不提供客观病历,在患者不知情的情况下,给患者实施了一个不该实施的实验医学研究行为,最终,直接导致患者不幸身亡的后果。医院应对其侵害患者知情同意权、侵犯患者健康生命权的侵权行为,承担法律后果。故我起诉到法院,请求判令:①请求判令武警某医院赔偿我方医疗费139 625.99元;②请求判令武警某医院赔偿我方陪护费13 549.80元;③请求判令武警某医院赔偿我方误工费3 778元;④请求判令武警某医院赔偿我方交通费、住宿费27 149元;⑤请求判令武警某医院赔偿我方住院伙食补助费1 100元;⑥请求判令武警某医院赔偿我方营养费1 100元;⑦请求判令武警某医院赔偿我方死亡赔偿金729 380元;⑧请求判令武警某医院赔偿我方丧葬费31 338元;⑨请求判令武警某医院赔偿我方精神损害赔偿金144 276元;⑩请求判令武警某医院赔偿我方尸检费、复印费、邮件费9 199.4元;⑪请求判令武警某医院赔偿我方尸体存放费34 380元;⑫请求判令武警某医院赔偿我方司法鉴定费15 500元。

武警某医院在原审法院辩称:我方不同意周某、徐某龙诉讼请求,患者15年前因为脑出血遗留后遗症,后到我院神经干细胞科治疗,我方告知风险,患者家属签字同意治疗,进行治疗过程中,患者情况稳定,病情缓解后出院。5月19日患者出现神志问题,经我院诊断急性脑出血,后进行手术,发现是新的出血,经过第二、三次出血,认为再行治疗没有太大意义,5月27日患者徐某龙死亡。病人死亡后经过尸检,是硬膜下的出血,我方的医疗技术是经过武警后勤部批准,术前也进行了充分告知,患者出院后出现的情况是其自身情况所致,与我方无关,请求法院驳回周某、徐某某诉讼请求。

原审法院经审理查明:周某系患者徐某龙的妻子,徐某某系徐某龙与周某之子。徐某龙主因脑出血后左侧偏身感觉、运动障碍15年余。现病史记载患者于15年前在家休息状态下现的嘴歪,左侧肢体活动障碍,无意识丧失、癫痫发作、二便失禁等。在辽宁中医院门诊就诊,诊断为"脑血栓"给予中药治疗,症状未见明显变化。2天后自感肢体活动障碍加重,遂被朋友送至辽宁中医院行头颅CT检查示"右侧基底节区出血",随后患者出现躁动、神志模糊等,给予脱水、营养神经等药物保守治疗2月后好转出院,出院时遗留左侧肢体活动障碍、左侧偏身感觉障碍。2年前患者在当地医院行腰骶部SPR手术,术后左侧肢体发紧症状稍有缓解。

徐某龙于 2012 年 5 月 4 日以"脑出血后遗症"入武警某医院就医。2012 年 5 月 6 日病程记录记载，患者晨起精神状态佳，无发热。主任医师指示目前脑出血后遗症患者尚无明确、有效地诊疗手段，干细胞移植治疗该病是一种新的治疗方案，且有肯定的疗效，脑出血后遗症适合行干细胞移植；同患者家属交代病情及相关手术风险，并发症，患者及家属表示理解，同意并要求行干细胞移植治疗。

2012 年 5 月 7 日行腰椎穿刺干细胞移植术，2013 年 5 月 10 日术前小结记载术中及术后可能的危险级预防措施，术中术后颅内出血，脑损伤等。2012 年 5 月 11 日行双额立体定向干细胞移植术，手术顺利，麻醉满意，术中出血少，生命体征平稳。术后无不良反应，说明患者对细胞接受好，现患者病情稳定。2013 年 5 月 16 日行经右侧股动脉穿刺介入干细胞移植术，切口愈合良好。患者本疗程干细胞移植已结束，细胞移植入体内需要一段时间与抗体的整合过程，现患者病情较平稳，无特殊不良主诉，准予出院。患者徐某龙于 2012 年 5 月 18 日 13 时出院。出院医嘱：继续康复、功能锻炼；病情变化随诊。2012 年 5 月 19 日患者因突发意识障碍伴肢体活动不利 5 小时，再次收入武警某医院就诊，诊断：脑疝；左侧硬膜下出血；神经干移植术后。患者于 2012 年 5 月 19 日 10 时入手术室在全麻下行"开颅脑内血肿清除术+去骨瓣减压术"。入科后给予脱水降颅压、脑保护、抗感染、营养支持、抑酸治疗，密观察患者瞳孔及意识变化，控制血压。于 2012 年 5 月 21 日上午 9 点 15 分再次推入手术室全麻下行"原切口入路左侧硬膜下血肿清除术"。术毕于 12 点 5 分由手术入 ICU 病房，入科时麻醉状态，高热，心率快，经口麻醉插管接呼吸机辅助呼吸，观双侧瞳孔不等大，对光反射略迟钝。次日观患者右侧瞳孔较前明显大，双侧瞳孔等大等圆，直径约 6.0mm，对光反射消失，与神经创外科及神经干细胞移植科医生联系，暂无特殊处理，继续加强脱水治疗，促醒、营养脑细胞、营养支持及对症支持治疗。2012 年 5 月 27 日患者心率突然下降至 43 次/分，立即给予心肺复苏，经多次积极施救，于当日 15 点 16 分患者心电监护仍示直线，双侧瞳孔散大固定，无自呼吸，血压及血氧饱和度测不出，宣布患者死亡。患者徐某龙入院后先后二次行开颅颅内血肿清除术，最终抢救无效于 2012 年 5 月 27 日死亡。北京市尸检中心北京大学病理系尸体解剖报告书记载结论为：干细胞移植术后及硬膜下出血血肿清除术后病人，硬膜下血肿形成，并继发脑水肿、脑内多灶性出血、软化、循环呼吸衰竭。徐某龙第一次住院时间为 2012 年 5 月 4 日到 5 月 18 日，住院时间为 14 天；第二次住院时间为 2012 年 5 月 19 日到 5 月 27 日，住院时间为 8 天。2012 年 5 月 27 日徐某龙死亡，终年 56 周岁。

诉讼中，周某、徐某某向法院提出对本例病例进行医疗司法鉴定并预交了鉴定相关费用 14 000 元，法院经委托北京法源司法科学证据鉴定中心（以下简称法源中心）进行医疗司法鉴定，该中心出具司法鉴定意见书认为："四、分析说明。关于患者自身脑血管疾病：送检病历材料记载，被鉴定人徐某龙于入院 15 年前在家休息状态下出现嘴歪、左侧肢体活动障碍，就诊医院行头颅 CT 检查示侧基底节区出血"；后患者出现躁动、神志模糊，经给予脱水、营养神经等药物保守治疗；出院时遗留左侧肢体活动障碍，左侧偏身感觉障碍。近年自觉左侧肢体活动障碍及麻木感逐渐加重。2012 年 5 月 4 日入中国人民武装警察部队某医院脑系科，入院查体见左侧肢体活动障碍，头部 MRI 检查示：右侧基底节区软化灶—右侧放射冠点状软化灶，因此，医方对患者病情做出脑出血后遗症诊断具有依据。关于干细胞移植相关问题：神经干细胞是指来源于神经组织或能分化为神经组织，具有自更新能力和多向分化潜能的一类细胞。近年来，神经干细胞研究和应于神经退行性疾病和中枢神经系统损伤治疗领域，已经成为一个新热点，具体方法有：①局部注射移植；②经脑脊液途经移植；③血液循环途经移植。但对于神经干细胞的临床研究和应用疗效，目内尚缺乏明确的定论，也未纳入卫生部、中华医学会或相关临床专学会认可或推荐的临床医学规范性治疗方法之一。且在前一时期，针对应用神经干细胞开展临床研究和应用存在的问题，卫生部和国家药品食品监督管理局联合下发《关于开展干细胞临床研究和应用自查自纠工作的通知》文件，要求全国各级各类从事干细胞临床研究和应的医疗机构及相关研制单位，应当按照《药物临床试验质量管理规范》和《医疗技术临床应用管理办法》要求，开展干细胞临床研究和用项目（暂不包括未经体外处理的骨髓移植）自查自纠工作，认真掌握已经和正在开展的干细胞临床研究和应用活动，如实报告调查内容。同时指出，对于军队和武警部队所属医疗机构的相关工作，由总后勤部卫生部和武警部队后勤部根据本通知要求参照执行方提供材料显示，院方根据中国人民武装警察部队后勤部卫批复卫医（2006）11号文件，获同意开展神经干细胞移植治疗中枢神经系统损伤技术工作。对此本次鉴定认为，医院在开展神经干细胞的临床研究和应用方面获得相应的审批同意，但并不表明该项临床研究应用属于成熟、规范的治疗技术和方法，根据卫生部和国家药监局的文件该工作仍然具有临床研究性的特点，属于第三类医疗技术。因此在管理和告知方面应当遵循相关的卫生法律法规。关于实施神经干细胞移植术告知和治疗方案。病历材料记载患者徐某龙入院后经 MRI 检查，显示右侧基节区软化灶，右侧放射冠点状软化灶，其脑组织病变在现有医学的诊疗技术和水平下，尚缺乏成熟性、规范性的治疗方法。而就目前的术研究性观点而言，神经干细胞移植对患者展现了一种探索性的医疗新技术方法可能。因此，神经干细胞移植作为一种临床研究性治疗法，在患者方全面了解和知情的基础上，不失成为其可选择的期待治疗方法之一。医患双方的陈述了解，医患双方在患者收入医院之前已经有过相应的接触性了解，本次收入医院接受神经干细胞治疗时，患者方对此已具有初步的认识。但审查医院手术知情告知书，未能完整地向患方介绍该治疗方法目前在临床医学中仍属于研究和应用的性质，治疗效果仍有待今后严谨的科学确认，在治疗上存在相应未知风险及并发症等内容。因此，医院的告知存在缺陷，在一定程度上影响了患者的知情和最终同意权。审查送检病历材料，本次治疗手术同意书并非患者本人签字；虽医院方提出患者14年前曾因患有"抑郁症"而未让其本人字。但就本次治疗而言，一方面病历中未见医院对其本次住院期间是否仍然具有"抑郁症"进行会诊或评价；另一方面也未要求患者方民事授权人代理签字，在告知的法律程序上存在缺陷。但从病历材料记，患者及家属对于实施神经干细胞移植治疗的医疗行为，客观上知晓配合，在一定程度上反映患者当时对于治疗方法的认可。病历材料记载，医院根据患者的病情共实施三次神经干细移植治疗，分别为腰穿干细胞移植术、头部立体定向干细胞移植术及经右侧股动脉介入术。以上三次干细胞移植手术治疗方案，家属在知情同意书进行签字。就移植治疗的方法学，符合现有学术资料上相关的观点，故

第四章 医疗伦理损害责任

本次鉴定认为该方法学无明显的争议之处。关于脑出血问题送检病历材料记载，患者出院次日出现突发意识障碍伴肢体活动不利5小时于2012年5月19日急诊入院。急查CT示左侧颞顶枕部硬膜下血，中线移位。入院查体见患者昏迷状态，GCS评分7分，双瞳孔不等大、左侧5mm，对光反射消失，右侧2.5mm，对光反射灵敏。临床入院诊断脑疝；左侧硬膜下出血；神经干细胞移植术后。入院后遂急诊全麻下行左侧硬膜下出血开颅、血肿清除术＋去骨瓣减压术，术中切开硬膜见黑色血凝块，逐渐清除颞部、额部、顶部血肿，量约200ml。结合对19日颅脑CT复阅示左侧前额至枕部可见较大范围硬膜下血肿，血肿呈混合密度特点，鉴定人分析认为患者术后硬膜下血肿，不符合急性出血的表现，属亚急性出血特点。从与医疗行为关联性分析，鉴于双额脑立体定位神经干细胞移植术具有经颅骨铅钻钻孔侵袭性操作特点，且该操作客观上存在损伤颅骨脑膜血管、引发颅内出血并发症的可能性。因此，本次鉴定认为，从诊疗行为的特点以及出血部位、出血肉眼所见和CT所见特点，反映出患者术后脑出血与行双额脑立体定位干细胞移植术存在因果关系。关于对双额脑立体定向干细胞移植术后围手术观察问题。患者术前CT显示脑萎缩，尤其以右颞叶萎缩更为明显，脑组织与颅骨之间存在一较明显的可容性空间。该空间在颅内慢性出血下，一定程度上可缓解出血占位性效应对脑组织的压迫作用。由于神经干细胞移植属于第三类医疗技术，仍处于研究和应用阶段，缺乏专业学会相关的指南、专家共识以及规范性操作指南或临床经验对该医疗行为进行规范。故开展此类医疗行为时，临床应参照神外科有关颅骨立体定向钻孔技术操作和临床要求，对患者加强围手期的观察、护理以及术后动态进行头部CT检查等。审查医方病历材料，术前小结预防措施中已经提示术中、术后可能在颅内出血，同时移植手术知情书告知内容有术后可能导致颅内出血，引起患者死亡情形。这些内容表明医方术前已经预料到术后有脑出血之医学危险，为慎重在出院前行头颅CT复查是必要的。医方对患者术后观察处理存在缺陷。综上所述，被鉴定人徐某龙入院诊断脑出血后遗症明确，给予神经干细胞移植在目前的学术研究和运用领域中，属于第三类医疗技术运用对象范畴。但医院在本次医疗技术性质开展的全面性告知方面存在缺陷，在实施头部立体定向手术移植神经干细胞后，未能参

侵权责任法之医疗损害责任三方解读

照相关技术规范对患者进行术后复查,因此,医院的诊疗工作存在过错,该医疗过错与患者术后颅内出血未能及时发现、最终死亡的结果具有一定的因果关系。在因果关系参与度评价方面,实际上属于目前临床法医学领域中最具争议的工作,本次鉴定认为评定其本质是建立在鉴定人内心判断基础上的一种学理性观点,不能与审判确定民事赔偿程度完全相同,是供法官审判和确定民事赔偿的一个考虑依据。本案鉴定人认为参与度需要考虑的因素有:①患者具有脑出血后遗症基础病,且脑萎缩病变呈现逐步加重性,给予相应的医学治疗包括新技术的治疗具有医学适用性的特点;②神经干细胞移植技术作为新的第三类医疗技术,一方面取得新闻注目的创新成绩,另一方面尚有待学术最终评价;本次鉴定无法对其临床运用的优劣进行评价;③本案神经干细胞移植作为一种新的运用治疗技术,患者方对其已具有一定程度的认识和了解,但在本治疗技术的性质和特点方面,医院对其全面性告知方面仍存在不足,以及术后参照相关技术规范进行复查存在不足;④患者自身脑萎缩病情程度对于术后疾病临床发展和判断,客观上带来的不利影响。因此,本次鉴定建议医疗过错与患者死亡因果关系参与度拟议评定为 D 级。"五、鉴定意见。中国人民武装警察部队某医院对被鉴定人徐某龙行神经干细胞植的诊疗过程中,存在医疗过错,该医疗过错与被鉴定人死亡结果有一定因果关系,法医学参与度理论数值拟评定为 D 级,是否妥供法庭审判裁定。"

该鉴定报告送达双方后,武警某医院对该鉴定意见书提出异议并申请鉴定人出庭接受质询,法源中心指派鉴定人出庭接受质询,鉴定人接受了双方当事人的质询并进行了相应答复,重申了鉴定分析及结论意见。后武警某医院向法院申请就本例重新鉴定,法院经合议后未受理其重新鉴定申请。

就医疗费赔偿一节,周某、徐某某主张共计花费医疗费 139 625.99 元,包括第一次住院医疗费 58 718.91 元,第二次住院医疗费 78 158.45 元,就此向法院提交了医疗费票据,武警某医院对医疗费票据的真实性认可,但称第二次住院医疗费中有 6 万元是该院程医生代为支付并当庭追认程医生是以医院名义付款,周某、徐某某对此亦表示认可,但武警某医院并未就垫付的款项提出反诉并要求从医疗费赔偿额度中进行抵扣。就护理费一节，武警某医院对周某的工资条不予认可。就交通费一节，武警某医院称其只认可其中三张车票。就营养费一节，周某、徐某某主张花费营养费共计1 100元，但没有提供相应证据且当庭表示没有加强营养的医嘱或者证明。关于尸检费、复印费、邮寄费，武警某医院对尸检费的真实性认可，但主张复印费、邮寄费不属于法定赔偿项目。周某、徐某某主张因为武警某医院拒不开具死亡证明产生尸体存放费34 380元，武警某医院主张周某、徐某某重复主张，尸体存放费应当包含在丧葬费中。

上述事实，有双方当事人陈述、住院病历、费用票据、鉴定书等证据材料在案佐证。

原审法院经审理认为：因医疗机构的医疗行为而构成侵权的，患者要求医疗机构承担民事责任必须满足以下条件：患者受到损害；患者的损害是由医疗行为引起的或两者之间存在因果关系；医疗机构在实施医疗行为时主观上存在过错；行为具有违法性。本案关键在于确定因果关系和医疗机构的医疗行为是否有过错。

为确定武警某医院的医疗行为与徐某龙的死亡结果之间有无因果关系，是否存在医疗过错，法院委托了法源中心对本例进行了司法鉴定，该中心的鉴定结论指出武警某医院对被鉴定人徐某龙行神经干细胞移植的诊疗过程中，存有医疗过错，该医疗过错与被鉴定人死亡结果有一定因果关系，法医学参与度理论数值拟评定为D级。虽周某、徐某某、武警某医院对法源中心所做出的鉴定结论及答复持有异议，但均未向法庭提交充分证据证明该鉴定中心的程序严重违法、该鉴定机构或者鉴定人员不具备相关鉴定资格，或该鉴定结论明显依据不足及不能作为证据使用的其他情形。依照《最高人民法院关于民事诉讼证据的若干规定》，法医鉴定结论在民事诉讼中作为证据使用，须经人民法院审查决定是否采信。经法院审查，法源中心及其鉴定人员具备相关鉴定资格，且双方均未能证明鉴定程序违法或鉴定结论有缺陷，该鉴定行为程序合法，鉴定结论依据充分，符合上述民事证据规则有关鉴定结论审核认定的规定，故法院对法源中心认定武警某医院存在医疗过错及该过错与徐某龙死亡的损害后果之间存在一定因果关系的鉴定意见予以采信，因此，法院认定武警某医院的医疗行为已构成对徐某龙生命权一定程度的

侵权责任法之医疗损害责任三方解读

侵犯，其应当承担相应的民事侵权责任，现周某、徐某某要求武警某医院承担相应的医疗损害赔偿责任，理由正当，予以支持。法院同时考虑到，徐某龙自身疾病特点及诊治过程中本身所具有的风险，故对武警某医院应当承担的具体责任比例，将综合考虑武警某医院的医疗过错程度及过错造成损害的原因力予以判定。

因武警某医院对患者徐某龙的医疗行为存在过错且与徐某龙损害后果存在一定因果关系，故应当赔偿周某、徐某某的合理的损失，包括医疗费、护理费、伙食补助费、住宿费、交通费、死亡赔偿金、精神损害赔偿金等。法院考虑到患者徐某龙治疗自身疾病的应付费用与医疗过失造成的实际损失难以截然区分，故参照双方的责任比例系数由双方予以合理分担。其中，就医疗费一节，武警某医院主张徐某龙第二次住院的医疗费中有6万元为该院垫付，但该院并未在本案中提出反诉并主张从医疗费赔偿额度中予以抵扣，故法院不在武警某医院应赔偿周某、徐某某的医疗费额度中折抵该6万元垫付费用，武警某医院可就该6万元垫付医疗费另行主张权利。就护理费一节，因患者徐某龙病情较重，需要专人陪护护理，该项损失应系合理损失范围，因周某仅提供了其工资条打印件且武警某医院对此不予认可，但考虑到徐某龙护理的实际情况，故参照本地护工从事同等级别护理的劳务报酬标准以判定。就误工费的主张，因未提交相应的误工证明，故无法予以支持。就住宿费一节，因患者徐某龙系从外地前往北京就医，其住院期间需要陪护，故其陪护人员实际发生的住宿费，其合理部分应予赔偿，具体数额由法院予以判定。就交通费一节，因部分交通费票据与就医地点、时间、人数、次数不相符合，且武警某医院仅对其中三张车票予以认可，考虑到患者就医必然产生交通费用，故法院将综合考虑责任比例、患者本人及家属合理的交通费损失予以判定。就住院伙食补助费一节，患者住院期间必然花费相应的伙食费，故法院对该项诉讼请求予以支持，具体金额将参照本地国家机关一般工作人员的出差伙食补助标准予以确定。就营养费一节，周某、徐某某并未向法院提交加强营养的医嘱或者医疗机构的证明，故对周某、徐某某的该项诉讼请求无法支持。就死亡赔偿金一节，该项诉讼请求属于法定赔偿项目，法院将按照本地上一年度城镇居民人均可支配收入标准计算。就精神损害抚慰金，因周某、徐某某系死者徐某龙的近亲属,其有权请求赔偿精神损害抚慰金,患者徐某龙死亡必将对周某和徐某龙的精神和心理带来痛苦,故应对周某、徐某某进行相应的精神抚慰,其主张精神抚慰金赔偿的诉讼请求,法院予以支持,就精神损害抚慰金的具体数额,法院结合考虑武警某医院的过错程度、侵权行为方式、侵权行为造成的后果、受诉法院所在地平均生活水平等因素综合判定。因周某、徐某某主张的其他赔偿项目缺乏相应的法律依据,故法院对除前述赔偿项目之外的其他赔偿项目均不予支持。综上所述,依照《中华人民共和国侵权责任法》第16条、54条,《中华人民共和国民事诉讼法》第64条第1款规定,判决如下:

一、中国人民武装警察部队某医院于本判决生效后七日内向周某、徐某某赔偿医疗费六万八千四百三十八元六角八分、护理费一千一百元、交通费一千元、住宿费一千六百五十元、住院伙食补助费五百五十元、死亡赔偿金三十六万四千六百九十元、丧葬费一万五千六百六十九元二角五分、精神损害抚慰金五万元,共计五十万三千〇九十七元九角三分。

二、驳回周某、徐某某的其他诉讼请求。

判决后,周某、徐某某、武警某医院均不服原判,周某、徐某某上诉认为:根据司法鉴定结论,武警某医院存在风险告知不充分、未按照规范对脑手术患者进行术后复查及护理,直接与患者的死亡存在因果关系,应当承担100%的赔偿责任;我们提交了患者的尸体鉴定费、存放费以及相关复印和邮寄费的单据,应当判决武警某医院予以赔偿,请求二审法院依法改判支持我们的全部诉讼请求。

武警某医院上诉认为:鉴定结论不客观、不科学,鉴定人员对诊疗参阅不全面,不能作为定案的依据,患者自身所患疾病是患者死亡的原因,与我院的医疗行为无因果关系;患者入院后,我院已将治疗方案及风险和并发症向患者告知,神经干细胞移植手术受目前医疗发展水平限制,并发症难以避免,根据侵权责任法的规定,医疗机构不承担赔偿责任;我院为患者方垫付了6万元医疗费,双方对此均认可,依法应当予以扣除,鉴于一审法院认定事实错误,故请求二审法院依法改判或发回重审。

本院经审理查明:双方在二审审理期间均未提供新证据,原审法院对证据的审核符合法律规定，据此认定的事实本院予以确认。

本院认为：医务人员在诊疗活动中未能尽到与当时的医疗水平相应的诊疗义务，造成患者损害的，医疗机构应当承担赔偿责任。本案中，因涉及的医疗活动具有高度的专门性、科学性和风险性，法院为查明医疗机构的医疗行为是否符合医疗法律、法规和规范的要求、医疗机构是否尽到与当时医疗水平相应的义务，委托具有资质的司法鉴定机构进行了鉴定，所得出鉴定结论是对案件事实的一种证明方法。该鉴定结论经具有鉴定资质且与当事人没有利害关系的鉴定人员，依据了相关诊疗规范，结合双方当事人均认定的病历资料以及本案中其他证据作出，本院认为该鉴定结论具有专业性和科学性，双方当事人均没有提供足以反驳的证据和理由，其证明力本院亦予以确认。武警某医院在对患者实施头部立体定向手术移植神经干细胞后，未能参照相关技术规范对患者进行术后复查，对患者发生的亚急性出血未能及时采取诊疗措施，未能尽到与其医疗水平相应的诊疗义务，存在医疗过错，其过错与患者的死亡后果具有因果关系，武警某医院上诉认为其不应承担责任的抗辩主张，本院不予采信。一审法院参照司法鉴定评定的过错参与度，以及患者自身疾病发展的实际情况，酌定赔偿比例范围符合法律规定，周某、徐某某上诉要求武警某医院承担100%的赔偿责任，缺乏相应依据，本院不予支持。周某、徐某某要求武警某医院赔偿尸体检查、存放等费用的诉讼请求，虽然提供了支付凭证，但从该费用支出的目的性来判断，并不影响本案事实及责任的认定，与本案无直接关联性，故本院不予支持。关于武警某医院垫付医疗费的问题，周某、徐某某在诉讼中认可其提交法院的医疗费单据中，确有武警某医院垫付的60 000元医疗费，故由其实际支付的医疗费金额应为76 877.36元，一审法院认为武警某医院未以反诉的形式提出予以抵扣，不予认定不妥，本院予以纠正。综上所述，依照《中华人民共和国侵权责任法》第十六条、五十四条、《中华人民共和国民事诉讼法》第六十四条第一款、第一百七十条第一款第（二）项之规定，判决如下：

一、撤销北京市海淀区人民法院（2013）海民初字第5919号民事判决第一项。

二、维持北京市海淀区人民法院（2013）海民初字第5919号民事判决第二项。

三、中国人民武装警察部队某医院于本判决生效后七日内赔偿周某、徐某某医疗费三万八千四百三十八元六角八分、护理费一千一百元、交通费一千元、住宿费一千六百五十元、住院伙食补助费五百五十元、死亡赔偿金三十六万四千六百九十元、丧葬费一万五千六百六十九元二角五分、精神损害抚慰金五万元，共计四十七万三千〇九十七元九角三分。

四、驳回中国人民武装警察部队某医院的其他上诉请求。

五、驳回周某、徐某某的上诉请求。

审　判　长：张××
代理审判员：白×
人民陪审员：王××
二〇一四年六月十九日
书　记　员：詹×

案例评析：

本案是一起典型的侵犯患者知情同意权的医疗伦理损害责任纠纷案例。与一般治疗中常见的未告知替代医疗方案等情形不同，本案中武警某医院采取的"神经干细胞移植术"，属于不成熟的实验性临床医疗措施，其优劣点、与现有技术对比的效果、风险及预后均没有充分的临床资料予以证明，也没有大规模推广于临床，不属于临床上的诊疗常规内容。对于该手术的采取，首先应当在现有医疗措施无法达到控制病情、治疗疾病的目的，同时没有其他可供选择的替代医疗方案时，才可以选择。同时，医疗机构应当与患者签署特殊的实验性医疗知情同意书，将患者病情的特殊性、实验性医疗措施的临床应用情况、治疗效果、风险、终止实验条件等相关信息向患者披露，以获得患者的书面同意。具体到本案，武警某医院并未履行相关法定责任，并且刻意向患者隐瞒了该手术不属于诊疗常规的事实，明显侵犯了患者的知情权。而对于患者的实际病情而言，除了干细胞移植术以外，仍有多种手术和保守治疗方式可以治疗患者的病情，医疗机构在治疗方案的选择上并未尽足够的注意义务。

  在大多数医疗伦理损害的案件中，侵犯患者知情同意权的情形并不是单独出现的，往往结合医疗技术损害的情形出现。笔者认为，对于侵犯知情同意权的情形，应当结合技术损害综合考察，以明确医疗损害的因果关系及参与度，具体内容将在本书下篇第四章、第五章中做详细论述。

第五章
医疗产品损害责任

第一节 医疗产品损害责任名词释义

一、医疗产品损害责任

医疗产品损害责任,是指医疗机构在医疗过程中使用有缺陷的药品、消毒药剂、医疗器械以及血液及制品等医疗产品,因此造成患者人身损害的,医疗机构或者医疗产品的生产者、销售者所应当承担的侵权赔偿责任。澳大利亚的医疗性产品法案认为,医疗产品是一个统称,既包括药品,也包括医疗器械,是指用来或声称能预防、诊断、减缓或监测某一疾病或病情的产品。[1]

医疗产品损害责任见于《侵权责任法》第59条:"因药品、消毒药剂、医疗器械的缺陷,或者输入不合格的血液造成患者损害的,患者可以向生产者或者血液提供机构请求赔偿,也可以向医疗机构请求赔偿。患者

---

[1] 赵西巨:"英美法系主要国家CAM产品立法模式探究",载《南京中医药大学学报》2007年第3期。

向医疗机构请求赔偿的，医疗机构赔偿后，有权向负有责任的生产者或者血液提供机构追偿。"

二、产品缺陷

根据《产品质量法》第26条规定："生产者应当对其生产的产品质量负责。产品质量应当符合下列要求：①不存在危及人身、财产安全的不合理的危险，有保障人体健康和人身、财产安全的国家标准、行业标准的，应当符合该标准；②具备产品应当具备的使用性能，但是，对产品存在使用性能的瑕疵作出说明的除外；③符合在产品或者其包装上注明采用的产品标准，符合以产品说明、实物样品等方式表明的质量状况。"不符合以上规定的，即为缺陷产品。

医疗产品的缺陷主要包括四种：一是，设计缺陷，这是指医疗产品设计时在产品结构、配方等方面存在不合理的危险；二是，制造缺陷，这是指在医疗产品制造过程中，因原材料、配件、工艺程序等存在错误，导致产生不合理的危险；三是，警示说明缺陷，这是指具有合理危险的医疗产品投入流通后，未对其危险性进行充分警示和说明所造成的危险；四是，跟踪观察缺陷，这是指医疗产品投入医疗过程时，虽现有科学技术尚不能完全发现该缺陷，但生产者及销售者亦未进行跟踪观察以及时发现危险，或者发现危险未及时采取措施的。

三、药品、消毒药剂、医疗器械的界定[1]

药品，是指用于预防、治疗、诊断人的疾病，有目的地调节人的生理机能并规定有适应证或者功能主治、用法和用量的物质，包括中药材、中药饮片、中成药、化学原料药及其制剂、抗生素、生化药品、放射性药品、血清、疫苗、血液制品和诊断药品等。[2] 药品直接作用于人体，具有固有的风险，因此我国法律对药品的研发、生产、流通等各

---

[1] 杨立新、岳业鹏："医疗产品损害责任的法律适用规则及缺陷克服"，载《政治与法律》2012年第9期。

[2] 参见《药品管理法》第102条。需要注意的是，该法将血液制品视为药品的一种。本书同意该观点，虽血液制品原材料特殊，但经加工成为血液制品后完全符合药品的概念，也符合产品的一般范畴。

个环节均进行严格监管，只有完成这些法定程序投放市场流通的药品，才适用《侵权责任法》第59条。如某新药仍处于临床试验阶段，造成损害的，并不适用该条规定。

消毒药剂，是指医疗机构中用于进行杀灭存在于空气、器械等的病原微生物消毒，使其达到无菌化要求的制剂，如巴氏消毒液、酒精、氧化剂等。[1]消毒药剂可为医疗活动创造一个无菌、安全的环境，防止交叉感染，提高疗效。消毒药剂的质量，在外科手术及治疗中尤为重要，直接影响到伤口的愈合，甚至可能引发严重的并发症。

医疗器械，是指单独或者组合使用于人体的仪器、设备、器具、材料或者其他物品，包括所需要的软件。医疗器械作用于人体体表及体内并不是用药理学、免疫学或者代谢的手段获得，但可能有这些手段参与并起一定的辅助作用。[2]例如医用缝合针、一次性针管、手术刀、止血钳、植入式心脏起搏器、眼科理疗仪、牙探针等。[3]需要注意的是，并非医疗活动中所用的物品均为《侵权责任法》第59条所称"医疗器械"，例如临床上使用的眼科用护眼罩、卫生袋、药品恒温冷藏柜等，[4]都不属于《侵权责任法》第59条规定的"医疗器械"，而是一般产品。

第二节 医疗产品损害责任的归责原则

一、医疗产品损害责任适用无过错责任原则

医疗产品损害责任是无过错责任，但并不是说对医疗产品缺陷的产生生产者和销售者没有过错，因为医疗产品存在缺陷本身就是一种过错。在现代社会对医疗产品质量的要求越来越具体、详细的情况下，如果医疗产品不符合规定的质量要求，则医疗产品的生产者就具有过错，

---

[1] 刘鑫、张宝珠、陈特主编：《侵权责任法"医疗损害责任"条文深度解读与案例剖析》，人民军医出版社2010年版，第128页。
[2] 参见《医疗器械监督管理条例》第3条。
[3] 参见《医疗器械分类目录》。
[4] 刘鑫、王岳、李大平：《医事法学》，中国人民大学出版社2009年版，第274页。

除非是现有的科学技术无法发现。[1] 确定医疗产品侵权责任是无过错责任，其立意是确定这种侵权责任不考察过错，无论其有没有过错，只要受害人能够证明医疗产品具有缺陷，即构成侵权责任。这样，受害人不必证明医疗产品生产者的过错，因而也就减轻了权利人的诉讼负担，有利于保护受害人的权利。

根据《北京市高级人民法院关于审理医疗损害赔偿纠纷案件若干问题的指导意见（试行）》第10条的规定，医疗产品损害赔偿纠纷案件，由患者一方对产品缺陷、损害结果、因果关系承担举证责任。因输入的血液是否合格引发的损害赔偿纠纷案件，由患者一方对血液不合格、损害结果、因果关系承担举证责任。从该条文的具体规定来看，患者并不需要证明产品生产商、销售商或者医疗机构存在哪些具体过错，而只需证明医疗产品存在缺陷即可。

二、医疗产品损害责任的构成要件

医疗产品损害责任属于产品责任，适用无过错责任原则。因此，其责任构成应当具备产品侵权责任的构成要件要求，具体包括以下要件：

1. 医疗产品须为有缺陷产品。构成医疗产品损害责任的首要条件是医疗产品具有缺陷。

（1）医疗产品的界定和范围。医疗产品须符合产品的要求。《产品质量法》第2条第2款规定："本法所称产品是指经过加工、制作，用于销售的产品"。按照这一规定，产品须具备两个条件：一是，经过加工、制作，未经过加工制作的自然物不是产品；二是，用于销售，因而是可以进入流通领域的物，未进入流通的，也不认为是产品。医疗产品是经过加工、制作，同时也是用于销售的物，是可以进入流通领域的物，因此属于产品。究竟哪些产品属于医疗产品，并没有统一的规定，法学界比较集中的意见是以下四种：一是药品；二是消毒药剂；三是医疗器械；四是血液及血液制品。

（2）医疗产品的缺陷。按照《产品质量法》的规定，可以理解缺陷的含义具体包括：①缺陷是一种不合理的危险，合理的危险不是缺

---

[1] 杨立新：《民法物格制度研究》，法律出版社2008年版，第232页。

陷；②这种危险危及人身和他人财产安全，其他危险不认为是缺陷的内容；③判断危险的合理与否或者判断某一产品是否存在缺陷的标准分为一般标准和法定标准。一般标准是人们有权期待的安全性，即一个善良人在正常情况下对一件产品所应具备的安全性的期望；法定标准是国家和行业对某些产品制定的保障人体健康、人身和财产安全的专门标准。有法定标准的适用法定标准，无法定标准的适用一般标准。

2. 须有患者人身损害事实。构成医疗产品损害责任，必须具备患者的人身损害事实，这是发生损害赔偿请求权的事实依据。构成这个要件，是将医疗产品应用于患者。由于医疗产品存在缺陷，造成了患者的人身损害，这种人身损害的特点是，有些损害后果在受害当时即可发现，有的则要在受害之后很长时间才能出现后果，特别是医疗器械造成的损害，通常都是经过一段时间才发生。医疗产品损害责任中的人身损害事实，包括致人死亡和致人伤残。在造成人身损害的同时，通常伴随精神痛苦的损害。医疗产品损害责任的人身损害事实要件中也包括精神损害，应当予以抚慰金赔偿。

3. 须有因果关系。医疗产品损害责任中的因果关系，是指医疗产品的缺陷与受害人的损害事实之间存在引起与被引起的关系，医疗产品缺陷是原因，损害事实是结果。确认医疗产品责任的因果关系，要由受害人证明，证明的内容是，损害是由于使用或消费有缺陷的医疗产品所致。使用，是对可以多次利用的医疗产品的利用；消费，是对只能一次性利用的医疗产品的利用。受害人证明损害时，首先要证明缺陷医疗产品曾经被使用或消费；其次要证明使用或消费该有缺陷的医疗产品是损害发生的原因。例如，在身体内植入的钢板断裂造成损害，因果关系明显，患者即可证明。在证明中，对于高科技医疗产品致害原因不易证明者，可以适用举证责任缓和规则，在受害患者证明达到表现证据规则要求时，进行推定因果关系，即受害人证明使用或消费某医疗产品后即发生某种损害，且这种缺陷医疗产品通常可以造成这种损害，可以推定因果关系成立，转由侵害人举证证明因果关系不成立。证明属实的，则否定因果关系要件；不能证明的，推定成立，构成医疗产品损害责任。

4. 医疗机构和销售者应当具有过失。按照《产品质量法》第41条规定的"因产品存在缺陷造成人身、缺陷产品以外的其他财产损害的，生产者应当承担赔偿责任",以及第42条规定的"由于销售者的过错使产品存在缺陷,造成人身、他人财产损害的,销售者应当承担赔偿责任。销售者不能指明缺陷产品的生产者也不能指明缺陷产品的供货者的,销售者应当承担赔偿责任",产品责任中的生产者承担责任,无须过失存在。而销售者承担责任有两种形式:①有明确的生产者和供货者的,构成侵权须具备过失要件;②销售者不能指明缺陷产品的生产者也不能指明缺陷产品的供货者的,即使没有过失,销售者也应当承担赔偿责任。按照这样的规则,在医疗产品损害责任中,如果受害患者一方追究医疗机构以及医疗产品销售者的侵权责任的,必须证明医疗机构或者销售者具有过失的要件,没有过失,就没有责任;如果医疗机构或者销售者不能指明缺陷医疗产品的生产者也不能指明缺陷产品的供货者的,受害患者一方请求赔偿,无须证明其有过失,医疗机构或者销售者也应当承担赔偿责任。[1]

第三节 医疗产品损害责任所涉条文释义

一、《侵权责任法》第59条

"因药品、消毒药剂、医疗器械的缺陷,或者输入不合格的血液造成患者损害的,患者可以向生产者或者血液提供机构请求赔偿,也可以向医疗机构请求赔偿。患者向医疗机构请求赔偿的,医疗机构赔偿后,有权向负有责任的生产者或者血液提供机构追偿。"

本条是由于医疗产品瑕疵导致患者损害,侵权责任如何承担的情形。

1. 医疗产品损害责任的不真正连带责任。医疗产品造成患者损害,其基本的责任形态是不真正连带责任,基本规则是:

(1) 医疗产品损害责任的中间责任主体是医疗机构和医疗产品的生产者、销售者。在医疗产品损害责任中,中间责任的责任主体有三种:①医疗机构直接使用医疗产品,应用于患者身上造成损害的,其当

---

[1] 杨立新:"论医疗产品损害责任",载《政法论丛》2009年第2期。

然是责任主体，无论有无过错，都应当承担中间责任；如果医疗机构不能指明缺陷医疗产品的生产者也不能指明缺陷产品的供货者的，应当承担最终责任，为无过错责任；②医疗产品生产者，其制造了有缺陷的医疗产品，并且造成了患者的损害，应当承担中间责任；③医疗产品的销售者，按照《侵权责任法》第42条的规定，销售者对于缺陷医疗产品造成损害具有过失，应当承担最终责任；如果销售者不能指明缺陷产品的生产者也不能指明缺陷产品的供货者，则销售者应当承担无过错责任。

（2）受害患者可以选择向医疗机构、生产者或者销售者主张权利。按照产品责任的中间责任规则（即《侵权责任法》第43条第1款规定，患者有权在上述三种侵权责任主体中，根据自己的利益，选择对自己最为有利的、法律关系"最近"的一个请求权行使），受害患者有理由选择医疗机构作为索赔主体，请求其承担赔偿责任；也有理由选择医疗产品的生产者或者销售者请求其承担赔偿责任。三种责任主体都无拒绝受害患者请求赔偿的权利。应当明确的是，医疗机构在中间责任规则中作为责任人承担中间责任，并不单纯是作为医疗产品的销售者的责任人地位。《侵权责任法》规定不真正连带责任，并非只是考虑医疗机构对药品加价而处于销售者地位，主要考虑的是保护好患者的合法权益。"立法调研中了解到，许多患者在因此受到损害后，都有被相互推诿，求偿困难的经历。由于法律缺乏明确的规定，患者在这方面寻求司法保护的效果也不理想。本条为了更好地维护患者的权益，便利患者受到损害后主张权利"，才明确规定了不真正连带责任。[1] 立法机关工作人员的这一解说，代表了立法的本意。因此，不应当区分医疗机构承担不真正连带责任是否处于销售者的地位。如果医疗机构与患者自己选用的医疗产品没有关系，则医疗机构不承担不真正连带责任。

（3）中间责任人承担了中间责任后对最终责任人的追偿权。上述三种责任主体中的任何一方在承担了中间责任之后，如果自己不是最终责任人，都可以向其他应当承担最终责任的责任主体进行追偿。例如，医疗机构承担了中间责任之后，有权向缺陷医疗产品的生产者进行追

---

[1] 王胜明：《中华人民共和国侵权责任法释义》，法律出版社2010年版，第291页。

偿。医疗机构承担了中间责任之后,是否有权向缺陷医疗产品销售者进行追偿?我认为,如果缺陷医疗产品销售者为最终责任人的,医疗机构承担了中间责任之后,当然有权向作为最终责任人的销售者进行追偿。尽管《侵权责任法》第59条对此没有明文规定,但按照《侵权责任法》第43条规定的规则,医疗机构是有权追偿的。

中间责任人承担了中间责任后行使追偿权,追偿的范围如何确定,法律亦未明确规定。我认为,这种赔偿请求权是全额的请求权,包括在前一诉讼中造成的所有损失,凡是缺陷医疗产品造成的损害,都有权请求生产者或者销售者赔偿,只有基于自己的过失造成患者损害的部分,才不能进行追偿。应当追偿的范围是:承担的全部损害赔偿金;应对赔偿纠纷诉讼支出的各种调查费用等;确定中间责任纠纷诉讼的案件受理费和律师代理费。

(4)医疗机构承担最终责任的情形。医疗机构在医疗产品损害责任中作为最终责任人,有以下三种情形:①医疗机构对医疗产品缺陷形成具有过错的,例如医疗产品原本没有缺陷,是医疗机构的原因使其形成缺陷;②医疗产品没有缺陷,完全是医疗机构错误使用造成患者损害的;③医疗机构自己生产的制剂等医疗产品存在缺陷,造成患者损害的。在这三种情况下,医疗机构本身就是最终责任人,受害患者向医疗机构请求赔偿的,医疗机构应当承担最终责任,不得向其他人追偿;受害人向其他人,例如医疗产品的生产者或者销售者请求赔偿的,生产者或者销售者承担的是中间责任,嗣后有权向医疗机构追偿。

患者将医疗机构和生产者、销售者同时起诉的,应按照最终规则处理,如果受害患者将医疗机构、生产者和销售者一并作为共同被告起诉的,法院应当直接适用最终规则,确定缺陷的直接生产者承担侵权责任,不必先实行最近规则让医疗机构先承担责任再进行追偿。[1]

2. 医疗产品损害责任的免责事由。《产品质量法》第41条第2款规定:"生产者能够证明有下列情形之一的,不承担赔偿责任:(一)未将产品投入流通的;(二)产品投入流通时,引起损害的缺陷尚不存在的;(三)将产品投入流通时的科学技术水平尚不能发现缺陷的存在

---

[1] 杨立新:"医疗产品损害责任三论",载《河北法学》2012年第6期。

的。"在医疗产品损害纠纷诉讼中,如果医疗机构能够证明其使用的医疗产品或血液制品存在以上免责情形之一,则可以免除其赔偿责任。判定生产者是否知道或者应当知道产品投入流通时存在不存在产品缺陷,一是以生产者所掌握的科学技术为依据,二是以当时社会所具有的科学技术水平为依据。只有当时社会的科技水平不能发现产品缺陷的时候,才能免除生产厂商的品全赔偿责任。

二、典型案例评析

姚某与上海某医院、上海市血液中心医疗损害责任纠纷一审民事判决书[1]

原告:姚某。

被告:上海某医院。

被告:上海市血液中心。

原告姚某诉被告上海某医院、上海市血液中心医疗损害责任纠纷一案,本院受理后,依法组成合议庭,公开开庭进行了审理。原告姚某,被告上海某医院的委托代理人,被告上海市血液中心的委托代理人到庭参加诉讼。本案现已审理终结。

原告姚某诉称,2013年1月31日,原告因消化道出血在被告上海某医院接受治疗,因手术需要,于2013年2月5日输血600mL、2013年2月6日输血200mL,血液均由被告上海市血液中心提供,2013年2月16日原告出院。2013年6月19日及28日,原告因身体不适,至被告上海某医院综合检查,确诊感染了丙型病毒性肝炎后,于2013年7月4日在该院住院治疗,至2013年7月20日出院。由于输血造成原告罹患丙肝,并存在不能完全康复的恶性后果。故起诉来院,要求两被告共同赔偿原告医药费人民币95 000元(以下币种均为人民币)、误工费60 000元、住院陪护费10 000元、住院伙食费补助费320元、住院期间营养费640元、交通费3 000元、出院后护理费36 000元、精神损害赔

---

[1] 上海市黄浦区人民法院(2014)黄浦民一(民)初字第XXX号民事判决书,载中国裁判文书网 http://www.court.gov.cn/zgcpwsw/sh/shsdezjrmfy/shshpqrmfy/ms/201408/t20140823_2646020.htm。

偿费 50 000 元、长期营养费 100 000 元、人体伤害赔偿 50 000 元、律师费 10 000 元、后期治疗费等一次性赔付 100 000 元共计 514 960 元。

被告上海某医院辩称,其对原告的诊疗过程符合诊疗规范。使用血液是治疗所需,输血过程不存在任何过错;原告所述在某医院的诊疗过程属实。原告所输血液是被告上海市血液中心按照上海市有关规定提供的,被告上海某医院亦尽到责任,不应承担赔偿责任,故表示不同意原告的诉讼请求。

被告上海市血液中心辩称,其是国家认可的合法的血液提供机构,提供的血液符合国家检测标准,采血、供血都受国家相关部门监督,并持有国家颁布的血站执业许可证,依法向本市部分医疗机构供血;被告上海市血液中心应被告上海某医院的要求为原告合法供血;丙肝有多种感染途径,输血并不是唯一感染途径,原告输血到最终检查出有丙肝有可能通过其他途径感染;原告主张没有事实及法律依据,被告上海市血液中心没有过错,不应承担赔偿责任,故表示不同意原告的诉讼请求。

经审理查明,2013 年 1 月 31 日,原告因消化道出血在被告上海某医院住院治疗,期间输入由被告上海市血液中心提供的血液。2013 年 7 月 4 日,原告经被告上海某医院确诊为丙型肝炎并在该院住院治疗,至 2013 年 7 月 20 日出院。原告为治疗丙肝在被告上海某医院花费了医疗费用 24 314.98 元。

以上事实由原、被告提供的历卡和病史、术前病历及检验报告单、用血通知单、交纳用血互助金通知书、术后病历及检验报告单及本院的询问笔录、庭审笔录予以证实。

本院认为,公民的生命健康权受法律保护。法人只有因过错造成他人人身受到损害的,才应当承担相应的民事责任。本案中,被告上海某医院在为原告治疗过程中,所使用的诊疗手段符合医疗常规,已足以表明不存在故意或过失致害原告的过错行为。上海市血液中心向上海某医院提供血液,亦无过错。因此,原告罹患丙型肝炎的后果,并非两被告过错造成,两被告无须为此承担侵权赔偿责任,故原告要求两被告共同赔偿 514 960 元的诉讼请求,本院依法不予支持。上海市血液中心对原告进行适当补偿,其补偿金额酌定为 60 000 元。据此,依照《中华人民共和国民法通则》第一百零六条第二款之规定,判决如下:

一、驳回原告姚某要求被告上海某医院、上海市血液中心共同赔偿人民币 514 960 元的诉讼请求；

二、被告上海市血液中心于本判决生效之日起三十日内补偿原告姚某人民币 60 000 元。

如果未按本判决指定的期间履行给付金钱义务，应当按照《中华人民共和国民事诉讼法》第二百五十三条之规定，加倍支付迟延履行期间的债务利息。

案件受理费人民币 8 949.60 元，由原告姚某负担人民币 7 649.60 元，由被告上海市血液中心负担人民币 1 300 元。

如不服本判决，原、被告可在判决书送达之日起十五日内，向本院递交上诉状，并按对方当事人的人数提供副本，上诉于上海市第二中级人民法院。

审　判　长：王×
审　判　员：周×
二〇一四年七月三十一日
书　记　员：陆××

案例评析：

本案是一起因输血导致感染丙肝的医疗损害责任纠纷案件。本案中，主审法官对医疗产品责任采取过错责任原则，由于血液中心、医疗机构在血液采制、保存、使用方面均严格遵守国家法律规定，不存在过错，没有违反《侵权责任法》、《产品质量法》及其他规范的相关规定。原告亦没有举证证明其不存在其他感染丙肝的途径，故判决原告败诉。

在司法实践中，存在着窗口期输血导致患者感染疾病的情况。根据《产品质量法》的规定，将产品投入流通时的科学技术水平尚不能发现缺陷的存在的，生产商不应承担赔偿责任。笔者查阅相关判例，基本有以下两种情况：按照公平责任原则，血液中心、医疗机构和患者各承担一部分责任；按照过错责任原则，血液中心和医疗机构不承担责任。

第六章
医疗管理损害责任

第一节 医疗管理损害责任名词释义

一、医疗管理损害责任

医疗管理损害责任，是指医疗机构和医务人员违背医政管理规范和医政管理职责的要求，具有医疗管理过错，造成患者人身损害、财产损害的医疗损害责任。

医疗管理也叫医政管理。[1]医疗管理损害责任的构成，不是医疗机构及医务人员的伦理过错或者技术过错，而是须具备医疗管理过错，即医疗机构及医务人员在医政管理中，由于疏忽或者懈怠甚至是故意，不能履行管理规范或者管理职责，造成患者人身损害或者财产损害，应当承担的医疗损害责任。

医院管理损害责任，具体体现在《侵权责任法》第54条："患者在诊疗活动中受到损害，医疗机构及其医务人员有过错的，由医疗机构承担赔偿责任。"第58

---

〔1〕 王喜军、杨秀朝：《医疗事故处理条例实例说》，湖南人民出版社2003年版，第6页。

条第2、3款:"患者有损害,因下列情形之一的,推定医疗机构有过错:(二)隐匿或者拒绝提供与纠纷有关的病历资料;(三)伪造、篡改或者销毁病历资料。"第61条:"医疗机构及其医务人员应当按照规定填写并妥善保管住院志、医嘱单、检验报告、手术及麻醉记录、病理资料、护理记录、医疗费用等病历资料。患者要求查阅、复制前款规定的病历资料的,医疗机构应当提供。"第63条:"医疗机构及其医务人员不得违反诊疗规范实施不必要的检查。"

二、病历及病历管理

根据《病历书写规范》的规定,病历是指医务人员在医疗活动过程中形成的文字、符号、图表、影像、切片等资料的总和,包括门(急)诊病历和住院病历。根据《医疗事故处理条例》第10条、第16条的规定,病历分为客观病历和主观病历。其中,客观病历是指门诊病历、住院志、体温单、医嘱单、化验单(检验报告)、医学影像检查资料、特殊检查同意书、手术同意书、手术及麻醉记录单、病理资料、护理记录。主观病历是指死亡病例讨论记录、疑难病例讨论记录、上级医师查房记录、会诊意见、病程记录等。

2013年11月20日,国家卫生计生委、国家中医药管理局印发《医疗机构病历管理规定(2013年版)》(以下简称《规定》)。该《规定》分总则、病历的建立、病历的保管、病历的借阅与复制、病历的封存与启封、病历的保存、附则共7章32条,自2014年1月1日起施行。原卫生部和国家中医药管理局于2002年公布的《医疗机构病历管理规定》(卫医发〔2002〕193号)予以废止。

该《规定》第19条明确了患方可以复印的病历内容,即门(急)诊病历和住院病历中的体温单、医嘱单、住院志(入院记录)、手术同意书、麻醉同意书、麻醉记录、手术记录、病重(病危)患者护理记录、出院记录、输血治疗知情同意书、特殊检查(特殊治疗)同意书、病理报告、检验报告等辅助检查报告单、医学影像检查资料等病历资料。该《规定》体现如下亮点:①明确了医疗机构内管理病历质量的部门,增加了病历书写、排序及病案装订等有关要求;②增加电子病历管理相关内容;③明确规定签封病历的复制件,并规定未完成的病历在封存后，病历原件可以继续记录和使用；④增加了输血治疗知情同意书、特殊检查（特殊治疗）同意书等保存和复印的内容。

三、医疗管理损害责任的归责原则

目前，学界对医疗管理损害责任的研究较少，杨立新教授认为，医疗管理损害责任的过错是医疗管理过错。医疗管理损害责任应当具备的过错是医疗管理过错，判断医疗管理过错的标准，既不是违反当时的医疗水平的诊疗义务所确定的高度注意义务，也不是违反医疗良知和医疗伦理的疏忽或者懈怠，而是以医疗机构和医务人员的管理规范和管理职责为标准确定的医疗管理过错，因而与其他三种医疗损害责任均不相同。

医疗管理损害责任的责任原则仍为过错责任，即医疗机构具有管理上的失误，并导致患者损害后果时，医疗机构应承担相应的赔偿责任。在学术界，医疗管理损害责任是否作为一个独立的类型存在，尚存在争议，举例而言，由于医院管理失误，导致产妇的孩子被抱错的案件，通常认为不属于医疗损害责任，而应当由侵权责任法的一般性条款规制，而如果医疗管理损害责任被列为一个独立类型，则此类案件属于医疗管理损害责任纠纷，并由侵权责任法中医疗损害责任具体条款约束。医疗管理损害责任的归责原则为过错责任，具体到举证责任上，则为谁主张谁举证，即由患方负责证明医疗机构的管理存在过错，并导致患者损害。

根据《全国人民代表大会常务委员会关于司法鉴定管理问题的决定》中的相关规定，可以得知，医疗管理损害责任纠纷并不属于司法鉴定的范畴，人民法院应当依职权对期间所涉及的管理过错即因果关系进行评判。

第二节 医疗管理损害责任所涉条文释义

一、《侵权责任法》第58条

"患者有损害，因下列情形之一的，推定医疗机构有过错：（一）违反法律、行政法规、规章以及其他有诊疗规范的规定；（二）隐匿或者拒绝提供与纠纷有关的病历资料；（三）伪造、篡改或者销毁病历资料。"

本条是关于医疗过错推定的条款，其中第2、3款均涉及医疗管理损害责任。

关于医疗过错推定制度，梁慧星教授认为："总结裁判实践经验，本条明文规定，凡具备本条列举的三种情形之一时，应当推定医疗机构有过错。特别应当注意，本条所谓过错推定，属于不可推翻的推定，而与通常所谓推定允许以反证加以推翻不同"。杨立新教授编写的《中华人民共和国侵权责任法司法解释草案建议稿》第101条规定："依照侵权责任法第五十八条规定推定医疗机构有过错的，法院即可认定医疗机构有过错；医疗机构不得主张推翻该过错推定。"因此，从主流观点来看，均认为本条属于不可推翻的推定。

严格意义上来讲，该条第2、3款的措辞是存在逻辑瑕疵的。患者在医疗活动中受到损害，必然有医疗行为作用于其身体，而本条规定的"隐匿或者拒绝提供与纠纷有关的病历资料"以及"伪造、篡改或者销毁病历资料"并非临床医疗行为，不可能因为以上过错而导致患者损害，而是属于对于医疗纠纷中证据材料的保存和提供的相关规定。根据《最高人民法院关于民事诉讼证据的若干规定》第75条，有证据证明一方当事人持有证据无正当理由拒不提供，如果对方当事人主张该证据的内容不利于证据持有人，可以推定该主张成立。本条第2项与此司法解释精神一致。据此判断，本条第2、3项所指的因果关系，并非是医疗损害赔偿的因果关系，而是由于医疗机构未提供相应证据、证据保管不善或者销毁隐匿证据而所承担的举证不能责任。

二、《侵权责任法》第61条

"医疗机构及其医务人员应当按照规定填写并妥善保管住院志、医嘱单、检验报告、手术及麻醉记录、病理资料、护理记录、医疗费用等病历资料。患者要求查阅、复制前款规定的病历资料的，医疗机构应当提供。"

本条是关于医疗机构保管病历资料义务和患者查阅、复制病历资料权利的规定。

医疗机构有保存病历的义务。

本条规定的病历资料包括"住院志、医嘱单、检验报告、手术及麻醉记录、病理资料、护理记录、医疗费用"等内容，但其规定的内容并没有《医疗事故处理条例》相关方面规定的详尽，在医疗实践中，病历资料也远不止以上内容。立法者认为，"等病历资料"作为一个兜底表述，指根据实践的需要，不断调整和增加医疗机构保管病历资料的范围和患者有关查阅复制病历资料的内容。

根据物权法理论，物质形态意义上的病历资料的所有权应当属于医疗机构。同时，根据《医疗机构管理实施条例》第53条的规定，门诊病历和住院病历的保存期限分别为15年和30年，医疗机构有权处分保存期已经届满的病历。该规定间接印证了医疗机构对物质形态意义上的病历资料享有处分权，尽管该处分权的行使受到法律限制。

三、《侵权责任法》第63条

"医疗机构及其医务人员不得违反诊疗规范实施不必要的检查。"

本条是关于过度诊疗检查侵害患者财产权的规定。

从法律角度对过度医疗的定义是：医疗机构及其医务人员在医疗活动中，违反医疗卫生管理法律、行政法规、部门规章和诊疗护理规范、常规，以获取非法经济利益为目的，故意采用超越个体疾病诊疗需要的手段，给就医人员造成人身伤害或财产损失的行为。过度医疗是指医疗机构及其医务人员在医疗活动中，违反法定及约定义务，提供了超过个体和社会医疗保健实际需求的医疗服务，造成服务对象人身伤害及财产损失的行为。[1]

过度检查是过度诊疗行为的表现内容之一，是相对独立的一类医疗侵权行为，其构成要件包括以下几方面：①主体必须是医疗服务机构是具有行医执照的个体诊所，不包括非法行医者，也不包括药店服务人员；②医疗机构或医务人员提供了超过患者本身所需的医疗服务，此种医疗行为超出了疾病治疗的实际需要，对疾病的治疗、康复没有积极效果，是不必要的、多余的、不合理的；③必须造成医疗损害，过度检查

---

[1] 李传良："法视野下的过度医疗行为分析"，载《法律与医学杂志》2006年第2期。

主要是指给患者带来经济损失，即侵犯了患者的财产权或者患者财产利益受到损害。

财产利益损害是指受害人因其财产或人身受到侵害而造成的经济损失。财产利益损害应该是实际的损失，想象的、虚构的、不能证明的或不能以具体金钱数额计算的都不足以构成财产利益损失。财产利益损害可以分为现实损害和可得利益损害、直接损害与间接损害。现实损害是指受侵害患者现有财产的减少，如治疗费、丧葬费等；可得利益损害是指受侵害患者应得到的利益而未得到，如因医疗损害导致身体残疾后的收入减少。直接损害是指患者本人直接受到的损害，如医疗费用的支出；间接损害是指患者的近亲属所受到的损害，如因医疗损害导致患者死亡，近亲属失去家庭经济来源。

有的学者主张患者损害不包括财产损失，仅限于生命权、身体权和健康权的损害，如果医疗机构及其医务人员借诊疗活动之机侵害了患者的财产权益，不属于医疗损害责任，例如通过过度检查以牟取非法利益；[1] 有的学者则主张应当包括财产损失，[2] 医疗损害既包括财产损害，也包括精神损害。[3] 杨立新教授认为，在医疗损害责任中，所有权并不是所有的医疗损害责任的侵害客体，但在少数医疗损害责任中，例如过度检查的损害责任，则为医疗损害行为的客体。[4]

对于绝大多数过度医疗来说，给患者造成的最大损失就是医疗费用的增加。以过度检查为例：《侵权责任法》第63条规定，医疗机构及其医务人员不得违反诊疗规范实施不必要的检查。不必要的检查的实施，直接的后果就是导致患者医疗费用的增加。该法条并没有规定如果医疗机构及其医务人员实施不必要的检查会带来怎样的法律后果，但是在2008年12月23日《侵权责任法（草案）》（二次审议稿）第7章第65条，2009年11月6日《侵权责任法（草案）》（三次审议稿）第7章第63条中规定："医务人员应当根据患者的病情实施合理的诊疗行为，不得采取过度检查等不必要诊疗行为。医疗机构违反前款规定，应

---

[1] 程啸：《侵权责任法》，法律出版社2011年版，第437页。
[2] 蒋柏生：《医疗事故法律责任研究》，南京大学出版社2005年版，第109页。
[3] 周友军：《侵权法学》，中国人民大学出版社2011年版，第255页。
[4] 杨立新："医疗损害责任构成要件的具体判断"，载《法律适用》2011年第5期。

当退回不必要诊疗的费用，造成患者其他损害的，还应当承担赔偿责任。"根据民法的基本原理可知，医疗机构没有合法的根据取得利益而使患者受损失，医疗机构及其医务人员实施不必要的检查的，所获取的检查费用属于不当得利，应该返还给患者。

《侵权责任法》第22条规定，侵害他人人身权益，造成他人严重精神损害的，被侵权人可以请求精神损害赔偿。这里的人身权益就包括生命权、健康权。如果由于过度医疗造成了患者的死亡，患者的近亲属还可以享有精神损害赔偿请求权。但是，如果仅存在过度医疗而没有造成患者人身损害后果，则不能要求精神损害抚慰金。

四、典型案例评析

何某某与上海市某区卫生服务中心医疗损害责任纠纷案一审民事判决书[1]

原告：何某某。

被告：上海市某区卫生服务中心。

原告何某某诉被告上海市某区卫生服务中心医疗损害责任纠纷一案，本院在诉前调解中委托上海枫林国际医学交流和发展中心司法鉴定所对原告现有身体状况是否与注射过期药品存在因果关系，以及原告伤残情况、休息、营养、护理期限进行鉴定。本院于2012年9月10日立案受理后，依法适用普通程序审理。本院根据原告申请，委托复旦大学上海医学院司法鉴定中心对原告伤残等级进行鉴定。本院于2013年12月2日对本案公开开庭进行了审理。原告的委托代理人，被告的委托代理人到庭参加诉讼。本案现已审理终结。

原告何某某诉称，2010年8月6日，原告便秘，由被告上门出诊。被告为原告进行输液治疗，分二次开了四天剂量的药物（8月7日至10日）。原告输液至8月9日时出现发热状况。原告家属发现原告之前二天输入的均为过期药物。事发后，被告每天二次派医生上门为原告治

---

[1] 上海市徐汇区人民法院（2012）徐民一（民）初字第XXXX号民事判决书，载中国裁判文书网http://www.court.gov.cn/zgcpwsw/sh/shsdyzjrmfy/shsxhqrmfy/ms/201406/t20140625_1730703.htm。

疗。被告将同一批号的药物予以销毁。8月15日，原告体温升至39.2℃，处于昏迷状态。原告家属在征得被告同意后将原告送至其他医院治疗，诊断为尿路感染和败血症，并伴有肺部感染。2010年12月，原告出现腹泻（一天几十次），原告家属要求转院，被告不同意，并称被告会请专家会诊，但原告病情越来越严重。2011年7月7日，被告为原告输入的营养液中含有西咪替丁，原告家属因此对被告的诊疗措施产生疑问。原告家属要求复印病史遭拒，经向警察、媒体求助后才复印到病史。原告经瑞金医院诊断为伪膜性肠炎。原告认为，被告为原告使用过期药物，造成原告身体损害，应当承担全部赔偿责任，故起诉至法院，另要求保留主张后续治疗的诉权。

被告上海市某区卫生服务中心辩称，被告为原告输入过期药物，造成原告身体损害，被告愿意依法承担赔偿责任。根据鉴定意见，原告现有情况与输入过期药物之间的参与度为30%~40%，被告同意按照该比例承担赔偿责任，另被告垫付的医疗费、护理费、借款共计59 605.23元，应当一并予以结算。

经审理查明，据被告2010年8月6日出诊记录记载：一周前大便带血反复，时带鲜血，时为咖啡色便、稀便不成形，间断性十余次/日，无腹痛，呕吐，返酸等。否认痔疮史、肠梗史。查体：BP100/70mmHg，气平，神清，唇色正常，HR90次/分，双肺（-），腹软，未及明显压痛，双下肢不肿，肝肾无叩痛，肠鸣音3次/分。诊断：血便待查。处理：粪常规：OB（+），黄色软；建议尽快上级医院进一步消化道内镜等检查；5% GS 250ml，西咪替丁0.6，ivgtt，qdx 2天；5% GNS 500ml，复方维生素2支，ivgtt，qdx 2天。

据被告2010年8月10日病史记载：患者昨起有低热，体温37.7℃，神清，胃纳可，大便成形，无脓血黏液，无腹痛主诉。查体：128/70mmHg，上午九点体温37.5℃，气平，神清，唇无紫绀。诊断：上感，上消化道出血。下午4点体温37.6℃。2010年8月11日家属代诉：体温37.6℃，伴尿频。

原告于2010年8月16日至上海市第九人民医院就诊并被收治入院，入院诊断：双侧肺炎，尿路感染，慢性胆囊炎，脑梗后，骨折后。据出院小结记载：入院后查体、完善相关检查，予以积极抗感染、增加抗生素敏感性、防止消化性溃疡出血、改善脑血供、化痰、增强免疫力、营养支持等对症治疗。原告于 2010 年 9 月 3 日出院，出院诊断：双侧肺炎、泌尿道感染、败血症（由其他革兰氏阳性病原体引起）（溶血性葡萄球菌）、慢性胆囊炎、脑梗塞后遗症、骨折治疗后恢复期（右侧髋关节）。出院时情况：仍有低热，有咳嗽咳痰。

原告于 2010 年 9 月 3 日至 9 月 8 日入住被告处，入、出院诊断：两肺肺炎、败血症、右股骨粗隆骨折。据出院小结记载：查体、必要检查，予抗感染、营养支持对症治疗。出院时情况：仍有低热，轻微咳嗽，食欲缺乏。出院后建议：转（上海）市八人民医院进一步就诊。

原告于 2010 年 9 月 8 日至 10 月 15 日入住上海市第八人民医院，入院诊断：支气管肺炎、泌尿道感染、败血症（溶血性葡萄球菌）、慢性胆囊炎、脑梗塞后、右侧髋关节骨折治疗后。据出院小结记载：予抗感染、抗厌氧感染、降压、促消化、消胀等治疗。10 月 8 日停用所有抗生素等静脉治疗，患者于 10 月 13 日下午再次出现发热，肛温最高达 38.8℃，于 10 月 14 日再次抗感染治疗。建议上级医院进一步诊治。出院诊断：支气管肺炎、泌尿道感染、败血症（溶血性葡萄球菌）、慢性胆囊炎、脑梗塞后、右髋关节骨折治疗后、高血压病（3 级，极高危）、多囊肝。

原告于 2010 年 10 月 15 日至 11 月 2 日入住上海市第九人民医院。据出院小结记载：查体、完善各项相关检查，予以抗感染、化痰、控制血压、活血化瘀、营养支持、调节肠道功能、营养神经等对症治疗。出院诊断：肺部感染（右下肺炎）、脑梗塞后遗症、高血压Ⅲ（极高危）、泌尿道感染。

原告于 2010 年 11 月 2 日至 2011 年 8 月 23 日入住被告处，入院诊断：右下肺炎、高血压病（2 级，极高危）、右股骨粗隆骨折。据出院小结记载：查体、给予相关辅助检查，给予营养支持、降压、改善胃肠功能、通便、止泻等对症治疗，期间请他院会诊。7 月 28 日家属带患者至瑞金医院就诊，诊断"伪膜型肠炎"，予甲硝唑片口服、纠正电解质紊乱。出院诊断：右下肺炎、高血压病（2 级，极高危）、右股骨粗隆骨折、胃肠功能紊乱、伪膜型肠炎。

原告于 2011 年 8 月 19 日至 8 月 23 日在上海中医药大学附属龙华

第六章 医疗管理损害责任

医院就诊。原告于2011年8月23日至9月7日入住上海中医药大学附属龙华医院，入、出院诊断：泄泻、脾虚湿盛证、伪膜性肠炎、冠状动脉粥样硬化性心脏病、高血压病（2级，高危）、脑梗塞后。据出院小结记载：查体、完善各项相关检查，予以健脾行气利湿、抗感染、调整肠道菌群、助消化、消炎利胆、营养支持、活血通络、醒脑开窍、营养脑细胞、改善脑功能、促醒、控制血压、扩冠、提高免疫、纠正贫血、益气扶正、纠正低蛋白、稳心安神等治疗。

原告于2011年9月7日至9月22日入住上海市第九人民医院，入、出院诊断：伪膜性肠炎、冠心病（心肌缺血型）、原发性高血压（2级，极高危）、脑梗塞（后）。据出院小结记载：查体、完善检查，予以抑酸护胃、调节肠道菌群、促进胃肠动力、补充消化酶、扩冠、营养心肌、减轻心脏负荷、控制血压、活血化瘀、止泻、营养等对症治疗。

原告于2011年9月22日至10月28日入住被告处，入院诊断：伪膜性肠炎、冠心病（缺血性心肌病型，心功能Ⅱ级）、高血压病（2级，极高危）、脑梗塞后、小肠梗阻待排。据出院小结记载：查体、完善相关检查，调节肠道菌群、促进胃肠动力、补充消化酶、扩冠、降压、吸氧、补钾等治疗。出院诊断：伪膜性肠炎、冠心病（缺血性心肌病型，心功能Ⅱ级）、高血压病（2级，极高危）、脑梗塞后、肠郁张、小肠梗阻待排。

原告于2011年10月28日至11月1日在上海市中医药大学龙华医院就诊。

原告于2011年11月2日至11月18日入住被告处。入院诊断：伪膜性肠炎、冠心病（缺血性心肌病型，心功能Ⅱ级）、高血压病（2级，极高危）、脑梗塞后。据出院小结记载：查体、完善必要检查，给予调节肠道菌群治疗、扩冠治疗、降压治疗、吸氧对症处理等对症治疗。出院诊断：伪膜性肠炎、冠心病（缺血性心肌病型，心功能Ⅱ级）、高血压病（2级，极高危）、脑梗塞后、肺部感染。

原告于2011年11月18日至12月5日入住上海中医药大学附属龙华医院。入、出院诊断：泄泻、脾虚泄泻、伪膜性肠炎、冠状动脉粥样硬化性心脏病（心肌缺血）、高血压病（2级，极高危）、脑梗塞后。

据出院小结记载：查体、完善各项相关检查，予以营养支持、补钾、益气养阴、控制血压、扩冠、抗感染、调节菌群、止泻、改善消化等治疗。

原告于2011年12月5日至2012年2月10日入住被告处。入院诊断：伪膜性肠炎、冠心病（缺血性心肌病型，心功能Ⅱ级）、高血压病（2级，极高危）、脑梗塞后。据出院小结记载：查体、入院后完善必要检查，给予调节肠道菌群、扩冠、降压、吸氧、抗感染等对症治疗。出院诊断：伪膜性肠炎、冠心病（缺血性心肌病型，心功能Ⅱ级）、高血压病（2级，极高危）、脑梗塞后、肺部感染。

原告于2012年2月11日至2月24日入住上海中医药大学附属龙华医院，入、出院诊断：泄泻、脾虚湿盛、伪膜性肠炎、冠状动脉粥样硬化性心脏病（心功能不全，心功能Ⅱ级）、高血压病（3级，极高危）。据出院小结记载：查体、完善相关检查，予益气养阴、营养支持、保护肠屏障、控制血压、提高免疫、退热促醒、纠正低蛋白血症等对症治疗。

原告于2012年2月24日至6月7日入住被告处。入院诊断：伪膜性肠炎、冠心病（缺血性心肌病型，心功能Ⅱ级）、高血压病（2级，极高危）、脑梗塞后遗症。据出院小结记载：查体、完善必要检查，给予扩冠、降压、吸氧对症处理等对症治疗。出院诊断：伪膜性肠炎、冠心病（缺血性心肌病型，心功能Ⅱ级）、高血压病（2级，极高危）、脑梗塞后遗症、胫前皮炎。

原告于2012年6月7日至6月20日入住上海中医药大学附属龙华医院。入院诊断：便秘、气秘证、肠积气、伪膜性肠炎、冠状动脉粥样硬化性心脏病、高血压病（2级，高危）、脑梗塞后。据出院小结记载：查体、完善相关检查，予灌肠、调节肠道菌群、润肠通便、降压、扩冠、活血通络、营养支持等对症治疗。出院诊断：便秘、气秘证、伪膜性肠炎、冠状动脉粥样硬化性心脏病、高血压病（2级，高危）、脑梗塞后。

原告于2012年6月20日至7月16日入住被告处。入院诊断：伪膜性肠炎、冠心病（缺血性心肌病型，心功能Ⅱ级）、高血压病（2级，极高危）。据出院小结记载：查体、完善检查，予扩冠、降压、吸氧、降温等对症治疗。

原告于2012年7月16日至7月20日至上海中医药大学附属龙华医院就诊，于7月20日至7月31日入住该院。入、出院诊断：泄泻、脾虚湿盛、伪膜性肠炎、冠状动脉粥样硬化性心脏病、高血压（3级，极高危）、脑梗塞后。据出院小结记载：查体、完善各项相关检查，予以营养支持、益气养阴、抗感染、活血通络、调节肠道菌群、降压、纠正低蛋白血症、健脾化湿等治疗。

原告于2012年8月1日至10月13日入住被告处治疗。

原告于2012年10月14日、10月15日在上海中医药大学附属龙华医院就诊，之后入住该院至10月30日。入、出院诊断：泄泻、脾虚湿盛证、伪膜性肠炎、肝功能损伤、冠状动脉粥样硬化性心脏病、高血压病（2级，高危）、脑梗塞后遗症期。据出院小结记载：查体、完善各项相关检查，予以吸氧、护肝、补钾、营养、通脉醒脑、活血通络、抗感染等治疗。

原告于2012年10月31日至2013年2月27日入住被告处治疗。入、出院诊断：伪膜性肠炎、冠心病（缺血性心肌病型，心功能Ⅱ级）、高血压病（2级，极高危）、脑梗塞后遗症。据出院小结记载：查体、予相关检查，予降压、吸氧等治疗。

原告于2013年2月27日至3月13日入住上海中医药大学附属龙华医院治疗。入院诊断：泄泻病、脾虚湿盛证、伪膜性肠炎、冠状动脉粥样硬化性心脏病、高血压病（2级，高危）、脑梗塞后遗症期。据出院小结记载：查体、予相关检查，予控制血压、扩冠、营养、益气、止泻、调节肠道菌群、镇惊开窍、通便、增强免疫力、改善脑血管营养、温阳化气、利湿行水、抗感染等治疗。出院诊断：泄泻病、脾虚湿盛证、伪膜性肠炎、冠状动脉粥样硬化性心脏病、高血压病（2级，高危）、脑梗塞后遗症期、尿路感染。

原告于2013年3月13日至3月28日入住被告处治疗。入、出院诊断：伪膜性肠炎、冠心病（缺血性心肌病型，心功能Ⅱ级）、高血压病（2级，极高危）、脑梗塞后遗症。据出院小结记载：查体、予相关检查，予扩冠、降压、吸氧等治疗。

原告于2013年3月28日至4月11日入住上海中医药大学附属龙

华医院治疗。入院诊断：泄泻病、脾虚湿盛证、伪膜性肠炎、冠状动脉粥样硬化性心脏病、高血压病（2级，高危）、脑梗塞后遗症期。据出院小结记载：查体、完善相关检查，予控制血压、扩冠、抗感染、活血化瘀、益气通络、化痰平喘、营养、止泻、调节肠道菌群、益气、温肾健脾、止泻除湿等治疗。出院诊断：泄泻病、脾虚湿盛证、伪膜性肠炎、冠状动脉粥样硬化性心脏病、高血压病（2级，高危）、脑梗塞后遗症期、下肺慢性炎症。

原告于2013年4月12日至6月14日入住被告处治疗。入、出院诊断：伪膜性肠炎、冠心病（缺血性心肌病型、心功能Ⅱ级）、高血压病（2级，极高危）、脑梗塞后遗症。据出院小结记载：查体、予相关检查，予扩冠、降压、吸氧等治疗。

原告于2013年6月14日至7月3日入住上海中医药大学附属龙华医院治疗。入、出院诊断：泄泻病、脾虚湿盛证、伪膜性肠炎、冠状动脉粥样硬化性心脏病、高血压病（2级，高危）。据出院小结记载：查体、完善相关检查，予益气养阴、营养、抗氧化、活血化瘀、提高免疫力、营养神经、控制血压、扩冠、补钾、改善脑循环、温肾散寒、涩肠止泻、减少肠蠕动、健脾益气、清热止泻等治疗。

原告于2013年7月3日至8月12日入住被告处治疗。入、出院诊断：伪膜性肠炎、冠心病（缺血性心肌病型，心功能Ⅱ级）、高血压病（2级，极高危）、脑梗塞后遗症。据出院小结记载：查体、予相关检查，予扩冠、降压、吸氧等治疗。

原告于2013年8月13日至8月22日入住上海中医药大学附属龙华医院治疗。入、出院诊断：泄泻病、脾虚湿盛证、伪膜性肠炎、冠状动脉粥样硬化性心脏病、高血压病（2级，高危）。据出院小结记载：查体、完善相关检查，予益气养阴、营养、纠正低蛋白血症、保肝降酶、营养神经、补钾、提高免疫力、活血化瘀、扩冠、营养脑细胞、改善肠道菌群、止泻、抗感染、控制血压、温胃化湿、健脾渗湿止泻等治疗。

原告于2013年8月22日至9月18日入住上海交通大学医学院附属仁济医院（南院）治疗。入、出院诊断：伪膜性肠炎、冠心病、高血压病（3级，极高危）、脑梗塞后。据出院小结记载：查体、完善必要检查，予抑酸、调节肠道菌群、通便、促消化、减少消化液分泌、改善脑血液循环、增强免疫力、营养、抗霉菌感染等治疗。

在上述住院治疗期间，原告另在复旦大学附属某大学附属医院、上海中医药大学附属曙光医院、上海交通大学医学院附属第九人民医院、上海市华东医院、上海交通大学医学院附属瑞金医院、上海交通大学医学院附属仁济医院（南院）、上海市徐汇区中心医院、上海市徐汇区大华医院、上海中医药大学附属龙华医院等医院门诊就诊。

现原告仍在住院治疗中。

另查明，被告医务科于2010年8月11日出具情况说明："患者何某某于8月7日至8月9日在家中进行输液，由本中心社区护士姜某某上门服务。由于姜某某本人工作疏忽，未进行仔细核对，输入过期大输液（浙江天瑞制药厂，5%葡萄糖注射液250ml，生产批号080731.1，生产日期2008.7.31，有效期至2010.6.30）。"

2010年8月13日，姜某某出具书面证明："2010年8月10日从患者何某某家里拿回5%葡萄糖水250ml一瓶（失效期2010年6月30日）后，已经被我销毁。"被告医务科在该证明上记载"情况属实"，并盖章确认。

上海市徐汇区卫生局2011年4月28日的回复记载：赵女士来信反映"母亲因便秘由华泾社区卫生服务中心上门输液，第三天出现发热，发现所输药物过期二个月，立即通知院方。事后将母亲送至九院，诊断为败血症。院方第一销毁证据；第二加病历；第三弄虚作假；第四院方到目前为止没有任何解释和处理意见，提出申请要求按医疗事故处理"一事，答复如下：我局立即与院方联系，了解情况，同时责令院方对相关人员严肃处理，加强管理，查找漏洞，建立健全机制，采取综合措施，杜绝此类事件再次发生。院方反馈对此事进行了专题讨论，决定辞退当事护士，并对相关责任人给予扣奖处罚。

上海市食品药品监督管理局徐汇分局的2011年7月5日投诉回复记载：某区卫生服务中心于2010年8月7日~9日由护士对患者何某某进行上门服务时使用了过期的5%葡萄糖注射液（批号为080731.1，由浙江天瑞制药厂生产，有效期为2010年6月30日），该批药品从2008年9月9日至2008年9月24日分别发放到该中心下设的社区卫生服务站点。根据《中华人民共和国药品管理法》有关规定，我局已对华泾社区卫生服务中心使用过期药品一事进行了行政处罚。

原告认为被告在对其诊治的过程中存在医疗过错，造成原告身体损害，故提起本案诉讼。

本院委托上海枫林国际医学交流和发展中心司法鉴定所对原告现有身体状况是否与注射过期药品存在因果关系，以及原告伤残情况、休息、营养、护理期限进行鉴定，鉴定意见为：上海市某区卫生服务中心给被鉴定人何某某输入过期药品，存在明显医疗过错；该中心工作人员销毁有关过期药品，致使无法对输入过期药品和被鉴定人现状的因果关系进行完整分析和100%评定；被鉴定人何某某现有状况与注射过期药品之间存在因果关系，建议注射过期药品的参与度为70%~80%；酌情给予休息期22个月、营养期22个月、护理期22个月。该司法鉴定所另出具说明，认为何某某目前状况不符合人身伤害伤残的定义，无法依据有关规定出具伤残的鉴定意见，故在上述鉴定意见中未对伤残内容进行表述。原告支付鉴定费3 000元。

原告对伤残问题申请重新鉴定，本院委托复旦大学上海医学院司法鉴定中心对原告伤残情况进行评定。鉴定意见为：何某某目前身体状况属一级伤残。该鉴定中心另出具补充说明：何某某既往有多种基础疾病：冠心病、高血压病2级、脑梗塞后遗症、右股骨粗隆骨折后、慢性胆囊炎等，在此基础上出现肺部、尿路感染等，目前状况神志不清、言语不清、无应答、左上肢肌张力偏高、双下肢膝关节屈曲畸形，四肢无自主活动，肌张力异常、肌力低下、大小便不能控制、四肢肌肉萎缩，参照相关标准，何某某目前身体状况属一级伤残，另指出，CT检查示两侧基底节及左侧额叶多发小斑片样低密度灶，脑室系统扩大，脑萎缩，目前身体状况（一级伤残）主要是自身疾病所致（高龄脑梗塞后遗症期，冠心病，高血压病2级，右股骨骨折后，感染后等），患者输入过期药物后出现发热、感染及败血症，经过治疗症状有所控制缓解，但对其身体康复产生不利因素，加重其原有疾病情况，故输入过期药物事件对其伤残等级的参与度约为30%~40%。原告支付鉴定费1 500元。

对上述鉴定意见，原告认可复旦大学上海医学院司法鉴定中心认为构成一级伤残的鉴定意见，但对其确认的参与度有异议，原告认为，原告虽有原发疾病，但原发疾病不足以导致原告一级伤残的损害后果，原告一级伤残的损害后果系败血症及伪膜性肠炎所致，被告应当承担全部的责任。被告对上述鉴定意见无异议。

此外，在原告治疗期间，被告为其支付护理费 34 847.50 元、医疗费 14 757.73 元，另借给原告 10 000 元。

上述事实，除原、被告当庭陈述外，另有原告提供的病史资料、用药清单、注射证明单、注射药品说明书、输液告知书、出院小结、被告出具的情况说明、护士出具的说明、上海市徐汇区卫生局回复、上海市食品药品监督管理局徐汇分局回复、公安机关接报回执单、验伤通知书、被告住院部出具的证明、原告照片、护工费收据及收条、医疗费发票、救护车发票、外购药发票、成人尿片费收据及发票、褥疮垫发票、复印费发票、交通费发票、被告提供的病史、住院费用记账联、结账日报表、记账凭证、报销单、银行业务回单、借款协议书、原告委托代理人及法定代理人身份证复印件、授权委托书、银行卡复印件、报销单及收据，另有上海枫林国际医学交流和发展中心司法鉴定所鉴定意见书及情况说明、复旦大学上海医学院司法鉴定中心鉴定意见书及补充说明等证据予以证实，本院予以确认。

本院认为，公民的生命健康权受法律保护，原告接受被告治疗，双方形成医患关系，被告应当对原告进行积极妥善地治疗。判定被告承担医疗损害责任的前提是被告医疗违法行为与原告人身损害后果之间具有因果关系。被告为患者使用过期药物，在事发后销毁相关药物，存在明显过错，原告因被注入过期药物导致其人身损害，经过相关鉴定已经确定，故被告应当承担相应的赔偿责任。原告虽然患有多种基础疾病，但在输入过期药物之前情况尚可，可在家接受诊疗服务，原告在输入药物之后身体状况即恶化，根据原告提供的病史，原告之后长期、连续的住院治疗、门诊治疗与注入过期药物具有直接的关联性，故相关医疗费、护理费等应由被告承担。原告在第二次鉴定时身体状况已发生变化，构成一级伤残，根据鉴定意见，该情况主要是原告自身疾病所致（高龄脑梗塞后遗症期，冠心病，高血压病2级，右股骨骨折后，感染后等），其输入过期药物后出现发热、感染及败血症，经过治疗症状有所控制缓解，但对身体康复产生不利因素，加重原有疾病情况，故输入过期药物事件对何某某伤残等级的参与度约为30%～40%，原告主张参与度为100%，但并未提供合理依据，故本院对其主张不予采纳，对鉴定意见本院予以采纳，本院根据鉴定意见，酌情确认被告对原告伤残等级有关项目的赔偿比例为40%。

依照《中华人民共和国侵权责任法》第十六条、第五十四条之规定，判决如下：

一、被告上海市某区卫生服务中心于本判决生效之日起十日内赔偿原告何某某医疗费94 516.09元、住院伙食补助费22 180元、护理费66 540元、营养费44 360元、交通费17 744元、复印费263元、残疾辅助器具费4 723.80元，共计250 326.89元（被告已支付44 847.50元，尚需支付205 479.39元）；

二、被告上海市某区卫生服务中心于本判决生效之日起十日内赔偿原告何某某残疾赔偿金200 940元、精神损害抚慰金50 000元，共计250 940元的40%计100 376元。

如果未按本判决指定的期间履行给付金钱义务，应当依照《中华人民共和国民事诉讼法》第二百五十三条之规定，加倍支付迟延履行期间的债务利息。

案件受理费10 462元，鉴定费4 500元，共计14 962元（原告已支付4 500元），由原告何某某负担2 962元，被告上海市某区卫生服务中心负担12 000元。

如不服本判决，可在判决书送达之日起十五日内，向本院递交上诉状，并按对方当事人的人数提交副本，上诉于上海市第一中级人民法院。

审 判 长：高×
代理审判员：陈×
人民陪审员：王×
二〇一四年二月十四日
书 记 员：王××

案例评析：

本案中，医疗机构将过期药物输入患者体内，导致患者病情加重，属于医疗管理损害责任的情形。本案的焦点之一，在于对患者损害后果与医疗机构使用过期药物之间的因果关系参与度的确定。从审理情况来看，本案进行了两次司法鉴定，最终法院采信了第二次上海医学院司法鉴定中心做出的鉴定意见。但是，原告申请的第二次鉴定并没有要求对参与度进行再次评估，仅仅是对残疾等级进行确认，庭审中也没有提及第一次鉴定是否存在违法需要再次鉴定的情形。因此，上海医学院司法鉴定中心出具的鉴定意见存在不符合《司法鉴定程序通则》之处。

笔者认为，对于医疗管理损害责任，如果明确存在《侵权责任法》第 58 条第 1 款规定的违法情形，法院凭借常识即可作出认定，而不属于需要司法鉴定确认的专门性问题，可以直接推定医疗机构的过错，而不需再进行参与度的评定。

第七章
侵权责任法的灰色地带——错误出生问题

第一节　错误出生的概念及国外判例

错误出生是指希望产下健康婴儿的父母，由于医院孕前体检失误（如不能怀孕而被建议怀孕）或医院引产失败，[1]而使残障婴儿诞生；或由于医院过错，未检查出胎儿患有疾病或天生缺陷，而如果检查出来胎儿患有疾病或缺陷的话，父母将决定堕胎；或由于医院或药商的过错，如错误输血或错误用药[2]导致胎儿患上严重疾病而出生后为残障婴儿的情况。

对于错误出生案例，国内目前研究较少，从比较法来看，我国台湾地区士林法院在1995年有一则类似判决（1995年重诉字第147号），该判决对于优生优育权的保护采否定态度，其理由主要有：①优生权是自由权，指的是自己身体及精神活动不受他人干涉，但是否

---

[1]　王和成："引产失败挑起医患赔偿官司本案社会抚养费谁担"，载http://www.110.com/ziliao/article-43594.html.
[2]　如20世纪50年代前后，孕妇服用"沙利窦迈度"（Thalidomide）镇静剂，产生大量畸形胎儿，受害者遍及全球。

包含"堕胎自由权"或"生育决定权",不无疑义;②在台湾地区,依其"刑法"第288条,妇女堕胎是犯罪行为,但依"优生保健法"第9条关于堕胎的规定,可阻却违法,由此,堕胎原则上是被禁止的,很难说妇女有"堕胎自由权"或"生育决定权";③子女不是损害,子女的抚养义务是依亲属法而生的父母的法定义务,不能单独抽取而被视为"损害"。因此,堕胎自由权及生育自我决定权不属于我国台湾地区"民法"第184条第1项前段所称的权利,被告的侵权责任不成立。王泽鉴先生赞同此项见解。[1]

德国实务见解认为,父母由于生育一个不想被生育的小孩而产生的经济上的支出是可以被当作损害来请求医方赔偿的。为了支持此项诉讼请求,德国法上避开侵权之诉,而扩大解释《德国民法典》第278条中合同的保护范围,认为这是违反医患合同的必然损害后果,患者可以向医方主张赔偿。但是,由于《德国刑法》第218条以下规定有堕胎罪,因而堕胎原则上是被禁止的,只有在特定情形下,基于医学、社会或刑事原因才能堕胎。因此,优生优育权在此种法制背景下无法在侵权法上获得保护。

在美国法上,有关此种争议在1984年新泽西州最高法院判决的"德国麻疹新生儿案"中得到了充分的体现。在该案中,孕妇在怀孕三个月后到医院产检,因医师的过错,未能检查出孕妇患有德国麻疹,孕妇未终止妊娠,导致婴儿一出生就患有德国麻疹,给父母及婴儿造成精神痛苦,给家庭造成了重大财产损失。为此,原告婴儿以被告医院侵害其母可选择不怀孕的选择权造成损害为由,请求:①一般损害赔偿,包括因原告被生下所受的疾病痛苦及其父母无法妥善照顾身心残障婴儿所受的损害;②特别损害,包括原告未成年时及未来成年后必须支出的医疗费用及精神损害赔偿。本案在事实审及上诉审阶段,原告皆败诉。新泽西州最高法院判决原告可获得特别损害赔偿,因为这是实际发生的损害;但驳回其一般损害赔偿之诉,因为该损害无法与生命法益相比较。

该判决是在回顾该院下述三则判例的基础上做出的。在1967年的格莱特曼诉科斯格罗夫案中,法院判决认为,因母体罹患德国麻疹而产

---

[1] (台)王泽鉴:《侵权行为法》,中国政法大学出版社2001年版,第143页。

下具有先天疾病的婴儿父母与婴儿本身皆不得向医生诉请损害赔偿。因为，残障婴儿的造成并非医生的过错，而是因母体的疾病而导致；残障婴儿亦可带来为人父母的喜悦，这种喜悦与选择不要小孩而带来的自在之间无法比较；堕胎系为非法。在 1979 年的伯曼诉艾伦案中，父母以医生有过失未诊断出胎儿患有唐氏症而使其生出患有唐氏症的婴儿，请求精神损害与医疗费用损害赔偿。法院认为，应当承认父母有因照顾残障婴儿所受的精神损害，损害赔偿数额可交陪审团酌定；但对于因残障婴儿而额外支出的医疗费用请求则不予支持。因为，如果允许父母诉请医疗费用，则将使父母仅仅享受出生婴儿的利益而不承担抚养婴儿的责任，致不当得利。但在稍后的施曼德诉伯克案中，父母以医生未诊断出胎儿患有胞囊纤维症为由，请求医院赔偿因照顾残障婴儿而支出的医疗费，法院一改先前判例所采观点，支持了父母的此项诉请。此案判决结果成为 1984 年"德国麻疹新生儿案"判决支持父母因医生过错产下残障婴儿而向医院请求赔偿医疗费等额外支出的直接依据。另外，需要说明的是，在此类案件中，针对残障婴儿的额外医疗等费用，父母或者婴儿都可以以原告身份起诉。

此外，美国法上有关错误出生的研讨经常提及的还有 1995 年内达华州最高法院所判决的"产前检查瑕疵案"。在该案中，原告诉被告医院因过失而未查知胎儿在母体内存在明显缺陷，而使其丧失及时终止妊娠的机会，产下半身不遂、成长迟缓的婴儿，因而请求损害赔偿。法院支持了原告的诉请，认为侵害终止怀孕的权利（即堕胎权）应承担损害赔偿责任，因为此种损害之诉与一般医疗过失侵权之诉并无不同，虽然婴儿的残障并非被告所致，但残障婴儿的出生却是被告所致。

第二节　错误出生损害赔偿责任的确定

一、特别抚养费用的确认

对于错误出生的损害赔偿，为先天残疾儿疾病需要而支出的特别抚养费往往能得到两大法系主要国家的认可，但是对于作为一般抚养费的生活费和精神损害赔偿是否属于赔偿范围，不同国家有不同认识。美国法院不认可一般抚养费，不过，同意在合理可预见的范围内给予精神损害赔偿，这是因为可以预见一位母亲因其堕胎权受到侵害而生下残疾子女将会产生精神痛苦，并且在抚养一个残疾子女的过程中也会产生精神痛苦。[1] 德国联邦高等法院在一个判决中，肯定因医师过失而生出缺陷儿的父母得依债务不履行请求该医师赔偿抚养此缺陷儿比一般小孩多出的额外费用，包括财务与劳力之付出。[2] 同时，因为德国以违约责任追究医疗机构的责任，所以，不认可精神损害赔偿。法国在佩吕升夫妇案后从立法上规定，因医师的重大过失未能发现胎儿的先天性疾病，使妇女产下有先天性疾病的小孩，该父母可以请求赔偿因此所必须支出的抚养费用，[3] 但没有明确区分一般抚养费用和特殊抚养费用。

错误出生赔偿责任应当得到承认，但是，对损害赔偿的范围和数额应当适当限制。如果对医疗机构科以过重的赔偿责任，一方面，医疗机构为了保护自己，必将在产前保健服务中开展防御性医疗，拒绝进行产前检查和产前诊断，或者增加全体孕妇产前检查和产前诊断的医疗费用负担；另一方面，在自负盈亏的情况下，医疗机构支付了巨额赔偿费用后，必将通过增加其他患者医疗费用的方式来弥补损失，把风险转移给全体患者。在法国著名的佩吕升案中，最高法院民事庭第一合议庭双重肯定佩吕升夫妇对于医师有损害赔偿请求权，即该判决不但承认其父母错误出生（wrongful birth）的损害赔偿请求权，同时也承认缺陷儿的错误生命（wrongful life）损害赔偿请求权。[4] 此判决在法国国内掀起了轩然大波，引起学者与民众的示威。妇产科医师们因为担心其可能支付的赔偿费会剧增，纷纷以罢工和拒绝给妊娠妇女做产前诊断的方式反对此判决。在我国，如果对错误出生的损害赔偿责任处理不好，盲目增加赔偿数额，从表面上看，好像维护了妊娠妇女的合法权益，但从长远利

---

[1] （台）宋克芳："计划外出生先天缺陷儿之民事损害赔偿责任研究"，台湾地区成功大学2005年硕士学位论文，第22页。

[2] （台）刘永弘："医疗关系与损害填补制度之研究"，台湾地区东吴大学1996年硕士学位论文，第150~151页。

[3] （台）侯英泠："计划外生命与计划外生育之民事上赔偿责任之争议"，载《成大法学》2002年第4期。

[4] 张民安：《现代法国侵权责任制度研究》，法律出版社2003年版，第333~339页。

益观察是不利的,像法国那样的后果同样会产生。

在错误出生赔偿责任中,医疗机构侵害了患者民法上的何种权利或利益,是该责任成立的损害前提。英美法系国家的法官、学者对此问题的意见较为一致,认为在产前诊断失误案件中医师侵害了父母的堕胎权或生育自主决定权。笔者认为,我国的侵权责任法虽然吸收了英美法系的不少经验,但最终还是在大陆法系的基础理论上展开的。因此,与其凭空创设一种权利并等待法律的认可,不如以法益加以明确说明,即主张是对患者获得适当产前保健服务的权益的侵害。

二、错误出生中财产损害与精神损害的区分

1. 财产损害赔偿。在具体赔偿范围的选择上,国外立法例存在以下四种可能的选择方法:第一,父母可就怀孕费用和抚养费用请求全部赔偿,并且该赔偿额的确定不会因为孩子的出生为父母带来了精神利益而有所减少。第二,允许父母提起全部赔偿的诉讼请求,但其最终获得的赔偿额须扣除因孩子的出生而给父母带来的所有精神利益。第三,仅赔偿怀孕费用和额外的残疾费用。怀孕费用可获得全额赔偿,但抚养费用的赔偿额仅限于因孩子残疾而导致的额外抚养费用。所谓的额外费用,是指相对于一个非残障的正常人而言需要付出的额外生存成本。第四,仅赔偿怀孕费用。患者因获得适当产前保健服务的权益受到侵害的财产损害,主要为怀孕费用与抚养费用的支出。

怀孕费用是指因怀孕而导致的疼痛、痛苦和经济损失,具体包括母亲基于对错误产检报告的信赖而继续怀孕期间的医疗费用、孕妇服装费用、怀孕期间的收入损失等。但是,怀孕费用范围应作合理的界定,不能将整个怀孕期间所产生的全部费用均作为损害。首先,时间上应限制为医疗机构第一次做出错误产检报告时起,至分娩结束时止;其次,范围上应主要是医疗费用,抚养费用、收入损失等不应计算在内。

抚养费用有一般抚养费用及特别抚养费用之分。一般抚养费用是为人父母应尽的义务,王泽鉴先生认为:"为适当限制医生的责任,鉴于养育子女费用及从子女获得利益(包括亲情及欢乐)之难于计算,并为维护家庭生活圆满,尊重子女的尊严,不将子女之出生视为损害,转嫁于第三人负担抚养费用,而否定抚养费赔偿请求权,亦难谓无相当理

由"。[1]因此，一般抚养费用不得要求赔偿。特别抚养费用是指抚养权利人因年龄、身体等特殊状况所需支出的费用，即因小孩的严重先天性疾病所需要支出的医疗费、人工照顾费、残疾用具费以及特殊教育费等。特别抚养费用的损失必须赔偿，赔偿的基本原则是客观标准，因此，在计算原告的损害赔偿数额时，应当以在通常情况下必要、合理的费用为限。

2. 精神损害赔偿。父母是否有权请求精神损害赔偿，主要涉及对受害人所受损害的权利属性的界定问题。《侵权责任法》第 22 条规定："侵害他人人身权益，造成他人严重精神损害的，被侵权人可以请求精神损害赔偿。"父母享有的获得适当产前保健服务的权益，包含财产权益，同时，因其对孕妇及胎儿人身利益的影响而更多地具有人身权益性。笔者认为，错误出生损害赔偿责任应当对精神损害予以赔偿，但应当在赔偿义务人所能负荷的极限内。[2]我国错误出生损害赔偿责任的精神损害赔偿不宜过高，应当设置最高限额，按照东西部不同地区，分别不超过 5 万元、10 万元人民币为宜。

第三节 错误出生中的因果关系及原因力规则的具体适用

在两大法系广泛运用因果关系二分法的今天，因果关系的认定先是对于事实上因果关系的认定，再依据法律政策考虑事实上的原因是否成为最终负责的原因。原因力的判断贯穿了事实因果关系和法律因果关系认定的整个过程，事实上的认定与价值上的评判自然也随之而来。原因力一旦承载了确定责任有无和明确责任范围的任务，也就无可避免地要兼有事实性与价值性、客观性与主观性的特质。[3]原因力理论中的原因可以是单个原因，也可以是数种原因。在单个原因致损的情况下，原因力的考察主要停留于归责阶段，即通过对各种相关因素原因力有无的

---

[1] （台）王泽鉴：《侵权行为法》，中国政法大学出版社 2001 年版，第 142 页。
[2] 曾世雄：《损害赔偿法原理》，中国政法大学出版社 2001 年版，第 394 页。
[3] 杨立新、梁清："原因力的因果关系理论基础及其具体应用"，载《法学家》2006 年第 6 期。

甄别，筛选出某个具有事实原因力的原因，成立责任；此后在责任范围的确定阶段，由于该原因对损害结果具有百分之百的作用力，原因力所起作用并不显著。而在数种原因致损时，原因力的考察贯穿了归责和责任分担两个阶段的始终，原因力的作用主要表现在第二阶段即法律原因力的比较上。[1] 在错误出生损害赔偿责任中，从责任成立的层面上看，医疗机构主观有过错的违法行为是造成孕妇合法权益受损的原因，医疗机构的违法行为与孕妇的损害之间有因果关系，因此，医疗机构应当承担相应的损害赔偿责任。但是，孕妇的财产损害和精神损害并非医疗机构违法行为一个原因造成，在损害赔偿范围的界定中，还需要充分比较各类原因的原因力。

原因一：胎儿先天残疾的事实。胎儿的先天残疾在错误出生损害赔偿责任中，可以类推适用"蛋壳脑袋规则"。倘若被告敲击了脑壳如鸡蛋壳般薄的人，则即使他不可能知道受害人的这一特殊敏感性也必须为此损害承担赔偿责任。[2] 医疗机构违反了注意义务，侵害了受害人的合法权益，但是，如果孕妇孕育的胎儿没有如此严重的先天残疾，就不会造成孕妇的精神痛苦和财产损害。正如蛋壳脑袋规则要求加害人承担赔偿责任的同时，也要考虑受害人自身特殊体质的原因力一样，在错误出生损害赔偿责任中，要求医疗机构承担损害赔偿责任时，也要根据医疗机构违法行为的原因力来确定赔偿比例。为了促进我国医疗诊断技术的发展，平衡受害患者、医疗机构及全体患者之间的利益，应当针对不同的医疗机构、根据不同的情形，作出如下政策性选择：

第一，没有取得产前诊断许可的一般医疗机构，只能实施产前检查及有条件地实施产前筛查医疗行为。此类医疗机构违法实施产前诊断行为或遗传咨询行为，产生错误出生损害赔偿责任的，其违法行为对损害发生的原因力为100%；开展21-三体综合征和神经管缺陷产前筛查的医疗保健机构必须设有妇产科诊疗科目，没有妇产科科目擅自实施上述产前筛查的，其违法行为对损害发生的原因力为100%；开展上述产前

---

[1] 杨立新、梁清：《原因力的因果关系理论基础及其具体应用》，载《法学家》2006年第6期。
[2] [德] 克雷斯蒂安·冯·巴尔：《欧洲比较侵权行为法》（下），焦美华译，法律出版社2001年版，第580~581页。

筛查的医疗机构，应当与开展产前诊断技术的医疗保健机构建立工作联系，保证筛查阳性病例在知情选择的前提下及时得到必要的产前诊断，如果因为没有建立必要的工作联系，导致孕妇没有及时得到相应的产前诊断而产下先天畸形儿的，医疗机构违法行为的原因力为70%；在产前检查保健服务中，经过问诊发现初产妇年龄超过35周岁、有遗传病家族史或者曾经分娩过先天性严重缺陷婴儿、孕早期接触过可能导致胎儿先天缺陷的物质的，或者已经查出羊水过多或过少，医师却没有提出产前诊断医学建议的，其违法行为对损害发生的原因力为80%；依据当时的医疗水平，并结合地域及医疗机构和医师的资质，很容易检查出的异常或可疑畸形却由于过失没有发现，或者产前检查结果异常，医疗机构应当提出产前诊断建议但因过失没有提出的，医疗机构违法行为的原因力在70%以上。

第二，取得产前诊断许可的医疗机构，可以开展产前检查、遗传咨询、21－三体综合征和神经管缺陷产前筛查以及产前诊断。根据卫生部《〈产前诊断技术管理办法〉相关配套文件》的规定，该类医疗机构的仪器条件和医师的资质等方面，需要满足比一般医疗机构更高的要求，因此，通常被信赖能为孕妇提供较之一般医疗机构更好的产前保健服务，其产前保健服务中的注意义务也比一般医疗机构更高。在产前检查中，经过问诊发现初产妇年龄超过35周岁、有遗传病家族史或者曾经分娩过先天性严重缺陷婴儿、孕早期接触过可能导致胎儿先天缺陷的物质的，或者已经查出羊水过多或过少，医师却没有提出产前诊断医学建议的，其违法行为对损害发生的原因力可视为100%；依据当时的医疗水平，并结合医疗机构和医师的资质，很容易检查出的畸形却由于过失没有发现，或者产前检查结果异常，医疗机构应当提出产前诊断建议但过失没有提出，医疗机构违法行为的原因力应当在80%以上。在遗传咨询中，医疗机构没有尽到应尽的注意义务，造成损害后果的，其违法行为的原因力为80%以上。在21－三体综合征和神经管缺陷产前筛查中，通常孕期血清学筛查可以筛查出60%~70%的21－三体综合征患儿和85%~90%的神经管缺陷，如在此过程中存在过失，医疗机构违法行为的原因力应在51%~80%之间。产前诊断行为可分两种情形：一是，其他产前检查机构怀疑或发现了需要产前诊断的情形，建议孕妇到产前诊断机构进行产前诊断,产前诊断机构过失没有发现胎儿畸形的;二是,直接在本医疗机构就诊,医师怀疑或根据产前检查结果发现需要进行产前诊断的情形。依据当时的医疗水平很容易诊断出的先天畸形,医疗机构违法行为的原因力应当在80%以上;依据当时的医疗水平存在较大假阳性、假阴性率的,医疗机构违法行为的原因力根据假阳性、假阴性率的不同在51%~80%之间。

原因二:孕妇故意隐瞒或提供虚假信息。由于我国传统婚恋、生育观念的影响,孕妇在就诊时可能出于各种考虑,没有将自己的实际情况如实告知医疗机构,误导医疗机构作出错误诊断。根据《侵权责任法》第60第1款第1项的规定,孕妇或者其近亲属不配合医疗机构进行符合诊疗规范的诊疗,医疗机构不承担赔偿责任,但是,第2款也规定,前款第一项情形中,医疗机构及其医务人员也有过错的,应当承担相应的赔偿责任。这其实是对医疗损害赔偿责任中与有过失制度的一种倒装表达。医疗机构过失发生违法行为,造成孕妇损害的,如果孕妇或其近亲属不配合医疗机构进行复核诊疗规范诊疗的,孕妇的行为和医疗机构的违法行为之间对损害的发生有不同的原因力。当然,这个原因力的判断是在医疗机构的违法行为与先天残疾事实进行比较后,对医疗机构违法行为与孕妇及其家属的不配合行为之间的原因力进行比较。[1]

---

[1] 杨立新、王丽莎:"错误出生的损害赔偿责任及适当限制",载《北方法学》2011年第2期。

中篇

侵权责任法之医疗损害责任医学解读

第一章
引 言

《侵权责任法》是我国首部对"医疗损害责任"设立专章进行规范的法律,不仅明确了医疗损害赔偿责任,也对医患双方的行为进行了规范,体现了注重医患和社会大众利益的立法思想,对于建立和完善医疗侵权法律制度也将起到积极作用。

与其他法律法规一样,《侵权责任法》对医疗行为进行的是事后评价。也就是说,当医疗行为终结、患者发生损害后,通过回顾性研究,结合临床、病理、司法鉴定等相关学科,对已经终结的医疗行为是否存在过错、医疗行为是否违反诊疗常规、与患者的损害后果之间是否存在因果关系等要素进行分析,确定医疗机构的过错程度及赔偿比例,并最终通过国家强制力作为保障,以相应的民事赔偿作为最终评价结果。

显然,法律的这种事后评价形式与诊疗规范、医学伦理等医务人员必须遵守的其他行为准则明显不同,后者的评价是即时的,与医疗行为同步发生,主要通过医务人员的自身约束予以表现,是一种自我评价形式。

尽管法律评价与医务人员的自我评价存在明显差异,但二者仍是息息相关的,法律的事后评价以相关的行业准则为标尺,强制要求医务人员在以后的诊疗活动中严格遵守诊疗规范与医学伦理,避免医疗损害事件的发生,减少医患之间的对立,而医生的自我评价也是对法律的遵守,是在合法框架下的职业行为。

在《侵权责任法》实施后,全国医疗机构掀起了学习的热潮,但是,我们注意到,医务人员的知识背景、思维模式与法律人是不一样的,简单的普法和案例讲解并不能使医务人员深入理解《侵权责任法》的立法宗旨、法条内涵。从实际工作出发,将具体条款转化为诊疗规范性文件,才是医务人员学习侵权责任法的最佳途径,本部分尝试对《侵权责任法》的具体条文作出医学解读,并尽可能转化为能够直接应用于临床的规范性条款。

第二章

《侵权责任法》第 54 条

第一节 医学解读

《侵权责任法》第 54 条规定："患者在诊疗活动中受到损害，医疗机构及其医务人员有过错的，由医疗机构承担赔偿责任。"该条作为医疗损害责任的总则部分，起到了提纲挈领的作用。医务人员在学习该条时，应当明确以下几个问题：

一、什么是诊疗行为

诊疗行为的定义，目前国内现行法没有明确的定义，根据我国台湾地区"行政院卫生署"1976 年 4 月 6 日"卫生署医字第 107880 号函件"中的解释，医疗行为是指："凡以治疗、矫正或者预防人体疾病、伤害残缺或保健为直接目的所为之诊察、诊断及治疗或基于诊察、诊断结果，以治疗为目的所为之处方或用药等行为之一或全部之总称。"[1]广义医疗法律行为包括了诊

---

[1] 龚赛红：《医疗损害赔偿立法研究》，法律出版社 2001 年版，第 1~2 页。

疗目的性医疗法律行为、不具治疗性的医疗法律行为、实验性医疗法律行为和侵袭性医疗法律行为。

我国《医疗事故处理条例》以及《侵权责任法》等法律法规并未明确"医疗行为"的定义，却多次采用"诊疗活动"的概念。《医疗机构管理条例实施细则》第88条规定诊疗活动的含义，是指通过各种检查，使用药物、器械及手术等方法，对疾病作出判断和消除疾病、减轻痛苦、改善功能、延长生命、帮助患者恢复健康的活动。

需要强调的是，在我国对医疗行为定义的各专家观点中，主体是否适格是一个重要争议焦点，即未取得执业资格的医疗主体以医疗为目的，运用医学知识与医学技术直接实施于人体而使人体形态或功能产生一定变化或恢复的行为是否为医疗行为？笔者认为，广义上的医疗行为，不以主体是否适格为条件。医疗行为的重要特征，在于其对医学知识与医学技术的运用，医疗行为的这一特征并不强调行为的主体是否具有行医资格，行为主体所在的医疗机构是否取得执业许可以及是否超范围执业，这三个因素并不影响医疗行为的成立。例如我国台湾地区1983年5月30日"卫署医字第424760号函"中就明确："未具有合法医师资格人员，以祖传外用膏药供他人敷治疮疖或为他人敷治，不论其是否收取报酬，均属医疗行为。单纯以灵符、香灰供病人服用，既非属药物，亦非属医学上之医疗方法或医术规则，自非医疗行为，构成违反医师法。但如于做法时，替病人诊断，开立处方，则属医疗行为，应成立违反医师法罪。"[1]我国《刑法》第336条对非法行医罪、非法进行节育手术的犯罪行为的规定，应可视为对此回答的佐证。

但是，从我国《侵权责任法》第54条的规定来看，该条文使用了"诊疗活动"这一概念，且将"诊疗活动"限制在"医疗机构和医务人员"所实施的条件下，故笔者将侵权责任法中的"诊疗活动"理解为主体资格限制下的狭义的医疗行为。本书旨在讨论侵权责任法框架下的医疗行为技术规制，医务人员的主体是否适格不在讨论范围内，因此本书将医疗行为限定在以下范围之内：①必须是具有相关执业资格的医务人员应用医学专业知识和技术的行为；②必须以医疗为目的；③必

---

[1] 黄丁全：《医事法》，中国政法大学出版社2005年版，第7~77页。

须直接作用于人体；④以人体的形态或功能发生一定变化或恢复为结果。

所谓具有相关执业资格的医务人员，是指根据《医疗机构管理条例》第2条规定，具备资质进行疾病诊断、治疗活动的医院、卫生院、疗养院、门诊部、诊断、卫生所（室）以及急救站等的医疗机构以及《卫生技术人员职务试行条例》划分的医、药、护、技4类医务人员，即指医疗服务提供者：①医疗、预防、保健人员；②中药、西药人员；③护理人员；④其他卫生技术人员（含检验、理疗、病理、口腔、同位素、放射、营养、生物制品生产等）。

二、医疗机构的替代责任及除外

医疗机构与医务人员存在着雇佣关系，也就是我国法律规定的劳动关系，而医疗机构属于用人单位的范畴；医疗损害是医疗活动中医务人员的职务行为。由此可见，医疗损害的赔偿责任符合用人单位承担替代责任的构成要件，那么医疗损害的赔偿主体就应该为医疗机构。侵权责任法中规定，医疗机构及医务人员的过错造成患者的损害，应当由医疗机构承担责任。当医务人员对患者造成了医疗损害以后，不是按照一般的"为自己负责"的规矩，由医务人员对患者承担民事责任，而是由医疗机构对此承担责任，即行为主体与责任主体相分离，由责任主体对行为主体的行为负责。替代责任作为一种特殊的责任承担形式，是一种法定的责任。而医务人员与医疗机构这样的替代责任是由《侵权责任法》所确认的，适用于所有的医疗损害赔偿责任。

在用人者为其劳动者的职务行为承担赔偿责任之后，各国法律一般允许其对有重大过失或者故意的劳动者享有追偿的权利，用人者可以根据具体情况，如劳动者的过错程度、劳动者的报酬的多少等，要求劳动者向其支付部分或全部的赔偿费用。我国实务中，普遍认为：在雇用关系中，雇工相对于用人者来说在经济上处于弱势地位。雇工的收入是依靠用人者开出的工资，其从事雇用活动是为了谋生。而用人者使用劳动者为其工作是为了追求经济利益，对由此而产生的经营风险，除非劳动者有故意或重大过失，用人者应对此负责。

一个特殊情况是医务人员于非工作时间在院外实施的医疗行为。如医生在火车上为不相识的孕妇接生、在突发事件的现场临时参加抢救等。此时，医务人员与患者构成无因管理法律关系。无因管理即在没有法定或约定的义务下，为避免他人利益遭受损失，自愿管理他人或为他人提供服务的行为。[1]而医疗关系中存在的无因管理关系，是指医方在没有约定或法定义务的情况下，为避免患者的生命健康权受到损害，自愿为患者提供诊疗护理服务的行为，并由此行为而在医方和患者之间产生的一种权利义务关系，而医护人员所在的医院不是这一法律关系的主体，此医护人员的"见义勇为"是出于个人的职业道德与良心。在无因管理的情况下，如果由于医务人员的重大过失导致患者的损害，医务人员应当承担一定的赔偿责任，而由于医务人员不是履行职责，所在的医疗机构与患者之间不存在法律关系，不能以《侵权责任法》第54条的规定由医疗机构承担赔偿责任。

三、医疗损害责任中的故意和过失

医疗损害责任的过错主要表现为医疗机构及其医务人员在诊疗活动中的过失，但也包括故意。

1. 医疗损害中的故意。医疗损害责任中的故意，是医疗机构及其医务人员已经预见违法诊疗行为的结果，仍然希望它发生或者听任它发生。故意泄露患者隐私，故意实施不必要检查，故意实行过度医疗，都是故意的侵权行为，符合侵权责任法医疗损害责任范围。

医务人员具有侵害患者生命权、健康权故意，在诊疗行为中故意致害患者的，构成故意伤害罪或故意杀人罪，对其个人不能以医疗损害责任对待，但医疗机构应当承担医疗损害责任。这种情况并不多见。例如，20世纪80年代，上海市某外科医生协助在外地居住的女朋友调入上海后，该女即与该医生解除了婚约，因而该医生对该女的欺诈行为十分生气。后来，该女患阑尾炎住院治疗，该医生在为她做手术中，趁机切除她的双侧输卵管，使该女失去生殖机能。该医生不但构成了故意伤害罪，而且也构成了侵害健康权的侵权责任。对于造成的患者损害后果，医院存在过失，即疏于选任、管理、教育的过失，医院应当承担侵

---

[1] 史尚宽：《债法总论》，中国政法大学出版社2000年版，第57页。

权责任，否则对患者是不公平的。[1]

2. 医疗损害中的过失。医疗过错主要表现在负有诊疗护理职责的医务人员的主观状态中。医疗机构作为责任人，也应具有过失，但这种过失是监督、管理不周的过失，通常采推定形式。医疗机构及其医务人员不具有过失就不构成医疗损害责任。医疗过失的形式既可以是疏忽，也可以是懈怠，都是对患者应尽注意义务的违反。医疗机构及其医务人员负有的注意义务，都必须是善良管理人的注意义务甚至是高于该注意义务的高度注意义务的标准，违反者即为有过失。医务人员在诊疗活动中应当尽到的义务诸如告知义务、救助义务、与当时的诊疗水平相应的诊疗义务、为患者保密义务、填写和保管病历资料义务，等等。这些义务都属于高度注意义务，要求医疗机构及其医务人员在实施诊疗行为时极尽谨慎、勤勉义务，尽力避免损害发生。违反这一注意义务就构成过失。是否尽到了善良管理人的注意义务即是否有过失，应当依客观标准判断。这个客观标准，就是医疗卫生管理法律、行政法规、部门规章和诊疗护理规范，特别是医疗卫生管理的部门规章、诊疗护理规范，是判断医疗过错的基本依据。只要违反了这些规章和规范的规定，就认为其有过失。

第二节 风险提示及临床工作建议

一、工作时间外应当慎重进行医疗活动

医务人员在非工作时间、医院之外，遇到急症患者，主动对其予以救治，这种行为，出于救死扶伤的医生天职，没有任何强制性义务，在挽救他人生命健康同时应当受到鼓励。我国《民法通则》第93条的规定，没有法定或约定的义务，管理他人事务的行为，就是无因管理。医疗事务的无因管理，是指医疗机构或医务人员在没有约定义务和法定义务情况下，为避免患者的生命健康利益受到损害，自愿为患者提供医疗服务的行为，因此行为在医患之间产生一种债权债务关系。医疗事务无

---

[1] 杨立新："医疗损害责任构成要件的具体判断"，载《法律适用》2012年第4期。

因管理关系，主要是基于以下三种情形：①医务人员在医院外，发现患者而加以治疗；②对自杀未遂而不愿就医者，予以救治；③无监护人在场的情况下，医院针对无行为能力的"非急危"患者进行的诊疗行为。无因管理本应构成侵权行为，但因人类共同生活需要及社会公德的赞许，故法律赋予了无因管理行为阻却违法而成为合法行为。但是，考虑到我国目前对"无因管理"的规定并不详细，尤其是无因管理不适当时的赔偿责任规定属于空白。在意外情形下，医方不可能同在正常情形下那样对患者的病情及症状做详细的检查、诊断，而只能凭借自己的经验和技术对病症迅速做出判断并及时安排抢救，以尽可能排除危险，挽救患者的生命。在此情形下，有时无因管理的结果会出现不利于患者的可能，但如果服务本身无过错，诊疗护理行为达到应有的医疗水准，则应为无因管理理论中的"有利于本人"的情形，无须承担赔偿责任。但实际工作中，关于医疗活动的无因管理仍缺少具体法条参照，而且不同于在医疗机构执业，没有相应的医疗设备和医务人员帮助，无法获得理想的治疗后果。因此，医务人员在工作之外实施医疗行为应当谨慎。

二、关于诊疗规范的依从性

一些医务人员在进行诊疗活动时，过于相信自己的临床经验，对一些应当进行的检查、化验予以省略，最终导致漏诊、误诊的发生，这是一种典型的过于自信的过失形式。此种情况常发生在一些具有丰富临床经验的医生身上，由于轻信自己多年的临床经验，对于一些具有典型症状、体征的患者，没有进行相关辅助检查就做出诊断，如早期不典型乳腺癌，未经钼靶、乳腺彩超检查，误诊为乳腺增生等。因此，要求临床医生在进行时，应当严格按照现行诊疗规范进行相关检查，使自己的诊断具有充分依据。

三、典型案例评析

刘某诉张某无因管理一案

2009年8月14日，河北省某医院口腔科医生张某在乘坐火车时，其车厢内一名孕妇刘某早产，孕妇胎位不正，胎盘早剥，难以正常分娩，情况危急，张某于是帮助分娩，在分娩过程中，由于胎盘剥离不彻底，刘某大出血，在任丘站提前下车后，于当地医院抢救，切除子宫后生命得以挽救。刘某以医疗过错为由起诉张某，最终法院驳回刘某诉讼请求。

案例点评：本案涉及无因管理不当的民事赔偿责任，这在我国现行立法中没有明确规定。我国台湾地区"民法"第175条规定："管理人为免除本人之生命、身体或财产上之急迫危险，而为事务之管理者，对于因其管理所生之损害，除有恶意或重大过失者外，不负赔偿责任。"在司法实践中，此类"结果不利于本人，但不违反本人意思"的无因管理，往往采取以下原则：当管理行为所造成本人的损失不是由管理人故意或重大过失引起的情况下，管理人应当免除或减轻损害赔偿责任；当管理人故意或重大过失造成损失时，应承担侵权之责任，管理人负完全赔偿责任。

第三章
《侵权责任法》第 55 条

第一节 医学解读

《侵权责任法》第 55 条规定："医务人员在诊疗活动中应当向患者说明病情和医疗措施。需要实施手术、特殊检查、特殊治疗的,医务人员应当及时向患者说明医疗风险、替代医疗方案等情况,并取得其书面同意;不宜向患者说明的,应当向患者的近亲属说明,并取得其书面同意。医务人员未尽到前款义务,造成患者损害的,医疗机构应当承担赔偿责任。"

医疗行为是一把双刃剑,在为患者消除疾病的同时,也可能对其生命、健康造成一定的侵袭。因此,医疗行为为获得正当性,应当得到权利主体——患者的同意。而对于患者而言,获得充分的告知是其实施选择的基础。

一、替代医疗方案的医学内涵

随着现代医学技术的发展,同一种疾病可以通过采用不同的方法予以治疗。即便是在选择手术或药物保守的前提下，也有不同方法可供临床医师选择。以原发性肝癌为例，现行的相关诊疗方案有手术、局部消融治疗、介入治疗、放疗、药物治疗等。手术又包括手术切除病变组织和肝脏移植；局部消融治疗包括常用的射频、微波、冷冻等手段；介入治疗是指通过导管将药物注入肝脏，直接作用于肿瘤；药物治疗包括靶向治疗和化疗。那么，这些治疗方法是否互为法律上的替代医疗方案？笔者认为不应一概而论。

从"替代医疗方案"的字面意义理解，所谓的"方案"应为跨科室或者跨学科的医师实施的另一套完整的治疗计划，而绝非治疗方法的简单罗列。《侵权责任法》第55条首先明确规定医务人员应向患者告知治疗措施，其次才是医疗风险和替代医疗方案。由主管医师向患者告知的治疗措施，应当已经包括了在本科室针对其疾病可以采取的治疗方法以及医师的选择建议。在此基础上，"替代医疗方案"应包括以下两个层面：首先是本医院其他科室针对患者病情能够实施的治疗方案，该方案的实施需要通过科室间协作或者转科来实现；其次是其他医院针对患者病情可能采取的治疗方案，该方案的实施则需要转院来实现。通过这种逐层递进的告知，患者对其疾病的理解更为客观，更有利于保护患者的知情同意权，也更适合医院的管理要求和责任划分。

仍以肝癌为例，具体到每一位患者，如何选择治疗方案，要考虑患者的体质、肝癌生长位置及癌症分期、是否存在远处转移、标记蛋白是否明显以及患者经济能力等因素，同时需要考虑医疗机构的资质、技术擅长、围手术期护理水平等客观条件，医务人员应客观告知各种治疗方案，患者本人享有最终的选择权和决定权。患者根据以上条件综合考虑，会作出如下选择：①接受医务人员的医疗建议；②选择其他科室的替代医疗方案；③转院接受其他医院的替代医疗方案；④放弃治疗。替代医疗方案相关信息披露不足，将导致患者可能丧失以上选择权。

二、近亲属的知情同意权

医务人员原则上应该尊重患者的知情权和自主决定权，有向患者告知充分诊疗信息的法律义务。但是，在医疗实务中，常有昏迷、未成年人等不具备同意能力的患者，或者身患重病且心理素质较差的患者，均不宜由患者本人行使知情同意权，此种情形下，为避免对患者产生不良影响，医生享有向患者隐瞒部分诊疗信息的特权，限制患者的知情同意权，这项制度被学界称之为"保护性医疗制度"（又称"治疗豁免"）。

《侵权责任法》第55条规定："不宜向患者说明的，应当先向患者的近亲属说明，并取得其书面同意。"这意味着只要出现"不宜向患者告知"的情形，即可替代行使知情同意，而并不区分患者是否具有知情同意能力。在实践中，常见重病末期，虽然患者具有知情同意能力，但为防止患者心理脆弱，在治疗中出现不可预测的情况，医生基于保护性医疗原则，常选择直接告知患者近亲属并取得其同意。相比较于其他大多数国家的"患者自治"原则，在医疗知情同意中，我国的患者近亲属作用和地位更加突显。

关于"近亲属"的范围，1988年《最高人民法院关于贯彻执行〈中华人民共和国民法通则〉若干问题的意见（试行）》中规定："民法通则中规定的近亲属，包括配偶、父母、子女、兄弟姐妹、祖父母、外祖父母、孙子女、外孙子女。"鉴于侵权责任法属于民法分支，故在医患关系中近亲属采取民法通则中的概念范畴。

第二节　风险提示及临床工作建议

一、临床工作中授权委托书的使用

保护性医疗制度与知情同意制度是存在矛盾的，在实际工作中，要求患者就其知情同意相关内容进行授权是解决该矛盾行之有效的办法。医务人员在签署授权委托书之前，应明确向患者声明：是否同意将其病情、治疗措施、治疗风险、预后、替代医疗方案及费用等相关信息的知情权让渡给近亲属，如果同意，签署相关的授权委托书，如果患者拒绝，则应向其全面介绍相关信息，并获得本人的知情同意。其中，近亲属的授权委托应以配偶、父母、成年子女、其他近亲属的顺位递减。

二、告知对象问题

关于医务人员的告知对象，我国现行法律法规的规定有所差别，《侵权责任法》第55条规定："医务人员在诊疗活动中应当向患者说明病情和医疗措施。需要实施手术、特殊检查、特殊治疗的，医务人员应当及时向患者说明医疗风险、替代医疗方案等情况，并取得其书面同意；不宜向患者说明的，应当向患者的近亲属说明，并取得其书面同意"。《病历书写基本规范》第 10 条规定："对需取得患者书面同意方可进行的医疗活动，应当由患者本人签署知情同意书。患者不具备完全民事行为能力时，应当由其法定代理人签字；患者因病无法签字时，应当由其授权的人员签字。"《执业医师法》第 26 条规定："医师应当如实向患者或者其家属介绍病情，但应注意避免对患者产生不利后果。医师进行实验性临床医疗，应当经医院批准并征得患者本人或者其家属同意。"《医疗机构管理条例》第 33 条规定："医疗机构施行手术、特殊检查或者特殊治疗时，必须征得患者同意，并应当取得其家属或者关系人同意并签字；无法取得患者意见时，应当取得家属或者关系人同意并签字。"

可见，以上法律法规对于告知对象的规定存在一定差异，但根据"后法优于前法，上位法优于下位法"的原则，应严格以《侵权责任法》第 55 条规定为准。

对于告知对象，可以分为以下两种情况：

1. 完全民事行为能力人，原则上应告知本人，如果对他人进行授权，应告知被授权人。

2. 限制民事行为能力人或无民事行为能力人，应告知其法定代理人。根据《民法通则》的规定，未成年人的父母是未成年人的监护人。未成年人的父母已经死亡或者没有监护能力的，由下列人员中有监护能力的人担任监护人：①祖父母、外祖父母；②兄、姐；③关系密切的其他亲属、朋友愿意承担监护责任，经未成年人的父、母的所在单位或者未成年人住所地的居民委员会、村民委员会同意的。无民事行为能力或者限制民事行为能力的精神病人，由下列人员担任监护人：①配偶；②父母；③成年子女；④其他近亲属；⑤关系密切的其他亲属、朋友愿意承担监护责任，经精神病人的所在单位或者住所地的居民委员会、村民委员会同意的。监护人应履行法定代理人的职责。

三、告知形式及内容

对于符合《侵权责任法》第55条规定的情形,应严格以书面告知为准,并获得患者的签字。在实际工作中,会遇到患者年老、文盲等既不能签字也不能明确给予他人授权的情形。一些医疗机构采取让患者按手印的方法或者其他人代为签字。笔者认为,手印并不能完全表示是患者真实意图的表达,昏迷的患者仍可能被他人强按手印,而其他人代为签字没有法律效力。比较稳妥的办法,应当留有录音或录像证据。

具体的告知内容,除了病情、医疗措施、医疗风险、替代医疗方案等内容以外,还应包括以下内容:

1. 术前告知:手术风险的告知应包括一般风险和针对特定患者的特定风险,如果术前考虑有扩大手术范围或者改变手术方式的可能,应在术前获得患者的书面同意,如果术中需要临时改变,应当向患者授权的近亲属进行告知并获得其书面同意。

2. 特殊检查及特殊治疗的告知:①是否可能带来负面影响或者难以预料的并发症;②对特殊检查及特殊治疗的医学效果告知;③特定治疗的危险性,如一些具有严重毒副作用药物的使用;④特定患者应当注意的特定事项,如因为患者的特殊体质可能产生的危害;⑤可能发生的费用。

四、替代医疗方案的告知内容

首先,替代医疗方案必须是已经成为诊疗常规的诊疗方法,目前仍处于学术讨论范围或者临床试验阶段的治疗方案不应作为替代医疗方案向患者披露,除非穷尽现有治疗措施仍无法改善患者病情,不得已采取实验性治疗方案。诊疗规范作为医务人员从业的基本技术规范,应当得到遵守,这是规范临床行为、保障患者安全的需要。从《侵权责任法》第58条的规定也可见违反法律、行政法规、规章以及其他有关诊疗规范的规定,可以直接推定医疗机构存在过错。临床尚未成熟的诊疗方法,如某些专家的学术观点、尚处于临床试验的医疗方法,即使应用于某种疾病的治疗,医疗机构与患者之间所形成的也不是一般的诊疗合同关系,而是带有实验性质的临床医疗合同关系,该医疗行为的主要目的不是治疗特定患者的疾病,而是试验新的治疗方法,患者需要签订特殊的实验性医疗知情同意书。因此,尚未成熟的治疗方法不属于替代医疗方案的告知范围。

其次,替代医疗方案应分为本医疗机构能够实施以及需转院实施的方案予以分别告知。患者诊治疾病受其自身疾病、经济条件、地理因素等原因限制,在初诊时并不一定能够获得最佳治疗方案,同时,医疗机构受硬件设施、人员配备以及医院资质等因素影响,亦不一定能为患者提供最佳治疗方案。从保障患者生命健康权的角度考虑,应当将医院所能实施的治疗方案和其他医院可能实施的治疗方案均向患者进行告知,以便患者进行选择,此举是对患者知情同意权的充分尊重,也有利于为"替代医疗方案"划定客观的统一标准,在发生医疗纠纷后更便于厘清双方责任。

五、典型案例评析

余某诉天津某医院医疗损害纠纷一案[1]

余某,女,35岁,某知名外企高层管理人员。2010年9月11日,余某于天津市某医院体检时,发现右侧乳房外下象限有一个2cm×3cm大小包块,活动度差,体检医生建议进行专科复查。2010年9月13日,于同一医院行乳腺超声检查,检查所见:"右乳外下象限可探及低回声肿物,大小约2.33cm×1.66cm,边界不清,内回声不均。左乳未探及明显肿物,双腋下未探及明显肿大淋巴结"。初步诊断:"乳腺癌"。2010年9月15日,该医院为余某行"乳腺粗针穿刺核芯活检术",2010年9月20日检查结果回报,病理诊断:"(右乳肿物)乳腺浸润性导管癌(Ⅱ级)"。

接诊医生考虑到患者为年轻女性,恐怕无法接受身患乳腺癌的事实,遂向余某隐瞒了真实病情,而告知其丈夫胡某,并对治疗方案做出如下建议:从余某的病情考虑,首选保乳术,但如果癌组织过大,不能

---

[1] 李冬:"从一起因侵犯患者知情权引发的医疗纠纷谈保护性医疗原则的临床应用",载《中国卫生人才》2011年第12期。

切除彻底，则可能需进行一侧乳房全切的根治手术。胡某表示：余某性格好强，对自己的容貌十分在意，肯定无法接受切除乳房的手术方案，如实向其陈述病情恐怕对治疗不利。胡某遂与接诊医生商议：由胡某签署"保乳术，必要时行一侧乳房全切手术"的知情同意书。当余某向主管医生和胡某询问手术方案时，二人均称是简单的手术取活检。

2010年9月27日，天津市某医院为余某实施"右乳癌保乳术备改良根治术"，术中第一次冰冻病理显示"内切缘乳腺腺病，伴导管状增生，未见癌；上切缘少许导管内癌；外切缘脂肪组织无法制片；下切缘乳腺腺病，伴导管上皮增生，未见癌"。后对上切缘进行扩大切除，显示"乳腺组织中间多灶导管上皮重度不典型增生癌变，间质内见有多个异型腺体，不除外浸润"，后继续扩大切除上切缘，显示"乳腺组织呈腺病改变"。医生遂放弃保乳术，切除了余某右侧乳房。术后医院病理报告：（右乳肿物）乳腺组织大体见呈多结节分布的肿瘤组织，大小分别为 2.5cm×1.5cm×1.5cm 及 2.0cm×1.0cm×1.0cm。镜下见浸润性导管癌 I~II 级残存……（上切缘）冰2（上切缘2）冰5及冰5余，乳腺导管内癌，少部分区域见浸润性导管癌形态。（内切缘）冰1及冰1余（外切缘）冰3（下切缘）冰4及冰4余（上切缘3）冰6乳腺组织，未见明确浸润癌。余某麻醉清醒后，发现自己右侧乳房被切除，十分愤怒，对其丈夫和主导医生的解释无法接受，遂将为其进行手术的天津市某医院及其丈夫胡某共同诉至法院，要求法院判决两被告共同侵犯其知情同意权，要求公开赔礼道歉，并赔偿精神损害抚慰金10万元。

庭审中，原告余某主张：天津市某医院及胡某的行为侵犯了其知情同意权，导致其身体权、健康权受到伤害，因此应承担相应的赔偿责任。胡某未参加庭审。天津市某医院对案件事实认可，但辩称：根据《侵权责任法》第55条，医务人员在诊疗活动中应当向患者说明病情和医疗措施及相应风险，但不宜向患者说明的，可以向患者的近亲属说明，并取得其书面同意。因此，被告的行为没有违反相关法律规定。

本案经法院调解，天津市某医院向余某赔礼道歉，余某丈夫胡某不承担责任。

案例评析：

保护性医疗是我国临床实践中长期存在的一种医疗措施，但没有明确的定义。通常认为，保护性医疗是指医方为保护患者生命健康权益，在患者心理脆弱或身患重病等不利情况下，对患者隐瞒病情、治疗手段、治疗风险等信息，以避免形成不良身心刺激，从而妨碍治疗效果的医疗措施。在侵权责任法出台之前，我国的《执业医师法》、《医疗事故处理条例》等多部法律法规对保护性医疗都做出了规定。

值得注意的是，保护性医疗原则在欧美等发达国家是不被认可的。如日本民法和英美判例法，均承认具有完全民事行为能力的患者对其疾病享有完全的知情同意权，本案中的情况如果发生在这些国家，医生则有可能承担刑事责任。世界卫生组织为促进发展中国家的医学人文学科发展，在1993年曾提出系统的七条医师告知策略，其中第五条即为：不应欺骗患者。在患者知情同意权的行使主体上，我国法律规定存在一个从家属向患者转移的过程。1994年《医疗机构管理条例》第33条规定，知情同意权是由患者本人及其家属共同掌握，任何一方不同意，治疗就不能进行；1998年的《执业医师法》对此做出修订，其中第26条规定，知情同意权由患者或者其家属掌握；而2002年的《医疗事故处理条例》又发生了变化：知情同意权基本上转移到患者本人手中，除了保护性治疗，其余情况下，知情同意的主体都应当是患者本人。2010年7月1日正式生效的《侵权责任法》继续坚持了这一思想：明确规定除保护性治疗外，其余手术、特殊检查、特殊治疗均应取得患者本人同意。只有在"不宜向患者说明"的情况下，出于保护患者的目的，才由其家属行使。

那么，《侵权责任法》第55条所规定的"不宜向患者说明"，究竟包含哪些情况呢？没有法律和司法解释对此做出详细规定，在临床实践中，每个医生的把握尺度也不一样，具有明显的主观性，这就为可能发生的纠纷埋下隐患。具体到本案例，余某的主管医生并没有恶意隐瞒病情，其出发点是希望余某能够接受最合适的治疗方案，并且认为获得余某丈夫胡某的授权即可进行手术。但余某却认为未经其许可就进行手术是侵犯了其知情同意权，即使该治疗是在获得其丈夫的同意后进行的。这就体现了医患双方对具体法律条文理解的差异。

如果主治医生如实向余某交代病情，余某明确表示拒绝治疗，主治医生该怎么办呢？在这种情况下，如果患者是完全民事行为能力人，并且是在意识清醒的情况下做出的意思表示，且意思表达无误，根据侵权责任法的规定，医生将实施的手术方案对患者进行了充分的告知，在患者签字表示拒绝治疗的情况下，无论家属是否同意治疗，医生都不能对患者进行治疗。但是，医生应尽可能地向患者交代拒绝治疗的可能后果，并将其他替代性治疗方案向患者进行介绍以供其选择，这也是侵权责任法规定的法定义务。医疗机构和医务人员只有进行详尽的告知，才可能将因拒绝治疗而产生的法律风险降到最低限度。

在临床实践中，一些医疗机构在患者入院时，要求患者签署书面的授权委托书，在病情不宜告知患者本人或本人因患病、手术丧失意识或表达能力时，授权其家属或者监护人实施知情同意权；也有一些医疗机构的授权委托书要求患者入院后，即将知情同意权完全转移给家属或者监护人。该授权委托书如果是患者真实意思表达，则具有法律效力，医务人员应向被授权人履行告知义务。被授权人在授权范围内做出的决定，即视为患者本人的决定，医务人员应予以尊重，如果患者拒绝签署此知情同意书，则医务人员应将病情、治疗方案及风险如实向患者本人进行告知。

此外，如果患者为完全民事行为能力人，意识清楚并能表达意志，但患方内部意见有分歧，医务人员仍应尊重患者本人的决定。当患者不具民事行为能力或意识不清无法表达意志时，对其配偶、父母、全体子女形成的一致决定，医务人员应当尊重。但如果上述人员意见分歧无法做出一致决定时，医务人员应要求患方依法律程序确定监护人，尊重由其做出的决定。如遇到无法确定监护人，而患者情况紧急必须立即做出决定时，医务人员可以采纳患者的配偶、父母、子女中任何一人的意见。当患者基于保护性医疗不知道真实病情，而家属意见分歧又无法做出一致的决定时，笔者建议医务人员基于患者重大利益保护原则，可以放弃保护性医疗的努力，向患者本人披露真实病情，并尊重患者自主做出的决定。

赵某诉北京市某医院医疗损害责任纠纷案[1]

2011年7月4日,患者赵某,男,63岁,因"右上腹不适1个月,发现胆总管结石4日"入北京市某医院外科治疗,2011年7月7日下午,该医院在完善术前准备及手术谈话基础上,为赵某行"内镜逆行胰胆管造影术(ERCP)+篮网取石术",术后1小时,赵某即诉右上腹明显疼痛并伴有反复恶心呕吐,查血象血淀粉酶241IU/L,谷草转氨酶82IU/L,主治医师给予盐酸哌替啶及生长抑素治疗。7月8日午10时,行腹部CT检查显示:肝周少量积液;胰头十二指肠周围渗出;腹膜后肾周少量积液;胸腔积液。7月8日13时复查血象,显示血淀粉酶1139IU/L,谷草转氨酶48.0IU/L,考虑急性重症胰腺炎。

2011年7月10日,赵某病情加重转入ICU病房,仍行保守治疗,病情进一步加重。7月12日,该医院为患者行剖腹探查、胰腺被膜切开减压、胆总管切开探查、T管引流、胃造瘘、十二指肠造瘘、空肠造瘘、腹腔引流术。2011年7月11日,患者赵某死亡。

2011年8月12日,赵某家属将该医院诉至北京市海淀区人民法院,经法院委托,由北京某司法鉴定机构就该案的争议问题进行医疗过错司法鉴定。鉴定结论认为:"医院未告知患者及家属替代医疗方案,存在过失,影响患者的治疗方案选择,与患者死亡之间存在因果关系,参与度以50%左右为宜。"经当庭对鉴定人进行质询,主审法官认为该鉴定结论依据充分,依法予以采纳,遂判决医院赔偿原告各项损失共计22万余元。被告不服,上诉至北京市第一中级人民法院,2012年11月12日,中级人民法院作出终审判决:"驳回上诉,维持原判"。

案例评析:

笔者认为,本案中医疗机构未告知患者"替代医疗方案",导致其丧失对治疗方法的选择权,侵犯了患者的知情同意权,应当承担一定的赔偿责任。但是,侵犯知情同意权与治疗过失导致损害是两种不同的侵权形式。对于侵犯知情同意权的案例而言,患者享有选择权,但不能排

---

[1] 李冬:"浅谈对'替代医疗方案'的理解",载《中国卫生人才》2013年第6期。

除其选择其他治疗方案时不发生其他损害后果。因此，笔者认为，此类案件的参与度不宜划分过高。本案的司法鉴定结论是值得商榷的，该鉴定没有明确分析医院过失与患者损害后果之间的因果关系，同时，未告知替代医疗方案是否就应该承担50%的赔偿责任也存在争议，因为ERCP＋篮网取石术仍不失为治疗该疾病的主要手段之一。如果医疗机构告知了患者所有的替代医疗方案，患者仍选择ERCP＋篮网取石术的治疗方案，仍发生该损害后果，医疗机构是否应承担责任？或患者选择了内科保守治疗，发生其他严重后果（如急性重症黄疸），医疗机构是否应承担责任？

分析替代医疗方案告知瑕疵（主要分为告知不足和未予告知两种情况）与患者损害后果之间的因果关系，就要考虑该瑕疵是否在实质上影响了患者同意权的行使。比如有可能拒绝医疗或选择不同治疗方案。具体而言，应包括以下几方面：医务人员是否充分告知替代医疗方案；患者是否有充分时机接受替代医疗方案；患者选择替代医疗方案的可能后果；患者不选择替代医疗方案的可能后果。

如果患者的损害后果属于因为患者特殊体质等不可预知因素导致的医疗并发症，则首先需要评判其他替代医疗方案在风险性、预后、患者的耐受力等方面是否更适合本例患者；其次，作为一个理性的普通患者，在本例中是否更倾向于作出其他选择。如果以上两个问题均回答"是"，则判定医疗机构的替代医疗方案告知瑕疵与患者损害后果之间存在因果关系，但是，此处的因果关系参与度评判与医疗技术损害不同，因为对于医务人员的信息披露，患者享有最终的选择权，而每一个患者对此作出的选择都不一定相同，这里的参与度是以"理性普通患者"可能做出的选择为基础，进一步评定的值。

如果患者的损害后果属于操作不当、给药方法错误等医疗技术责任，仍需要评判其他替代医疗方案是否更适合本例患者以及理性患者的选择；在本例中是否更倾向于作出其他选择。如果以上两个问题均回答"是"，则判定医疗机构的替代医疗方案告知瑕疵与患者损害后果之间存在一定因果关系，但在具体参与度评判时，仅应作为医疗技术过错的加重因素；如果以上两个问题有一个或没有肯定回答的，则该过错与患者损害后果之间没有因果关系，在评判具体参与度时，仅考虑医疗技术责任的因素。

第四章
《侵权责任法》第56条

第一节 医学解读

《侵权责任法》第56条规定:"因抢救生命垂危的患者等紧急情况,不能取得患者或者其近亲属意见的,经医疗机构负责人或者授权的负责人批准,可以立即实施相应的医疗措施。"本条款规定内容为医疗机构的医疗特权,但在实际情况中,医务人员仍对其存在疑虑。

一、医疗特权的具体内涵[1]

在通常情况下,医师的一般权利服从于患者的权利,是实现患者自治、自决的基本要求。但在一些特殊的情况下,需要限制患者的自主权利,实现医师职业对患者应尽的义务和对患者根本权益负责之目的,这种权利就被称为治疗特权,或称为医师治疗豁免权、医疗干

---

[1] 王岳:"论急危病症抢救中的医师治疗特权——侵权责任法第五十六条之适用范围",载《中国司法鉴定》2011年第4期。

预权。医疗特权是不可以任意行使的,其法律依据可见于《执业医师法》、《传染病防治法》、《侵权责任法》、《禁毒法》、《医疗机构管理条例》、《医疗事故处理条例》、《疫苗流通和预防接种管理条例》等。广义上,我国的医疗特权主要体现为以下几种情形:[1]

1. 紧急或危急情形下的医疗处置权。1994年的《医疗机构管理条例》第33条规定,医疗机构施行手术、特殊检查或者特殊治疗时,如果无法取得患者意见又无家属或者关系人在场,或者遇其他特殊情况时,主治医师应当提出医疗处置方案,在取得医疗机构负责人或者被授权负责人员的批准后实施。《侵权责任法》第56条也对因抢救生命垂危患者等紧急情况下的医疗处置权做了相应的法律规定。这也是最常见的一类医疗特权表现形式。

签署知情同意书的目的在于救治患者,如在紧急情况下仍然刻板地遵守该原则,只会使患者错失抢救良机。因此,我们完全可以通过法律规定推定紧急情况下患者同意医疗行为从而阻却医疗行为的违法性。所谓推定同意,指虽未取得病患或其他有同意权人之同意,但根据客观事态而为合理之判断,如病人了解事态之真相,也会作出同意,此乃为维护病患利益之行为。在这里,病人的默示的同意纯粹是通过法律技术对严苛规则的妥协,而之所以进行这样的妥协,是基于如下的社会政策的考虑:一方面,对病人施行未获得病人同意的手术,所保护的利益是挽救病人的生命健康,所牺牲的是病人身体的完整与自由不受未经同意的侵犯,两相权衡,前者的重要意义远非后者所及。另一方面,发生紧急情况的病人属于极易受到伤害的人群,需要及时的救助与保护,如在此情况下仍墨守成规,只能导致医生为了免去被诉的风险而怠于职责的履行,因此,通过法律推定病人默示同意,可以使对紧急病人进行施救行为受到鼓励。《侵权责任法》第56条的立法导向,就是在未得到患者及其家属承诺的情况下,推定患者同意治疗。

2. 基于法定原因的特殊医学干预权。基于法定原因实施的特殊医学干预权简单讲是指对强制管理人员如部分传染病患者和其他具备社会危害性的人员采取强制隔离治疗等医学措施的权利。具体讲,当医疗机

---

[1] 王洪婧:"论我国医疗活动中的医疗特权",载《卫生软科学》2012年第9期。

构及其医务人员发现甲类传染病或国境卫生检疫机构发现检疫传染病时，可以有对传染病病人、疑似病人等采取隔离、留验等相应控制措施的权利。对精神病严重障碍者、艾滋病和性病患者、药物滥用者、醉酒闹事者或其他失常症状者，在紧急情况下医务人员有权限制其不当行为及选择采取相应医疗措施的权利。

3. 患者非理智拒绝治疗。一般情况下病人有权拒绝治疗，但是在特殊情况下医师有否定病人拒绝继续治疗的决定权，如：当拒绝治疗可能给病人以及其他社会成员带来严重后果或不可挽回的损失的情形。需注意的是，医疗机构在对患者实施特殊医疗干预时，事前应当对患者或家属解释并尽量说服患者或其家属，即积极实现患者及其家属的知情权。

由于在此种情形下行使特殊医疗干预权，在客观上限制了患者的知情同意权中属于同意权的部分，因此，特殊医疗干预权行使的全部风险将由医疗机构承担。为避免风险，医疗机构事前必须要对诊疗效果有明确的评估，同时应将患者拒绝治疗的事实客观地在病历上记载清楚，将必须治疗的理由在病历上详细说明。

4. 出现不适合实验性临床医疗。实验性或试验性临床诊疗中，即使病人已经知情同意了，但医师在面对一些高度危险且极有可能致病人死亡或伤残的实验性医疗时，应该停止或中断实验，最大限度的保护病人的利益。

狭义上的医疗特权，仅指《侵权责任法》第56条规定的情形，未经特别说明，以下讨论仅限于狭义的医疗特权。

二、医疗特权应符合的条件

医疗机构履行紧急救治义务必须符合特定条件，并且遵循一定的程序。从根本上来讲，生命健康权属于患者本人，医疗机构在诊疗活动中应当尊重患者的自主决定权，这是患者的知情同意权一般原则的体现。但是，在特定的紧急情况下，患者不能行使知情同意权时，从患者的利益出发，医疗机构可以实施相应的紧急救治行为，这是对患者生命健康权的关怀。因为医疗机构实施紧急救治行为是对患者自主决定权的一种限制和补充，所以必须符合特定条件，并遵循一定的程序，具体来说包括四个方面。

1. 必须是抢救生命垂危患者等紧急情况。医疗机构实施紧急救治行为的前提条件，是患者在生命垂危条件下往往产生认知障碍，不能正确恰当地行使知情同意权。人的生命价值此时优于其知情同意权，从患者利益出发医疗机构得以实施紧急救治行为。但是，如果患者能够正确恰当地行使知情同意权，能对自身的生命健康权作出正确恰当的处置，医疗机构就不能对抗患者的知情同意权，不能自行决定实施紧急救治的行为。另外，紧急情况不限于抢救生命垂危的患者的情况，还应当包括虽然患者的生命没有严重危险，但患者不能行使自我决定权，如果不采取紧急救治行为，患者的健康利益受到严重损害的情况。

2. 不能取得患者及近亲属意见。医疗机构实施紧急救治行为，还必须是不能取得患者或者其近亲属意见的情况下。如果能够取得患者或者其近亲属的意见，医疗机构应当尊重其自主决定权。如果患者不能正确恰当地行使自主决定权，在一定情况下，其近亲属可以代理其行使知情同意权。但是，在患者、医疗机构和患者近亲属三角关系之间，不能过高的设定患者近亲属的主体地位和决定权，如果不能取得患者的意见，只能取得其近亲属意见的，医疗机构如何采取紧急救治义务应当有一定的判断余地，在患者近亲属的意见重大且明显地损害患者利益时，医疗机构应当拒绝接受患者近亲属的意见。

3. 医疗机构负责人或者授权的负责人批准。具体实施紧急救治行为的是医疗机构的医务人员，但由于紧急救治是对患者自主决定权的一种限制和补充，关涉患者重大的生命健康利益，因而实施紧急救治行为应当严谨、慎重，为充分保障患者的利益，实施紧急救治行为应当经过一定的程序，即经过医疗机构负责人或者授权的负责人批准，医疗人员才能实施紧急救治行为。

4. 可以立即实施相应的治疗措施。医务人员实施紧急救治行为，因为是在特定的紧急情况下，所以要迅速实施。另外，紧急救治虽然是为了维护患者的利益医疗机构主动采取的措施，也应尽到相应的注意义务，医疗人员采取的治疗措施应当符合基本的医疗规范的规定。

《侵权责任法》第 56 条看似解决了紧急情况下医生该怎么办的问题，而实际上由于紧急情况的复杂性，在医疗服务实践中很难操作。笔者认为，对于紧急情况可以进一步细化从而分为两种情况：一是，在时间允许、条件允许能够获得患者、近亲属、医疗机构负责人意见的情况下，应当获得同意后实施救治；二是，在没有时间和条件获得患者或近亲属意见，不能及时取得医疗机构负责人意见时，医生为了最大限度抢救患者的生命，防止出现不可逆转的健康损害，应当在条件允许的情况下尽可能快速地实施抢救。以上都是立法机构必须考虑的问题，笔者认为，有关部门应当立足新情况，将医疗机构主动实施处置权的情形予以扩大，将"紧急情况"进一步细化分类，还可以加上诸如"其他紧急情况"等兜底性的字眼，以便医疗机构能够在挽救患者生命的同时不用担心违法的风险。完善法律规定，对需要解释的法律条文进一步细化司法解释，这是立法部门急待解决的问题。

第二节　风险提示及临床工作建议

一、治疗特权的临床应用

《侵权责任法》第56条所界定的治疗特权，主要应适用以下四种情况：

1. 患者意识不清，又无家属或者关系人在场。早在《医疗机构管理条例》中就规定，无法取得患者意见又无家属或者关系人在场，主治医师应当提出医疗处置方案，在取得医疗机构负责人或者被授权负责人员的批准后实施。在临床实践中，主要是一些不明身份的患者或是昏迷、醉酒的患者。

2. 患者意识不清，家属不作出明确的意思表示。患者家属的知情同意权在某些特定的情况下可以认定为弃权，例如，当患者意识不清，患者家属因对治疗知之甚少而犹豫不决，或决定不必由自己作判断或受伤很重不能做出判断或语言障碍（不能通过翻译克服）时，美国一些判例中的法官会认为患者家属放弃了知情同意权。放弃知情同意权，前提是患者必须知道他的知情同意权，他须知道医师有告知的义务，知道自己有做出同意或拒绝的决定权，知道医师不能做未经其同意的治疗。比如，急诊室一名服毒自杀的少女，如果不立即清洗胃就会死亡，但其母亲由于生气女儿第三次轻生,遂赌气不签署洗胃术的知情同意书,医院应按照有利于患者的原则采取抢救措施。

3. 患者意识不清,家属作出不利于患者的意思表示。根据《民法通则》的规定,亲权人和监护人的利己行为属于代理权限之范畴,如果实施不利于行为能力欠缺人却有利于自己的行为,应属于无效。患者意识不清,家属作出不利于患者意思表示的情况一般有两种:

(1) 由于认识能力原因导致作出不利于患者的意思表示。在医学领域中,如果医务人员没有充分、通俗地告知病情、可以选择的治疗措施或各种措施的利弊后果,患者家属作出的同意或不同意当然在法律上无效。

(2) 由于非认识能力原因导致作出不利于患者的意思表示。例如,患者患有严重的肝硬化,病情较重,其子因担心医药费用过高会加重个人的经济负担遂要求医师立即停止对其父亲的救治;又如,一个孩子生下来就小脑畸形(先天残疾,日后会有明显智力障碍),目前孩子呼吸困难,必须立即给予面罩给氧否则会死亡,其父母提出由于孩子畸形,所以不想要了,遂明确告知医师他们不同意面罩给氧。

4. 患者和家属的意思表示明显冲突不一致,而按照患者意思表示明显不利于对患者抢救。患者的意思表示和家属的意思表示发生冲突和不一致的情况下,医生往往会按照患者的意思表示实施医疗行为。但是,如果是在紧急病症的情况下,医生应秉承对患者生命安全最佳利益负责的职业责任感,作出有利于患者的临床决策,拒绝接受明显不利于对患者抢救的意见和要求。

二、典型案例评析

案例1

《广州日报》报道,一路人在广州昌岗中路昌岗大街发现路边倒卧一个中年男子,神志不清,口吐白沫,赶忙拨打急救电话120。救护车将男子送到附近一家三甲医院的急诊科检查。该院急诊内科医生称,44岁的刘先生送来时已陷入深度昏迷,有明显酗酒迹象,经CT检查发现,大脑右侧颞叶正在出血,出血量约为60毫升,血液流入脑室系统及蛛网膜下腔，情况危急，必须马上进行手术，否则有生命危险。随后，刘先生的两个姐姐赶来医院。她们表示，弟弟没老婆、没工作、长期酗酒，家人多次劝阻仍我行我素，终于出事。医生对两名家属详细介绍了刘先生的病情，她们听完后，拒绝医生进行任何救治，甚至不同意办理入院手续，最终还签字放弃治疗。无奈，医生按常规给予刘先生保守治疗，但因病情过重，刘先生挨到第二天凌晨2时后死亡。[1]

案例2

2010年12月8日，《健康报》报道，一名29岁的临产孕妇被转送至暨南大学附属第一医院进行抢救。此前，该产妇被广州某医院诊断为"无胎心"，并怀疑有胎盘低置。医生检查发现，胎心很微弱，产妇下体一直在少量流血，却没有疼痛感。医生分析认为，产妇已有胎盘早剥症状，如果不尽快手术，将导致胎儿宫内缺氧窒息死亡，并引发母体大出血，造成"一尸两命"的严重后果。但产妇情绪激动地表示："要自己生，不要手术。"医生反复说明情况的严重性，但产妇始终没有"松口"。后来，医院相关负责人出面解释，其丈夫同意手术，并在手术知情同意书上签字。但产妇本人仍坚决拒绝签字，甚至在手术台上大喊"要自己生"。眼看再不手术，产妇就有性命之虞，医院本着"生命权第一"的原则，在征得其家人同意，并由医院相关负责人签字同意的情况下，行使医生处置权，强行为其进行剖腹产，挽救了产妇生命。遗憾的是，由于延误手术时机，宝宝一出生就出现重度窒息症状，出生数小时后不幸夭亡。[2]

案例评析：

以上两个案例，从正反两方面很好地反映了《侵权责任法》第56条的规定，同时也显示出医疗机构在适用该条文时的疑虑。

在一般的诊疗、手术的情况下，医师应当尊重患者的自主选择权，

---

[1] "广东两名姐姐拒绝签字救治男子醉死医院引争论"，载 http://qingyuan.people.com.cn/GB/14770/21733/12957538.html.

[2] "透视'产妇拒绝剖宫'：法律模糊医生无所适从"，载 http://www.chinanews.com/jk/2010/12-08/2708308.shtml.

但是在特殊情况下，根据立法和职业道德，医师是应当享有医疗特权或医疗豁免权的。医师在行使医疗特权的过程中，必须坚持生命价值至上、患者利益最大化和不违背社会公共道德和医师职业道德的基本原则，医师诊疗特权是对患者自主决定权的补充。对此《侵权责任法》第56条已有明确的规定，另外《侵权责任法》第60条还规定："有以下情形之一的，医疗机构不承担赔偿责任：（一）患者或者其近亲属不配合医疗机构进行符合诊疗规范的诊疗；（二）医务人员在抢救生命垂危的患者等紧急情况下已经尽到合理诊疗义务；（三）限于当时的医疗水平难以诊疗。"第1项情形中，如医疗机构及其医务人员也有过错的，应当承担相应的赔偿责任。这些规定为医疗特权的合理合法运用奠定了良好的基础。

　　但是，在实际工作中，医疗机构的考虑更为现实。如案例1，曾有医务人员提出，如果患者由于伤情过重，导致瘫痪或残疾，其家属又曾经拒绝抢救，必然不会承担护理责任。结果可能是患者占据医院病床拒不出院，反而成为医院甩不开的包袱。对于此类担心是客观存在的，也说明我国目前政府主管部门对医疗纠纷反映的消极迟钝，导致医院不得已采取自保手段，最终损害的是患者权益。

第五章
《侵权责任法》第57条

第一节 医学解读

《侵权责任法》第57条规定:"医务人员在诊疗活动中未尽到与当时的医疗水平相应的诊疗义务,造成患者损害的,医疗机构应当承担赔偿责任。"

司法界和理论界普遍认为,《侵权责任法》第57条首次明确了医疗注意义务的尺度,为人民法院审查医疗行为是否侵犯了患者生命健康权确定了评判标准,是侵权责任法的最大亮点之一。本条的核心在于对"当时的医疗水平"的解读。

一、"医疗水准"释义

"当时的医疗水平",即为日本法中的"医疗水准"。所谓医疗水准,是指医师在进行医疗行为时,其学识、注意程度、技术以及态度均应符合具有一般医疗专业水准的医师于同一情况下所应遵循的标准。日本有判决认为,医疗水准是一种已具备专家相应能力的医师,尽其钻研义务、转诊义务、说明、劝告义务的一个前提标准。以"医疗水准"作为判断医疗过失的抽象标准,已是日本学说及审判实务上的共同见解。

医疗过失的确定,应以当时的医疗水平为标准,同时参考地区、医疗机构资质和医务人员资质等因素,即"国家标准加适当差别"的原则。[1]

二、"医疗水准"的形成

医疗水准的形成,主要是由以下两个现实原因来决定:

第一,医疗知识的局限性。医学知识虽然在不断进步,但人类的认知能力终有其局限性,医学领域有太多未知的东西,众多疾病的发生机理、病理生理研究的滞后,导致医师治疗疾病中的失败情形在所难免。如果患者的疾病由于病因不明而无根治办法,病人因此而死亡,则主治医师只要尽其注意义务便可免责。在目前医疗知识仍具有局限性的现状下,若要求医师对于任何疾病都能有效地治疗,是不现实的,也不具备可行性。因此,只有对目前常见疾病才可期待医师进行正确的诊治,由于临床上已存在对该类疾病成熟的诊疗方法,故在考虑医师的医疗过失所应负的法律责任时,只需确定经治医师是否严格按照诊疗常规进行操作即可。

第二,诊疗技术的局限性。由于医学科学的复杂性,在患者罹患多种疾病时,不同疾病对患者的病理生理互相影响,从而导致患者的症状不典型而难以判断。并且由于疾病的复杂而引起的更多的并发症,会增加医师诊断与治疗的困难。在病因诊断有困难、无法确定的情况下,医师只能采取对症治疗方法,尽量减轻症状或减轻患者痛苦,而对症治疗仅能延缓疾病的进程而不能对患者的疾病予以根治。此外,某些疾病的诊断技术虽然比较成熟,但由于病理生理因素的特殊性,在治疗方法上并没有成熟的手段。如白血病、再生障碍性贫血、基底细胞恶性肿瘤等,即便临床诊断已然明确,目前也无有效的治疗手段。此类疾病的治疗,医师只要尽到其能力范围内的注意义务,便可免责。

---

[1] 傅学庆:"医疗过错的判断标准——医疗水准说",华东政法大学 2010 年硕士学位论文。

第二节　风险提示及临床工作建议

一、"当时医疗水平"的判断原则

对于"当时的医疗水平"的判断，要从以下几方面考虑：

1. "最低标准"原则。无论是主治医师还是主任医师，应当将遵循专业标准作为其最低要求，从法律上来讲，这些专业标准也是需要强制性遵守的。在使用"最低标准"原则时，具体考察内容包括：①诊疗活动应遵守诊疗护理规范、常规；②诊疗活动应遵循有关的卫生法律、法规和医疗职业道德和医疗伦理；③医生在诊疗活动中应采用安全、成熟的诊疗方法和技术手段，但依照法律规定进行的试验性治疗除外。

2. "独立判断"原则。医师根据诊疗规范实施诊疗行为时，应允许其进行独立判断。医师为诊疗行为时，必须具备高度之专门知识与技术，但各个医师对同一病状的诊疗可能发生不同的见解，在此场合，要容许医师有相对程度之自由裁量权。自由裁量范围内的判断，因特定主体的知识结构的不同而有区别。在诊疗过程中，对于某些特殊病例，即便面对的患者存在同样的临床症状和检验指标，不同的医生也会从不同的角度予以诠释，从而得出不同的判断结果，只要判断的过程是有医学科学理论依据的，便应认可其行为的合理性。

3. "容许性危险"原则。"容许性危险"是将原来由从事高度危险业务活动的医生所承担的全部注意义务转移出一部分，合理分配给社会或患者承担。事实上，医疗活动的实施必然会产生风险，如何在治疗疾病和诊疗行为所产生的副作用之间"两害相权取其轻"，有时候是一种艰难的选择。特别是在采用新技术、使用新药的初始阶段。由于对技术的成熟度，新药的安全性并没有完全的把握，不可避免的就会出现采用新技术或使用新药后造成的后果比未采用新技术或未使用药物产生更为严重的后果，但更多的情况是会产生比传统治疗方法更为良好的治疗效果。每一种现在看来成熟的技术和高效的药物都要经过这样一个过程。因此，在某些特定的情况下，充分告知并征得患者同意的前提下，医师秉承其善意，严格依照卫生法律法规、诊疗规范，以其专业判断为患者采用新技术、使用新药，即便因此产生对患者不利的后果，造成侵害患者权益的事实，为谋求医疗技术进步，应容许此等可能威胁患者利益的医疗活动的存在。毕竟，医学的进步乃是千万次的反复实验和无数的失败才得到的。正是新技术的采用和新药的使用使一些以往被认为是绝症的疾病有了治愈的可能，从而给患者及其亲人带来新生的希望。因此，判断医疗行为是否存在过错，应考虑"容许性风险判断"法则的适用，在欧美国家，容许性危险理论已成为与患者承诺并重的阻却医疗行为违法性的重要因素。

4. 对于地域性差别的考量，应当慎重。对医疗水准的判断应采用"国家标准加适当差别"的原则，正是考虑到我国地区性医疗水平悬殊。然而对于大多数常见疾病或基本诊疗方法的过失认定，应适用全国性标准。毕竟我国的执业医师制度已实行多年，医务从业人员的基础教育水平比较统一。虽然就个案来讲，地域性医疗水准差异客观存在，但对于大多数疾病的诊断，统一的教科书及临床诊疗规范使普通医师对常见疾病的诊治有统一的认识，如因医疗设备、诊疗器械、检验设备或医疗人力等资源的欠缺，无法对特定疾病进行治疗时，则要求医生告知患者应予转诊。

二、典型案例评析

翟某等诉某市人民医院医疗损害责任纠纷案[1]

2009年4月2日，患者翟某因"头顶部发紧2天"入某市人民医院就诊，发病当日表现为言语表达费力，发病时右侧前臂向桡侧旋转，持续2天，后症状逐渐改善。入院诊断："短暂性脑缺血发作（TIA）？"翟某遂于人民医院急诊留观。2009年4月5日，行头颅CT检查，显示："左顶叶异常密度灶"。2009年4月7日头颅MR扫描显示："左侧额页白质、双侧基底节区及半卵圆中心少许腔隙灶；左侧顶叶不规则片

---

[1] 李冬："从一起医疗纠纷谈对侵权责任法第五十七条的理解"，载《中国卫生人才》2012年第6期。

状混杂信号,应鉴别感染与脑炎等病变,请结合临床随诊观察"。2009年4月8日,急诊科请神经内科会诊,未明确诊断,建议翟某住院进行进一步检查。但患者因故没有住院。人民医院出院记录记载:"建议患者不适随诊,并建议去同市的某医科大学附属医院神经内科就诊。"

2009年4月13日,患者翟某突然出现昏迷症状,某医科大学附属医院神经内科就诊,入院诊断:"左额顶占位、胶质瘤、症状性癫痫",行输液保守治疗。2009年4月17日,患者病情加重,行头颅CT平扫,发现脑内弥漫低密度影,右侧为著,右额顶叶、左顶叶脑出血。2009年4月20日,患者经抢救无效死亡。

2009年8月4日,翟某父母、丈夫及女儿以医疗损害赔偿纠纷为由,将某医科大学附属医院及某市人民医院诉至某市人民法院。

庭审中,原被告争议的焦点在于:①人民医院在对陈述人医疗过程中,当头颅CT和MR检查均发现患者颅脑存在器质性病变,并在会诊医生建议住院检查的情况下,却以没有病床为由,要求患者转院;②当患者翟某入院后,某医科大学附属医院未及时进行相应检查,也未积极有效进行治疗,对患者病情的发展严重程度缺乏客观认识,致使患者最佳手术时机被错过,最终失去生命。

鉴于本案涉及专业的医疗知识,人民法院依据《民事诉讼法》的相关规定,委托某鉴定机构就以下争议进行司法鉴定:①人民医院、某医科大学附属医院对翟某的医疗是否存在过失;②如果存在过失,是否与翟某的死亡后果之间存在因果关系及具体参与度。

经该鉴定中心司法鉴定,出具鉴定文书认为:①某市人民医院对被鉴定人翟某的医疗过程中不存在医疗过失,与被鉴定人最终损害后果之间无明确因果关系;②某医科大学附属医院在对被鉴定人的医疗过程中存在一定的医疗过失,过失与被鉴定人的损害后果之间存在一定因果关系,过失参与度为25%。经原告申请,法院要求鉴定人出庭接受质询。质询中,鉴定人表示:根据被鉴定人发病时的临床表现及病程,结合CT所见,认为其符合颅内静脉窦血栓形成(OVST),该病症是急性脑血管病的特殊少见类型,由于各种原因造成血管损伤、血流状态改变、凝血机制异常导致血栓形成而发病,临床症状、体征变化较多,诊断困难。某市人民医院仅依据当时的影像学片,没有能力做出明确诊断,但其治疗方案设计与患者最终损害后果发生之间没有因果关系。但某医科大学附属医院属于我国神经内科最高水准,在患者入院后一直没有做必要的影像学检查,并误诊为"胶质瘤",在一定程度上延误了治疗,且对"症状性癫痫"控制不力,加重病情恶化,故与患者死亡之间存在因果关系。

最终,法院判决被告某医科大学附属医院承担25%的民事赔偿责任,共计人民币22万余元,驳回原告其他诉讼请求。

案例评析：

"尽到与当时的医疗水平相应的医疗义务"体现了侵权责任法上的重要概念,即注意义务。在现代侵权责任法上,无论是大陆法系还是英美法系,注意义务是侵权责任的核心要素,是界定过失的基准。各国侵权责任法中注意义务的内涵大同小异。英美法系对注意义务的一般解释是一种为了避免造成损害而合理注意的法定责任。在侵权法中,如果行为人造成损害的行为违反了应对受害人承担的注意义务,则应当承担侵权责任。如果一个人能够合理地预见到其行为可能对其他人造成人身或者财产损害,那么,一般情况下他应对可能受其影响的人负有注意义务。需要注意的是,注意义务的内涵范围要大于违反法律法规、医疗常规等构成的违法性。

在法律界有一条基本的法治原则"法不溯及既往",通俗地讲,就是不能用今天的规定去约束昨天的行为。如1787年《美国宪法》规定：追溯既往的法律不得通过。《法国民法典》规定：法律仅仅适用于将来,没有溯及力。在我国,对"法不溯及既往"虽然没有明确的规定,但其精神体现在多部法律、法规及司法解释中。如《最高人民法院关于审理人身损害赔偿案件适用法律若干问题的解释》第36条就规定："本解释生效后新受理的一审人身损害赔偿案件,适用本解释的规定。已经做出生效裁判的人身损害赔偿案件依法再审的,不适用本解释的规定。"将"法不溯及既往"的原则扩大到医疗注意义务的评判中,我们可以得出这样一个结论：不能以现有的法律法规及医疗常规对其生效之前的医疗行为进行评判。众所周知,医学作为一种自然科学,是在不断发展进步的,许多现有的医学理论,在五年或十年后就可能被更为先进的理论所替代。如果用五年或十年后的眼光来看现在的医疗行为,则可能存在瑕疵或不足,但不能就此认为现在的医疗行为存在违法性。举例而言,新生儿脑瘫是一类极其严重的新生儿疾病,在20世纪80年代,由于医学技术所限,部分医院在孕妇生产时采取措施不当(如催产素使用不当或者没有及时结束产程等),造成新生儿的产伤,这些新生儿又有相当一部分继发脑瘫,因此,以当时的理论,产伤是造成新生儿的高危因素之一。但随着我国医疗技术的逐渐发展,产伤逐渐减少,但新生儿的脑瘫发生率却没有相应地降低,在20世纪90年代后期,医学界逐渐认识到:宫内感染、遗传及早产是新生儿脑瘫的三大危险因素;而产伤已经不再是其主要发病诱因。如果今天一起新生儿脑瘫案件摆在法官面前,其中既有产伤因素,又有宫内感染、遗传或早产等产妇因素,则对医疗过错的参与度评判要不同于以往。

遗憾的是,许多司法鉴定机构在对医疗过错进行司法鉴定时,存在以现有医学理论评判之前医疗行为的情况,造成鉴定文书缺乏权威性及客观性,成为庭审中争议的焦点,许多案件因此需要二次司法鉴定,导致审理周期延长,造成司法资源的极大浪费;即使一部分鉴定结论被法院采信,也无法达到"息诉止讼"的司法目的,严重影响到司法鉴定的公正性。

具体到本案,司法鉴定中心在对某医科大学附属医院及人民医院的医疗行为进行具体分析时,充分考虑到了两家医院在神经内科水平上的差距,尽管人民医院对患者此类罕见病症没有能力确诊,但在其能力范围内,已经尽到足够注意义务,如要求患者留观及建议转至专科医院等;反观某医科大学附属医院,其神经内科属于全国领先水平,完全有能力确诊此类病症,但却没有及时进行相关影像学检查及会诊,对患者病情发展缺乏认识,导致患者病情延误并最终死亡,应承担相应的民事责任。

我国地区经济社会发展不均衡,各地区医疗机构在医疗水平上差距较大,因此,不能以统一的标准要求所有医生,判断是否尽到注意义务应当以医疗行为发生时的医疗水平为参照。侵权责任法草案曾规定,"判断医务人员注意义务时,应当适当考虑地区、医疗机构资质、医务人员资质等因素"。后来考虑到医疗行为的实际情况很复杂,删去了这一规定。地区、资质等因素能否在适用本条时考虑，应当结合具体情况灵活掌握。需要强调的是，法律、法规以及医疗规范中具体而明确的要求，医疗机构和医务人员都应当遵守，不应当因地区、资质的不同而有差别。

综上，对于《侵权责任法》第57条的理解，应当从以下几方面把握：①以侵权行为发生时的法律法规、医疗常规、临床规范来评判医疗行为的合法性，不应存在地区差异；②医疗行为中具体注意义务的限度，应结合医疗机构资质以及当地医疗发展水平等因素综合考量；③鉴于医疗行为的高度专业性，对医疗行为中的注意义务应采取严格的责任认定，而不能滥用地区差异或医疗水平发展不平衡等托词。

第六章
《侵权责任法》第 58 条

第一节 医学解读

《侵权责任法》第 58 条规定:"患者有损害,因下列情形之一的,推定医疗机构有过错:(一)违反法律、行政法规、规章以及其他有关诊疗规范的规定;(二)隐匿或者拒绝提供与纠纷有关的病历资料;(三)伪造、篡改或者销毁病历资料。"

本条规定了医疗过错推定制度,是关于《侵权责任法》第 54 条的补充,对于医务人员来说,则应当注意其中包含的医学相关问题。

一、法律法规及诊疗规范的强制力

本条第 1 款所指的违反法律、行政法规、规章及诊疗规范,是判断医疗机构及医务人员存在过错最直接的标准。本条所指的法律、行政法规、规章在语法上没有歧义,但何为"诊疗常规"?目前没有相应的解释,但 1994 年卫生部颁布的《医疗机构管理条例实施细则》第 88 条中对"技术规范"的定义得到解释——"技术规范"是指由卫生部、国家中医药管理局制定或者认可的与诊疗活动有关的技术标准、操作规程等规范性文件。卫生部委托中华医学会总结并颁布的《临床诊疗指南》系列书籍，应该属于诊疗规范。

法律、法规及诊疗规范是医疗机构的工作依据和指南，医疗机构及医务人员在自己的有关业务活动中应当掌握，并遵循规定，以确保其行为的合法性。从实践看，违反法律、法规、规章以及有关诊疗规范的规定，是判断医疗过错最直接的标准。目前，我国已经颁布的医疗卫生管理方面的法律、法规主要有：《执业医师法》、《传染病防治法》及其实施办法、《母婴保健法》及其实施办法、《献血法》、《职业病防治法》、《药品管理法》、《血液制品管理条例》、《医疗机构管理条例》等。医疗规范，如《临床诊疗指南》、《临床技术规范》、《人类辅助生殖技术规范》等。而以上规范是每一个从业的医务人员都应当掌握，也是对其注意义务考察的最低标准。

二、病历的书写

病历是医务人员在医疗活动过程中形成的文字、符号、图表、影像、切片等资料的总和。它既是患者当时病状体征的临床描述和各项生理指标的客观记载，也是医务人员给予医疗检查、诊断、治疗、护理全过程的原始记录，所以，它是纠纷发生后分析医务人员行为是否合法、适当、必要、安全的最主要的证据资料。为保证病历具有证据效力，应当注意以下事项：[1]

1. 病历记载应使用事实陈述语言。所谓事实陈述语言，是指对具体事实所做的客观陈述，是对具体量化了的客观指标的真实记载，使用事实陈述语言记载病历至少有4个方面的好处：一是能够证明确实做了某个方面的测试或辅助检查等；二是能够真实地反映患者当时的身体状况或者病情症状，并据此来判断医疗行为是否合法、适当、必要、安全；三是避免因为错误的解释引起误诊误治以及患者方的误解；四是保持病历内容的客观性，使病历资料具有较强的证明力。

病历资料可以分为客观性病历资料和主观性病历资料。客观性病历

---

[1] 杨平："从证据角度谈病历的书写"，载《中国卫生事业管理》2004年第8期。

资料是记录患者的症状、体征、病史、辅助检查结果、医嘱、具体用药等客观情况的资料,以及医师向患者交代的情况、患者或其近亲属签字的同意书等医学文书资料。在客观性病历资料中,除了像医嘱、具体用药等一些客观事实外,更多的是借助一定的技术手段或设备所取得的具体数据或图表等,如体温测试数据、血压测试数据、各种化验数据、医学影像检查资料等,这些图片或数据资料通常被称为客观指标,是患者当时身体状况或者病情症状的真实反映,也是判断医务人员所采取的医疗行为是否合法、适当、必要、安全的重要依据。在记载上述客观性病历资料时,要尽量使用事实陈述语言,尤其要准确记载具体的指标数据、医嘱内容、药品名称、用法用量等,尽量避免使用解释性陈述。如果能够保持这部分病历资料的客观性和原始性,那么,在所有的病历资料中,客观性病历资料的技术含量最高,是最客观、最具体、最有关联性的原始证据,其证明力也最强。

2. 病历记载的内容要真实。从证据的客观性角度讲,病历资料的证据资格以及证明力的大小取决于病历内容的真实性及其真实的程度。在医疗纠纷诉讼所有的证据中,病历资料最能承担此说服责任的重任,所以,医务人员在书写病历资料时,一定要注意让病历资料具有证据资格,并且有较强的证明力。

实践中,病历记载不真实的情况主要有两个方面:一是,故意错误记载,即伪造、篡改病历内容,如医务人员未做某种检查却随意地填写检查数据或符号,或者事后伪造、篡改病历等。对于医疗机构而言,伪造的病历资料不具有证据资格,被涂改、篡改的病历内容,其涂改、篡改的部分无证据能力。从证据的角度讲,被涂改、篡改的病历属于有瑕疵的证据,如果瑕疵较大无法印证其他部分的真实性,也可能导致整个病历资料被法庭予以排除而无证据能力。二是,过失错误记载,如笔误,把病灶位置或者手术部位写错,或把具体数据或符号写错等。这种情况下病历资料也是不真实的,错误的部分也不具有证据资格。需要说明的是,证据的资格以及证明力是对特定事实而言,对于证明医疗行为合法适当的记载来说,它不具有证据能力,但它却是医疗行为违法或者医务人员主观上有过错的证据。例如,如果因记载错误而引起误诊误治,或做错手术部位,此时错误记载的病历就成为医疗行为有过失的强有力的证据。

3. 病历记载要规范。病历的书写要规范，要严格遵守《病历书写规范》的规定，客观、真实、准确、及时、完整地记载病历内容。实践中存在问题最多的是记载不及时和不完整。不及时的记载会导致事后填写之嫌，严重的会使病历资料丧失证据资格，不完整的记载会在诊治过程中留下时间的空白和医学处置上的遗漏，难以证明医生在"空白"的时间内对患者进行了常规检查和必要的辅助检查或医学处置，反而能够证明医生有失职之处。病历资料要求条理清晰、重点突出、结构严谨，而不能像记流水账一样的简单罗列。病历中的前后句之间不仅语句要通顺、严谨，而且要充分记载诊断依据，保持病情症状与诊断结果及治疗措施之间的因果关系或逻辑联系，不能有矛盾之处。病历资料中有许多主观性病历资料，包括死亡病例讨论记录、上级医师查房记录、会诊意见、病程记录、疑难病例讨论记录等，是医务人员在医疗活动中通过对患者病情发展、治疗过程进行观察、分析、讨论并提出诊治意见等记录的资料，它能够反映医务人员对患者疾病及其诊治情况的主观认识和实施医疗行为的动机。因为这部分病历资料对于判定是否属于医疗事故以及责任程度具有重要作用，因此必须认真对待，记录时要体现医师对病情的观察、分析和结论，应该记载医师所提到的医学理论和临床经验，记载诊断推理过程等。

三、伪造、篡改病历的认定[1]

1. 从病历的表现形式上发现篡改病历。在许多篡改的病历上，其涂、擦、刮痕都很明显，鉴定者可以一眼看出篡改的痕迹。下列现象往往可以提示篡改病历可能存在：在原有记录的周围出现拥挤的文字，字体和笔迹轻重发生改变；明显的涂、擦和刮痕；在同一份病历上出现用不同的钢笔书写或不同打字机打印的内容，在后一页上出现不吻合的打印的印痕或不出现印痕，在前一页的背面有或无墨迹的浸染，同一墨水书写的不同日期的标注以及时间顺序混乱的记录等。

---

[1] 周晓蓉等："医疗纠纷中篡改病历相关法律责任研究"，载《法律与医学杂志》2005年第2期。

2. 比较病历的内容。可以通过比较病历与记账单、医生的医嘱记录与护士的执行记录、医生的病程记录与护士的护理记录的差别来发现篡改的痕迹。例如医生的病程记录里显示病人的情况在逐步好转并日趋稳定，但是护理记录却显示该病人正出现高热并提示有严重感染，这种出现在同一医疗团体的不一致性往往提示病历的不真实性。

3. 特殊的篡改病历。有些病历篡改的痕迹不明显，有可能本身就是一份重写的虚假病历。对这种病历的认定往往是在患者接受后续医疗或对死亡患者进行解剖时才发现原病历的不真实性。后续医疗过程发现原病历的不真实。某患者因全身多处刀伤2小时入甲院治疗，该院对其行剖腹探查及清创缝合术，手术记录载，封闭患者乙状结肠远端，近端造瘘。后该患者转入乙院治疗，在剖腹探查中发现，甲院错将患者乙状结肠近端封闭，而将远端造瘘，且发现小肠破裂，患者因并发腹膜炎在二次手术后死亡，显而易见，甲院病历记载的内容值得怀疑。

对死亡患者进行尸检，亦可发现原病历的不真实。一位老年患者因突发性左胸痛2小时入院，急诊病历上记录了3天前的一次跌倒以及一个除了肋骨触痛的"正常"的体格检查记录，并且没有心脏病病史。病人诊断为胸壁痛并出院，但是后来病人在2小时后重返医院死于心搏骤停，尸检发现为左冠脉阻塞。且在左胸壁发现了与之前摔伤有关的擦挫伤及大片瘀斑。后来，病历首页上加上了"心脏检查正常"，但是却没有提到尸检报告中提到的摔伤的任何特征。后来病历科的记录发现这份口诉记录是在病人因心搏骤停再次入院后拼凑的。

伪造、篡改或者销毁病历资料的行为性质比本条第二项隐匿或者拒绝提供病历资料的行为性质更加恶劣，可以直接推定医疗机构存在过错。《执业医师法》第23条规定，医师实施医疗、预防、保健措施，签署有关医学证明文件，必须亲自诊查、调查，并按照规定及时填写医学文书，不得隐匿、伪造或者销毁医学文书及有关资料。《执业医师法》第37条规定："医师在执业活动中，违反本法规定，有下列行为之一的，由县级以上人民政府卫生行政部门给予警告或者责令暂停六个月以上一年以下执业活动；情节严重的，吊销其执业证书；构成犯罪的，依法追究刑事责任：……（五）隐匿、伪造或者擅自销毁医学文书及有关资料的。"

第二节　风险提示及临床工作建议

一、医疗纠纷诉讼中病案常见问题

病案资料作为医疗活动信息的载体，在医疗损害赔偿纠纷中意义重大。从手写病历管理现状来看，有一部分医务人员对病案的管理意识及法律意识仍然比较淡薄，容易出现病历书写不规范、记录不及时、项目不完整、内容不真实等问题：①病案及处方等医疗文书上的字迹往往较难辨认，为医疗安全带来隐患，以致发生医疗纠纷时，医患双方对模糊字迹的不同理解和解释将导致双方矛盾加深，不利于合理、公正地解决纠纷；②记录不全、不及时，即时性较差，某些重要病案资料未能用最短的时间内完成，导致回忆偏差，不利于日后的举证；③病案资料丢失、缺少等现象常常发生；④容易被篡改，其真实性在发生医疗纠纷时往往遭受质疑；⑤未履行相应手续，患者和家属未签字以及实习医师记录上级医师未审查签字，名字写错、左右颠倒等问题。

随着现代社会的信息化、网络化快速发展，电子病案以其方便、快捷、资源共享、传递速度快等优点逐步代替了传统的手工书写病历，但也出现不少质量问题：①电子病案信息填写错误，空缺不填写的现象经常可见；②电子病案是通过文字处理软件按模板进行改写，同病种的病案有许多相似之处，因此拷贝问题严重，病案内容雷同时常发生；③漏签名、篡改等问题比较严重，使得电子病案的真实性受到质疑；④打印问题，即电子打印的病案字迹过浅甚至模糊不清，直接影响电子病案的真实性、准确性、完整性，使病案的内涵质量下降，严重者导致医疗纠纷；⑤在电子病案的输入、存储、传输以及利用的过程中，存在着丢失、窃取、病毒侵犯、人为破坏等安全隐患。

《医疗机构管理条例实施细则》第53条规定，医疗机构的门诊病历的保存期不得少于15年；住院病历的保存期不得少于30年。如果医疗机构在法定保存年限内将病历遗失、损毁，在发生医疗纠纷后，则有可能承担《侵权责任法》第55条第2款规定的举证不能的责任，法院可能推定医疗机构存在过错。

二、典型案例评析[1]

患者郑五，男，56岁，因腹痛伴呕吐咖啡色液体两天，于2010年9月的一天到上海某医院就诊，诊断为"上消化道出血、胃癌可能"而收住入院。患者入院经进一步检查确诊为胃癌晚期，一周后行胃癌根治手术。术后患者生命体征不稳定，检查提示腹腔内出血迹象，故在胃癌根治术次日行急诊剖腹探查术，术中见原手术创面渗血严重，腹腔积血约1000ml，予严密止血并输血。术后患者腹腔引流仍较多，出现凝血功能障碍，经血液科会诊考虑为"胃癌晚期，微血管病性溶血可能"（肿瘤转移所致）。患者于术后二十多天死亡，医院诊断死亡原因为多脏器功能衰竭，胃癌晚期。

患者死亡十多天后，患者家属到医院申请复印和封存病历资料，然后起诉至法院。原告在起诉状中称，在被告医院给患者行胃癌根治术时，患者处于低蛋白、严重贫血、凝血功能障碍状态，被告为患者手术违反手术禁忌。患者手术后随即出现腹腔内创面出血，是凝血功能障碍引起的，第二次手术同样违反手术禁忌。第二次手术后患者腹腔出血现象仍在继续，导致了患者死亡。原告认为患者死亡完全是由于被告违规手术造成的，故要求被告承担患者死亡的赔偿责任。被告认为患者确诊胃癌，且有明显出血症状，有手术指征，且手术前对手术的风险进行充分告知，因此被告不存在医疗过错，依法不应承担患者死亡的民事赔偿责任。

在法院审理过程中，被告向法院递交了已经封存的患者病历资料。病历资料拆封后，原告经反复仔细核对，发现医嘱中开出的有些化验、检查项目，在封存病历资料中没有相对应的报告单。对于封存病历资料中缺失的化验及检查报告单，被告从各有关科室的计算机存储中重新打印了一份递交法院，并解释相关的化验及检查结果临床医师当时已经知悉。但原告对被告在封存之后提交的病历资料的真实性不予认可。

本案发生在《侵权责任法》实施之后，原告认为被告部分病历资料未封存，对其真实性不予认可，应根据《侵权责任法》第58条规定

---

[1] 徐江："由病历缺陷引发的诉讼困境"，载《中国卫生人才》2013年第2期。

认定被告隐匿与医疗纠纷有关的病历资料直接判决被告承担医疗损害赔偿责任。被告认为原告在其诉状中分析被告的过错及与患者死亡因果关系的事实基础正是基于被告提供的病历资料,说明原告对被告提供的病历的真实性事实上是认可的,未封存的部分病历即便认定不具有真实性,但双方封存的病历可基本反映真实诊疗过程,本案完全满足鉴定条件,应该委托法定鉴定机构进行鉴定。

基于医疗行为的专业性,法官认为法院判断被告医疗行为是否侵权需要专家证言的帮助,于是委托某区医学会进行医疗损害鉴定。但某区医学会以病历资料不完整,真实性无法确定为由,认为不具备鉴定条件而不予受理。法院转送市级医学会鉴定,因原告坚持对未封存病历资料的真实性不予认可,市医学会遂中止鉴定。法官认为其无法明确未封存病历的真实性,撤回委托。

鉴定未能进行,法院无奈开庭审理。审理后法院认为,患方要求医院封存住院病历资料,除医患双方有特别约定外,医院应将患者的全部病历资料进行封存。本案中,因被告未能将全部病历资料封存,而原告对未封存部分病历资料的真实性存有异议,虽然经法院委托鉴定,但因鉴定材料真实性无法确定致本案医疗损害鉴定无法完成。本案系一起医疗损害赔偿纠纷,基于医疗行为的专业性,医疗损害鉴定结论是法院判断被告医疗行为是否侵权的重要的专家证言。综上,本案无法鉴定的法律后果应由被告承担。另患者自身疾病的转归亦是法院判定被告民事责任的考量因素。依据《侵权责任法》第16条、第54条,《民事诉讼法》第64条之规定,法院判决被告承担原告诉讼请求近百万元的60%,并由被告承担诉讼费、原告律师费等费用。

案例评析:

本案法官以医疗机构病历存在缺陷而无法鉴定为由,依职权判决其承担不利的诉讼后果,这样判案事实上是遵循过错推定归责和举证责任倒置的原则,但判决依据用的是《侵权责任法》第54条和《民事诉讼法》第64条,前者对被告的要求是"过错"而非"过错推定",后者说是"谁主张,谁举证",本案的判决理由与判决适用的法条出现了南辕北辙的状况。之所以会出现这样混乱的状况,原因在于本案本来就应该适用《侵权责任法》第58条的过错推定原则进行判决，但法官对存在缺陷病历的证据效力的认定无能为力，只好回避不提。在本案判决中可见法官对未封存病历的真实性不予认定，对经双方封存的大部分病历资料的真实性问题并未作出明确的认定。对缺陷病历的真实性问题予以回避是此类案件中大部分法官的做法，但要做到案结事了，对缺陷病历的证据效力问题就不能回避。

病历存在缺陷的医疗损害赔偿诉讼应该依据《侵权责任法》第58条来解决。但《侵权责任法》第58条用了"推定过错"字眼，这样的提法是属于归责原则的表述，还是事实推定的表述，在学界有多种不同的解读，对推定的具体内容，不同立场也有不同的理解。有的认为推定的是侵权构成要件中的"过错"要件，有的认为推定的是"过错损害"，即推定的是"侵权责任"，包含了整个侵权构成要件。对"推定"内涵的不同解读，影响到病历存在缺陷的医疗损害案件是否需要司法鉴定的判断。认为推定的是"责任"，自然就不需要鉴定人员介入，推定的是一个构成要件，鉴定就不可避免。本案中如果认定未封存的病历资料属于医疗机构隐匿或者拒绝提供且与医疗纠纷有关，如果推定的是"责任"，则法官可直接判决医疗机构承担赔偿责任而无须经过鉴定；如果推定的是"过错"要件，则还需对该过错与患者损害后果之间因果关系进行鉴定，这是本案被告坚持通过鉴定分清是非的法理基础。

如果认为病历存在缺陷的医疗损害仍然需要鉴定，那么鉴定机构选择的是医学会，则还有个值得注意的问题。就医学会鉴定而言，根据有关程序规定，受理之后才会组织医患双方抽签组成专家鉴定组，但实践中在专家确定之前是否受理或者病历缺陷是否影响鉴定进行就已经做出决定。一旦因病历缺陷不予受理或者中止，医疗机构就要承担妨碍举证的责任，如此医学会工作人员的决定事实上左右了案件的走向。在本案中就是原告向医学会的工作人员施加压力而促使其作出不予受理或者中止的决定。在病历存在缺陷的医疗损害赔偿诉讼中，法官委托鉴定其实是想听听鉴定专家的看法，笔者认为医学会工作人员无权作出不予受理或者中止鉴定的决定，应该按照程序抽取鉴定专家，由专家决定能否受理或者能否鉴定。

第七章

《侵权责任法》第 59 条

第一节 医学解读

《侵权责任法》第 59 条规定:"因药品、消毒药剂、医疗器械的缺陷,或者输入不合格的血液造成患者损害的,患者可以向生产者或者血液提供机构请求赔偿,也可以向医疗机构请求赔偿。患者向医疗机构请求赔偿的,医疗机构赔偿后,有权向负有责任的生产者或者血液提供机构追偿。"

本条规定了医疗产品损害责任。

一、不合格血液的认定

因输血造成损害,只有血液"不合格"时,血液提供者与医疗机构才承担责任。《侵权责任法》在规定第一类药品等典型的医疗产品责任时,使用了与第五章"产品责任"中同样的表述——"缺陷",而在界定血液致人损害的要件时使用了"不合格"这一表述方式,值得深思。考虑到血液的特殊性及其检验技术的局限性,若血液存在瑕疵即认定为"不合格",则显然对血液提供者及医疗机构不公平。此处的"不合格",实际上是指血液提供者及医疗机构对血液的瑕疵存在过错,也就是说,此处的"合格"表面上指向的是血液,实则根据血液提供者及医疗机构行为进行判断。首先,文义表述上,《侵权责任法》未采取与《产品质量法》及《侵权责任法》第59条前段关于药品等的"缺陷"的表述,可见二者并非相同。不合格的血液肯定是有缺陷的血液,但有缺陷的血液却并非一定是不合格的血液。

《医疗机构临床用血管理办法》第16条第1款规定:"医疗机构接收血站发送的血液后,应当对血袋标签进行核对。"紧接着,第2款规定:"血袋标签核对的主要内容是:①血站的名称;②献血编号或者条形码、血型;③血液品种;④采血日期及时间或者制备日期及时间;⑤有效期及时间;⑥储存条件。"第3款规定:"禁止将血袋标签不合格的血液入库。"对于血袋标签不合格但无法确定血液是否合格的情况,应该推定血液不合格。

血液质量的判断与一般产品缺陷的判断存在本质区别。血液质量的判断极大地依赖于检测技术的发展程度,不同的检验设备对于同样浓度的化学物质,检测为阳性的最低指标也不相同。供血者处于病毒感染的"窗口期"时,限于目前医学检测水平根本无法发现该血液的缺陷。最后,在实践中,只要血站及其医疗机构严格遵守《血站质量管理规范》、《血站实验室质量规范》、《临床输血技术规范》等要求,尽到其采集、加工、分装、储存、运输、检验等注意义务,即使未检测出血液成分中存在的有害成分,此种血液仍然被视为"合格"的血液。[1]因此,《侵权责任法》第59条对于血液损害责任,实际上采取了过错责任原则的立场,但从举证难易及方便受害人救济的角度,是否"合格"的举证责任,应当由血液提供者及医疗机构承担。立法机关人员在相关解释中也指出,当务之急,并非是输血感染责任谁承担的问题,而是应当尽快设立输血责任保险或者建立输血赔偿基金,由全社会分担输血损

---

〔1〕 刘鑫、张宝珠、陈特主编:《侵权责任法"医疗损害责任"条文深度解读与案例剖析》,人民军医出版社2010年版,第130页。

害的风险。才是解决这一问题的最有效方法。[1]在目前医学技术上无法完全避免漏检的情况下，强行要求对血液的无瑕疵负担保责任，很可能使血液提供机构提高价格以转嫁风险，从而损害更多患者的利益。

二、无过错输血的认定

无过错输血感染是指在输血的过程当中，血站和医疗机构均已经按照国家行政法规规定，严格规范操作，不存在故意或过失等主观过错的情况下，但由于血液"窗口期"和"漏检率"的客观必然存在，致使受血者感染其他疾病的损害后果属于无过错输血感染。

"窗口期"和"漏检率"不可避免性，为确保临床用血的安全，国家对血液采用了病毒抗原测试法技术手段进行筛选。理论上说，严格遵守血液采集和使用的各个环节的话，输入受血者体内的血液是安全的，但现实中，由于科学技术的局限性，导致血液具有"窗口期"和"漏检率"两种客观现象，使得血液的不安全因素始终存在。"窗口期"是指血液中客观地潜藏着的病毒细菌爆发需要经历一个过程或期限，一般是80到180天才显露原形。在病毒感染初期，依据现有血清检测病毒抗体技术，检测的结果是呈阴性反映。因此即便血液输入前或输入几天后便进行相关检测，也是发现不了问题的。不过即使检测不出病毒抗体，但输入受血者体内的血液中病毒已经存在，具有传染性。同时，我国关于血液病毒抗体诊断试剂的特异性和灵敏度没有达到100%准确率，只在95%左右，存在着5%的漏检可能，而不幸的是这5%漏检的血液有可能就是造成受血者的元凶之一。在现今医疗技术水平下，"窗口期"和"漏检率"不可避免，"绝对"的血液安全无法保证。当受血者被输入了处于"窗口期"或者"漏检率"的血液时，便会造成血液感染疾病传播。

对于无过错输血的法律责任，目前仍存在争议，当前，我国司法实践中倾向于适用公平原则来解决无过错输血感染的纠纷。

输血感染医疗事件中，采供血和医疗机构虽无过错，但输血感染医

---

[1] 王胜明主编：《〈中华人民共和国侵权责任法〉条文理解与立法背景》，人民法院出版社2010年版，第232页。

疗损害是客观存在的事实，根据《民法通则》公平原则也即第 132 条规定："当事人对造成的损害都没有过错的，可以根据实际情况，由当事人分担民事责任。"这是我国目前关于公平责任的概括性法律规定。法院在考虑当事人经济状况及受损害的程度来公平分担输血感染所受损失，即采供血机构和医疗机构对受血人的损失给予适当的经济补偿，但不是判决采供血机构和医疗机构承当"赔偿"责任。因为在无过错输血感染当中，医疗机构和患者双方均无过错，适用过错责任原则使患者全部承担起损害后果显然不公平，不利于患者合法权的保护。在法律依据上，我国《民法通则》第 132 条为无过错输血感染纠纷提供了法律依据。公平责任原则的立法精神在于在各方均无过错的情况下，它以公平为根本，以公平为价值判断标准。

三、药械缺陷的表现形式

药械产品的缺陷是指其不能提供对使用者所期待的治疗效果，存在可能危及人身安全的不合理危险。具体来说，表现为设计、制造、警示方面的缺陷。[1] ①设计缺陷是指在设计时在产品结构、配方等方面的错误导致当时未预期的本质上的不安全。设计缺陷一般难以预期，而且往往是导致存在潜在危险的根本因素。如目前药械产品在设计研发过程中因受科学技术条件、认知水平、工艺等因素的限制，往往存在着难以回避的设计缺陷，材料也不可避免地存在生物相容性、放射性、微生物污染、化学物质残留、降解等实际问题。②制造缺陷是指在制造过程中，因原材料、配件、工艺、程序等方面存在错误，导致制作成最终产品达不到应具备的性能标准、规格要求，或者不同于同一生产线上生产出的产品。在实践中大部分药械产品缺陷属于制造缺陷。由于此种缺陷发生在生产环节，因此，对生产过程的全程监管必须有强力的法律支持才能减少缺陷药品产生。而《药品管理法》和《医疗器械监督管理条例》中大多条文都是涉及注册与认证的，对整个生产过程只是笼统的规定了未按规定实施生产的相关罚则。由于药械产品生产过程复杂精细，以上罚则显然过于笼统，缺少相应全程监管的监督细则，可操作性不

---

[1] 王淑焕编著：《产品责任法教程》，中国政法大学出版社 1993 年版，第 69 页。

强。[1]③警示缺陷也叫经营缺陷或者营销缺陷，警示缺陷可分为两类：其一是在产品存在危险性的情况下未做出适当的说明或警告；其二是产品的设计和制作无问题，但由于缺乏必要的说明或警告而可能产生危险。如消过毒的一次性使用医疗器械包装都贴有警示标签——"如果包装开启或损坏请勿使用"，药品说明书上通常会注明该药品可预期的不良反应等。一般来说，产品缺陷的警示对象为最终使用者，那么对于药械产品，生产商是否要承担对医疗机构的警示义务呢？如果一件产品是为专业人员设计使用的，在普通专业人员一般应用知识范围内的与产品应用相随的风险，并不需要对专业人员做出警示。如果产品说明中包含的知识超越了普通专业人员一般应用知识范围以外，那么就有必要对产品做出特别说明。如在一起案件中，被告医院为患肝囊肿并感染的原告行经皮囊肿穿刺引流术，术中经引流管抽尽囊液后，常规操作注入无水酒精5ml，而透视复查时发现引流管已经断成三段，给患者造成了严重身体伤害。被告医院查看该类引流管的外包装及说明书时发现其外包装上并未有不能使用无水酒精的警示说明，只是在内包装（无菌层）的说明书上印有不能使用无水酒精的英文说明。依据国家药品监督管理局于2000年1月4日颁布的第30号令《医疗器械说明书管理规定》第7条："医疗器械说明书应使用国家语言文字工作委员会公布的规范化汉字，可以附加其他文种"，[2]在该案中，对英文说明书的认知超出了医学专业的一般应用知识范围，所以应当认定该引流管存在警示缺陷。

第二节 风险提示及临床工作建议

一、医疗机构自配制剂缺陷致害责任的法律适用

根据《药品管理法》第25条和《医疗机构药事管理暂行规定》第

---

[1] 李蓉蓉、杨悦："从缺陷药品立法空白看药品法的完善"，载《中国医药报》2009年4月25日。

[2] 田柯："一起涉及产品质量责任医疗纠纷案的解析"，载《中国介入影响与治疗学》2005年第1期。

32 条的规定，医疗机构应制定自配制剂质量标准，按照标准进行制剂原料和成品的质量检验。自配制剂合格的，凭医师处方在本医疗机构使用，不得在市场上销售；确属临床工作需要，经省级以上药品监督管理部门批准，方可在医疗机构之间调剂使用。因此，因医疗机构自配制剂缺陷致害的情形，包括"自配自用"和"自配他用"两种情形。在"自配自用"情形下，医疗机构自己承担产品责任，自无疑义。在"自配他用"情形中，配制制剂的医疗机构处于生产者的法律地位，应当依据《侵权责任法》第 43 条和第 59 条，承担医疗产品生产者的责任。

二、药品不良反应与药品缺陷

世界卫生组织对药品不良反应（adverse drug reactions，以下简称 ADR）的定义是："在预防治疗疾病或调节生理机能过程中，给予正常用法和用量的药品时所出现的有害的和与用药目的无关的反应。"我国《药品不良反应监测及报告管理办法》也作了同样的解释："药品不良反应主要是指合格药品在正常用法用量下出现的与用药目的无关的或意外的有害反应"。ADR 可以分为三种情况：药品常见且可预期的不良反应、药品常见且可预期之外的不良反应以及特异体质型药物过敏反应。ADR 不同程度地损害人体健康，甚至危害生命。人类历史上曾经发生了数起重大的药物不良反应事件，在诸如"万络"、"龙胆泻肝丸"、"拜斯亭"等一系列 ADR 事件中，受害人的生命健康权受到了严重的侵害。

由于药品的特殊性，必须容忍药品含有相当程度的危险存在，可以将此定义为"合理的危险"。对于人体一般可以接受的药品常见且可预期的不良反应和药品使用者个体差异造成的特异体质型药物过敏反应这两种情况的 ADR，都属于"合理的危险"。药品在这种情况下产生的社会整体效益远远大于其风险，因此不能将其归为药品缺陷。

对于药品不良反应的法律责任，笔者认为应按药品不良反应的类型以及《侵权责任法》第三章"不承担责任和减轻责任的情形"分别予以考虑。

药品常见且可预期的 ADR，比如药品生产者在药品说明书中明确了可能发生的 ADR，销售者和医疗机构也尽到了说明义务，而用药者没有按照说明使用药品造成了损害，或者 ADR 损害是用药者故意造成的，生产者、销售者和医疗机构可以不承担法律责任。

药品常见且可预期之外的 ADR 属于《侵权责任法》第59条所说的"缺陷"，合格药品在正常的用法、用量下发生了意外的、严重的不良反应侵害，依据该法第43条、第59条规定，药品侵权责任主体有药品生产者、销售者和医疗机构，被侵权人可以起诉药品生产者，也可以起诉销售者、医疗机构要求赔偿，甚至可以将生产者、销售者和医疗机构作为共同被告起诉，由其承担连带赔偿责任。上文提及的龙胆泻肝丸事件直到2005年，全国首位获偿者才胜诉获偿。现在，侵权责任法的实施，为受 ADR 侵害的用药者维权提供了强有力的武器。

此外，根据《侵权责任法》第五章产品责任的规定，如果发现药品不良反应应当报告而未报告的、未按规定报送或隐瞒药品不良反应资料的、擅自删除药品说明书中的不良反应记录的、药品使用说明书上应补充注明不良反应而未补充的，药品生产者、销售者和医疗机构要承担侵权责任甚至是惩罚性赔偿责任。

三、典型案例评析

齐二药亮甲霉素案[1]

2006年4月，位于广州市天河区的中山大学附属第三医院（以下简称"中山三院"）发现该院先后出现多例急性肾衰竭症状患者，而这些患者均使用了齐齐哈尔第二制药有限公司（以下简称"齐二药"）生产的亮菌甲素注射剂，因此初步断定该药物存在问题，随即停止使用该药并及时上报药品不良反应监测中心。2006年7月19日，国务院总理温家宝主持召开国务院常务会议，认定这次假药事件是一起因药品生产企业"齐二药"的采购和质量检验人员严重违规操作、使用假冒药用辅料制成假药投放市场并致人死亡的恶性案件。根据国家食品药品监督管理局通报，"齐二药"违反有关规定，将"二甘醇"冒充辅料"丙二醇"用于"亮菌甲素注射液"的生产，而二甘醇在病人体内氧化成草

---

[1] http://baike.health.ifeng.com/doc/16790

酸，导致肾功能急性衰竭。仅"中山三院"使用的亮菌甲素注射剂已造成14人死亡，其中11名受害人将"中山三院"、销售商"金蘅源"、"省医保"、生产商"齐二药"告上法院，索赔总额达2000万元左右。

2008年7月15日，广州市天河区人民法院判决赔偿金额为350万元，四被告承担连带责任。2008年12月10日，广州市中级人民法院做出维持原判的终审判决。关于本案医疗产品责任的认定，广州市天河区人民法院（2008）天法民一初字第3240号民事判决书认定，涉案药品亮菌甲素注射液属于假药，构成产品质量法规定的缺陷产品，并由此判决药品生产者及销售者依据《产品质量法》共同承担赔偿责任，广州市中级人民法院（2010）穗中法民一终字第1363号民事判决书亦肯定了该观点，并无争议。本案耐人寻味之处在于对医院责任的认定。二审法院通过被告"中山三院"有偿并加价向患者提供涉案假药亮菌甲素注射液的事实，认定其构成销售者，并与其他被告承担连带责任。

案例评析：

在"齐二药案"的影响下，《侵权责任法》（二审稿）专章规定的"医疗损害责任"中分两条分别规定了药品、消毒药剂、医疗器械的缺陷责任及其输入不合格血液的损害责任。其中第61条规定："因药品、消毒药剂、医疗器械的缺陷造成患者损害的，患者可以向医疗机构请求赔偿，也可以向生产者请求赔偿。医疗机构赔偿后，属于生产者等第三人责任的，有权向生产者等第三人追偿。"第62条规定："因输入不合格的血液造成患者损害的，患者可以向医疗机构请求赔偿，也可以向血液提供机构请求赔偿。医疗机构赔偿后，属于血液提供机构责任的，有权向血液提供机构追偿。"该条规定完全采纳了医疗机构的医疗产品销售者地位的意见，确定缺陷医疗产品生产者与医疗机构或者血液提供者承担不真正连带责任。基于我国医疗体制改革的现状，药品、消毒药剂、医疗器械等通常由医疗机构向患者提供并收取相应费用，因此在此类损害中，医院常常难逃干系，并常被认为是损害的来源。这种做法主要考虑了受害患者要求生产者或者血液提供机构赔偿可能存在的不便，因此要求医疗机构先行承担赔偿责任，体现了对受害者救济的优先考虑，但"齐二药案"的影响是重大的。该草案最终得到通过，在医疗产品的损害救济上,医患双方的博弈以偏重救济患者的理念获得了肯定而暂告段落。

在本案中,法院判决医疗机构与药品生产者、销售者承担连带责任。但该条规定的医疗产品责任形态与连带责任并不相同,这表现在此种责任大都存在终局责任者,中间责任人承担责任后,可以向最终责任人追偿。这符合不真正连带责任的一般规则。医疗机构或者医疗产品的销售者对缺陷的发生有过错的,应当承担终局责任,否则应当由医疗产品的生产者承担最终责任。

第八章
《侵权责任法》第60条

第一节 医学解读

《侵权责任法》第60条规定："患者有损害，因下列情形之一的，医疗机构不承担赔偿责任：（一）患者或者其近亲属不配合医疗机构进行符合诊疗规范的诊疗；（二）医务人员在抢救生命垂危的患者等紧急情况下已经尽到合理诊疗义务；（三）限于当时的医疗水平难以诊疗。前款第1项情形中，医疗机构及其医务人员也有过错的，应当承担相应的赔偿责任。"

本条规定了医疗机构不承担责任的三种特殊免责事由，即患方过错、紧急医疗救治和医疗水平限制。

一、何为患方过错

根据本条第1款第1项的规定，患者或其近亲属不配合医疗机构进行符合诊疗规范的诊疗，造成患者人身损害后果的，医疗机构不承担赔偿责任。患方过错，是受害人过错的一种特殊情形。患方过错，是指损害的发生或扩大不是由于行为人的过错，而是由于受害人的过错而引起或发生的。其原则是，如果受害人的过错是损害发生的唯一理由，构成免除责任的抗辩事由。在医疗实践中，如果是患者没有遵守医嘱，或患者的虚假回答导致误诊，或者患者延误治疗而导致损害的发生，医务人员可因此免责，但其前提条件是医务人员没有履行其注意义务。如果医务人员只具有轻微过失，亦构成免除责任的抗辩事由。

二、紧急医疗救治释义

根据本条第1款第2项的规定，医务人员在抢救生命垂危患者等紧急情况下已经尽到合理诊疗义务的，可以作为免责事由。紧急医疗救治，是紧急避险抗辩事由在医疗损害责任案件中的适用。在此情形下，医生的思维能力、判断能力和预见能力均低于正常情形是很正常的事实，所以其注意义务也应低于一般的医疗情形。根据《侵权责任法》的规定和紧急避险论，医疗行为构成紧急医疗救治须符合下列条件：患者存在生命危险紧急情况；紧急医疗措施应当限于当时别无选择、迫不得已；医方必须履行了及时、全面和必要的紧急救治义务，对损害的发生没有重大过失；对患者的损害应当控制在最小限度内，即紧急救治措施所导致的损害应当以挽救患者生命需要为界限。结合上述情况，如果医务人员已经尽到了在紧急救治情况下医务人员通常应尽的诊疗义务，医疗机构就不应当承担责任；否则即便是抢救生命垂危的患者，但医务人员未尽到紧急救治情况下医务人员应尽到的合理诊疗义务，医疗机构仍难以免除其赔偿责任[1]。

三、如何理解"当时的医疗水平限制"

当今医学技术已取得很大的发展，以往所谓的不治之症和医学难题逐步为现代医学所攻克，但是医疗技术和医学水平总是有局限性的。正因如此，限于当时的医疗水平难以诊疗的病症，医务人员无法治愈，就是正常的。《侵权责任法》第57条明确规定"当时的医疗水平"作为判断医疗过错的标准，而不是医学水平，因为医学水平是医学科学发展

---

[1] 王胜明：《中华人民共和国侵权责任法解读》，中国法制出版社2010年版，第298页。

的最高水准，医疗水平则是损害发生当时临床所能够达到的医疗技术水平。对此应当注意条文使用的"当时的医疗水平"与《侵权责任法》第57条规定的内容一致，在适用时，一定要与当时的医学科学水平相区别，不能采用当时的医学科学水平，也不能采用当时的医学科学技术水平作为标准。[1]这一免责事由的规定也是出于鼓励和促进医学科学发展的需要，考虑到广大患者利益以及整个医疗行业健康发展的需要，而在法律制度上有所平衡。

除《侵权责任法》第60条规定的三种情形外，还需要注意以下情况：[2]

在医疗活动中，由于患者病情异常或者患者体质特殊而发生医疗意外的医疗机构免责。因患者病情异常或者患者体质特殊而发生了不良后果，是否免除医疗机构的责任，不能一概而论。所谓构成医疗意外的，是指这种不良后果必须是医务人员难以预料和防范的，即医务人员已尽到注意义务仍不能避免发生损害后果的才能免除责任。而如果医务人员明知患者具有特殊体质却于治疗中不加预防而导致不良后果的，则不能免除医疗机构的责任，即不构成医疗意外。

因不可抗力造成不良后果的医疗机构免责。我国《民法通则》第153条规定："本法所称的不可抗力是指不能预见、不能避免并不可克服的客观情况。"不可抗力在大多数国家的合同法和债权法上都被承认为一种抗辩事由。我国《民法通则》第107条亦明确规定："因不可抗力不能履行合同或者造成他人损害的，不负民事责任，法律另有规定的除外。"因此在医疗活动中，因不可抗力给患者造成不良后果的，医疗机构不负赔偿责任。但应予注意的是医疗机构在援引不可抗力免责的时候，需要完全符合不可抗力的适用条件，不能够随意扩大不可抗力的适用范围。

本条第2款"前款第1项情形中，医疗机构及其医务人员也有过错的，应当承担相应的赔偿责任"是对混合过错责任的规定，指受害人的

---

[1] 杨立新：《中华人民共和国侵权责任法精解》，知识产权出版社2010年版，第250页。

[2] 岳远雷："侵权责任法视野下的医疗损害责任免责事由解读"，载《南京医科大学学报》2013年第4期。

过错仅仅是损害发生的一个实质性要素，加害人对此也存在过错，此时应根据双方过错比例分别承担责任。根据该条款规定，如果患方对于医疗机构符合诊疗规范的治疗不予配合，但同时医疗机构存在过失，如告知不充分、措施不得力、未尽相关检查，导致患者没有充分理解医方拟采取措施的作用和性质，从而拒绝接受相应的诊疗，这种情况下医疗机构仍应承担责任。

第二节　风险提示及临床工作建议

一、"患方不配合诊疗"的表现形式

1. 患方不同意医方建议，拒绝留观。虽然患者入院时的临床表现不是十分严重，但根据医生自己的临床经验，考虑到患者的病情存在一定的不确定性，存在加重或恶化的风险，要求患者留观，但患者执意离开医院，后病情加重造成不良后果。

2. 患方不同意医学建议，放弃治疗。由于患方对其疾病治疗前景不看好，对疾病治疗丧失信心，或者由于经济原因放弃治疗，具体表现为拒开处方、拒缴费、拒治疗。对于医疗机构而言，一般情况下不能擅自解除医疗合同，但患者可以单方面解除合同，可以终止治疗、放弃治疗、出院、转院。

3. 患方不同意医学建议，拒绝必要检查。此处的检查既包括仪器设备的检查，也包括意识的手法检查。患者基于自身感受或者经济考虑，对医师的检查建议予以拒绝，由此造成的不良后果，由患者承担。

4. 患方私自停药。药物有一定的不良反应，部分患者不遵从医嘱，没有按照要求服药，擅自减量甚至停药，从而对其疾病治疗造成负面影响。最终可能导致细菌耐药、疾病复发、肿瘤转移等严重后果。

5. 患方擅自拔出导管。部分患者在手术后需要在身上安插一些导管，有些患者感觉引流管碍事或者不适，擅自拔管。部分患者躁动中无意识拔管，看护家属没有及时告知医务人员，导致疾病恶化。

6. 患者不遵守医嘱，擅自进食。一些疾病在治疗过程中需要患者禁食，或者禁食某些食物。如糖尿病患者不能食用含糖高的食物。如果

患者不听从医务人员的建议，擅自使用此类药物，导致疾病加重，医疗机构不承担责任。

7. 患方未经医务人员同意，擅自外出。医疗机构为了对患者实施严格管理，通常要求患者签署《住院须知》，服从医院严格管理。如果患者未经允许外出，导致的疾病加重、外伤，医疗机构不应承担责任。

8. 患方不配合，没有设立陪护人员，造成患者摔伤、坠床、自杀。医疗机构的陪护制度，对需要特殊陪护的患者，应告知家属设立陪护人员的要求，签署《陪护风险告知书》，如果家属不设陪护，或者虽然设有陪护，但没有尽到相应责任，导致患者出现不良后果的，责任应由患方承担。

二、"患方不配合诊疗"的对策

尽管本条规定了患方不配合治疗的法律后果，但在实际工作中，往往伴有医疗机构不符合规范的诊疗，二者同时存在导致损害后果的发生，这要求医务人员在实际工作中，每一个诊疗环节均应严格要求，按照法律法规和诊疗规范的具体规定执行，保证其行为不存在过错。同时，一些医务人员在遇到患者不配合治疗时，会存在斗气心理，故意不予纠正，放任损害后果的发生，这是严格禁止的。临床上，如果发现患者有不配合治疗的倾向，应当加以重视，提高护理等级、上报医院并做好病历的书写工作，对于一些需要告知的事项，应严格书面签字流程，以保证证据的获取，为可能发生的纠纷做准备。

三、医疗紧急性的判断

所谓医疗紧急性，是指由于患者病情危急，医师诊疗时间仓促，对患者的病情无法进行详细的检查，导致医师的注意能力比平时降低的情况。在这样的特殊境况下，要求医师严格依据诊疗规范按部就班地实施诊疗，无疑会给患者带来严重的不利后果。时间就是生命，医师在紧急抢救患者的过程中，没有太多的思考时间，只能凭其学识和经验而采取相应诊治措施，即便这种临时措施事后被认为是不妥当的，只要医师已尽其能力范围内的注意义务，医疗紧急性便可成为"最重要的缓和注意义务的条件"。当然，医疗紧急性并非有意减轻医方的注意义务，而是仍以相同的注意义务作为判断标准，不过受紧急情况条件限制而无法达到平时的注意能力时，允许免除医师责任的承担。

对于医疗紧急性因素应考虑以下几种情况的处理：

1. 紧急情况下采用的诊疗方法即使未达到医疗水准或突破某些诊疗规范，也不能轻易认定存在过失。如儿童误吞异物卡于喉部，导致窒息。为及时取出异物，医师在地板上手术，用白酒消毒、普通刀片切开喉部，普通镊子钳出异物。上述手术治疗行为显然违反诊疗规范，但医师出于救治患者的利益需要，所采取的治疗行为虽未遵守操作规程，亦不应认定其存在过失[1]。

2. 医师对可能引起严重后果的原因事实或危险性很高的因素已尽其注意义务，或者对其能力范围内的事务已尽其注意义务，即便最终对患者的治疗未产生效果，也不应认定其存在过失。

3. 全科医师在紧急情况下对某些专业要求较高的疾病采取的诊疗措施合理与否应以普通全科医师在特定境况下的注意能力为判断基准，不应赋予其过高的注意义务。

四、典型案例评析[2]

2010年11月3日6点，某县级市最大医院（二级甲等）的急诊科来了一位42岁的男性病人，患者主诉"左腰腹部疼痛3小时"，医师简单查体记录"腹平软，无压痛，左肾轻叩痛"，拟诊"肾绞痛？尿路结石？"，给予"丙帕他莫针、654-2静脉点滴"；输液过程中家属反映疼痛加重，医师未给予查看。6点45分患者突发神志不清、口唇紫绀，查体：昏迷、心率45次/分、血压97/67mmHg、瞳孔散大、光反射消失，继之呼吸心跳停止，抢救无效于8点宣布死亡。

尸体解剖显示，患者升主动脉及主动脉弓巨大夹层动脉瘤，升主动脉夹层动脉瘤6.5cm×4cm×3cm，伴动脉瘤破裂大出血；主动脉弓夹层动脉瘤10cm×4cm×2cm，伴渗出性出血；三尖瓣周径11cm，二尖瓣

---

[1] 梅新、尹卓主编：《医疗纠纷损害赔偿案例精选》，法律出版社2005年版，第32页。

[2] 刘志勤："侵权责任法与医疗免责——'甬医鉴字[2011] 012号'鉴定结论解析"，载《中国农村卫生事业管理》2012年第7期。

周径9.5cm，主动脉瓣周径6.5cm，肺动脉瓣周径9cm；左心室壁厚2.1cm，右心室壁厚0.4cm；左右冠状动脉均显著粥样硬化达Ⅳ级，管壁显著增厚伴钙化，管腔高度狭窄，左冠状动脉狭窄程度95%，右冠状动脉已完全闭塞。

死因分析：升主动脉及主动脉弓巨大夹层动脉瘤破裂大出血，引起填塞心包以及冠状动脉粥样硬化伴心肌梗死，致急性心力衰竭死亡。

经市级医学会鉴定结论，一级甲等医疗事故，医疗机构承担轻微责任。认定医院承担责任的理由是："医方在诊疗过程中相关常规检查不全面（接诊未测血压、未做心电图），以及在家属反映病情加重时医师未及时到场检查，存在过失行为，与患者死亡之间也有一些因果关系。"

案例评析：

医务人员在患者入院时，病史询问不全面，未询问疼痛的性质、进展情况、有无放射痛，未询问有无泌尿系结石病史，未询问有无肾脏病、高血压、冠心病等病史。在体格检查时，未测量血压，未进行常规心肺检查，只对腹部进行了触诊，未进行任何化验和影像学检查。在患者疼痛性质不明情况下，直接给止痛，在输液过程中患者疼痛加剧未及时予以诊察。以上过错对误诊的发生存在一定的因果关系。误诊与治疗错误及延误存在因果关系。

但是，需要注意的是，该医院是二级甲等综合性医院，未开设大血管外科和心脏外科，对于主动脉瘤破裂不具有治疗能力。患者死亡与误诊、误治之间是否存在因果关系呢？患者6点来到医院急诊，6.45突发猝死，即便医生当时已经怀疑动脉瘤，留给他的诊断和抢救时间也十分有限。因医院无心脏及大血管外科、无大血管介入诊疗准入及技术能力，患者亦无转院机会、无外请专家来院救治机会。因此，患者在该医院死亡"难以避免"，即患者的死亡是其本身疾病极其严重并快速恶化和客观医疗条件共同作用的结果；况且，其病情快速进展并非用药错误而引发，也并非用药正确能够避免。所以，患者的死亡与值班医师的诊断、治疗错误不存在因果关系。

本案事发时值班医师的资质不具备识别不典型大动脉夹层破裂的能力，所在医院没有开设心脏及大血管外科、没有大血管介入诊疗的资质及能力，所在医院是当地规模最大、等级最高、技术水平最好的医院，所在医院距离对"升主动脉及主动脉弓巨大夹层动脉瘤破裂出血"有救治能力的医疗机构有2小时以上的车程，而病人到达医院35分钟之内发生心包填塞猝死。因此，本案完全符合《侵权责任法》第60条第1款第3项的免责规定。医疗机构及其医务人员均不应当承担法律责任，该医疗事故鉴定存在一定问题。

第九章

《侵权责任法》第 61 条

第一节 医学解读

《侵权责任法》第 61 条规定:"医疗机构及其医务人员应当按照规定填写并妥善保管住院志、医嘱单、检验报告、手术及麻醉记录、病理资料、护理记录、医疗费用等病历资料。患者要求查阅、复制前款规定的病历资料的,医疗机构应当提供。"

本条是关于病历书写、保存及患者查阅、复制病历的规定。

一、病历书写的基本规范

2010 年卫生部更新了《病历书写规范》,该规范也成为目前临床书写病历的基本依据。对《病历书写规范》的全面掌握,是消除医疗纠纷隐患、完善医疗证据采集的关键环节。

1. 病历的完整性[1]。包括记录项目的完整和记

---

[1] 徐丽芳:"从新法规谈病历书写的完善",载《解放军医院管理杂志》2011 年第 5 期。

录内容的完整。从病历首页、入院记录、病程记录、各项化验检查和特殊检查报告、医嘱单、体温单到出院记录等各记录项目不可缺漏；手术患者需有手术记录和麻醉记录、危重患者需有抢救记录、请求会诊的需有会诊记录、死亡患者需有死亡讨论记录；现病史应包括发病情况、主要症状特点及其发展变化情况、伴随症状、发病后诊疗经过和结果、与鉴别诊断有关的阳性或阴性资料、饮食睡眠等一般情况；既往史、个人史中容易被忽视的精神疾病史、输血史、药物食物过敏史、女性患者月经史等不可遗漏；体检不可遗漏重要的阳性体征和与鉴别诊断有关的阴性体征；关键性的化验及检查不可缺少，且须及时追踪报告单，如手术前、输血前必须作乙肝表面抗原、丙肝抗体、艾滋病抗体、梅毒抗体等检测，输血者必须有血型、血交配单、输血单等。

2. 记录的客观真实和准确性。病历是反映疾病发生、发展、诊断、治疗与转归的医学文书，具有一定的法律效应，不同于其他作品，必须客观、真实、准确，不可主观臆断，更不可编造。在实际工作中，容易出现询问病史时女性患者的月经史忘记询问，书写病历时随意编造；体检时肛门、外生殖器通常不检查而直接书写无异常；为了病历形式上的完整，编造上级医师查房记录；有时因粗心、笔误或拷贝病历，将"上、下、左、右"病变部位写错等。这些都使病历失去了真实性，甚至引发医疗纠纷。曾有案例：一女性患者因疑诊"病毒性脑炎"住某院一周出院，次日到另一医院做尿妊娠试验阳性，患者认为某院误诊。调阅住院病历，见月经史正常，而患者反映经治医师未询问月经史，其实患者入院时已停经40天，所谓正常月经史系医师编造。

3. 书写的规范性。《病历书写规范》对书写病历人员的资质、用笔、用语、审阅修改、记录内容都有规范要求。书写病历人员的资质：为经本医疗机构注册的医务人员。实习医务人员、试用期医务人员书写的病历，应当经过本医疗机构注册的医务人员审阅、修改并签名；入院记录、首次病程记录、出院记录必须由主治医师以上技术职称人员签字；疑难病例讨论、术前讨论、死亡病例讨论须由科主任或具有副主任医师以上专业技术任职资格的医师主持，记录具体讨论意见，并有主持人小结意见、主持人签名；手术记录须由手术者书写，特殊情况下由第一助手书写时应有手术者签名。上述签名不可代签。用笔规范：使用蓝黑墨水、碳素墨水，需复写的病历资料可以使用蓝或黑色油水的圆珠笔。门诊病历已不在可以使用圆珠笔书写的范围之内。用语规范：必须使用医学术语，不可用"肚子疼""拉稀"等非医学术语或"慢支""风心二狭"等不规范的诊断缩写。审阅修改规范：本人用蓝笔、上级医师修改用红笔，注明修改时间并签名。记录内容规范：如术前小结须有记录手术者术前亲自查看患者相关情况的内容；急诊留观记录须注明患者去向；病情较重、手术难度较大、新开展的手术和手术分级管理中的甲、乙类手术必须进行手术前讨论等。

4. 书写的时限性。《病历书写规范》更注重病历书写的时效性，要求从过去的日期精确到时分，对多项记录的时限作了明确规定。如要求门（急）诊病历及时完成，入院记录最迟于患者入院 24 小时内完成，首次病程记录应当在患者入院 8 小时内完成，主治医师首次查房录应当于患者入院 48 小时内完成，急会诊 10 分钟到场，手术记录应当在术后 24 小时内完成，出院记录或死亡记录应当在患者出院或死亡后 24 小时内完成，死亡病例讨论记录要在患者死亡一周内完成。另外，对急诊病历、危重患者病程记录、抢救记录、死亡记录等有关的时间要求具体到时分。上级医师修改、审阅下级医师书写病历必须在 72 小时内完成。危重患者应当根据病情变化随时书写病程记录，每天至少一次；对病重患者至少 2 天记一次病程记录；对病情稳定的患者至少 3 天记一次病程记录。江苏省第四版《病历书写规范》要求手术记录当班完成，出院记录、死亡记录及时完成。还要求新入院患者前 3 天、手术患者术后 3 天每天记一次病程记录，会诊当天、侵入性操作当天和次日、出院前一天或当天应有病程记录。根据《病历书写规范》，因抢救急危患者未能及时书写病历的，有关医务人员应当在抢救结束后 6 小时内据实补记，并注明抢救完成时间和补记时间。即使因医疗纠纷病历已被封存或被患者抢夺，医务人员有责任在规定时间内对抢救工作记录进行补记并妥善保管，其仍可以作为病历的一部分在医疗事件的鉴定中起到判断是否的作用。

二、患者对病历的知情权

《侵权责任法》第 60 条规定："医疗机构及其医务人员应当按照规

定填写并妥善保管住院志、医嘱单、检验报告、手术及麻醉记录、病理资料、护理记录、医疗费用等病历资料。患者要求查阅、复制前款规定的病历资料的，医疗机构应当提供。"对于上述规定，各界有不同的认识。其中一个核心的问题是，该条规定中的"等"字应作何种解释，这涉及长期以来颇具争议的一个问题，即患方是否可以查阅和复印主观性病历？或者说，患者是否享有病历完整的知情权？

一种意见认为，主观性病历资料多反映医务人员对患者疾病及其诊治情况的主观认识，不同的医生、病程的不同时期均可能出现不同结果，甚至出现相反的观点或意见，是供同行借鉴之用，不宜向患者公开，以免产生不必要的矛盾，且允许患者复印主观性病历不利于医生客观记录及修改病历。另一种意见则认为，主观性病历资料虽然多是医师对患者病情进行分析、诊断的思维过程的记录，但本质上是对医师遵循医学科学和规律进行分析、推理、判断的客观过程，具有一定的客观性。尤其是病程记录更是对患者诊疗记录过程的客观反映。笔者认为患者是否可以查阅、复印主观性病历，应该区分诉讼中与诉讼外两种情形。在医患双方发生争议时，为保障患者能够为解决争议、维护权益提供相应证据，应赋予患者查阅和复制主观性病历的权利。实践中，在发生纠纷后，患者要求复印医疗机构提交给法院的所有病历资料，法院通常予以准许。一些医疗机构对法院允许患者复印其提交给法院的所有病历的做法提出异议，认为按照《医疗事故处理条例》的规定，患者仅有权复印客观性病历，而无权复印主观性病历。应当说，医疗机构在这方面实际上存在着误解。依据《民事诉讼法》及《最高人民法院关于民事诉讼证据的若干规定》等相关司法解释的规定，医疗机构提交的所有病历资料均为证据材料，患者作为一方当事人有权了解对方提交的所有证据材料，当然也有权复印。

从《侵权责任法》第61条的表述看，立法者的本意应该是不允许患者查阅、复印主观性病历。普遍认为，医疗机构不应当允许患者查阅、复印主观性病历，只能复印客观病历，主观病历在存在争议时应予封存。也就是说，在疾病的治疗过程中，一方面对于患者主观性病历包含的内容可以通过医务人员告知来保障，另一方面也要保障医务人员不受干扰地就患者病情和治疗方案进行深入研究、讨论。所以在一般情况下可以不支持患者查阅和复制主观性病历的要求,其依据在于《医疗事故处理条例》第 16 条:"发生医疗事故争议时,死亡病例讨论记录、疑难病例讨论记录、上级医师查房记录、会诊意见、病程记录应当在医患双方在场的情况下封存和启封。封存的病历资料可以是复印件,由医疗机构保管。"奚晓明认为,在疾病的抢救、治疗过程中,特别是针对疑难病症,医务人员要各抒己见,如果不加以限制的查阅复制,可能会影响医生发表意见的积极性。[1]

但部分学者认为《侵权责任法》第 61 条的规定实际上应当是允许其复印所有的病历资料。如《侵权责任法司法解释讨论稿》第 106 条规定:"侵权责任法第 67 条规定的患者查阅、复制的病历资料,不仅包括住院志、医嘱单、检验报告、手术及麻醉记录、病理资料、护理记录、医疗费用等,还包括死亡病例讨论记录、疑难病例讨论记录、上级医师查房记录、会诊意见、病程记录等病历资料。医疗机构未尽《侵权责任法》第 67 条第 2 款规定的提供义务,应当适用第 55 条第 2 款规定确定侵权责任。"

因此,目前医疗机构按照《医疗事故处理条例》的规定执行是没有问题的,但是随着侵权责任法相关司法解释的出台,情况则可能发生变化。

第二节 风险提示及临床工作建议

一、加强病案管理,提高病历质量

1. 提高医务人员病案责任意识。病案是具有法律效力的证据之一,但病案应用于法律的有关问题一直没有引起人们足够的重视,相当数量的医务人员不了解自己所肩负的法律责任;自我保护意识差,病案质量意识淡薄,存在对病案质量不以为然的态度,随意涂改、记录不及时、内容不完整、不全面,严重影响病案在医疗纠纷司法鉴定中的应用效

---

[1] 奚晓明主编:《〈中华人民共和国侵权责任法〉条文理解与适用》,人民法院出版社 2011 年版,第 427 页。

果;还有些医务人员在病历工作中的行为与病案要求的客观性、真实性、完整性存在差距。所有这些都严重影响了病案的质量。随着《侵权责任法》的实施,病案质量的好坏直接影响医疗机构在医疗纠纷诉讼中的成败。因此,加强法制教育,举办学习班并提供学习资料请法律界人士授课,提高整体法律意识是提高医务人员病案责任意识的有效对策之一。[1]

2. 建立健全病案资料查阅、复制制度,杜绝"医源性"的病案遗失。病案遗失现象时有发生。常见有医生需要借阅旧病案时未及时归还。有些病人乘医护人员不注意,在出院时自行拿走病案;有些病人要求复印出院病历和检查单时,不能如数返还等,致使病案全部丢失或部分丢失,这些都增加病案管理工作难度。医疗机构在医疗纠纷司法鉴定中若不能提供病案资料违反《侵权责任法》第七章58条规定,即可推定医疗机构有过错。因此,加强病案管理必须按照有关法律法规的要求并结合单位实际,制定与病历的保管、查阅、复制利用相对应的可行性规章制度和有关提供服务的具体程序。对医生查阅、外借病案时必须填写《医务人员病案外借登记表》,并要求医生签名负责。对病人或者家属要求复制病案必须认真填写《病案复制登记表》,核对复制人的身份并保留身份证明文件的复印件、亲笔签名等。对非本人要求复制病案的必须确认代理人应持患者身份证、代理人身份证、患者签名及按有指印的委托书,并保留其有效的委托书以备查验,以免未经患者同意公开其病历资料造成侵犯患者的隐私权。

3. 提高病案管理人员的业务素质。病案管理人员工作的主要对象是病案资料,日常从事的工作是枯燥乏味的。因此,病案管理人员必须具备专心、细心、耐心的工作精神。如简单的编号问题,若工作疏忽,会造成入院病人编号混乱,一个病人多个编号,导致同一个病员住院病案存放在多处位置。对疾病编码错误会造成疾病归类混乱,影响医学统计效果。病案管理是一门与多学科相关的边缘性学科,面对的是内、外、妇、儿等各临床科及其他相关科室,其内容十分广泛,涉及医学、医院管理、档案管理、疾病分类、统计学、法律、计算机等多学科知识

---

[1] 梁一霞等:"病案书写中存在的若干问题",载《中国医院统计》2004年第11期。

和专业技能。这就要求病案管理者要具有较高的专业知识和其他相关知识，工作人员必须具备较丰富的医学知识，才能充分了解病案资料的内涵，及时将信息反馈到相关科室。提高自己的知识水平和管理能力。病案管理人员要积极参加上级部门的培训，及时掌握相关学科的动态，前缘专业技能。通过多种途径获得新知识、新理论、新技术；要接受新思想。只有这样才能管理好病案，提升医疗质量，减少医疗纠纷。[1]

4. 加强与临床医生沟通，相互促进《侵权责任法》的实施。由于实施了很长时间的"举证倒置"并没有根本的改变，病案质量的好坏就直接影响医疗机构在医疗纠纷诉讼的成败。病案可以反映出临床路径是否合理，医生的诊断是否及时准确，是否存在不合理用药、检查的情况，会诊是否及时而有效，功能检查科室的检查与出报告是否及时准确等。对手术期病历质量的监控，针对术前诊断是否明确、手术的适应证和禁忌证把握得是否恰当、术前准备是否到位、手术方案的决定者、手术分级管理的落实情况、手术方案的制定是否合理而先进、手术风险的应对预案是否可行、麻醉医师配合手术的能力等不同侧面进行查验，及时发现存在的不足并将有关信息反馈给相关医生，督促他们积极改进工作。

5. 加强病历质量控制。作为提高医疗护理质量的重要手段之一，病历质量控制长期以来一直受到各级医院的高度重视，其质控体系和方法也日渐完善。病历质量控制的目的是检查医疗规章制度、诊疗规范及操作常规的执行情况，反馈质量缺陷，保障医疗安全，提高医疗质量。病案管理人员作为病历质控的重要参与者在质控过程中注意信息反馈，加强对书写病历的医生本人的质控，使病历中的书写缺陷和反映出来的诊疗缺陷及时反馈到当事医生或科室。做好传统的单份病历质量评价，健全质量管理体系，综合评价病历书写的质量，病历缺陷发生指数、缺陷修改指数等指标，把病历质量缺陷的发生频度、当事医生对质控的参与程度纳入考评范围，加强医生的质控意识。做好病历质量控制的人性化管理，将"尊重和服务"的理念贯穿于质控全过程，充分调动临床

---

[1] 钟玉珍："侵权责任法实施后如何加强病案管理"，载《社区医学杂志》2010年第23期。

医务人员的主动性、积极性，自觉参与到病历质量管理中。

6. 病历档案要全面实现信息化管理。随着医学事业的发展，很多医院已实现或即将实现信息化管理，特别是网络技术的应用改变着传统的病案管理模式。但《侵权责任法》中并未明确规定电子病历可作为证据使用。因此，必须及时打印纸制病历并经相关医务人员签名。对与病案相关的电子信息要及时备份，以免造成不必要的丢失。将传统的纸质病案内容通过扫描手段转化为完全的电子化的病案管理模式，既可以提供电子储存、查询、统计、数据交换，又有效解决纸质病案保存的空间及安全问题。

二、典型案例评析[1]

1991年10月，患者孙某自觉右侧鼻塞，两个月后出现右侧面麻伴同侧视力减退、耳鸣，在当地医院CT检查怀疑"鼻咽癌"。1992年3月6日，孙某于北京市某医院就诊，当日门诊行鼻咽部活检，3月10日病理诊断"右鼻腔炎性肉芽组织"，但结合影像学检查，医生初步诊断："鼻咽癌，侵及右鼻腔，左颈淋巴结转移"。3月11日孙某入院治疗，EB病毒检查阳性，MRI检查报告："鼻咽恶性肿瘤伴双侧颈深淋巴结转移，副鼻窦炎症"，但孙某入院后进行的两次活检均未发现癌细胞。为争取治疗时间，主管医生征得孙某同意后，在没有病理学诊断支持的情况下，为孙某进行放射治疗。1992年4月2日，医院再次复阅鼻咽部病理切片，仍未发现癌细胞，遂停止放疗，准备安排孙某出院。但1992年4月15日，医院病理科将孙某的鼻咽隐窝组织腊块重新切片后，检查发现癌细胞，报告："（左咽隐窝）低分化癌"，遂告知孙某不能出院，次日继续放疗。1992年6月3日，放疗结束。

2006年12月25日，孙某因右眼失明、语言迟钝到该医院复查，诊断为"放射性脑病，放疗后遗症"。为进一步到专科医院治疗现有疾病，孙某申请复印病历，却发现其中缺少三份诊断阴性的病理报告单，当年门诊活检病理切片号被涂改，而且病历记载的确诊日期与病理报告

---

[1] 李冬："一起因病历书写瑕疵引发的医疗损害赔偿纠纷"，载《中国卫生人才》2011年第8期。

日期不符。孙某怀疑医院存在误诊，提出"鼻咽癌诊断依据不足，要求封存病历及病理资料"。

2008年6月，孙某以医疗损害赔偿纠纷为由，将北京市某医院起诉至北京市朝阳区人民法院。庭审中，法院根据被告北京市某医院的申请，委托北京市某鉴定中心就"现有病历资料是否真实、完整，对今后的医疗过错司法鉴定是否产生实质性影响；如认为现有病历资料对后续鉴定不产生实质性影响，则再鉴定被告北京市某医院对原告孙某的医疗行为有无过错；如果存在过错，是否与原告的损害后果之间存在因果关系以及具体参与度"进行司法鉴定。司法鉴定过程中，原告申请就被告提供的"发现鼻咽癌细胞"的病理切片中的组织标本是否为原告本人身体组织进行鉴定。但由于切片制成时间久远，组织含量少并且已经遭到化学试剂破坏，该鉴定无法进行。

2009年12月17日，北京市某鉴定中心出具了司法鉴定意见书，分析认为：①医方病理报告有缺失，病历资料不完整，存在瑕疵，但目前可以通过阅读原病理切片明确病理诊断，以确定当时是否存在误诊，故该瑕疵对双方争议的鉴定无实质性影响；②医方对患者孙某的诊疗行为未违反诊疗常规，无医疗过错；经组织专家对病理切片重新阅片，证实"鼻咽癌"诊断正确；③孙某的"放射性脑病"和放射治疗有关，但属于难以避免的并发症。

2010年3月12日，北京市朝阳区人民法院做出一审判决，驳回原告孙某的诉讼请求。

案例评析：

回顾本案例，在患者孙某入院之初，北京市某医院根据病史、临床检查以及影像学资料，已高度怀疑其患鼻咽癌，但最重要的诊断依据鼻咽部活检病理始终未发现癌细胞。该医院考虑肿瘤治疗的迫切性，在征得患者同意后，进行了放射治疗，符合诊疗常规，也尊重了患者的知情同意权。同时，在几次活检均未发现癌细胞的情况下，又对腊块进行重新切片阅片，也体现了该医院对患者负责的态度。

但是，该医院的病历书写却存在严重不足，如病程记录中的活检时间、次数前后矛盾；病理报告涂改明显，活检编号混乱，并且随意撤销病理报告，以上情况都违反了1982年《医院工作制度》中关于病历书写的相关规定，正是由于病历书写的瑕疵，导致患者对医院的治疗措施产生怀疑，进而将其起诉至法院。

卫生部2010年颁布的《病历书写基本规范》规定："病历是指医务人员在医疗活动过程中形成的文字、符号、图表、影像、切片等资料的总和，包括门（急）诊病历和住院病历。"病历书写是指医务人员通过问诊、查体、辅助检查、诊断、治疗、护理等医疗活动获得有关资料，并进行归纳、分析、整理形成医疗活动记录的行为。在临床工作中，许多医务人员都把工作重心放在科研、新技术学习和职称评定上，却忽视了病历书写，在发生医疗纠纷时，将医院置于举证不力的地位上。病历作为医疗活动信息的主要载体，详细记载了医疗活动过程中的病患体征、医疗措施以及治疗效果等客观情况，是反映当时情形的主要证据。正是由于病历的重要性，我国对病历的书写规范、保存、复印及封存均做出了详细规定。《病历书写基本规范》就规定，病历书写应当客观、真实、准确、及时、完整、规范。病历书写过程中出现错字时，应当用双线划在错字上，保留原记录清楚、可辨，并注明修改时间，修改人签名。不得采用刮、粘、涂等方法掩盖或去除原来的字迹。2002年卫生部颁布的《医疗机构病历管理规定》第5条规定，医疗机构应当严格病历管理，严禁任何人涂改、伪造、隐匿、销毁、抢夺、窃取病历。在2010年7月1日《侵权责任法》正式生效之前，我国对医院篡改、伪造、隐匿、销毁病历行为的法律责任没有明确规定，但从民法原理上来讲，如果医院存在以上行为，可以认为是销毁证据或制作伪证，如果因此导致案件事实无法查清，医院应当承担举证不能的责任。

司法实践中，对于病历真实性进行质证是医疗纠纷案件审理的第一步。如《北京市高级人民法院关于审理医疗损害赔偿纠纷案件若干问题的意见》就规定，当事人对病历资料及其他进行医疗鉴定所需的材料真实性、完整性有异议的，应当由人民法院先行组织双方当事人举证、质证。人民法院应根据举证、质证的具体情况进行审查，确有必要的，应告知当事人申请文件检验；当事人遗失、涂改、伪造、隐匿、销毁、抢夺病历，或以其他不正当手段改变病历资料的内容，导致医疗行为与损害后果之间的因果关系不明或有无过错无法认定的，应承担不利的诉讼后果。

同时，《北京市高级人民法院关于审理医疗损害赔偿纠纷案件若干问题的意见》还规定，病历确有涂改但当事人主张该涂改并不影响病历实质内容的，应对涂改不影响病历实质内容承担举证责任，人民法院也可以通过采取咨询专家等方法加以认定。具体到本案，法院首先要求鉴定中心明确现有病历资料是否真实、完整，对今后的医疗过错司法鉴定是否产生实质性影响，然后才启动医疗过错司法鉴定程序。而鉴定报告也认可医方病理报告有缺失，病历资料不完整、存在瑕疵，但该瑕疵对双方争议的鉴定无实质性影响。

《侵权责任法》对病历瑕疵问题作出了明确规定，具体见于第61条："医疗机构及其医务人员应当按照规定填写并妥善保管住院志、医嘱单、检验报告、手术及麻醉记录、病理资料、护理记录、医疗费用等病历资料。"第58条："患者有损害，因下列情形之一的，推定医疗机构有过错：（一）违反法律、行政法规、规章以及其他有关诊疗规范的规定；（二）隐匿或者拒绝提供与纠纷有关的病历资料；（三）伪造、篡改或者销毁病历资料。"当患者因医院的医疗行为构成损害，医院又存在《侵权责任法》第58条第3项之情形的，法官可以直接判定医院存在过错而承担侵权责任。但这时的过错并非侵权法意义上的医疗行为瑕疵，而是由于伪造、篡改或者销毁病历资料而导致的举证不能。

但是，对于何种情况可认为是"伪造、篡改或销毁病历"，司法界并没有统一认识。分析《侵权责任法》的用语，"伪造、篡改或销毁"应当表现为一种主观故意的违法行为，即行为人明知违法行为的后果而故意为之，与之相对应的是过失行为。实际工作中，病历的瑕疵可能由于以下几种原因出现：①医生书写笔误或疏忽大意；②医院对病历的管理不善导致病历损毁或丢失；③医生故意伪造或篡改病历。在这三种情形中，第一种不应属于《侵权责任法》第58条第3款规定的情形，而第二种和第三种，医院均应承担相应责任。但是，如何从现有病历资料推定医生存在这样的主观故意，并没有相关法律进行明确规定，从司法实践角度讲，需要法官通过"自由心证"来进行推定。笔者认为，如果医院提供的病历存在如下瑕疵，则可以认定其存在伪造、篡改或者销毁病历资料的主观故意：①病历书写明显违反了《病历书写基本规范》

的规定;②患者提供与医院所提供病历不一致的病历原件或复印件;③主观病历记载前后矛盾,且医院无法提出合理解释;④病历瑕疵对医疗过错司法鉴定构成实质性影响的。

综上,本案例原本是一起可以避免的医疗纠纷案件。正是医院的积极治疗,患者的鼻咽癌才得以治愈,但由于医生在书写病历时的疏忽大意,最终却导致医院与患者陷入一场旷日持久的诉讼当中,其间所反映的问题是值得我们认真思考的。

第十章

《侵权责任法》第62条

第一节 医学解读

《侵权责任法》第62条:"医疗机构及其医务人员应当对患者的隐私保密。泄露患者隐私或者未经患者同意公开其病历资料,造成患者损害的,应当承担侵权责任。"

本条是关于患者隐私权保护的规定。

一、患者隐私权的内容

关于隐私权的内容,学术界主要有三种不同的观点:第一,隐私权包括隐私隐瞒权、隐私利用权、隐私维护权和隐私支配权[1];第二,隐私权包括隐私自由权、隐私控制权、隐私利用权和隐私救济权;第三,隐私权包括隐私知悉权、隐私修改权、隐私保有权、隐

---

[1] 杨立新:《人身权法论》,人民法院出版社2006年版,第268页。

[2] 何勤华、戴永胜、刘桑:《民商法新论》,复旦大学出版社1999年版,第116~117页。

私使用权和隐私公开权[1]。第一种主张涵盖了隐私权的全部内容，从不同角度对隐私权的内容进行了全面而具体的概括。而患者隐私权是在就医过程中的权利，通常不涉及隐私利用权的问题，只包含隐私隐瞒权、隐私维护权和隐私支配权。

1. 隐私隐瞒权。加文森指出："当我们的隐私被非法的暴露于公众面前时，我们的自尊也被摧残了，我们与他人之间的关系也受到了损害，这就是法律为什么要保护隐私的原因。"[2]因此，患者也享有隐瞒自己隐私的权利。不过，如果患者行使隐私隐瞒权导致医生无法对疾病做出正确的判断，由此给患者造成的损害，医疗机构不承担赔偿责任。

2. 隐私维护权。隐私维护权是指患者对于自己的隐私所享有的维护其不可侵犯性，在受到非法侵害时可以寻求司法保护的权利。维护隐私的不可侵犯性，包括：①禁止医疗机构及其医务人员非法收集个人信息资料，传播个人资讯，非法利用个人情报；②禁止医疗机构及其医务人员干涉、非法搅扰其个人活动，但是，精神科的特殊性使得医务人员可以在治疗疾病的目的下，在医疗常规允许的范围内，对患者的个人活动进行干涉；③禁止医疗机构及其医务人员在没有得到患者许可的情况下，侵入患者的身体等私人领域。

3. 隐私支配权。近年来，隐私权的内容不断扩张，从强调个人属性与人身结合，转为强化对个人资料的保护，德国将其称为"控制自己资讯的权利"或"资讯自决权"。隐私权从传统的"个人生活安宁不受干扰"的消极权利演变成为具有积极意义的隐私支配权，表现为个人对私人事务和私人信息的控制和支配上。患者作为隐私权主体，可以准许医生知悉自己的身体秘密、接触自己的身体、了解其个人的经历与病情等。但是，人格权事关人的主体性、伦理性，它允许人对于客体与主体相互结合之一部进行处置，但是其对于具有非特定性的人的伦理价值之整体，不得抛弃、放弃。换言之，人格权的事实支配不妨碍人格权的继

---

[1] 郭卫华、常鹏翱：《人身权法典型判例研究》，人民法院出版社2002年版，第21~22页。

[2] 王利明：《人格权法研究》，中国人民大学出版社2005年版，第574~575页。

续存在[1]。患者为了治疗疾病而支配自己的隐私，不意味着对自己隐私权的抛弃，患者依然享有对这些隐私信息和内容的权利，医疗机构及其医务人员对这些隐私的保密义务也是基于此而来。

二、侵害患者隐私的具体行为

侵权责任法从立法层面上确立了对隐私权的直接保护原则，但是，对于患者隐私权的保护，《侵权责任法》第62条仅确认了患者的个人信息隐瞒权，并且是医疗机构已掌握的个人信息隐瞒权。此外，医疗机构和医务人员还应当尊重患者的其他隐私的隐瞒权和隐私维护权、隐私支配权，对于与治疗疾病无关的个人信息和私人领域不得刺探或侵入，这样才能更完整地保护患者的隐私权。

1. 合法掌握隐私的非法公开披露。为了治疗疾病的需要，患者需要把与疾病或治疗过程有关的个人信息、身体隐秘部位向医务人员公开，医疗机构及其医务人员对这些隐私的掌握是患者行使隐私支配权的结果。但是，患者将这部分隐私向医务人员公开，不表示对自己隐私权的放弃，医疗机构及其医务人员应当对该隐私保密，不得泄露或以其他方式侵害患者的隐私权。

2. 干涉、监视患者私人活动。患者可以依照自己的意志，从事或不从事与公共利益无关的私人活动，任何人不得干涉、监视。不过，在精神疾病医院里，患者失去了自知力，拒绝接受治疗，在服药过程中有藏药现象，医务人员可以在护理其吃药的过程中，监督其服药；或者对于部分有自杀、自伤倾向的抑郁症患者、有暴力倾向的精神分裂症患者，医疗机构及其医务人员为了其自身及其他患者、医务人员的人身安全，可以对他们的日常活动进行监控。

3. 侵入、窥视患者私人领域。患者的私人领域，包括身体和个人空间（病房）。为了治病，患者常常需要把身体尤其是隐秘部位暴露在医务人员面前，但是这种暴露是患者隐私支配权行使的体现，患者可以决定自己身体部位向哪些人员公开及公开的程度。因此，未经患者同意，实习医学生及其他人员观看体检或治疗过程的，构成对患者私人领

---

[1] 马俊驹：《人格和人格权理论讲稿》，法律出版社2009年版，第107页。

域的窥视。在治疗室、病房等安装监视器的行为，也构成对患者私人空间的侵入。

三、隐私权保护的免责事由

如同隐私权一样，患者隐私权也要受到一定的限制，这些限制便成为侵犯患者隐私权的免责事由，行为人得以免除侵权责任的承担。

1. 公共利益。"隐私权并不禁止公开任何涉及公众利益的问题。"[1]公共利益是不特定多数人的共同的合法利益，当患者个人的隐私权与公共利益发生冲突时，患者隐私权要受到一定的限制，为了公共利益而披露患者隐私具有其正当性，行为人应当被免于承担侵权责任。公共利益的范围非常广泛，但就患者隐私权而言，构成免责事由的一般包括公法上的限制、突发传染病的预防和控制、依法促进医学的进步等情形。

2. 患者同意。患者是其隐私权的权利主体，有权行使其隐私权。例如，当患者所患病症为极为罕见的疑难病症时，主治医师在征得患者同意后将病症在网上公布，以便向全世界寻求治疗方案。但是实习医生的身份并不能构成侵犯患者隐私权的免责事由，因为实习生并不具备医师资格，并不能享有医务人员的知情权；其能否顺利成为医师、能否促进医学的发展，还取决于诸多因素，因此其参与诊疗活动与公共利益的联系过于间接；而且实习医生在特定空间内查看、观摩甚至接触患者的身体，是对患者隐私权的一种直接的侵害，损害后果较为严重，因此实习医生在参与诊疗活动之前必须取得患者的同意，否则将构成对患者隐私权的侵犯。

第二节 风险提示及临床工作建议

一、患者隐私权的限制情形[2]

第一，患者生命健康权的保护与隐私权的限制。医疗行为的特性决

---

[1] 徐爱国编译：《哈佛法律评论·侵权法学精粹》，法律出版社2005年版，第25页。
[2] 艾尔肯："论患者隐私权"，载《法治研究》2009年第9期。

定了患者不得不放弃自己部分的隐私权。因为医疗行为的作用对象是人的身体，而患者的身体本身就是隐私。因此，没有一次医疗行为不是建立在"侵犯"患者隐私的基础上的。患者在治疗疾病时为了享受其基本的、重要的生命健康权而放弃了居于次要地位的隐私权，这也是符合权利实现的位阶理论的。疾病的诊疗行为本身就是建立在患者的隐私基础之上的，如患者的姓名、血型、症状、身体各部位的特征无不是患者的隐私。但是，患者为了能够更好地享受其根本性的权利即生命健康权，而不得不牺牲较为次要的隐私权。因此，对那些为实现诊疗疾病为目的而不得已利用患者的隐私而施行的诊疗行为，应当被认为是合法的行为。如在妇产科的诊疗活动中，虽然经常遇到患者羞于向男医师陈述病情或者忌讳男医师接生的情况，但只要患者接受了男医师的诊疗服务就必须放弃其隐私权。

第二，第三人合法权益的保护与患者隐私权的限制。一般而言，患者的自身健康状况是其自己的私事。但是，当患者的隐私可能影响到第三人的合法权益时，由于第三人享有相应的知情权，患者必须放弃其隐私权。具体说，患者的配偶、即将结婚的男女一方或其他利害关系人，如其所在的单位，对患者的健康状况享有知情权。为了保护第三人的合法权益，即为了保护第三人的知情权患者不得滥用其隐私权。例如，我国《婚姻法》第4条规定，夫妻双方互负忠实义务。在实践中将这一规定可以解释为，夫妻一方患有某种可能影响对方权益的疾病时，不能以隐私权为借口而不告知对方。如传染性疾病、精神性疾病、遗传性疾病、影响生育能力的疾病等。当然，知悉患者隐私信息的第三人不允许对该隐私进行传播。在此有必要提出的是，医方在获得了可能影响第三人利益的隐私信息后有没有权利和义务告知该第三人？笔者以为，我国法律没有明确规定医方有告知的义务，对该隐私信息具有披露义务的只能是患者本人。如果患者隐瞒隐私信息导致他人损害的，则由其本人承担相应法律责任。如某医院在为某女士体检时发现其HIV抗体阳性，遂告知陪同其来就诊的"家属"，后调查发现该"家属"实际上是患者的同事。该同事又将这一消息告诉了其他人。事后又确认医院的诊断结论是错误的，该患者遂以侵犯其隐私权为由向医方主张权利。如果医方没有告诉第三人，而是由其本人告诉了第三人并传播出去，那么医方无论如何也不承担侵权责任。

第三，社会公共利益的保护与患者隐私权的限制。隐私权本质是个人对与社会公共利益无关的个人信息、私人空间和领域所享有的权利。但是，当这些个人信息资料影响到社会公共利益时，该个人就不再享有隐私权。对患者隐私权的保护涉及对社会公共利益的保护时，必然要受到一定的限制。具体说，患者隐私权受到限制的此种情形主要有：一是患者所患疾病为法律规定的传染病。如患者所患疾病为非典型肺炎（SARS）或甲型H1N1流感等。我国《传染病防治法》第12条规定："在中华人民共和国领域内的一切单位和个人，必须接受疾病预防控制机构、医疗机构有关传染病的调查、检验、采集样本、隔离治疗等预防、控制措施，如实提供有关情况。"该法第69条还规定医疗机构应当依法将发现的传染病病情向疾病预防与控制机构和卫生行政部门报告，否则应当承担法律责任。如果患者所患是上述法律规定的疾病，医疗机构以保护社会公共利益为由依法有权处置，并向卫生行政部门报告，此时患者的隐私权就受到一定的限制。二是患者所患疾病为法律规定的职业病。如劳动者在职业活动中，因接触粉尘、放射性物质和其他有毒、有害物质等因素而引起的尘肺、职业中毒、职业性皮肤病等疾病。我国《职业病防治法》第43条规定："用人单位和医疗卫生机构发现职业病病人或者疑似职业病病人时，应当及时向所在地卫生行政部门报告。确诊为职业病的，用人单位还应当向所在地劳动保障行政部门报告。"该法第49条还规定："医疗卫生机构发现疑似职业病病人时，应当告知劳动者本人并及时通知用人单位。"这样规定的根本目的在于防止用人单位侵犯劳动者的合法权益，也是为了查清职业病的产生原因，以防止更严重后果的发生。这也是为公共利益的考虑而设计的。因此，患者出于某种特定原因不希望医方将其所患疾病告知有关部门和单位，如害怕被解雇等，但此时医方也不得违反法律规定的上述报告义务。三是患者所患伤病可能涉及刑事犯罪。我国《刑事诉讼法》第84条规定："任何单位和个人发现有犯罪事实或者犯罪嫌疑人，有权利也有义务向公安机关、人民检察院或者人民法院报案或者举报。"实践证明，医疗活动是发现犯罪行为的重要线索。为了保证打击犯罪的及时性和有效性，医方有义务更有权利了解患者可能涉及刑事犯罪的伤病情的产生过程，并根据实际情况向公安部门报告,而不应以保护隐私的名义隐瞒患者相关的伤病情况。

二、艾滋病患者的隐私保护

由于对艾滋病缺乏必要的了解,很多人把艾滋病看成是"洪水猛兽",把艾滋病感染者看作是"定时炸弹"。医务人员把艾滋病患者隐私泄露将导致其遭受歧视,盲目的"恐艾症",对艾滋病患者恐惧、歧视、孤立和遗弃的做法,使艾滋病患者在走投无路的情况下,产生了对社会的报复心理和行为,这不利于整个社会的稳定。[1]

对于艾滋病人的隐私保护,应当从以下两方面来看:

1. 艾滋病人隐私权的一般性保护。2006年颁布的《艾滋病防治条例》第39条规定,任何单位或个人都不得随意公开艾滋病病毒感染者、患者及其家属的个人信息等。所以,医务人员在对艾滋病病毒感染者或患者履行告知义务时,必须依照法律规定的程序进行。在没有得到患方同意的情况下,对艾滋病感染者或患者的任何信息都不能泄露。

首先,医疗机构及医务人员须为艾滋病病毒感染者和患者提供艾滋病防治咨询、诊断和治疗服务。医疗机构不得因就诊的病人是艾滋病病毒感染者或者艾滋病病人,推诿或者拒绝对其其他疾病进行治疗。

其次,医疗机构应将确诊为艾滋病病毒感染或发病的事实告知本人;本人为无行为能力人或者限制行为能力人的,应当告知其监护人。

最后,对卫生技术人员和在执行公务中可能感染艾滋病病毒的人员,政府及卫生部门应组织艾滋病防治知识和专业技能培训,有关单位应采取有效的卫生防护措施和医疗保健措施。医疗卫生机构和出入境检验检疫机构应严格遵守防护原则,执行操作规程和消毒管理制度,防止发生艾滋病医院感染和医源性感染。疾病预防控制机构应当按照属地管理的原则,对艾滋病病毒感染者和艾滋病病人进行医学随访,但对流行病学调查情况,未经本人或者监护人的同意,不得公开与个人具体身份有关的任何信息。

---

[1] 徐缓:"中国流动人口的艾滋病预防和控制",载《中国艾滋病性病防治》2007年第7期。

2. 当艾滋病人隐私权与其他人健康权发生冲突时的处理。根据《艾滋病防治条例》规定："艾滋病病毒感染者和艾滋病病人应当履行下列义务：……将感染或者发病的事实及时告知与其有性关系者。"而一些地方性的防艾条例也规定了艾滋病人和艾滋病毒感染者应将其病情告知与其亲密接触者。但这一条在实际工作中很难实现，笔者曾遇到过艾滋病患者要求不将其病情告知其妻子的案例。同时，《艾滋病防治条例》第42条规定："对确诊的艾滋病病毒感染者和艾滋病病人，医疗卫生机构的工作人员应当将其感染或者发病的事实告知本人；本人为无行为能力人或者限制行为能力人的，应当告知其监护人。"可见，我国法律规定了艾滋病人的隐私权，却没有对其亲密接触者的知情权作出规定。

目前，大多数医疗机构从救死扶伤的角度出发，违反保密义务，将艾滋病的隐私告之患者的性伴侣，即取救死扶伤的道德、法律义务而舍弃保护患者隐私的法律义务，这是当前我国预防艾滋病利益权衡的必然选择。这种观点逐渐被认可。如《云南艾滋病防治条例》第20条规定："医疗卫生机构应当将确诊的艾滋病检测结果告知本人，是未成年人的应当告知其父母或者监护人。艾滋病病毒感染者和艾滋病病人应当将感染艾滋病的事实及时告知其配偶或者性伴侣；如不告知的，其住所地的疾病预防控制机构有权告知其配偶。"《广西艾滋病防治条例》第30条也规定："艾滋病病毒感染者和艾滋病病人在得知阳性结果后一个月内应当将感染状况告知配偶或者与其有性关系者，或者委托疾病预防控制机构代为告知其配偶或者与其有性关系者；艾滋病病毒感染者和艾滋病病人不告知或者不委托告知的，疾病预防控制机构有权告知其配偶或者与其有性关系者，并提供医学指导。"可见，当艾滋病人的个人隐私与他人健康权发生冲突时，前者应当作出让渡。

对于有检测能力，但没有确诊权力的基层医院，一旦发现艾滋病人，笔者建议选择如下折中方案：①其诊断及病情，均属于患者个人隐私，不应向其他人及其亲密接触者披露；②对其亲密接触者，应当告知性生活的安全防护措施；③及时上报，由具有诊断权的疾病预防控制中心作出最后诊断。

三、典型案例评析[1]

2003年8月13日,梁女士在山东省某医院被诊断为早孕。9月2日上午,在男朋友初某陪同下到该院做无痛人工流产手术。手术中,医院组织了八九名医学院的实习生,对手术过程进行了教学观摩。这些实习生进出手术室时,在门口等待的初某就此向值班医生提出质疑,被告知已征得梁女士同意。下午手术结束后,初某问梁女士是否同意过,梁女士说从没有同意过。梁女士认为,医院的行为违反了社会公德和职业道德,严重侵犯了其隐私权,给自己造成了极大的精神压力,于是向法院起诉,要求医院赔礼道歉,并赔偿医疗费、交通费和精神损害抚慰金等20万元。

医院辩称,该院是医学教学医院,教实习医生是该院的工作,法律法规也不禁止实习医生做这样的见习。梁女士到医院就医,就被视为接受了该院的医疗方式,况且她对此并没有异议,还口头同意了。本案是名誉权纠纷,梁女士提到的隐私权法律只是间接地保护。医院对梁女士的检查和治疗是严格保密的,外人无法知晓,所以并没有侵犯原告的名誉权。

法院认为,双方争议焦点集中在以下两点:医院组织教学观摩活动是否经过患者同意;医院的行为是否侵犯了患者的隐私权。

根据患者提供的门诊病历,其中对是否同意教学观摩之事并无记载,而原告在手术中呈睡眠状态,并不能应答。院方虽提交了两位医生证明患者同意观摩的证言,但并没有书面记录,故应认定医院组织教学观摩活动没有取得患者的同意。

关于是否构成隐私权,法院认为,凡涉及个人生活秘密,公民不愿公开而又无害于社会利益、不违反法律的一切信息均属于隐私的内容。公民的隐私权是否被侵害取决于是否得到公民的同意。妇女的人工流产属于个人秘密,医院将原告的人工流产过程暴露于与手术无关的人员,应当认定为构成对其隐私权的侵犯。虽然医院医学教学活动具有一定的公益性质,但该活动不能以牺牲患者的隐私权为代价。如果医生对患者

---

[1] "尊重患者的隐私权",参见 http://www.fabang.com/a/20110210/235785.html.

的隐私可以没有顾忌，患者的隐私权在医院就得不到尊重和保护，这样一来，势必会给患者造成精神上的伤害。

因此，法院判决医院赔偿原告梁女士精神损害抚慰金1万元，但驳回医疗费和交通费的诉讼请求。

案例评析：

隐私权是人格权的一种，属于民事权利。分析本案，医院存在侵犯患者隐私权的行为。首先，患者的身体属于我国法律规定的隐私权的保护对象，不经患者本人同意，任何人均不能侵犯。本案中主管医生在明知当事人不同意的情况下，仍然向实习生介绍患者的身体，存在侵犯隐私权的行为。其次，患者虽然没有财产损失，也没有给她带来身体上的痛苦，但是造成了患者的精神痛苦。特别是在主管医生向实习生带教的过程中，夹杂着实习生的笑声，无疑给患者带来精神上的难堪和痛苦，这些足以构成损害。如果主管医生尊重患者的意见，就不会导致患者的精神痛苦。因此，侵犯隐私权的行为与损害之间存在因果关系，医院的行为符合侵犯隐私权的法定要件，应当认定侵权行为成立。

对于本案，作为医学教育工作者值得反思——医院的教学任务是否能使侵犯隐私权合理化、合法化？本案中，主管医生的行为属于侵犯隐私权的行为，这是没有疑问的。但是，医学生肩负着对患者的健康甚至生命负责的重大使命，因此，医学教育临床实践是医学教育至关重要、必不可少的环节。本案中提及的医学生观摩手术是临床实践中的常见教学手段，但是观摩涉及患者知情权和隐私权的维护，必须妥善处理，医院的带教义务并不能使其侵犯隐私权的行为合法、合理化，临床带教教师和指导医师应当牢固确立教学意识，增强医患沟通观念，积极说服相关患者配合医学教育活动，不得损害患者的合法权益，在手术前，获得其书面同意，可以避免医疗纠纷的发生。

实践中，一些教学医院在患者入院时即与其签订书面告知，内容为："本院是教学医院，入院病人都有可能在教学工作中作为观摩、见习的对象，望予以合作。"如果患者拒绝接受，则不予办理入院手续。这实际上以患者入院接受治疗为条件，强迫其放弃个人隐私，在法律上存在相当大的风险，效力亦不会得到认可。

第十一章
《侵权责任法》第63条

第一节 医学解读

《侵权责任法》第63条规定:"医疗机构及其医务人员不得违反诊疗规范实施不必要的检查。"

本条是关于禁止过度医疗的条款。

一、广义的"过度医疗"

过度医疗行为是医疗机构及其医务人员在检查、诊疗、保健等过程中,违反法律法规、医学规范,或者超出依照当时医疗水平治愈、缓解疾病的实际需要,故意或者过失实施超过应有限度的医疗活动而造成患者财产或精神损害的医疗侵权行为。具体包括过度检查、过度治疗和过度保健三种形式。

1. 过度检查。"过度检查"这一概念首次在规范性文件中出现,是在2006年卫生部联合国家中医药管理局制定的《关于建立健全防控医药购销领域商业贿赂长效机制的工作方案》中。过度检查行为,是指医疗机构或者医务人员,违反基本诊疗规范,采取与所患疾病无关的、不必要的诊疗检查。[1]过度检查主要有三种体现：一是，根据病症不需做的检查，医务人员却要求患者检查（例如患者仅表示眼部不适，医务人员却让其做全身检查）；二是，根据病症本可以用简单的检查项目达到诊断目的，却用过程复杂、价格高昂的诊疗技术替代之（最典型的就是将 X 光检查肆意升级至 CT 乃至核磁共振）；三是，重复检查（这种现象很普遍，医疗机构间互不承认对方的检查结果，患者转院后必须重新做一遍检查）。

2. 过度治疗。过度治疗，是指医疗机构或者医务人员，违反基本诊疗规范，在对患者的治疗阶段实施了多余、无效、甚至是对患者身体有损伤的治疗方式。其主要表现为过度用药和过度手术。在用药环节上，一些医务人员有时放弃价格低廉的国产药品而让患者服用昂贵的进口药品，而实际上，两种药物的效果是相差无几的。还有一些医务人员不严格按照诊疗规范进行用药，小病用大药、滥用药，尤其是对抗生素的滥用最为普遍。在手术环节上，一些医务人员同样不能按需动刀，小病小恙也要找各种理由实施手术治疗。例如心血管介入手术中的支架搭桥技术就被使用在一些本可以依靠药物治愈的患者身上。过度治疗的危害性是昭然若揭的。不仅表现在对患者财产上的侵害，更表现在对其身体上的损伤。身体表面无辜的刀疤影响了美观，滥用抗生素所产生的超级细菌更是会危及生命。

3. 过度保健。保健，本不应当归属于普通的医疗行为范畴。但随着人们生活水平的日益提高，对日常卫生保健的逐步重视，外加医疗机构提供一定范围内的保健药品的现状，保健则成为医疗中不可或缺的一部分。在这个环境下，有些医疗机构及其医务人员为了更多的收益，便会向就诊患者推荐各种保健品。正因为保健药品本身所具有的长效性、缓慢性以及低毒性，他们就更加肆无忌惮地向患者开出此类药品。虽然患者在身体上受到的损害很微弱，但由此所支出的不必要费用却是一笔不小的数目。

---

[1] 奚晓明：《最高人民法院法官阐释侵权法疑难问题》，中国法制出版社 2010 年版，第 204 页。

第十一章 《侵权责任法》第 63 条

二、关于本条的理解要点

1. "过度检查"仅限于检查环节。《侵权责任法》第 63 条规定："医疗机构及其医务人员不得违反诊疗规范实施不必要的检查。"那么，什么是"过度检查"呢？医疗行为包括检查、诊断、治疗方法选择、治疗措施执行、病情发展过程追踪以及术后护理等诸多方面，其中，检查仅是医疗行为诸环节中的一个。因此，在理解和适用该法条的时候，必须注意该法条的适用范围仅限于"检查"环节，即医疗机构及医务人员在患者入院后对病情进行检验筛查的过程，包括患者从入院到出院诊疗过程中的各种检查项目。如果其他环节存在不必要的诊疗问题，依据《侵权责任法》的规定还不能得到救济。

例如，患儿王某，因玩耍的过程中误吞一根小笔头，其家长将其送到医院。诊治过程中，患儿接受了 200 多项的检查，包括艾滋、梅毒、类风湿等项目，最终得出结论就是腹腔有异物。此外，该院还按照最高护理等级对王某进行护理，结果王家花费的医疗费高达 7000 多元。其实，王某的家长在入院时主诉孩子玩耍吞食笔头，医生进行艾滋、梅毒、类风湿等项目检查显属不必要，依照上述规定该检查行为就可以认定为过度检查侵权。对王某按照最高护理等级进行护理，虽然也属不必要，但是不能依据上述规定追究过度护理的责任。

2. 不能以其他医院类比认定"过度"。医院的检查行为属于医疗技术专业行为，对于医疗"过度检查"行为的认定，应当通过医疗专家咨询等方式确定，其中，鉴定或咨询认定是否构成过度检查的标准为医疗卫生管理法律、行政法规、卫生部门规章、检验筛查操作规程、常规等确立的诊疗规范。即有检验筛查方面的法律法规及规定的，依从这些规定；没有规定，按照同类病情的医疗常规、惯例作为判断标准。只要医疗机构及其医务人员违反上述诊疗规范及诊疗常规对患者当前的病情实施超过上述规范及常规之外的检查，均可认定为"过度检查"。患者不能以某家医院的检查范围为标准衡量其他医院的检查行为是否存在过度检查。

例如，患者李某最近在某妇产医院生下一名女婴，为了检查该女婴的健康状况，李某在该保健院选择了该院的 A 类检查套餐，在 79 小时内做了 189 项检查，花费了巨额的套餐检查费用。其后，李某在其他大医院了解到做同类的套餐检查，没有这么多检查项目，也不用花费这么多检查费用，于是李某认为该保健院对其孩子进行了过度的套餐检查，要求该保健院退还其检查费用。本案中，李某认定保健院过度检查的参照标准为某大医院，而非法定的诊疗规范或相关诊疗常规，因此李某认定的方法和标准是有误的。

第二节　风险提示及临床工作建议

一、过度检查与防御性医疗

防御性医疗是指医生在诊疗疾病的过程中为避免医疗风险和医疗诉讼而采取的防范性医疗措施。它并非为治愈或者缓解疾病本身所需要，而是为构造一个防御体系，以应付潜在的医疗诉讼。[1]

防御性医疗主要分为两种——主动防御性医疗与被动防御性医疗。主动防御性医疗是医务人员为避免一般医疗风险而积极地对患者实施各种检查与治疗，这些检查与治疗往往是超过患者所需而仅为可能的诉讼提供证据的。被动防御性医疗是在医务人员面对危重病人时，为避免一些医疗措施给患者生命健康带来的巨大风险，而拒绝为患者实施手术等医疗措施的行为。由此可以判断，被动防御性医疗行为不可能是过度医疗行为，因为不实施医疗措施显然不会出现"过度"行为，并且保护患者生命健康也是主观上的正当目的。而主动防御性医疗行为是否属于过度医疗行为，笔者认为存在争议。普遍认为，过度医疗行为应以医疗机构及其医务人员为获取经济利益为目的。这种主观的趋利心理的确会导致一定程度的过度医疗，却不是唯一的原因。由于医务人员在为患者实施检查、诊断、治疗过程中或多或少会存在失误的风险，同样的趋利避害心态则会导致他们尽力将这种风险降至最低，于是只能以更多的检查项目、更高档的药品使用等手段去实现。最终，这些负担都加载于患者的身上。过度医疗概念的出现，就是为了保护患者在面对高度专业化

---

[1] 王安富："论过度医疗侵权行为及其法律规制"，载《法学论坛》2012 年第 4 期。

的医学问题上不受损害。

笔者认为,如果从保护患者财产权角度上来考虑,以增加检查、治疗项目等为内容的"防御性医疗"确实应当加以制约。但在此前提下,对医疗机构这种行为的要求不应过于苛刻,主管部门可以通过规范诊疗行为、完善保险制度等方法予以引导,但不应给予过度严格的限制及制裁。

对比"防御性医疗"和为追求经济利益而进行的过度医疗,可以发现二者之间存在明显差异。从主观方面来看,医务人员实施"防御性医疗",其主要目的并非为获得不正当利益,而是为了尽可能多获取检查及处置资料,在可能发生的诉讼中进行自我保护,是一种主动收集证据的过程;而为追求经济利益而实施的过度医疗行为,存在非法占有的主观故意,其主观恶性程度要远远高于前者。从具体行为来看,"防御性医疗"虽然表现为额外开具检查及治疗项目,但这些治疗项目并非与患者病情无关,医疗机构并未违反与患者之间医疗服务合同中约定的义务,也不能认为医务人员未尽足够注意义务;为追求经济利益实施的过度医疗,则与患者病情不具有明显相关性,违反了双方医疗服务合同的约定,明显侵犯患者财产权及知情同意权。从行为后果来看,"防御性医疗"虽然在一定程度上增加了患者的医疗费用支出,但也促使医生完善相关检查,全面了解病情,为制定和实施医疗方案提供依据;出于经济目的而进行的过度医疗则并无此作用。

如果对医疗机构和医务人员的诊疗行为要求过高,或者对"防御性医疗"的限制过于严格,则很容易打击医务人员工作积极性,影响患者的进一步治疗,甚至有可能导致另外一种"防御性医疗"情形的出现:医疗机构为规避诉讼风险,拒绝接受高危患者及实施高度危险手术,或者将高危患者不合理地转院,这必然会导致医学技术发展的停滞和医生执业水平的下降,最终受到伤害的仍是广大患者。

因此,笔者认为,对待"防御性医疗"和为获得经济利益而进行的过度医疗,不能一概而论,对于前者,应当加以引导和制约,对于后者则应严格制止。

二、过度检查的标准问题

区分过度检查还是适度检查,标准应当是客观的,应以诊疗护理规范为准。如临床输血技术规范、感染管理规范、临床诊疗指南等。适度检查应综合考虑以下几方面因素:①符合患者实际需求的;②疗效是最好的,既非过,又非不及;③经济耗费是最小的;④对患者的侵害性最低、无伤害或者伤害最小;⑤便捷的。如果双方有约定,如一些套餐性检查,那么,适度检查就是依约检查,但是约定不能违反公序良俗,也不能违反法律的强制性规定。

三、典型案例评析

哈尔滨天价医药费案[1]

74岁的翁文辉生前是哈尔滨市一所中学的离休教师。2004年,被诊断患上了恶性淋巴瘤。2005年6月1号,他被送进了哈尔滨医科大学第二附属医院的心外科重症监护室。

老人住院67天,住院费用总计139.7万元。病人家属又在医生建议下,自己花钱买了400多万元的药品交给医院,作为抢救急用,合计耗资达550万元。高昂的医药费并未能挽回病人的生命。

该案件经曝光后,震惊全国,经中纪委、卫生部联合调查,患者住院68天,花费132万,违规收费20万,医院存在的问题是管理混乱、涂改病历、分解收费,当初媒体热炒的"1天100多瓶盐水,输94次血",是血液过滤和透析的,是合理的。

最终的调查处理意见如下:哈医大二院在治疗患者翁某的过程中主要存在以下问题:一是,违反规定乱收费,通过自立项目、分解项目、超标准收费、重复收费等手段,多收医疗费用20.7万余元;二是,心外科ICU主任于玲范为掩盖违规计费和医疗过程中的问题,伪造并组织有关医护人员违反规定大量涂改翁某的医疗文书;三是,部分科室管理混乱,相关职能科室监管不力,心外科ICU存在医嘱、特护记录、收费

---

[1] "哈尔滨天价医疗费案调查",参见 http://news.sohu.com/s2005/05tjyf.shtml。

单中药品数量互不相符和部分医嘱单非医师本人签字的现象,使用未经国家审批的进口药品,对自购药品没有与患者家属之间的交接、核对及退药手续;物价科、医务科没有认真履行相应的监管职责;四是,对患者家属的投诉采取的措施不力,处置不当,造成了恶劣的社会影响。

有关方面决定,给予哈医大二院院长、党委委员张岂凡,党委书记王国良,党委副书记、纪委书记杨慧撤销职务处分;给予副院长王太和、谭文华行政记大过处分;给予心外科ICU主任于玲范撤销心外科ICU主任职务处分,并吊销其医师执业证书;给予心外科ICU护士长郭晓霞、物价科科长高松、医务科副科长王璟璐撤销职务处分。对其他医护人员的违纪违规问题,由有关部门分别做出处理。对哈医大二院给予中止三级甲等医院称号一年的处理,限期进行整改,以观后效。责成医院向患者家属退还违规收取的费用并向患者家属赔礼道歉。哈尔滨医科大学、黑龙江省卫生厅对哈医大二院监管不力,责令其写出深刻检查。

案例评析:

1. 事件产生的原因分析。[1]

(1) 医疗服务准公共产品地位的丧失。在计划经济时期,医疗服务是作为准公共产品出现的,政府承担医疗机构的固定资产、流动资产投资,患者在医疗机构接受治疗只需支付少量的费用。医疗机构的一切收支均由国家按标准核定,对医院和医务人员来说,多收病人费用得不到任何利益。在这种情况下,医院和医护人员不存在多收病人费用的动机。然而,随着我国经济体制的逐步转轨,国家对医疗机构的资金投入越来越少,医疗机构的经营性加强、福利性变弱,医疗服务逐步由准公共产品变为私人产品。医疗机构的发展、医务人员的收入与医疗收入的高低有着密切关系,医疗机构加收、多收患者医疗费用的动机开始凸现。

(2) 公立医疗机构的高度垄断。目前,我国民营医疗机构虽然迅速发展,但无论从数量上,还是从技术上与公立医疗机构(国家投资兴办)相比,都有很大差距。公立医疗机构在医疗市场上,处于绝对垄断

---

[1] 陈跃东:"天价医药费事件产生的原因分析",载《卫生经济研究》2008年第2期。

地位。一是垄断具有地域性。我国的医疗机构设置标准是村设一所卫生室，乡镇设一所卫生院，县设一至二所综合医院，这对处于某一地区的理性患者（消费者）来说，选择是十分有限的，只能选择最近的具有所患疾病诊治能力的医疗机构，如果选择其他地域医疗机构，就会增加交通费等就医成本。二是垄断具有技术性。医疗卫生是一个专业性、技术性极强的行业，其他资本进入后在短时间内很难具有竞争力，况且医疗水平的提高是需要经验和时间的。在某一区域，一些疑难重症只有个别医疗机构具有救治能力，患者别无选择，如果在没有价格管制和了解患者全部信息的情况下（如了解患者的财富、救治愿望等），医疗机构可以获取患者的全部消费者剩余。

（3）医患双方严重的信息不对称。医疗卫生是一个专业性、技术性极强的领域，一般患者所能掌握的医药卫生知识非常有限。在这种情况下，患者只能委托医生代替选择治疗方案并做出相关的诊疗决定。也就是说，患者和医生之间实际上是一种委托代理关系，由于信息不对称，患者不清楚自己的病情，需要什么样的治疗手段，很多时候只能被动接受医生的诊疗决定，很难也不敢对医生的诊疗行为提出质疑。同时，治疗、检查、药品、材料费用都是由医院划价收费，患者不清楚收费标准。这种信息的不对称使划价收费成为医院单方面的行为。在我国经济体制转轨过程中，受利益最大化的驱动，医疗机构必然存在提高自身经济收入、损害患者利益的动机。

（4）医疗行业的寻租行为。随着我国经济体制由计划经济向市场经济的转轨，医疗机构成为自主经营、自负盈亏、自我发展和自我约束的法人，运行目的由原来的按计划生产（服务）转向按市场规律追求盈利，性质由福利性的事业单位过渡到实行一定福利政策的社会公益性事业单位。同时，随着政府财政投入的逐年减少，一些医疗机构收不抵支，于是通过各种手段努力创收，包括要求政策支持。比如，要求国家放开医疗服务市场，完全按照市场规律运作医疗机构，国家出于现实考虑，两类医疗服务——基本医疗服务和特殊医疗服务的界定在此背景下出台。界定医疗服务是复杂的，专业性极强。医疗机构为了最大限度地挽回政府财政补助减少的影响，利用自己的信息优势，作出对其有利的决策，从而出现随意扩大特殊医疗服务范围，把基本医疗服务冠以特殊医疗服务的美名而寻租。

2. 改进现有医疗制度的对策。

（1）建立健全医疗保险制度。加快保障体系的建立，积极培育医疗保险市场，采取第三方——不以营利为目的的保险机构付费方式来满足消费者的医疗需求，让保险机构作为消费者的代理人和医院谈判。由于保险人员具备一定的医疗专业知识并熟知医疗价格，因此，保险机构作为消费者代理人，能够对医疗费用和医院及医生的权力进行监督，在很大程度上缓解医患双方信息不对称的现象。

（2）认真落实病人费用"一日清单制"。"一日清单制"通过向患者报告每日的具体费用情况，让患者真正明白医疗费用升降的每个具体环节，同时有利于在治疗过程中医生与病人及家属进行相互沟通，根据患者的病情、经济状况选择适合自己的诊疗手段、药品及服务项目，使病人得到快速有效的治疗，避免医院在治疗过程中的单方面行为。"一日清单制"的实行，也为政府物价部门、企事业单位、保险公司、社会保险部门提供了比较翔实的资料，有利于上述部门对医疗单位的监督，进一步缓解医患之间的信息不对称状况。

（3）临床路径的引入。临床路径针对某一疾病按照一套标准化的诊疗模式与治疗程序，从检查、治疗、用药都有了标准"路径"可循，有了这套工厂化流程的管理和限制，无疑有望堵住形成"天价医药费"的漏洞。但是，临床路径针对常见病、多发病是有效的，但针对复杂疑难病例，则无法起到应有的效果。

第十二章
《侵权责任法》第 64 条

第一节　医学解读

《侵权责任法》第 64 条规定："医疗机构及其医务人员的合法权益受法律保护。干扰医疗秩序，妨害医务人员工作、生活的，应当依法承担法律责任"

一、医务人员权利保护现状

从民法角度看公民权可以分为人身权和财产权两大类。医务人员作为中华人民共和国的合法公民，毫无疑问将受我国民法的保护。因此，在医务工作者的生命权、健康权、身体权、名誉权以及财产权因伤医事件受到损害时，其可以得到《民法通则》规定的停止侵害、赔礼道歉、赔偿损失等措施的救济。《侵权责任法》第 64 条也规定，医疗机构及其医务人员的合法权益受法律保护。干扰医疗秩序，妨害医务人员工作、生活的，应当依法承担法律责任。

《执业医师法》是规范医务人员执业行为的专门性法律，其第 1 条开宗明义指出，制定该法的目的就是为了加强医师队伍的建设，提高医师的职业道德和业务素质，保障医师的合法权益，保护人民健康。第 21 条第 5 款规定，医务工作者在执业活动中，人格尊严、人身安全不受侵犯。《医疗事故处理条例》第 59 条规定：以医疗事故为由，寻衅滋事、抢夺病历资料，扰乱医疗机构正常医疗秩序和医疗事故技术鉴定工作，依照刑法关于扰乱社会秩序罪的规定，依法追究刑事责任；尚不构成刑事处罚的，依法给予治安管理处罚。因此，治安管理处罚法和刑法也是医务人员权利保护的法律依据。从法律体系看，现今与我国医务人员权利保护相关的法律条款涵盖了民法、行政法与刑法等部门法；从法律层级看，也已包括了法律、行政法规和规章等。因此，我国在医务人员权利保护方面已具有完备的法律规定。

二、消极处理恶性伤医事件的后果

近年来恶性伤医事件层出不穷，再综合媒体报道的信息，笔者认为可以得到两个方面的重要信息：一是，我国并没有对恶性伤医事件给予应有的重视，对于判决结果也没有做到完全透明，伤医案件多以"虎头蛇尾"的方式结束，媒体在引起社会大众对事件重视的同时并没有持续跟进，也没有引导大众理性思考，因此每次伤医事件的借鉴意义有限；二是，司法机关对恶性伤医事件的"容忍度"有所提高，轻刑化的趋势明显。目前我国司法机关的独立性饱受法学界的质疑，司法机关在定罪量刑时往往会受舆情影响。恶性伤医事件轻刑化的趋势间接反映出社会大众对恶性伤医事件"容忍度"的提高，这从侧面表明医患矛盾的加剧。

三、我国医患矛盾加剧的原因分析

医患矛盾并不是现代医学与社会的产物，但不可否认进入 21 世纪以来医患矛盾的加剧已经成为我国医疗卫生事业中不可回避的话题。笔者认为造成现阶段我国日益紧张医患关系的原因主要有以下几个方面：

1. 现阶段我国医疗卫生资源总体的供需失衡。2005 年美国卫生总费用占国民生产总值的比重为 15.2%，英国为 8.2%，日本为 8.2%，而我国 2011 年卫生总费用仅占国民内生产总值的 5.1%。我国的卫生投入与其他国家的差距显而易见,加之我国的人口基数大,地域广,医疗卫生资源供应的压力不言而喻。国家对医疗卫生投入的不足最直接的反映就是公立医院的运营经费。据相关研究统计,我国对公立医院的财政补助不足医院运营经费的 10%,而其他的费用需要医院通过日常的诊疗费用、药品价格加成等弥补,也就说明我国的医疗机构很大程度上需要自负盈亏,并不像英国全民医疗体系(NHS)下的全额拨款,而这一现实却并不为一般大众所了解。因此,患者从情感上很难接受作为政府财政拨款带有公益性的公立医院却从事营利事务的事实,从而对现实中"看病难、看病贵"的问题缺乏理解。

2. 基本医疗卫生服务市场化运作的结果。从世界范围看,许多国家把基本医疗卫生服务作为公共产品或者准公共产品提供给国民。我国的基本医疗卫生服务虽然并不完全具有上述属性(预防接种等措施除外),但我国政府在很长一段时间都充当为基本医疗卫生服务买单的角色。城市国有企业创办的医疗保健站为职工及其家属提供卫生服务;农村村卫生室以及乡镇卫生院基本解决了农民的医疗需求,国民享受着质量不高但廉价的基本医疗卫生服务。但我国基本医疗卫生服务的提供主体在改革开放尤其是进入 21 世纪后发生了巨大变化。医疗保健站随着国有企业的改制而纷纷撤销;城市化的进程也使得农村的乡村医生资源大批流失。我国在推行城市职工医疗保险以及新型农村合作医疗保险的同时也将基本医疗卫生服务推向了市场,但由于我国基层医疗机构的整体建设并不完善,其结果就导致公立医院不仅需要成为高端医疗服务的提供主体,还必须承担基本医疗卫生服务供应者的角色,压力不言而喻。

3. 在掌握医疗信息方面医患双方固有的不对称性。医药科学因其专业属性,非经多年研习一般很少人能掌握,这也导致了医患双方存在直接沟通的障碍。一方面,医生作为医疗服务供应者很难将其掌握的患者疾病信息完全提供给患方,患方也难以理解这些医疗信息;另一方面,由于医学本身具有诊断的不确定性与治疗的侵袭性,选择治疗的同时其本身也承担着一定风险,而这通常也很难为患方所接受。因此,在很多情况下患方会把一些合理范围内的身体侵袭作为人身损害赔偿请求的依据,从而加剧了医患间的不信任。

4. 增进医患间信任感方式的欠缺。医患间的信任感主要通过两种途径获得。首先,患方确信提供医疗服务的医生会尽最大善良义务;其次,患方确信当生命健康权受到医方伤害时其请求救济的诉求可以通过合理的途径得以满足。但遗憾的是上述两种途径目前在我国并没有得到很好的实施。一方面,我国医药高等院校在医疗卫生人员的培养中鲜有把医患沟通技巧作为必修课程向医学生教授的,这也导致了我国医务人员在诊疗过程中与患者沟通技巧的缺乏。另一方面,医务人员本身担负着繁重的诊疗工作任务,短短几分钟的交流很难建立起彼此间的信任,从而导致医方与患方之间的默契程度大打折扣。

第二节 风险提示及临床工作建议

一、对侵犯医务人员合法权益事件的处理机制[1]

1. 事前预防阶段。深究"医闹"治安问题产生的根源,与现有医疗体制密不可分。对此,可采取以下措施:

各大小医院联合,定期交换专家,加强学术技术交流,提高医生职业道德。首先,各医院实行联合,不定期派遣一些专家、博士等到其他医院进行交流、坐诊,能够实现学术、技术方面的沟通以及资源上的互补,各医院也能够在设备上、服务上进行互补。此外,在基层医疗机构与公立大医院之间建立机制上更为紧密的"纵向联系",既发挥大医院的人才、技术和设备优势,以带动下级医院技术和人才的培养,同时又利用了小医院的现有空间和医护人员来缓解看病难、住院难的问题。使患者在二级以下的小医院能享受到三级大医院的优质服务,同时又享受小医院的平民收费,从而缓解"看病贵"的矛盾。其次,培养医生的职业道德意识,把医德医风的建设列入绩效考核指标,从制度上保证医生的职业道德。

---

[1] 程湦:"医闹凶猛:探究医保制度转型中医患纠纷引发治安问题的解决机制",载《法制与社会》2013年第2期。

适当提高医生工资，提升医生的社会地位，提高医生入职门槛。借鉴美国联邦最高法院大法官选举、任职制度，提高医生的社会地位，提高医生的工资，使医生以自己职业为荣。同时制定相关惩罚制度，对因医生违法违规引起的医疗纠纷，给予医生较严重的惩处措施。从根本上解决由医生原因引发的医闹治安问题。

加大投资，增加对患者的医疗补助，减少药品和医疗器械销售的中间环节，大幅降低药价。多数医疗纠纷的产生与昂贵的医疗费用密不可分。增加对患者的补助，减少药品和医疗器械销售的中间环节，从而大幅度降低医疗价格，减轻患者负担，缓解医患矛盾。

2. 事中控制阶段。在医闹事件发生的过程中，医患双方也均存在着一系列沟通问题。对于这个问题，根据笔者的调研与考证，提出以下措施。

（1）提高医疗服务人员的沟通能力，创建完善的医护沟通服务标准。在医疗纠纷发生时，切实加强医患双方的有效沟通，是解决医疗纠纷演变成医闹的一个重要环节，这就要求院方加强对医护人员的沟通培训，建立医护人员的沟通评价考核制度，提高医疗服务质量。正确引导患者，提高患者对于医疗服务的认识，以便更好地服务患者，在医疗纠纷或是医疗事故发生时，能在第一时间与患者进行沟通。

（2）建立良好的患者反馈通道，保证患者与院方进行顺畅沟通。在医疗纠纷发生的过程中，患者合理的心理和经济诉求应该通过一种畅通的途径传递给院方，院方应为患者营造一种更加良好的医疗服务评价及反馈机制，更好的协调医患双方的权益，避免因为单方面沟通不当而引发不良的后果如暴力事件和群体性事件的发生。

3. 事后调解阶段。充分发挥医院警务室在医患纠纷暴力产生以及解决阶段的调解控制作用。充分发挥医院警务室的职能，推动形成良好的医院诊疗秩序和公共治安环境。当然，通过调研采访，医院警务室不可能根本上解决医闹问题，但不可否认的是，医院警务室在现阶段的医疗纠纷解决中会发挥重要的作用。

健全医患纠纷第三方调解机制，保障公平公正地解决医疗纠纷。医患纠纷第三方调解机制是解决医患之间矛盾的有效措施，是应医患矛盾加深而生的。但在调研中，笔者发现第三方调解机制仍存在众多问题，如多数调解机构执行力不强，公信力不足，工作任务不明确，造成人员设置的闲置与政府资金的浪费等。调解机构应该如何成立，如何保证人员有效安排，如何简化调解程序等都是亟待解决的突出问题。

二、典型案例评析[1]

2009年11月2日11时许，福建人黄某因6个月大的儿子在广州市医院经抢救无效后死亡，遂电话通知亲属、老乡数十人赶到市桥医院。他们不听医院和外院会诊专家的解释，坚称医院存在医疗过错，要求追究医院责任。部分人员情绪激动，动手追打住院部内科病人及有关医务人员，造成3名无辜住院病人和6名医务人员不同程度受伤。内科病房一片狼藉，住院病人走的走，逃的逃，当即有13名病人要求转院；各种医疗设备、玻璃遭到不同程度的损毁，造成损失折合人民币12.1万元。当日13时，家属强行抱走患儿尸体，在医院大门口、门诊部等处游行，导致医院门诊正常诊疗秩序停顿，黄某甚至到马路中间阻碍交通。当天16时许，家属及亲友在医院大厅情绪激动，与维持秩序的警务人员发生肢体冲突。死者家属还用座椅、砖头等砸烂玻璃窗，致使大厅行人无法出入。警方立即采取措施，迅速控制现场秩序，并依法将14名人员带离现场审查。后经审理，黄某因犯寻衅滋事罪，被番禺区人民法院依法判处有期徒刑二年六个月，缓刑三年。此次判决，为2009年11月2日严重影响医疗秩序的事件画上了一个句号。这是广州市首例可查询到的"医闹"获罪案件。

案例评析：

从最广泛意义上说，对公立医院"医闹"的控制包括对"医闹"事前控制、事中控制和事后控制三个方面的内容。在"医闹"发生之前，应当尽量避免医疗纠纷的发生，其中建立相应的预警机制就显得尤为重要；一旦"医闹"发生，则要迅速通过合理的途径采取相应措施加以解决，以防止"医闹"的进一步恶化，尽量减少其可能造成的损

---

[1] "'医闹'胡闹获刑两年"，载 http://gzdaily.dayoo.com/html/2010-06/09/content_990566.htm.

失；当"医闹"结束后，要尽可能地迅速恢复到发生前的状态，消除其带来的不利影响，并对公立医院存在的问题进行总结、学习和提高，避免"医闹"的再次发生。关于公立医院"医闹"发生后的处理途径，前文对这一问题已作出介绍，在这里主要阐述"医闹"的事前控制和事后控制。

公立医院"医闹"事前控制的主要内容包括强化事前管理意识、建立事前管理平台、完善事前管理规范和提高事前预警能力，其中医疗纠纷风险控制是事前控制的关键点，应该研制出相应的医疗纠纷预兆诊断量表，以达到挖掘医疗纠纷原因、识别医疗纠纷预兆和评价医疗纠纷风险的目的，从源头上避免"医闹"的发生。公立医院"医闹"事后控制是对已经发生的"医闹"行为进行控制和协调处理，从而有效的处理和消除纠纷、减少损失、吸取经验教训的行为和过程，其主要内容包括"医闹"的解决和经验教训的总结，在时间紧迫、信息不足的情况下，管理者需要迅速做出决策，由于资源的限制，这些决策会涉及方方面面的权衡和取舍，特别是对不同解决机制的取舍，这些权衡和取舍对于管理者的决策能力和道德原则都提出了极大的挑战。公立医院尤其要注意总结经验教训，在现行法律制度和法学理论框架下，总结"医闹"发生及恶化的原因，分析比较不同的"医闹"解决途径，建立完善的"医闹"解决机制。

侵权责任法之医疗损害责任法医学解读 | 下篇

第一章
引 言

一、困境中的医疗损害责任纠纷诉讼

1. 医疗损害责任纠纷审理现状。

(1) 医疗纠纷爆炸式增长。近年来，医患纠纷呈现逐年上升的趋势，给社会带来了比较严重的负面影响。根据北京市法院系统关于医疗损害赔偿案件调研的情况，2008年受理医疗纠纷类案件715件，2009年885件，2010年1004件，分别递增了23.8%和13.4%。其当年审结的案件结果见表1。据北京市西城区人民法院统计，医疗损害鉴定在该院审理的医疗损害赔偿纠纷案件中的运用比例为：约36%的案件进行了一次鉴定，约33%的案件进行了二次以上鉴定，约31%的案件没有委托鉴定，个别案件甚至曾委托两次医疗事故技术鉴定和两次司法鉴定，审判历时6年。

表 1 北京市法院医疗纠纷类案件审结情况

	2008 年	2009 年	2010 年
判决	236 件	307 件	431 件
撤诉	118 件	173 件	211 件
调解	106 件	181 件	278 件
裁驳	14 件	12 件	17 件
移送	5 件	2 件	7 件
终结	2 件	0 件	0 件
其他	2 件	2 件	1 件
合计	483 件	677 件	945 件

（2）人民法院的鉴定依赖症。医疗损害赔偿诉讼涉及与医学理论、医学技术相关的专门性问题，法官不能通过一般性常识做出合理判断，根据《民事诉讼法》及相关法律规定，需要委托第三方进行司法鉴定。

目前，法院对司法鉴定的启动呈现明显扩大化趋势，甚至存在一定程度的鉴定依赖，具体表现如下：首先，一些不属于专门性问题，法官依据一般性常识和自由心证就可以做出认定的争议事实，为推卸责任，在审理中也会启动鉴定，如关于病历是否存在篡改的事实认定；其次，一方对已生成的鉴定意见不服，法院迫于当事人压力，不得不再次启动鉴定，导致重复鉴定、反复鉴定屡见不鲜，司法鉴定的证明力被质疑。以上两种情况都带来严重的负面效应，一方面当事人需要花费大量精力物力进行鉴定，另一方面审理周期严重拖长，当事人怨声载道。

2. 医疗损害技术鉴定制度的弊端。司法鉴定机构社会化是我国的独有特色，目前我国医疗纠纷技术鉴定乱象丛生，缺德、缺理、缺法和缺科学的问题突出，也是患者上访缠诉、医生怨声载道、法官如履薄冰的重要因素。

（1）社会化鉴定机构的趋利本性。法院对司法鉴定的过度依赖催生了庞大的司法鉴定市场。根据《全国人民代表大会常务委员会关于司法鉴定管理问题的决定》，司法鉴定机构由司法行政部门主管，面向社会开放。市场体制下的鉴定机构，盈利成为其主要目标，而医疗损害技术鉴定制度是其主要开展项目之一。司法鉴定人的法医学背景，决定其无法对医学专门性问题进行深入分析判断，但出于盈利目的，鉴定机构存在扩大范围接受委托的情况。更有甚者，部分鉴定机构为了争取法院或者律师事务所的案源，罔顾客观事实，按照法官、当事人的要求制作鉴定意见，导致无效鉴定、虚假鉴定层出不穷，而这些鉴定很多都被当作合法证据使用，严重影响了司法审判的公正性。

（2）司法鉴定没有遵循"同行评议原则"。法医师是进行司法鉴定的主体，对其做出的鉴定意见负责。法医师并不是临床医生，临床专业知识的缺乏是法医师进行医疗损害技术鉴定制度的最大短板，也是医疗损害技术鉴定制度饱受争议的主要原因。

对医疗损害进行技术鉴定的活动，其本质是依法对一个已经发生的医疗行为（事实）作出专业的分析、评价和判断。其鉴定的对象是"行为"，而非特定的"物（物证）"或者人体（尸体），类似于司法精神病学鉴定。具体的医疗行为包括问诊、检查、诊断、治疗、护理等诸多环节，每一个医疗环节都体现了医疗行为技术性强、专业背景深厚、发展迅速等特点，可以这样说，不仅是其他行业的专家在没有经过艰苦的专业学习、临床实践和特殊思维方式训练，无法对医疗专业有全面的了解，即使是医疗行业本身，跨科室、跨专业的临床医生之间，也"隔行如隔山"。因此，对于已经发生的医疗行为是否存在过错，必须严格坚持同行评议的原则。

所谓同行评议，至少包括以下几方面内容，首先，评议主体应当与被评议方属于同一专业，并应当在资历和经验上有所胜出；其次，同行评议也应当坚持"回避"原则，与被鉴定事项或者被鉴定人之间存在利害关系的，应当参照《民事诉讼法》的相关规定，予以回避；最后，同行评议结果并不代表鉴定的成果性意见，司法鉴定人作为鉴定主体，应当对最终生成的鉴定意见负责，当鉴定意见存在瑕疵或者不当时，应当由鉴定人承担相应责任。

（3）司法鉴定没有严格把握"专门问题原则"。在司法实践中，部分鉴定机构对"专门性问题"不能严格把握，将本应属于法官职权的事实认定划归为专门性问题，更有甚者，将如何适用法律也在鉴定意见中予以表述，导致大量错误的、不合理的鉴定意见出现在诉讼过程中。

如涉及药品质量的产品责任纠纷，本应由具有专门检测能力的机构进行分析，一些司法鉴定机构却将其作为技术责任进行鉴定。如"错误出生"等在法律上尚存在争议、无法达成共识的问题，一些鉴定机构也进行过错鉴定，鉴定意见也千差万别，引起了司法实践中的极大混乱。

严格意义上讲，医疗损害争议中是否存在违法性行为的确认，是一个法律问题。但是，医疗行为高度专业化的情况，又使这种法律判断超出了法官（事实认定者）的能力范围，因此，法官需要向具有专业知识的人寻求帮助，通过判断医疗行为是否违反了业内的规范、共识等要素，进而判断是否存在违法性事实。但是，在这里仍需要强调："专门性问题"本质上还是事实认定问题，鉴定人也不能超出职权范围对是否违法作出判断。而法官就案件事实委托鉴定，实质上就是把一部分事实认定的权利让渡给鉴定人。

二、传统医疗事故技术鉴定的不足

1. 行政色彩浓郁的鉴定模式。传统医疗事故技术鉴定的法律依据在于2002年国务院颁布的《医疗事故处理条例》以及《医疗事故分级标准（试行）》，《医疗事故处理条例》明确规定了构成医疗事故的行政处罚措施，具有典型的行政色彩。《医疗事故处理条例》争议最大之处在于第21条规定的医疗事故技术鉴定组织模式：由设区的市级地方医学会和省、自治区、直辖市直接管辖的县（市）地方医学会负责组织首次医疗事故技术鉴定工作；省、自治区、直辖市地方医学会负责组织再次鉴定工作。首先，争议医疗机构与所在行政区域内的其他医疗机构有千丝万缕的联系，医疗事故技术鉴定时，临床专家之间的互相掩盖、互相串通屡见不鲜。其次，一方当事人如果对初次鉴定意见不服，不能通过质证等方式提出质疑，只能申请上一级医学会进行再次鉴定，如果对第二次鉴定不服，很难寻求中华医学会启动第三次鉴定，类似司法审判的二审终结制，是典型的行政鉴定模式。

2. 医疗事故技术鉴定不能体现"证据属性原则"。与司法鉴定一样，我国的医疗事故鉴定具有典型的"行政鉴定"特色，具体表现为启动的职权性和两级鉴定终结制，但从本质上而言，医疗事故鉴定与司法鉴定一样，也是负责处理医疗纠纷的鉴定人在针对案件病历和其他相关材料进行分析判断后，作出的带有明显个人主观色彩的分析判断意见。在诉讼过程中，医疗事故鉴定必须体现出相应的证据特色，才能够作为案件审理的依据。其中最关键一点就是：医疗事故鉴定的鉴定人应当遵循"直接言词原则"，出庭接受原被告双方的质询和专家的同行对质，以保证带有其主观色彩的鉴定意见能够被采信。

医疗事故技术鉴定普遍存在如下共性缺陷：

（1）鉴定人签名不符合《民事诉讼法》的要求。根据《医疗事故处理条例》第31条的规定，医疗事故技术鉴定采用的是合议制，而非个人负责制，专家只需在不具有法律效力的鉴定意见上签名，而具有法律效力的医疗事故技术鉴定书只需加盖医学会医疗事故技术鉴定专用章。根据我国《民事诉讼法》及《最高人民法院关于民事诉讼证据的若干规定》（以下简称《证据规定》）对鉴定意见的法定形式要求："鉴定意见应当具有鉴定人员及鉴定机构签名盖章"。故仅加盖医学会医疗事故技术鉴定专用章，这与民诉法所要求的鉴定意见的法定形式是有出入的。

（2）医疗事故鉴定意见没有鉴定人资格的说明。《证据规定》第29条规定，鉴定意见必须要有鉴定人的资格说明。而《医疗事故处理条例》却没有要求对鉴定人的资格进行说明，参加鉴定的临床专家是在专家库中随机筛选的，鉴定意见不会附有其资格说明，当事人对其背景均一无所知，对其在案件中的意见也无从知晓。

（3）关于鉴定的依据及使用的科学技术手段的说明问题。《证据规定》第29条规定，鉴定的依据及使用的科学技术手段是鉴定意见必需的内容，如作为判断标准的诊疗规范内容、专家评议的形式及分析，但是《医疗事故处理条例》对医疗事故技术鉴定书却没有规定这样的要求，从医疗事故技术鉴定书的内容来看，往往呈现对诊疗过程的描述性文字过多，而分析说明部分苍白、逻辑过于简单、头重脚轻的情况。

（4）鉴定专家无法出庭接受质证。《民事诉讼法》第78条规定，当事人对鉴定意见有异议或者人民法院认为鉴定人有必要出庭的，鉴定人应当出庭作证。医疗事故技术鉴定采取合议制，医学会是鉴定意见的最终制作主体，当事人和法院均不知道具体是哪位医学专家作出的鉴定意见。在对市级医疗事故技术鉴定意见存在质疑时，只能申请省级医学会进行第二次医疗事故鉴定,而不能申请鉴定人出庭:一是,很难要求鉴定组成员全体出庭,这样不仅成本高,而且程序烦锁;二是,即使集体出庭,持不同意见的少数专家也无法进行详细的答辩。有学者提出选用代表制,但选择代表制后的相应的责任等一系列问题又会给操作实践带来新的困惑。因此,司法实践中,几乎没有医疗事故技术鉴定专家出庭参与质证的情形,这也促使法官更愿意采用符合证据形式规定的司法鉴定来解决专门性问题。

三、出路——建设统一的医疗损害技术鉴定体制

目前我国医疗纠纷技术鉴定乱象丛生,缺德、缺理、缺法和缺科学的问题突出,也是患者上访缠诉、医生怨声载道、法官如履薄冰的重要因素。究其原因是卫生行政主管部门对纠纷漠不关心、对问题反应迟钝、对法律一知半解造成的。在《医疗事故处理条例》已经生效12年没有修订的情况下,部分条款已经远不适合现有司法制度。而医疗机构在为日益激烈的医患矛盾买单的同时,卫生主管部门仅仅是与其他部委联合打击医闹,却没有积极进行相应的制度建设。卫生部于2010年6月28日下发的《关于贯彻实施〈侵权责任法〉有关问题的通知》第4部分明确指出:在2010年7月1日之后,对于司法机关或医患双方共同委托的医疗损害责任技术鉴定,医学会应当受理,并可参照《医疗事故技术鉴定暂行办法》等有关规定,依法组织鉴定。医疗损害责任技术鉴定分级参照《医疗事故分级标准(试行)》执行。在医疗事故技术鉴定的证据形式不合法的情况下,换汤不换药的改革不能解决根本问题。以贯彻同行评议原则为主线,以服务司法审判为目的,卫生行政主管部门应主动研究,及时协商最高法院等有关部门,在地方成立"医疗损害技术鉴定中心",同时通过专家库等形式引导现行医疗损害技术鉴定制度,逐步减少和弱化司法鉴定的参与。真正实现专门鉴定科学化、医学问题专业化,在为医疗纠纷调解、仲裁和审判处理提供科学服务的同时,最终是为了促进我国医疗卫生事业的发展。

1. 坚持同行评议,建立统一的医疗损害技术鉴定体制。司法鉴定和医疗事故技术鉴定机制本身并不是先天对立,而是可以互通有无,取长补短,发挥两种机制的优点,建立统一的医疗损害技术鉴定体制。

（1）医学会建立的医疗事故技术鉴定专家库，涵盖了临床各个专业，在实践中可以严格贯彻同行评议原则。如果在体制上对医疗事故技术鉴定进行修正，即允许医学会进行医疗损害技术鉴定，但需要同其他社会鉴定机构一样，在司法局注册，登记专门的鉴定人，使其有进行医疗损害技术鉴定的"通行证"，就在形式和程序上保证其进行鉴定的合法性。这样，利用司法局现有的司法鉴定管理制度，可以控制鉴定机构的同一性和稳定性，在司法鉴定统一的大框架下保障医疗损害技术鉴定的规律进行。

（2）建立统一的用于医疗损害技术鉴定的同行评议专家库。每一例医疗损害技术鉴定，可规定必须有三名同专业的专家，这些专家都必须在专家库中登记备案，坚持通过专家库主导鉴定，就是坚持了同行评议原则。在具体鉴定实施过程中，专家提供临床意见，但在鉴定意见上只有鉴定人可以署名并为之负责。鉴定文书的书写，摒弃医疗事故技术鉴定意见书的书写格式，严格按照《民事诉讼法》及相关司法解释的法定要求书写，这样既可以保证同行评议，又可以保证鉴定意见的证据属性。举例而言，如果北京市海淀区医学会需要转型，应在北京市司法局注册，可以更名为海淀区医疗损害技术鉴定中心，并且在司法局登记注册鉴定人。当启动鉴定时，必须通过北京市统一的专家库筛选三名临床专家，鉴定人在鉴定文书上署名，为之负责并参加质证。

（3）建立统一的医疗损害技术鉴定的标准体系和原则，这对于保障鉴定意见的客观、公正至关重要。目前对于医疗损害技术鉴定，缺乏统一的理论和标准体系，如果不解决这个问题，司法实践中的鉴定意见争议问题仍得不到解决。不可否认，统一的理论和标准体系建设是一项复杂的系统工程，需要经过严格论证、系统调研和科学归纳，在理论成型后还需要对全国的鉴定人进行培训，才能保证该理论和标准体系真正应用于司法实践中。

2. 医疗损害技术鉴定程序的标准化问题。我国目前关于司法鉴定程序性规定的法律法规或部门规章，仅见于司法部2007年8月颁布的《司法鉴定程序通则》，该程序通则并非针对医疗损害技术鉴定的单独规定，而是针对所有需要通过鉴定解决的专门性问题所做的基本程序性规定，对于医疗损害技术鉴定这种专业性强、涉及临床专业多的鉴定类型,不足以完全规范。北京市司法鉴定业协会曾出台《北京司法鉴定业协会关于办理医疗过失司法鉴定案件的若干意见》,该意见对医疗损害技术鉴定的受理、组织、听证会召开、参与度评定等内容作了较为详细的规定,但由于该意见属于行业内规范,不具有强制力,且仅在北京地区实行,因此没有产生很大影响。

医疗损害技术鉴定程序的标准化,应包括以下内容:

(1) 案件受理范围的标准化。侵权责任法将医疗损害责任分为医疗技术损害责任、医疗伦理损害责任、医疗产品损害责任和医疗管理损害责任。应由资深法医鉴定人担任受理评审,首先应详细阅读起诉书、答辩状和其他卷宗材料,简要阅读病历资料;尽快把握争议焦点和问题,患者诉求和目前医疗后果。

评审结果分为四类:①属于常规鉴定项目,决定受理;②属于技术问题但超出了司法鉴定范围,可以制作评审说明,建议选择其他法定部门进行技术鉴定;③主要问题是法律问题,法官可以根据相关证据或者依据法律规定,认定案件事实并判断有无过失,可以制作评审说明,按退案处理;④患者对医学常识不解或者对医学科学误解引起的诉讼一般不予受理,可以制作评审说明。第一类与后三类同时存在时,应将此情况书面或口头与法官沟通,征得对方理解和同意(具体建议见表2)。

表2 医疗损害鉴定分类及法医学建议

损害类型	二级分类	是否属于鉴定内容	其他法医学建议
医疗技术损害	正常诊疗(含美容、整形)	是	包括过错、因果关系、参与度、评残、护理依赖等项目
	产前诊断	否	属于医疗损害技术鉴定制度的争议内容,建议由法院评判
医疗伦理损害	侵犯知情同意权	是	需要在结合损害后果的基础上,判断是否存在告知内容不充分或告知对象不当等情况
	侵犯隐私权	否	由法官评判

续表

损害类型	二级分类	是否属于鉴定内容	其他法医学建议
医疗管理损害	致人损害或侵害亲权类案件	否	由法官评判
	过度医疗	否	由法官评判
医疗产品损害	完全属于医疗产品损害	否	需要具有产品治疗鉴定资质的部门进行产品治疗检验
	与技术损害或伦理损害产生竞合	是	在进行产品质量鉴定的基础上，对具体技术性问题进行司法鉴定

不宜进行医疗损害技术鉴定的案件包括：

第一，患者的精神损害事实确认。违法诊疗行为侵害物质型人格权造成受害患者的精神痛苦，也属于精神损害事实。患者的精神利益损害表现为三种形态：一是，财产利益的损失，包括人格权本身包含的财产利益的损失和为恢复受到侵害的人格而支出的必要费用；二是，人格的精神利益遭受的损失，即隐私被泄露、自由被限制等；三是，受害人的精神创伤和精神痛苦。此问题属于非司法鉴定项目。

第二，医疗管理损害责任。医疗管理损害责任是指医疗机构和医务人员违背医政管理规范和医政管理职责的要求，具有医疗管理过错，造成患者人身损害、财产损害的医疗损害责任。医疗管理也叫医政管理，医疗管理损害责任的构成，即医疗机构及医务人员在医政管理中，由于疏忽或者懈怠甚至是故意，不能履行管理规范或者管理职责，造成患者损害应当承担的医疗损害责任。例如，救护车急救不及时的损害责任；违反管理职责致使产妇抱错孩子的致害责任；医务人员擅离职守的致害责任等。此问题通常属于法官判断的问题。

第三，医疗产品损害责任。对于医疗产品损害赔偿纠纷案件，患者一方同时起诉缺陷产品的生产者、销售者和医疗机构时，如果患者一方的赔偿请求得到支持，人民法院可以判决缺陷产品的生产者、销售者和医疗机构对患者一方承担连带赔偿责任。因输入的血液是否合格引发的损害赔偿纠纷案件，患者一方同时起诉血液提供机构和医疗机构时，如果患者一方的赔偿请求得到支持，人民法院可以判决血液提供机构和医疗机构对患者一方承担连带赔偿责任。上述问题超出司法鉴定范畴，应由专门机构鉴定。

（2）专家库的建设。由卫生主管部门牵头，在原有的医疗事故鉴定专家库基础上，建立统一的医疗损害技术鉴定专家库，吸引各临床专业具有权威背景的专家进入。

临床专家不是司法鉴定人，仅对具体鉴定提供咨询意见而无需对鉴定结论负责，但其意见、观点对鉴定结论常起到重要作用，但现有规范性文件没有对鉴定专家的资质、学术背景、能力等方面的规定，对临床专家参加司法鉴定的回避制度和专家意见的汇总制度缺乏相关规定。

笔者认为，可以参考医学会的专家制度，建立统一的医疗损害技术鉴定临床专家库，在鉴定之前，按照以下规则进行专家遴选：专家参加听证会的，事前由鉴定人指定专家；专家不参加听证会的，在听证会上由双方当事人各挑选一名，鉴定人随机挑选一名。

根据同行评议原则，笔者认为，应聘请临床医学专家参与医疗损害技术鉴定的评议过程。主要思路有：①承担医疗损害技术鉴定的机构应当建立临床医学专家名册，选任专家要保障数量和质量，还要兼顾学科的覆盖面；②每案所聘请专家不得少于三名；③专家可以参加听证会；④专家可以参加集中评议，也可以分别评议；⑤专家应分别提供书面意见，或在意见记录上签名，专家意见存档备查；⑥鉴于被鉴定方医院的特点，选任参与鉴定的专家应遵循回避原则。

（3）医疗损害技术鉴定的听证会制度。目前，对医疗损害技术鉴定听证会的组织，没有强制性规定，但笔者认为，听证会程序的重要性在于：通过鉴定人的主持，双方当事人公开表明自己的观点，以便鉴定人厘清争议的问题，确认和固定司法鉴定使用的证据材料。辅助功能还有：告知鉴定人身份、有无回避的请求；认为必要的可以对被鉴定人进行临床检查；利用听证会的场合释明司法鉴定的风险和患者认识的误区；也有机会当面接触当事人，特别是了解患者的情况，增加鉴定人与被鉴定人之间的沟通和互动。

听证会后一般作如下处理：①无影响鉴定的情况，直接进入鉴定实质程序；②当事人一方对病理报告、尸检报告有争议的，函告法官补充委托项目或建议选择其他鉴定机构，同时调取原始材料进行重新复查，该案中（终）止鉴定；③患方当事人对病历资料提出质疑的，函告法官进一步确认，视情况中止鉴定；④主要争议点超出司法鉴定范围或者司法鉴定机构能力的，按退案处理；⑤当事人提出鉴定人回避的，应中止鉴定活动及时与法官沟通，按相关程序处理。

3. 远景规划。远景规划中，统一的医疗损害技术鉴定应当和医疗纠纷调解、仲裁等 ADR 解决机制相融合，作为诉讼的法定前置程序，降低医疗纠纷司法诉讼的发生率。可以效仿劳动争议，设立医疗损害责任纠纷的诉前强制调解或强制仲裁制度，调解和仲裁可以启动医疗损害技术鉴定，由于共用专家库，鉴定程序及实体的标准化，当事人得到的鉴定意见与诉讼中的鉴定基本一致，当事人节省诉讼费及律师费等不必要的开支，极大缩减纠纷解决时间。

司法作为维护社会秩序的最后一道防线，不应处于处理医疗损害责任纠纷的最前沿，目前医疗损害责任纠纷案件由于鉴定耗时过长，已经成为法院积案的主要来源，而患方对鉴定或者审理结果不满，反复上访申诉，无法达到"案结事了"的审理目的。通过将调解、仲裁作为解决主要手段，一些社会工作者、律师、退休医生都可以参与其中，而统一的医疗损害技术鉴定平台，使当事人在诉讼之前就已经对可能的诉讼结果心里有数，而保险机制的介入，使得调解或仲裁结果也可以获得保险公司的认可，减少医疗机构和患者的直接对抗。

第二章
侵权责任法与医疗损害技术鉴定

第一节 医疗损害技术鉴定中的专门性问题

一、专门性问题概述

在对侵权责任法医疗损害责任一部分进行法医学讨论之前，需要厘清"专门性问题"的相关概念及内涵。

"专门性问题"是我国法律文本中使用的概念。《刑事诉讼法》第 144 条规定："为了查明案情，需要解决案件中某些专门性问题的时候，应当指派、聘请具有专门知识的人进行鉴定。"第 192 条第 2 款规定了公诉人、当事人和辩护人、诉讼代理人可以申请法庭通知有专门知识的人出庭，就鉴定人作出的鉴定意见提出意见。《民事诉讼法》、《行政诉讼法》亦有类似规定。

全国人大常委会《关于司法鉴定管理问题的决定》第 2 条规定："司法鉴定是指在诉讼活动中鉴定人运用科学技术或者专门知识对诉讼涉及的专门性问题进行鉴别和判断并提供鉴定意见的活动。"并对解决"专门性问题"的鉴定机构、鉴定人的资格、登记管理、权利义务以及法律责任等作出了规定。

专门性问题是鉴定制度、专家证据制度存在的基础,因为设置这两种制度的初衷就是准确认定案件事实中的专门性问题。同时,专门性问题是事实认定中的难点,因为事实认定者缺乏评判专门性问题的专业知识和经验,弥补事实认定困境的常用措施在处理诉讼专门性问题时也几乎无用武之地。

何为"专门性问题"?按照陈光中先生的观点,诉讼专门性问题:"①属于案件证明对象范围内的事实;②需要专门知识和技能或者特定仪器设备才能加以认识或说明的问题;③不是公安司法人员可以直接作出肯定或否定回答的常识性问题或一般性法律问题;④该问题的正式说明和认定权限被赋予特定机构或者个人。这些问题主要包括:属于科学、技术或者艺术领域的专门问题;涉及国家或者行业标准的专门问题;国家授权给某些机构使之有排他性认定资格的专门问题。"[1]事实认定中的哪些问题属于专门性问题?法律对之并没有做出明确的规定,"某一事实是否需要特别知识方能判断应由法官自由裁量。若法官决定将其交付裁定,说明法官内心认为该事实不能凭通常的经验法则加以判断。"[2]因此,在实际审判中,法官对于"专门性问题"的界定有一定的自由裁量权。

二、医疗损害技术鉴定中的专门性问题

对医疗损害违法性判断和确认,本质上是一个法律问题。因为医疗活动专业性较强,通常人们将技术分析评价等同于法律判断和确认。法官一般在处理医疗纠纷诉讼中,模糊了专门性问题与法律问题界限,司法鉴定机构亦存在大包大揽,甚至导致损害赔偿的范围突破现行法律的规定。笔者认为,医疗损害技术鉴定应当遵循专门问题原则,就是要明确司法鉴定的范围和内容,法律问题归法官,技术问题归鉴定人,也是医疗损害司法鉴定的目的原则。对于法官在审理医疗纠纷案件中遇到的

---

[1] 陈光中主编:《中华人民共和国刑事证据法专家拟制稿》,中国法制出版社2004年版,第277页。

[2] 秦宗文:《自由心证研究——以刑事诉讼为中心》,法律出版社2007年版,第184页。

事实认定问题，需要严格把握专门性问题的基本特征：①属于事实认定，不涉及法律适用；②超出一般性常识范围；③需要具有专门知识或专门经验的专家做出解答；④属于法律法规明确的司法鉴定范畴。

具体而言，在医疗损害技术鉴定过程中，以下问题应属于专门性问题，需要鉴定人来解决：①医方是否未尽到与当时医疗水平相当的诊疗义务；②医方的医疗行为与原告起诉时主张的损害后果之间是否存在因果关系；③如果患者死亡，其实际死因；④如果患者存在残疾，其残疾等级；⑤如果患者存在护理依赖，其护理依赖等级及人数；⑥医方病历书写是否有违反书写规范及自相矛盾之处；⑦医疗损害参与度（损害参与度相关内容在英美法中属于法律因果关系的范畴，应由法官认定，在国内划归为事实认定范围）。

专门问题原则要研究和处理好与法律问题的关系及其分界，一般要明确三类问题，即纯技术问题、纯法律问题和技术与法律交叉或界限模糊问题。两者交叉的医疗损害鉴定与其他法医学鉴定无殊。例如，法官判断医院存在过错或者违法，仅需要法医进行残疾评定。两者界限模糊问题原则上不纳入医疗损害鉴定范围。

第二节 《侵权责任法》逐条解读

一、《侵权责任法》第54条

患者在诊疗活动中受到损害，医疗机构及其医务人员有过错的，由医疗机构承担赔偿责任。

本条是医疗损害责任部分的总纲，确定了医疗损害责任为过错责任。"过错"是一个事实认定问题。如何界定过错、过错责任程度、是否属于共同犯意等，均属于事实认定，只有在事实认定的基础上，才考虑法律适用问题。而关于事实认定，又可以分为两种情形，一种是法官通过其自由心证可以认定的事实，如自然规律、一般性常识可以解决的事实问题。另一种属于"专门性问题"，涉及专业的知识，只有具有专门知识的专家才可以解答，这部分问题，在英美法系通过专家辅助人制度予以解决，大陆法系国家通过司法鉴定制度予以解决。而在我国，同时存在司法鉴定制度与专家辅助人制度，根据《民事诉讼法》的规定，这也是法医师介入医疗损害责任纠纷的法律依据。

而根据杨立新教授的观点，本条也包含了"医疗损害管理责任"这一类型。[1] 之所以将医疗管理损害责任解释在《侵权责任法》第54条规定的医疗损害责任之中，是因为这种侵权损害的特点是发生在医疗领域，是在医疗机构担负的诊疗活动职责之中，因而与医疗伦理损害责任、医疗技术损害责任和医疗产品损害责任并列在一起，作为医疗损害责任单独进行研究和适用法律。

二、《侵权责任法》第 55 条

医务人员在诊疗活动中应当向患者说明病情和医疗措施。需要实施手术、特殊检查、特殊治疗的，医务人员应当及时向患者说明医疗风险、替代医疗方案等情况，并取得其书面同意；不宜向患者说明的，应当向患者的近亲属说明，并取得其书面同意。

医务人员未尽到前款义务，造成患者损害的，医疗机构应当承担赔偿责任。

医疗伦理损害责任是医疗损害责任四种类型之一，在《侵权责任法》中，伦理责任又被划分为侵犯知情同意权和侵犯隐私权两种情形，本条即规定了侵犯知情同意权的情况。

需要注意的是，尽管侵犯患者知情同意权，可能造成患者丧失对病情的知情权、对治疗方案的选择权，但单纯侵犯知情同意权，并不必然造成患者损害，如一些对患者病情有益的治疗方案，在实施之前没有充分告知，在实施后患者又获得收益，身体得以康复，那么，患者本身并不存在实际的损害，因果关系就无从谈起。如果治疗方案是符合医学规范的最佳选择，患者损害是由于自身原因或其他参与因素所致，那么评估参与度时也应慎重。因此，考察是否侵犯患者知情同意权时，必须要与医疗技术损害综合考察。

《侵权责任法》第 55 条规定的知情同意告知内容，如病情、医疗

---

[1] 杨立新："医疗管理损害责任与法律适用"，载《法学家》2012 年第 3 期。

措施、医疗风险、替代医疗方案等,都属于医学专业知识,法官从其一般常识出发,无法做出评判,需要具有相同知识的专家进行分析,因此,本条文规定的内容属于专门性问题。

在司法鉴定中,必须要注意到,侵犯患者知情同意权并不一定导致损害的发生,必须要结合是否存在技术性损害统一分析。具体而言,可以分为以下三种情况讨论:①告知存在缺陷,不存在技术损害,且医疗措施符合诊疗规范中的最佳方案,对患者有益,不宜评定参与度;②告知存在缺陷,医疗措施符合诊疗规范中的最佳治疗方案,但造成被侵害人机体痛苦,参与度不宜超过 B 级;③告知存在缺陷,同时存在技术损害(包括治疗方案选择不当、操作过失等情形),造成患者死亡或残疾,参与度在参考范围内取上限。

下面就是一则医方未履行告知义务,但其过错与患者主张之损害无因果关系的案例。

某司法鉴定中心法医临床鉴定意见书[1]

一、病历摘要

北京某医院住院病案载(病案号:xxxxxx):入院日期:2005 年 3 月 10 日,出院日期:2005 年 3 月 14 日。主诉:第一胎,孕足月,右侧腰腿痛伴不规律下腹痛 7 + 小时。查:腹软,可扪及不规律宫缩,右下腹无明显压痛及反跳痛,宫高 34cm,腹围 100cm,LOA,胎心 140 次/分,内诊:宫颈未消,宫口未开,未破膜。初步诊断:孕 1 产 0 孕 38 + 3 周 LOA。先兆临产。坐骨神经痛。诊疗计划:完善辅助检查。左侧卧位,吸氧,自测胎动。向上级大夫汇报病情,核对孕周无误,估计胎儿中等大小,骨盆各径线未见异常,枕位正,可自娩。2005 年 3 月 10 日术前小结:患者右侧腰腿痛剧烈,不能耐受,要求手术,可适当放宽手术指征。2005 年 3 月 10 日行"子宫下段横切剖宫产术 + 右侧附件切除术",术中见右侧卵巢囊肿扭转四周,呈暗紫色。2005 年 3 月 11 日 9 时:根据术中探查,右卵巢囊肿扭转合并妊娠诊断成立,术后腰腿痛消

---

[1] 选自"司法鉴定关键技术"(编号:2012BAK16B02 - 2)数据库。

失，考虑右腰腿痛系扭转的卵巢囊肿嵌在右髂窝压迫坐骨神经所致。2005年3月16日病理检查报告单：（右）卵巢单纯性囊肿，囊壁广泛充血、出血，慢性输卵管炎。出院诊断：右卵巢囊肿扭转合并妊娠。

二、检验过程

我中心于2012年1月5日邀请有关专家共同召开听证会，医患双方代表到会并分别陈述，专家就有关问题进行询问。

患方争议要点：①患方同意要做的是剖宫产术，医方没有告知患方要做卵巢切除手术；②根据2005年3月10日，即剖宫产术后，送检的病理标本，右侧卵巢为单纯性囊肿，慢性输卵管炎；③医方侵犯了患方的知情权，违反了告知义务；④患方被切除卵巢时，年仅23周岁。

医方争议要点：①诊疗行为符合常规无过错；②自身疾病导致右附件切除，为必然唯一选择；③无手术切除以外治疗方案。

三、分析说明

根据现有鉴定材料，结合听证会双方陈述及专家询问，分析认为：

1. 据现有病史资料，被鉴定人周某妊娠合并右侧卵巢囊肿扭转诊断明确。术前被鉴定人存在右侧腰腿痛伴不规律下腹痛，临床检查腹软，无肌紧张，无压痛及反跳痛，其症状及体征不典型，诊断困难，被鉴定人腰腿痛剧烈，难以耐受要求手术，且其孕足月，行剖宫产不违反诊疗常规。

2. 卵巢囊肿扭转为卵巢囊肿的并发症，一经确诊，应急诊手术，一般切除患侧附件，个别情况下，扭转较轻，表面尚未变色，可考虑保留卵巢。本例术中发现卵巢囊肿扭转4周，表面呈暗紫色，提示完全扭转，血运障碍，符合手术切除指征，且手术切除为唯一合理且必要的治疗方案，北京某医院行手术治疗符合医疗常规。

3. 医方术中发现卵巢囊肿扭转并行切除术未履行相应的告知义务，属医疗过错。

综上所述，北京某医院在对被鉴定人周某的诊疗行为中未履行相应的告知义务，属医疗过错，但其右侧附件切除系自身疾病临床转归，与医方上述过错无因果关系。

四、鉴定意见

北京某医院在对被鉴定人周某的诊疗行为中未履行相应的告知义务，属医疗过错，但其右侧附件切除系自身疾病临床转归，与医方上述过错无因果关系。

案例评析：

本案中，患者在手术中发现存在卵巢囊肿、血运障碍的急症，需急诊手术，该治疗是为缓解患者病痛、拯救其生命的唯一选择，因此，尽管医疗机构在告知上存在不足，但其措施没有违反规范，患者在接受治疗后生命健康得以恢复，虽然存在附件切除的事实，但不属于损害后果，为疾病的临床转归，故与医方过错之间无因果关系。

三、《侵权责任法》第56条

"因抢救生命垂危的患者等紧急情况，不能取得患者或者其近亲属意见的，经医疗机构负责人或者授权的负责人批准，可以立即实施相应的医疗措施。"

《侵权责任法》第56条规定了紧急情况下医务人员的处置权。其中"不能取得患者或其近亲属意见的"，在实际工作中存在很大争议，奚晓明在《侵权责任法逐条解读》中对该条款作出了明确的解释，有助于审判人员在实际工作中予以把握。本条不能简单地归入医疗技术损害责任或医疗管理损害责任。

在实际临床工作中，与本条关系最直接的情况表现在以下方面：在无法获得患者近亲属意见，或者患者近亲属明确表示拒绝治疗的情况下，医务人员不予实施相关治疗措施，导致患者损害。最典型的案例是杨丽云于朝阳医院死亡一案。尽管没有获得相关授权，但医务人员拒不实施救治的行为已经明显违反了本条的规定，并导致患者死亡的损害后果。从这一点上来看，本条规定的应当属于医疗管理责任的范畴。而医疗管理损害，本身并不涉及复杂的医学知识和医学技术，仅仅是行政管理层面的过错，属于法官从一般知识角度出发即可解决的问题，因此不属于鉴定的范畴。

四、《侵权责任法》第57条

"医务人员在诊疗活动中未尽到与当时的医疗水平相应的诊疗义务，

造成患者损害的，医疗机构应当承担赔偿责任。"

本条是关于医疗技术损害责任中，医疗过错认定的内容，该表述的核心仍为"注意义务"的问题。一般侵权法上把过失定义为对注意义务的违反，"注意义务"是一种法律上的义务，是指法律、法规及社会日常生活所要求的为一定行为或者不为一定行为时应当慎重留心，以避免危害社会结果发生的责任。

本条中的"与当时的医疗水平相应"的规定，是关于医疗机构医疗水准的规定，也是法医师在进行医疗损害技术鉴定时，判断医方过失的审查标准。该条文的另一种表述为"判断某种医疗行为是否达到与其资质相应的医疗水准"。在司法鉴定工作中，如何认定医疗机构的水准一直存在争议，部分学者主张应将全国医疗机构放在同一水平线上进行认定，以便于操作以及医疗机构水平的提高。另有部分学者主张，考虑到我国经济文化水平的发展不平衡，将基层医院与经济发达地区三甲医院的医疗水平以同一标准考察是不公正的。笔者认为，对于医疗水准的考察，应分为两部分：①属于我国诊疗规范规定的内容，应视为基本要求，强制执行；②超出基本要求的部分，宜参照医疗机构所在地域分别对待。

五、《侵权责任法》第58条

"患者有损害，因下列情形之一的，推定医疗机构有过错：（一）违反法律、行政法规、规章以及其他有关诊疗规范的规定；（二）隐匿或者拒绝提供与纠纷有关的病历资料；（三）伪造、篡改或者销毁病历资料。"

本条是关于过错推定的相关规定，需要注意的是，医疗机构是否存在以上情形，以及是否与患者损害之间存在因果关系，仍需要患方首先进行举证。

第1项中是否违反法律、法规、规章的强制性规定，可以视为简单的事实认定，但是否违反诊疗规范，法官则可能无法进行判断。同时，根据侵权责任四要件，医方承担赔偿责任的条件不但是存在过错，还需要明确该过错与患者损害后果之间的因果关系，而因果关系，则需要具有专门知识的专家予以判断。

本条第 2 项，隐匿、拒绝提供等情形均属于简单的事实认定，法官通过一般性常识可以直接判断。

本条第 3 项的情况比较特殊。伪造、篡改医疗文书，不但包括客观上的行为，也包括主观上的故意，其目的是为了掩盖事实，逃避处罚。通过法医学的痕迹学检验等方法，可以判断病历资料是否存在与病历书写规范不符之处，如笔迹不符、朱墨时序存疑等，但是，"伪造、篡改"是主观故意的行为，对医务人员主观恶意的判断，已经超出专门性问题的范围，应由法官结合案件事实进行判定。

六、《侵权责任法》第 59 条

"因药品、消毒药剂、医疗器械的缺陷，或者输入不合格的血液造成患者损害的，患者可以向生产者或者血液提供机构请求赔偿，也可以向医疗机构请求赔偿。患者向医疗机构请求赔偿的，医疗机构赔偿后，有权向负有责任的生产者或者血液提供机构追偿。"

本条规定的是医疗产品损害责任，其中涉及缺陷产品的确认。药品、消毒药剂、医疗器械是否存在缺陷，属于产品质量问题，应由质监部门指定的鉴定机构通过专门设备进行分析，并参照国家强制性质量标准进行判断确认，尽管质量缺陷也属于专门性问题，但却超出一般司法鉴定机构的能力范围，不属于常规鉴定项目。

在司法实践中，存在以下情形：药品或医疗器械存在瑕疵，同时临床医务人员在使用该产品时存在技术上的过错，如使用方式不当、药品剂量超标等情形。比较典型的是在使用钢板进行骨折断端固定时，钢板强度不足，同时医务人员的骨折对位不佳，或者术后告知不足，患者断肢过早受力而导致钢板断裂。如果发生医疗产品损害和医务人员技术损害竞合的情形，笔者认为应首先委托质监部门指定的鉴定机构明确是否存在质量瑕疵，在此基础上再进行医疗损害技术鉴定。

七、《侵权责任法》第 60 条

"患者有损害，因下列情形之一的，医疗机构不承担赔偿责任：（一）患者或者其近亲属不配合医疗机构进行符合诊疗规范的诊疗；（二）医务人员在抢救生命垂危的患者等紧急情况下已经尽到合理诊疗义务；（三）限于当时的医疗水平难以诊疗。前款第一项情形中，医疗机构及其医务人员也有过错的，应当承担相应的赔偿责任。"

本条规定了医疗技术损害责任中，医疗机构的免责情形。在医疗活动中，患者出现的死亡残疾等损害后果，可能是有多种原因共同构成，除了医疗机构的过错因素之外，还可能有患者主观因素、特异性体质、医疗意外等因素，如果要求医疗机构对全部损害承担赔偿责任，显失公平，也不利于医学的长久发展。

医疗损害技术鉴定中，分析医疗过错与损害之间因果关系时，以原因力理论为理论基础。法医师必须对案情进行全面分析，考察是否存在本条款规定的医疗机构免责情形，医疗机构是否存在过错，再结合原因力理论进行分析，最终做出医疗行为是否存在过错、是否与患者损害后果之间存在因果关系以及具体参与度的分析意见。

八、《侵权责任法》第61条

"医疗机构及其医务人员应当按照规定填写并妥善保管住院志、医嘱单、检验报告、手术及麻醉记录、病理资料、护理记录、医疗费用等病历资料。患者要求查阅、复制前款规定的病历资料的，医疗机构应当提供。"

本条规定了医疗机构对病历的保管义务，是医疗机构管理责任的一部分。

病历记载了患者在医疗机构诊断、检查、治疗的经过，以及医疗措施、药物使用、患者病情等基本信息，根据我国病历保管的相关规定，住院病例应由医疗机构保管，门诊病历由患者本人保管。病历是医疗损害技术鉴定的基础检材。病历的伪造、篡改、丢失等情况都会导致事实无法还原，而病历的保存方对此应承担责任。

由于住院病历一直由医方保存，部分患者不了解病历封存、复印的相关规定，在医疗纠纷发生后，没有及时封存，病历始终处在开放状态，使医疗机构对病历完善、修改甚至篡改成为可能，这在一些管理混乱的基层医院较为常见。因此，在医疗损害技术鉴定中，常有患者对病历真实性提出质疑。"真实性"是带有主观色彩的词汇，其反面词汇是"虚假病历"，即《侵权责任法》第58条第3款规定的情形，病历真伪不属于司法鉴定所解决的专门性问题范围。同时，一些医疗机构病历保存不善，因漏雨、装修渗水、火灾导致病历毁损，或者病历与护理记录分开保存，一部分出现缺失，都应承担病历保存不善的管理责任。

九、《侵权责任法》第 62 条

"医疗机构及其医务人员应当对患者的隐私保密。泄露患者隐私或者未经患者同意公开其病历资料，造成患者损害的，应当承担侵权责任。"

本条是关于患者隐私权保护的条款，侵犯患者隐私权与侵犯患者知情同意权共同构成医疗伦理损害责任。但对于隐私的保护并不涉及专门性问题，法官凭借一般性常识即可以做出判断，因此，侵犯患者隐私的医疗伦理损害责任不属于司法鉴定的范围。

十、《侵权责任法》第 63 条

"医疗机构及其医务人员不得违反诊疗规范实施不必要的检查。"

本条属于"过度医疗"的规定，为医疗管理责任的一种类型。通常而言，患者在医疗活动中受到损害，被侵犯的是生命权或健康权，但亦有财产权被侵犯的情形，使其现有的财产利益减少或者预期利益减少。医疗机构违反诊疗规范所实施的过度检查，主观是故意的，其目的是更多的获得经济利益，或者为可能发生的医疗纠纷采取保护性防范措施。对检查项目必要性以及不同检查设备选择进行评价专业性较强，将其纳入司法鉴定范畴，聘请临床医学专家出具意见，基本是"鹦鹉学舌"的情况，同时，《司法鉴定程序通则》等规范性文件亦未规定相关的鉴定内容，因此，不宜归入司法鉴定范围。

十一、《侵权责任法》第 64 条

"医疗机构及其医务人员的合法权益受法律保护。干扰医疗秩序，妨害医务人员工作、生活的，应当依法承担法律责任。"

本条是关于医疗机构及医务人员合法权益保护性条款。

目前我国医患矛盾日益突出，医闹频繁，一个重要的原因是司法权威性得不到保障，司法机关和鉴定机构为了避免投诉，息事宁人，经常

会做出有违事实的鉴定意见。由于司法鉴定缺乏统一的理论及技术体系，各个鉴定机构出具的意见经常互相"打架"，重复鉴定、反复鉴定层出不穷。

杜绝医闹，保护医疗机构的合法权益，不但要建立统一的医疗损害技术鉴定体系，还应该建立医疗纠纷调解前置程序，在司法审判制度之前设立强制性的调解或仲裁制度，最大限度保障司法权威性。

第三章
医疗损害技术鉴定中的过错认定

第一节 医疗过错概述

一、医疗过错的概念和类型

构成医疗损害责任，医疗机构及其医务人员必须具备医疗过错要件。这是法律对医疗机构实施违法诊疗行为主观心态的谴责，正因为医疗机构及其医务人员具有医疗过错，法律才对医疗机构科以侵权责任，以示谴责。如果在诊疗行为造成患者损害中，医疗机构及其医务人员没有过失，医疗机构就不承担医疗损害责任。[1]

医疗损害责任中的主观过错要件表现为医疗机构及其医务人员在诊疗护理中的故意或者过失。医疗过错主要是过失，这是因为医学伦理道德要求医师"视病如亲"，"永不存损害妄为之念"。[2]如何界定医疗过错的概念，可以参考美国法的做法。美国法对医疗过错使用

---

[1] 杨立新：" 医疗损害责任构成要件的具体判断"，载《法律适用》2012年第4期。

[2] 张新宝：" 大陆医疗损害赔偿案件的过失认定"，载（台）朱柏松等：《医疗过错举证责任之比较》，元照出版公司2008年版。

medical malpractice，《元照英美法词典》定义为：专业人员失职行为，通常指医生、律师、会计师等专业人员的失职或不端行为。专业人员未能按该行业一般人员在当时情况下通常应提供的技能、知识或应给予的诚信、合理的服务，致使接受服务者或有理由依赖其服务的人遭受伤害、损失的，均属失职行为。包括各种职业上的违法、不道德、不端行为，和对受托事项不合理地缺乏技能或诚信服务。[1]这是一个英美法式的概念界定，不大符合我国侵权法的概念界定方法，但可以借鉴其内容。在日本，医疗过错也叫作诊疗过误，是指医生在对患者实施诊疗行为时违反业务上必要的注意义务，从而引起对患者的生命、身体的侵害，导致人身伤亡后果的情形。[2]在我国，有人认为，医疗过错是指医务人员应当预见到自己的行为可能发生严重不良后果，因为疏忽大意而没有预见或者已经预见而轻信能够避免的心理态度。[3]或者认为是指医护人员在医疗过程中违反业务上的必要注意义务，从而引起对患者生命、身体伤害的情形。[4]或者认为医疗过错是指医务人员主观上缺乏职业所必要的理智、谦和、谨慎。

笔者认为，医疗过错是指医疗机构在医疗活动中，医务人员未能按照当时的医疗水平通常应当提供的医疗服务，或者按照医疗良知、医疗伦理，以及医政管理规范和管理职责，应当给予的诚信、合理的医疗服务，没有尽到高度注意义务的主观心理状态，以及医疗机构存在的对医务人员疏于选任、管理、教育的主观心理状态。对此，《侵权责任法》第57条作了明确规定："医务人员在诊疗活动中未尽到与当时的医疗水平相应的诊疗义务，造成患者损害的，医疗机构应当承担赔偿责任。"其中关于"医务人员在诊疗活动中未尽到与当时的医疗水平相应的诊疗义务"的规定，就是对医疗过错的明确规定。医疗过错具有以下法律特点：

1. 医疗过错的主体是医疗机构和医务人员。医疗损害责任的基本

---

[1] 韩波主编：《元照英美法词典》，法律出版社2003年版，第888页。

[2] 乔世明：《医疗过错认定与处理》，清华大学出版社2003年版，第1页。

[3] 梁华仁：《医疗事故的认定与法律处理》，法律出版社1998年版，第64~65页。

[4] 王敬义："医疗过错责任研究"，梁慧星主编：《民商法论丛》（第9卷），法律出版社1998年版。

特点是替代责任，因此，医疗过错也存在替代责任的特征，即医疗过错既表现在医疗机构身上，也表现在医务人员身上。事实上，只要医务人员构成医疗过错，医疗机构就存在选任、管理和教育的过失。医疗过错体现在医疗机构和医务人员这两个不同主体的主观状态中。

2. 医疗过错是主观要件而不是客观要件。医疗过错是侵权责任构成中的主观要件，因此，它必定是一个主观概念而不是客观要件。医疗过错就是医疗损害责任的主体即医疗机构及其医务人员在主观上的心理状态，而不是客观行为。

3. 医疗过错的认定通常采用客观标准。尽管医疗过错是主观概念，但由于医疗机构负有高度注意义务，因此，认定医疗过错通常不是依主观标准，而是依客观标准进行。通常是以医疗卫生管理法律、行政法规、部门规章和诊疗护理规范、常规等对于医疗机构注意义务的规定为标准，或者以医疗机构及其医务人员应尽的告知、保密等法定义务为标准，或者以管理规范和管理职责为标准，只要医疗机构及其医务人员未履行或者违反这些义务，就被认为是有过失。同时，医疗过错的判定与医疗道德有一定关系。法律、法规、规章、规范以及常规缺乏具体规定时，一般要借助于医疗道德对医务人员的行为进行约束，因此，恪守医疗服务职业道德就成为医务人员的行为准则，一些医疗道德规范上升为医务人员的注意义务，成为判断医疗过错的标准。[1] 尽管如此，仍不排除在认定医疗过错上的主观标准的适用。例如，手术器具、物品遗留于患者体内，足以证明医务人员具有过失，以及医务人员故意侵权，均为主观标准认定医疗过错。

4. 医疗过错分为医疗技术过错、医疗伦理过错、医疗产品质量过错和医疗管理过错，分别采取不同标准。医疗机构及其医务人员在医疗活动中承担高度注意义务。通常认为，高度注意义务是比善良管理人的注意更高的注意义务。确定这一注意义务的标准，就是当时的医疗水平。在日本，确定医疗技术过错不采用医学水准而采医疗水准。医疗水准是指关于已由临床医学水准加以解明之诸问题，基于医疗实践之普遍

---

[1] 张新宝："大陆医疗损害赔偿案件的过失认定"，载（台）朱柏松等：《医疗过错举证责任之比较》，元照出版公司2008年版。

化,经由经验研究的不断积累,且有专家以其实际适用的水准加以确定者。亦即现在业已一般普遍化的医疗而得为实施的目标,在临床尚可为论断医疗机关或医师责任基础的水准。[1] 界定医疗水平可以参照这样的定义。确定医疗过错,应以实施诊疗行为当时的医疗水平为标准,同时适当参考地区、医疗机构资质和医务人员资质,确定医疗机构和医务人员应当达到的注意义务,违反之,即为存在医疗过错。在医疗伦理损害责任,医疗过错则是违反告知、保密以及其他注意义务,其标准是医疗良知和医疗伦理,而不是技术规范。在医疗管理损害责任,医疗过错是违反管理规范和管理职责的不注意心理状态。

二、医疗损害中的故意和过失

医疗损害责任的过错主要表现为医疗机构及其医务人员在诊疗活动中的过失,但也包括故意。

1. 医疗损害中的故意。医疗损害责任中的故意,是医疗机构及其医务人员已经预见违法诊疗行为的结果,仍然希望它发生或者听任它发生。故意泄露患者隐私,故意实施不必要检查,故意实行过度医疗,都是故意的侵权行为。

医务人员具有侵害患者生命权、健康权故意,在诊疗行为中故意致害患者的,构成伤害罪或者杀人罪,对其个人不能以医疗损害责任对待,但医疗机构应当承担医疗损害责任。这种情况并不多见。

2. 医疗损害中的过失。医疗过错主要表现在负有诊疗护理职责的医务人员的主观状态中。医疗机构作为责任人,也应具有过失,但这种过失是监督、管理不周的过失,通常采推定形式。医疗机构及其医务人员不具有过失就不构成医疗损害责任。医疗过失的形式既可以是疏忽,也可以是懈怠,都是对患者应尽注意义务的违反。

医疗机构及其医务人员负有的注意义务,都必须是善良管理人的注意义务甚至是高于该注意义务的高度注意义务,违反者即为有过失。医

---

[1] [日]新美育文:"医师的过失——医疗水准论为中心",载《法律论集》第71卷第4、5合并号,转引自(台)朱柏松等:《医疗过错举证责任之比较》,元照出版公司2008年版,第23页。

务人员在诊疗活动中应当尽到的义务诸如告知义务、救助义务、与当时的诊疗水平相应的诊疗义务、为患者保密义务、填写和保管病历资料义务，等等。这些义务都属于高度注意义务，要求医疗机构及其医务人员在实施诊疗行为时极尽谨慎、勤勉义务，尽力避免损害发生。违反这一注意义务就构成过失。是否尽到了善良管理人的注意义务即是否有过失，应当依客观标准判断。这个客观标准，就是医疗卫生管理法律、行政法规、部门规章和诊疗护理规范，特别是医疗卫生管理的部门规章、诊疗护理规范，是判断医疗过错的基本依据。只要违反了这些规章和规范的规定，就认为其有过失。

三、医疗机构的过错和医务人员的过错

《侵权责任法》第54条对过错的表述是"医疗机构及其医务人员有过错的"。这个规定，究竟是指医疗机构的过错，还是医务人员的过错，抑或医疗机构及其医务人员均须有过错，不无疑问。有的认为，医疗损害责任的过错是指医务人员在诊疗活动中所具有的故意或者过失，不考虑医疗机构的过错；[1] 有的认为，医务人员的过错应当认定为医疗机构的过错；[2] 有的认为医疗机构及其医务人员均有过错。[3] 将医疗损害责任的过错解释为医务人员的过错，医疗机构无须具备过错要件，显然不符合《侵权责任法》第54条的要求。

将医务人员的过错直接解释为医疗机构的过错，也并不适当。笔者认为，在通常情况下，医疗机构和医务人员均须具有过错，才能构成为医疗损害责任。医疗机构的过错，一般表现为对医务人员的选任、管理、监督的不周，当然也有故意，如医院鼓励或者放任医生进行过度医疗和过度检查。医务人员的过错，既表现为过失，也可能表现为故意。在司法实践中，应当着重于认定医务人员的过错，医务人员具有故意或者过失的，医疗机构即具有选任、管理、监督的过失，如果主张医疗机构有其他过错的，应当予以证明。

---

〔1〕 周友军：《侵权法学》，中国人民大学出版社2011年版，第19页。
〔2〕 张新宝：."大陆医疗损害赔偿案件的过失认定"，载（台）朱柏松等：《医疗过错举证责任之比较》，元照出版公司2008年版。
〔3〕 张新宝：《侵权责任法》，中国人民大学出版社2010年版，第234页。

四、过错程度及意义

过错有轻重之分。医疗机构及其医务人员的过错程度不同，会对承担赔偿责任有一定的影响。

故意为最重的过错，应承担的侵权责任最重。在故意中，直接故意和间接故意的过错程度也有所不同，直接故意重于间接故意。

重大过失次之。因重大过失所为的行为，为较重的过错，应分担的责任轻于故意，重于过失。确定重大过失的标准，亦应以当法律要求负有较高的注意标准，医疗机构及其医务人员不但没有遵守较高的注意标准，而且连较低的注意标准也未尽到，即为重大过失。例如，医务人员将手术器械遗忘在剖腹手术患者的腹腔内，连普通人的注意义务也未尽到，为重大过失。

过失再次之。学理上将过失分为主观过失和客观过失。违反善良管理人的注意义务和违反与处理自己的事务为同一注意义务，均构成过失，属于中等程度的过失，轻于重大过失，重于一般过失。

一般过失为最轻的过失。确定一般过失的标准，是负有较高注意义务的行为人虽然未尽此义务，但未违反普通人应尽的注意义务。这就是一般过失。

在医疗损害责任中，医疗机构及其医务人员的过错程度轻重，具有以下意义：第一，具有过错即构成医疗损害责任，但某些情况下，医疗机构及其医务人员具有故意或者重大过失可能要承担更重的责任，例如，故意造成患者损害，可能要承担较高的精神损害赔偿责任；第二，在医疗机构及其医务人员的违法诊疗行为与其他行为结合构成共同侵权时，应当根据过错程度的不同，再加上原因力大小的因素，综合评断共同责任的分担，能够达到公平、合理、准确的价值评断标准的要求；第三，在医疗机构及其医务人员的过错是造成损害的原因，但受害患者及其家属的行为也构成损害原因的，不论是否构成过失相抵，都应当根据医疗机构及其医务人员的过错程度，确定适当的赔偿责任。

第二节 医疗过错的判定原则[1]

一、"专业判断"的原则

法官依法而有权威,鉴定人则因具备专门知识而有权威。[2] 遵循"专业判断"的原则是司法鉴定的基本原则之一,在医疗损害技术鉴定中,此点尤为突出与重要。

对医疗行为得与失的判断,要充分尊重医学科学自身的规律与特征,应主要进行专业判断,而避免过多地应用法学原理,避免过多地考虑社会影响、媒体导向等因素的影响。

我国司法鉴定人的地位、属性基本等同于大陆法系的鉴定人,鉴定人常常作为法官事实审的辅助人的身份而出现。在大陆法系[3] 国家,其司法鉴定人职责范围仅包含案件的要件事实进行判断、鉴定。司法鉴定程序中,主观规则性要件属于法律上的判断,鉴定人无权进行认定,否则鉴定人就侵犯了法官的法律适用权,超越了鉴定人的职责。在我们国家目前情况下,医疗损害技术鉴定常常出现"司法鉴定"与"法庭审判"的边界之争,即司法鉴定人越权探究法律问题,认定行为人存在过错,如认定"某医务人员不具有某类行医资格,故其医疗行为存在过失,并与患者的不良后果存在直接因果关系"等等。此即医疗损害技术鉴定回避其应该解决"专业问题"的职责,相反却越权行使法官的权力,此种鉴定情形,在医疗过失技术鉴定时并不少见,也是医疗损害技术鉴定常常被诟病的症结之一。

司法鉴定存在的意义在于解决事实问题。在普通法国家,法官在排除专家证人意见时使用最多的规则之一就是"普通知识规则"。"如果一个专家的意见能够给法官或陪审团提供其知识或经验范围以外的科学知识的话,那么这种意见就具有可采性。如果法官或陪审团在没有别人

---

[1] 王旭:"医疗过失鉴定需遵循的原则",载《证据科学》2010 年第 4 期。
[2] 朱富美:《科学鉴定与刑事侦查》,中国民主法制出版社 2006 年版,第 34 页。
[3] 宋平:"医疗侵权过错司法鉴定之缺陷与改革",载《中国司法鉴定杂志》2010 年第 1 期。

的帮助下就能对某些事实作出自己的准确结论,那么,法庭就不需要这方面的专家意见,在这种情况下,如果使用那些用专业行话装饰起来的专家意见的话,只会使得判断变得更加困难。"[1]司法鉴定意见是回答案件中"超出常人(包括法官)经验和知识以外的专业问题"的,作为鉴定人,不可以越权而行使法官的职权。

我们说事实问题(即医学的专业技术问题)不是法律问题。但在医疗损害技术鉴定中,有些问题,确实属于法律问题与事实问题的边界性问题。如"告知的问题",它主要是一个法律问题,当告知与不良后果存在因果关系时,则一定程度上讲属于一个技术问题。如白内障手术,术前视力0.3,术前没有充分告知白内障超声乳化(Phaco)手术可能带来的角膜内皮失代偿的后果,术后发生大泡性角膜变性而失明,此种时候,告知不当与不良后果存在因果关系,属于一个技术问题,应由司法鉴定来解决。但是,如果某项告知,从事实的层面上与后果无关,而司法鉴定不去深究技术层面上的问题,单纯就告知而作法律上的判断,其解决的不是"专门性问题",司法鉴定就失去了其存在的意义。

医学作为一门自然科学,有其自身的科学规律及特征。这些规律及特征是在医疗损害技术鉴定中必须予以充分关注与考量的。医学是复杂的,有人说:人类对天体世界有多少未知,就对人体本身有多少未知。对待这样一门未知的领域,在鉴定时,应充分考量人体科学的未知性即医学的复杂性,从而给予适当的、合理的技术评判,是必要的。对"医疗过失"过于苛刻、刻板的评价都难免会使鉴定有所偏颇、甚至错误,长远来讲,会阻碍医学的整体发展。

二、以"注意义务"作为医疗过失判断的基本准则

1. 一般侵权法上把过失定义为对注意义务的违反。注意义务,是一种法律上的义务,是指法律、法规及社会日常生活所要求的为一定行为或者不为一定行为时应当慎重留心,以避免危害社会结果发生的

---

[1] 常林:"司法鉴定意见问题研究",载常林主编:《司法鉴定案例研究——首届鼎永杯优秀司法鉴定文书精选》,中国人民公安大学出版社2008版,第32~34页。

责任。

日本最高法院1961年3月16日对东大医院输血梅毒感染一案的判决，[1] 对医方的注意义务的内容进行了抽象性地概括。该判决认为：从事人的生命及健康管理业务的人，与其业务的性质相对照，要求负有为防止危险而在实际经验上必要的最善的注意义务。"最善的注意义务"即成为医务人员注意义务的抽象概括。日本最高法院1969年2月6日对东京某医院某皮肤癌案件的判决，对"最善的注意义务"作了进一步阐述，即作为医生，对于患者的症状应予以充分注意，并在依当时的医学知识，在综合考虑效果及副作用的前提下，确定治疗方法及程度，在万全的注意下实施治疗。

医疗过失的本质属性就是对注意义务的违反，审查注意义务是医疗损害技术鉴定的核心，注意义务的各项内容的审查是判断医疗过失存在与否的鉴定条件。

在我国，上海市高级人民法院于2005年出台的《上海市高级人民法院医疗过失赔偿纠纷案件办案指南》[2]（沪高法民一［2005］17号，以下简称"指南"）中明确指出："医方是否履行其应尽的注意义务是认定医疗过失行为的客观标准。"而对主要注意义务的相应判断标准即为注意标准。在鉴定中，鉴定人应遵循如下的鉴定思路与流程。

（1）医疗卫生管理法律、行政法规、部门规章、诊疗护理规范中规定的医方的注意义务是判断医疗过失行为的具体标准，是判断医疗过失的依据。

针对不同类型的医疗行为，上述标准略有不同，分为一般注意义务和特殊注意义务，前者包括就诊、诊疗、治疗、手术、注射、抽血、输血、放射线治疗、麻醉、调剂药物、护理过程等过程中的注意义务；后者包括说明义务、转医义务、问诊义务等。

（2）医方对患者进行的医疗活动，是否达到与其资质相应的医疗水准，是否尽到符合其相应专业要求的注意、学识及技能，是判断医疗

---

[1] 臧冬斌：《医疗犯罪比较研究》，中国人民公安大学出版社2005年版，第113页。
[2]《上海市高级人民法院医疗过失赔偿纠纷案件办案指南》（沪高法民一［2005］17号）。

过失行为的抽象标准。

作为判断医疗过失的抽象标准，是指"一般注意程度"的标准。"指南"中指出，一般注意程度的标准就是日本松仓教授提出的"医疗水准"，在美国称之为医护人员职业行为标准，即医务人员于医疗之际，其学识、注意程度、技术以及态度，均应符合具有一般医疗专业水准的医务人员在同一情况下所应具备的标准，它是医疗界公知公认的诊疗标准。

（3）、医方的注意义务除来源于卫生管理法律、法规、部门规章、诊疗护理常规外，还来源于医学文献的记载。

医学文献是指符合医学水准的医学、药学书籍、文章、药典等，其中有关各种治疗方法的记载、药品使用的说明等，是医方在实施医疗行为时所必须要遵守的。

2. 上述卫生法律、法规，诊疗护理常规规定的注意义务，以及医学文献规定的注意义务，共同组成了医疗业务上的注意义务。在医疗注意义务的三个组成部分中，以卫生法律等规范性法律文件、诊疗护理常规所规定的注意义务为主，以医学文献和业内共识所规定的注意义务为补充。但是，它们所规定的注意义务在法律上、在鉴定中具有同等价值，对任何一种注意义务的违反均构成医疗过失。

在鉴定中，评判医方的注意义务时，还需要注意以下几点。

（1）在医疗诊断和治疗领域里，有可能出现真正的不同意见。一名医生不能仅仅因其所作出的结论与该医学部门的其他医生的意见不同而被认为有过失，即不同医学学派的争论不能成为判断是否违反注意义务的标准。

（2）医方对于医学新知识的无知不影响对其未履行注意义务的确认（即过失的确认），"一名医生不能顽固地继续用陈旧的被淘汰了的技术进行治疗"。

（3）医学上的危险已被合理证实时，虽未普及为一般医生所明知，如果实行医疗行为的医生处于能够知悉之状态时，亦有预见义务，也即医方应尽最大的注意义务为患者提供医疗服务，"如果一名医生未能施展他具有的或声称具有的医术，他就违反了对治疗病人的注意义务，这样他便被认为是有医疗过失"。

（4）注意义务有时在于预见结果发生的可能性，损害结果的发生，本质上属于概率问题，发生的概率越高，应注意的程度越高。例如，医方在为患者伤口做手术时，未对医疗器械进行消毒，此种情况发生感染的概率极高，此种做法即属于违反注意义务。

（5）医疗行为包括诊断、治疗前的检查，治疗方案的选择，治疗后的管理等行为，各种行为对患者的人身均有可能产生危险，因此注意义务的范围应及于医疗行为之全部。

（6）医生需放弃导致危害结果发生的危险行为，这是结果避免义务的基本内容。如，当医方在自身及客观条件均不具备的情况下，对患者实施高难度的医疗行为，即属于未放弃导致危害结果发生的危险行为的情形。

三、以"是否尽到与当时的医疗水平相应的诊疗义务"为审查原则

1. 诊疗行为与其资质相适应，即"合理性"。"合理性"指合理的注意与技能，强调的是"通常的注意"即通常的技能、知识、经验。因此在鉴定中，不能用专科医生的水平来要求普通医院医生或者其他非本专科医生的诊疗水平，不能用高级别医生的诊疗水平来要求低级别医生的诊疗水平，而应以医疗常规为准。然而，医生不可忘记，在遇到困难时有请教更有经验的上级医生或其他医生的义务。

至于医务人员专攻领域的认定，应以其执业登记注册的范围为标准。非该科医生对患者的病况不具有足够的能力自己判断的，对患者有说明及转诊的义务。对于某一特定医疗领域内的专门医务人员，法律所要求的注意能力程度是相同的。以该领域的一般医疗水准，即作为该领域医务人员所通常应具备的知识与技能作为判断基准。若医务人员水平低于该医疗水准即可认定过失的存在。

2. 充分考量地域上的差异，即"地域性"。"地域性"指不同地区由于经济、文化发展状况存在相当的差距，医疗机构的硬件设施以及医务人员的技术知识水平、医疗经验等也存在相当的差异。因此，不能以发达地区尤其是大城市的医疗机构医务人员的技术或知识水平、医疗经验为依据，而应以同地区或类似地区（指发展水平大致相当，环境、习俗相似的地区）的医疗机构医务人员的技术或知识水平、医疗经验

为准。

一般来说，大城市中先进的医疗技术普及率较高，因而医疗水准也更高。相反，农村地区的医疗水准则较低些。因此，在医疗损害技术鉴定时，应当放宽对农村医务人员实施医疗行为时所考量的注意义务的水准。当然，也并不是意味着乡村诊所或乡村医生就不需要尽注意义务，至少其在人员水平、物质配置不足的情形下，有转诊的义务。而违反此义务导致延误诊断、延误治疗，仍应承担相应过失的责任。

同时，我们需要强调的是"地域性"原则，不应涵盖医生责任心的内容，即经济发达地区与落后地区的医生，仅在医疗技术的层面上有地域性的考量，在医疗责任心方面不应有地域的差距。

3. 诊疗行为与医院等级相适当。在教学医院或大医院从业的医生，他们有相对充裕的医疗设施，有更多的研习机会。等级愈高的综合性大型医疗机构的设备愈精良、人才愈丰富。与此条件相对应的是，当患者到这些医疗机构内就诊时，期待在合理的程度内获得更佳的医疗服务的诉求越明显。反之，在小型医疗机构内、治疗水平低下也是正常的。这种治疗能力上的差距，在认定医疗过失时应予以充分考虑。尤其当基层医院的医务人员依自己的能力充分地履行了注意义务，就只能依其实际医疗水准而不是大型医疗机构的医疗水准来认定其医疗过失的存在。

4. "时间性"。即审查"注意义务"时，应以医疗纠纷事件发生当时的医疗水平为基准来审查，以"当时的"医务人员所应具备的知识、技能、经验来作为判断依据。引用的文献也应以"当时"事发前所公开发表的为准。

四、"医疗紧急处置行为的宽泛性"原则

医疗行为与其他业务活动相比，常常具有紧急性的特点。在对患者进行急救时，诊疗时间短暂，医务人员在技术上不可能作出十分全面的考虑与安排。在医务人员需要迅速决定采取何种急救措施的情况下，他们常常对患者的病情无法详细地检查并作出准确的诊断，此时，就难以要求医务人员的注意能力与平常时期相同。因此，在判断医疗过失时，需遵循"医疗紧急处置行为的宽泛性原则"，即在紧急状态下，对医务人员的注意能力的要求应有所降低。如《侵权责任法》第60条第1款

第 2 项规定：医务人员在抢救生命垂危的患者等紧急情况下已尽到合理诊疗义务的，医疗机构不承担赔偿责任。

除上述情况之外，在紧急情况下，对患者实施了非本专业的医疗行为，这种特殊情况下，对过失的判断标准也应比照该专业领域内的标准有所降低。例如，日本三宅岛[1]一位眼疾患者至妇产科医生处就诊，而岛上并无专门的眼科医生，该妇产科医生要求患者到岛外专门的眼科医生处就诊，患者执意在此就诊，结果该医生未能查出患者患青光眼。东京地方法院判决认为，对该妇产科医生不能要求与眼科医生同样的注意义务，且该医生已履行了转医说明义务，因为患者自身的原因未能及时前往专门医院就诊，致使其所患眼疾未能及时被查出，因而认定该医生的医疗行为不存在过失。

那么，非本专业的医务人员在特殊情况下从事该专业领域的医疗行为时，如何认定过失的存在呢？笔者认为：专科医生之业务范围无排他性，但因其注意程度较高，故此，某医生对于非本专业的病症，难以适当诊断及治疗时，应有告知及协助转诊的义务；如果处于边远地区，必须紧急医疗时，如缺乏该专科的医生，实施紧急医疗行为的医生之注意义务，则应考量当时的具体情况，依一般全科医生水准的注意义务为判定的标准。例如，穷乡僻壤，缺少外科医生，内科医生在紧急救治情况下为患者实施外科手术时，其注意义务的判定基准，依一般全科医生的注意能力为基准，纵使手术失败，在鉴定上也不能认定为过失行为。

对于某些特定的新发疾病（如 SARS），过于罕见，医学界尚未掌握对该疾病的诊断与治疗方法，即缺乏现成的医疗水准，所以无法以医疗水准判断医务人员在此情况下其医疗行为是否存在过失。此时，"医生自应本于现阶段各科医疗发展之最高条件予以诊断、治疗"。在鉴定时，应从医务人员是否尽到"最善的注意义务"的角度来考虑医疗过失是否成立。同时，容许具有尝试性特点的治疗方式存在（如 SARS 应用大剂量激素），因而对医务人员的注意能力的要求自然应比普通疾病有所降低。但是，现实生活中有些医院为了经济效益抢病人，收入院的

---

[1] 常林："司法鉴定意见问题研究"，载常林主编：《司法鉴定案例研究——首届鼎永杯优秀司法鉴定文书精选》，中国人民公安大学出版社 2008 版，第 32~34 页。

病人不转走，即便是没有条件救治仍然留该院治疗，进而延误治疗，此时将认定其存在医疗过失。

五、"告知——知情——同意"原则

知情同意权（informed consent），是指患者有权获得自己的病情信息，并对医务人员所采取的治疗措施给予取舍的权利。"知情同意"作为患者权利的重要组成部分，目前已广泛被医学界所采纳。同时，告知义务履行的情况就成为医疗纠纷诉讼中重点考核的内容。

知情同意原则主张患者是医疗的主体而非客体：医生应该尊重患者的自主权，医疗措施要得到患者的知情、同意后方可实施；医生应该将重要的医疗资讯，病情、可能的治疗方案、各方案的治愈率、可能出现的并发症、不良反应，以及不治疗的后果等与患者分享，以帮助患者选择最适合个人生活价值的医疗方案。这个原则应用于医患关系，特别是在医疗手术、麻醉等重大治疗措施时，医方都会要求患者或其家属签署一张同意书，以保证"告知"一事形式上或程序上的合法性。

医疗行为常常具有侵袭性，小到为患者打一针，大到切除患者的患肢，都是对患者人体的"侵害"。而医生的行为之所以具有合法性，来源于以下两点：一方面来源于职务授权，医生的行为是一种职务行为，系依照法律的授权或规定而取得；另一方面，医生行为的合法性则因其履行了告知义务而获得了患方的承诺而具有"违法的阻却事由"。

医方在履行告知义务时，其目的是对患者人权的尊重，患者在行使知情权，则是对医疗行为的理解和约束，两者共同的原则应体现在疗效更佳、安全无害、痛苦最小、经济实惠等目的。

在鉴定中，审查医方是否履行了如下的告知内容：①所患疾病的诊断；②不治疗的后果；③所建议使用的处置措施的目的和方法；④采用所建议的处置措施的预期效果及风险，可能出现的并发症、不良反应等等；⑤除了所建议的处置外，可供选择的其他处置方法，各方案的治愈率；⑥拒绝接受所建议的处置的利与弊，等等。

根据我国目前的临床实践，下列诊疗活动应充分告知，须征得病人及家属的同意：①构成对肉体侵袭性伤害的治疗方法及手段；②需要病人承担痛苦、风险的检查项目；③使用的药物的毒副作用大和个体素质

反应的差异性;④需要暴露病人的隐私部位;⑤从事医学科研和教学活动的;⑥需要对病人实施行为限制的,等等。

六、"并发症的审查"原则

并发症[1]是临床上常用的词汇,也是医疗纠纷中最常提及的问题。那么,什么是并发症?所谓"并发症",是指在某种原发疾病或情况发展进程中发生的、由于原发疾病或情况,或其他独立原因所导致的继发疾病或情况。

1. 从该并发症的定义可以看出,并发症的发生原因是多方面的:①可能是某原发疾病所致,如糖尿病导致视网膜病变、肠梗阻导致小肠坏死等;②可能是因为诊断、治疗措施方法所带来的手术风险,如甲状腺手术导致喉返神经损伤等;③还可能是不当的医疗行为所导致,如处理肩难产时手法不当可能会造成新生儿臂丛神经损伤等等。并发症,有如下特点:

(1) 可预见性。从临床实践来看,绝大部分并发症是可以预见的。比如说,我们翻开外科学,如胃大部切除的术后并发症(术后出血、十二指肠残端破裂、胃肠吻合口破裂或瘘、术后梗阻、倾倒综合征、低血糖综合征、碱性反流性胃炎、吻合口溃疡、贫血、脂肪泻等等),那么,既然在书中明确写到的问题,其一定具有可预知性。同时,可预见性也是并发症与医疗意外的主要区别之处,因为后者常常是难以预见的。

(2) 发生不确定性。并发症是否发生,与现代医学科学技术发展水平、医务人员的诊疗水平、医疗条件、患者的自身体质及地域等诸多因素密切相关,这也正是并发症较之医疗意外更为复杂的原因之一。并发症的发生虽然具有可预知性,但其发生又确实具有随机性,并不是每个人都会发生,也并不是相同的条件下都会发生。

(3) 相对可避免性。并发症并非完全不可避免。随着医学科学技术的发展,人们对疾病认识程度的提高,愈来愈多的并发症通过医务人员的积极努力得以避免发生,使患者得以康复或病情得到缓解,这也是

---

[1] 陈志华主编:《医疗纠纷案件律师业务》,法律出版社 2007 年版,第 278~280 页。

医学科学追求的终极目标。正是因为这一特点，国外有学者甚至将并发症归入"可防范的医疗风险"之列。

2. 在鉴定中，对并发症的审查，仍然为注意义务问题。具体可从以下四个方面分析：

（1）医务人员是否尽到风险预见义务。并发症一般情况下是可以预见的，如甲状腺手术可能会损伤喉返神经等。如果应当预见而未能预见到并发症的发生，则说明医务人员未能尽到结果预见的注意义务而构成医疗过失。具体鉴定时，常常反映在对可能出现的并发症在术前讨论中没有显示，病历中鉴别诊断不充分等等。

（2）医务人员是否尽到风险告知义务。在医疗关系中，患者享有两项基本权利：①充分了解医疗活动所含风险的权利；②获得适当、合理治疗的权利。医院相应负有两项义务：①详尽告知患者手术及特殊治疗的风险，并征得患者对该治疗手段的同意；②进行适当、合理的治疗。医方在履行告知义务时，其目的是对患者人权的尊重，患者行使知情权，则是对医疗行为的理解和约束，两者共同的原则应体现在疗效更佳、安全无害、痛苦最小、经济实惠等目的。如果医务人员未能向患者或家属告知其治疗措施可能带来的医疗风险，则可以认定其违反了法定的告知义务而构成医疗过失。

（3）医务人员是否尽到风险回避义务。即医务人员采取了相应的诊疗措施以尽可能避免并发症的发生。在现实工作中，尤其是目前医患关系紧张的状态下，医生为了自保，常常不缺乏"知情同意书"形式要件，而且尽其所能地给予告知。笔者认为：医生既然给予了告知就要严格按照告知的内容予以防范。例如在剖宫产手术中，手术医生应特别注意防止损伤患者的输尿管；在甲状腺切除手术中，防范喉返神经的损伤等等。

但是，应当注意的是，并发症的可避免性是相对的，在临床实践中，有时即使医务人员对并发症予以充分的注意并采取预防措施仍难以避免并发症的发生。例如：如果甲状腺肿物与周围神经粘连非常密切，则在切除过程中将难以避免神经损伤的发生；还有，在腹腔手术后出现的肠粘连等并发症则是临床难以避免的。在上述情况下，只要医务人员能够证明其在手术中严格遵守了技术操作规范，并对不良后果的发生给予了充分的注意，那么即使发生了并发症，医务人员也不存在过失。

（4）医务人员是否尽到医疗救治义务。在并发症发生后，医务人员是否采取积极的治疗措施以防止损害后果的扩大。以甲状腺中喉返神经损伤为例，因切断、缝扎导致的喉返神经损伤属永久性损害，而因挫夹、牵拉、血肿压迫所致者多为暂时性的，经过适当的理疗等及时处理后，一般可能在3~6个月内逐渐恢复。因此，对于后者，医务人员应当采取积极有效的治疗措施，以最大限度地减少并发症的损害后果。

七、"医疗意外免责"原则

医疗意外是指在诊疗护理工作中，由于无法抗拒的原因，导致患者出现难以预料和防范的不良后果的情况。由于医疗意外常常突然发生，出人意料，意外的病理变化和不良后果使得患者及其家属不能接受、不能理解，这种医疗纠纷在医疗损害技术鉴定中占小部分比例。

与医疗意外相关的民法概念是意外事件，指非因当事人故意或过失而偶然发生的事件。根据《医疗事故处理条例》第33条，医疗意外包括两种情况：①在医疗活动中由于患者病情异常或者患者体质特殊而发生医疗意外；②在现有医学科学技术条件下，发生无法预料或者不能防范的不良后果。

《医疗事故处理条例》第33条第2项同时规定："在医疗活动中……发生医疗意外的"，不属于医疗事故。由此可见，医疗意外如同民法中的意外事件一样，作为一条免责事由，不属于医疗事故。

医疗意外一般具有以下特点：①发生在接受诊疗护理过程中；②发生快、出现后果严重；③病员存在特殊体质或病情；④难以预料和防范。

判断医方在医疗活动中是否存在过失，所考量的依然是注意义务。[1]

1. 医务人员是否充分履行预见危险发生的义务。包括：是否按诊疗常规对患者的身体健康状况进行了相应询问和检查，特别是患者的既往过敏状况、特殊疾病状况进行全面的询问、体检和记载；是否了解使

---

[1] 王岳："医疗意外不能滥用于免责"，载《医药经济报》2006年6月9日。

用的药物和诊疗措施可能出现意外危险性状况，不应认为只要患者存在特殊体质或病情异常就一律认为是医疗意外，也不能将之作为绝对免除法律责任的条件。必须查明医方是否履行了相关的注意义务。

2. 医务人员是否充分履行防止危险结果发生的义务。包括是否严格检查使用的药物、器械的形状与品质；是否对某种意外危险性进行了必要的急救准备；是否对可能出现的意外危险性进行了急救准备，是否按照医学规范与标准进行过敏试验和观察判断结果。

3. 所实施的医疗行为是否符合医学诊疗常规。也就是说，所实施的医疗行为是否符合医学诊疗的要求。如果患者或求医者的病情根本没有必要施行手术、麻醉、输液治疗等，而医疗服务提供者由于个人的目的以及误诊误治的因素实施治疗行为导致医疗意外，那么，这种医疗意外必须承担民事责任，而不属于免责对象。根据"最佳判断原则"还有其他手段加以诊治，没有必要非选择危险性较大的诊疗手段，而医务人员由于其他目的而采取这些措施，与患者的特殊体质或特殊病情结合发生人身损害的，也不能认定为医疗意外。

在鉴定过程中，要充分审查上述三项要求，决定医疗意外是否可免责。由此可见，主张成立医疗意外事件的医方，须证明两个事实：其一，医疗损害的发生归因于医疗机构和医务人员自身以外的原因，即非医方的过失行为，而是由于患者自身体质或病情的原因；其二，医疗机构和医务人员已经尽到他们在当时应当和能够尽到的注意。

八、典型案例评析

某患儿2岁，因发热咳嗽4天入院。检查：体温37.8℃，脉搏124次/分，呼吸30次/分。一般情况尚好，无紫绀。心率124次/分，心律正常，未闻杂音。右肺呼吸音低，双肺未闻水泡音。实验室检查：白细胞12400/mm 中性粒细胞83%。胸透：右肺下肺纹理紊乱。诊断：肺内炎症。给予庆大霉素肌肉注射一日2次及口服药治疗。当晚8时，注射第二次庆大霉素时，患儿哭闹并剧烈咳嗽，继而出现呼吸困难，面部及口唇绀。立即采取输氧、注射洛贝林、安钠咖、人工呼吸等抢救措施。20分钟后，抢救无效死亡。患儿死后，家属提出申诉，认为"打错针致死"。为查明死因，家属同意尸检，尸检发现：总气管内有一被浸泡胀大的豆粒，右侧肺内有炎性改变，左气管内有少许混浊分泌物。患儿死后，医生又进一步追问家属，问出患儿 10 余天前曾有食黄豆并一度出现剧烈咳嗽的病史。

本案中，根据患儿症状、体征、辅助检查及尸检，经治医生所做"肺内炎症"的诊断是正确的，注射庆大霉素符合医疗常规，病儿窒息后的抢救也是积极和正确的，因此，不存在医疗过失。患儿 10 余天前曾有食黄豆并一度出现剧烈咳嗽的病史，与后来尸检结果吻合，也符合气管异物导致继发感染而形成肺内炎症的机理。由于病儿注射时哭闹造成负压，使豆粒从支气管冲入总气管，堵塞呼吸道而产生窒息，导致病儿死亡。因此，患儿的死亡属医疗意外。[1]

---

[1] 王旭："医疗过失鉴定需遵循的原则"，载《证据科学》2010 年第 4 期。

第四章
医疗损害技术鉴定中的因果关系判断

第一节 因果关系理论汇总

一、英美法系因果关系理论

1. 事实因果关系与法律因果关系。英美侵权法的因果关系理论将因果关系分为两个层次：事实上的因果关系和法律上的因果关系。医疗侵权案件，在因果关系的判断上，首先要考虑被告的行为在事实上是否促成了原告所受损害的发生。也就是说，被告的行为是否是造成损害的重要因素，这就是事实上的因果关系。法律上的因果关系是一个政策性问题，它是在事实因果关系成立以后，基于公平正义的理念、立法目的的考量、利益的衡量、价值的判断来确定侵权人应该在多大范围内承担责任的问题，是对侵权人责任的限制。[1]而且事实上的原因和法律上的原因是前后相继的两个层次。原告的损害赔偿请求若想得到法院的支持，首先要满足事实

---

〔1〕 薛贵滨：" 医疗损害因果关系的法理研析——以英美法为视角" ，载《江西社会科学》2010年第9期。

上因果关系的要求,然后再进行法律上因果关系的检验。只有同时通过了两个层次的检验,才能满足侵权法中因果关系这一构成要件的要求。

医疗损害技术鉴定中,需要解决医疗行为与患者损害后果之间的关系,这是一个事实认定问题,也是事实因果关系范畴内需要解决的问题。但从目前医疗损害责任纠纷案件的审理来看,法院基本上是以事实因果关系替代了法律因果关系,对于本应当由法院裁量的赔偿范围及赔偿比例,则转化为事实认定专门性问题中的"参与度",笔者在下一章将对此作专门讨论。

2. 事实因果关系。[1]

(1)"But-for"规则。"But-for"规则是事实上的因果关系最常用的一种证明方法,事实上的因果关系"通常意味着原告必须证明'若非'被告的过失行为,就不会有他的损害"。[2]国内学者通常将"But-for"规则译为"若无,则不"规则。其内容具体而言,就是将侵权人之加害行为从事物的流程中去除或者置换成一个合法的行为,而想象原告之损害是否仍然存在。如果答案是肯定的,则被告的行为不是损害结果的必要要件,反之则为必要要件。由于"But-for"规则以加害行为是否为损害后果的必要要件作为判断事实上因果关系存在与否的依据,多数学者将其与大陆法系中的必要条件说相提并论。

But-for规则是英美侵权法上进行事实因果关系认定最主要的规则。"But-for"规则是一种传统的判断规则,也是英美国法院在审判实践中应用最为广泛的一种规则。"But-for"在英语的语法中表示的是一种虚拟语气,即若不是发生了一件事项,否则结果就不会怎样,所以"But-for"规则的标准实际上探求的就是如果被告不是过失行为的话,原告的损害就不会怎样的问题。按照此规则,如果被告在当时的情景下换一种行为方式,而结果依然如旧,则被告的初始行为与原告的损害间就没有因果关系;如果若不是被告的行为,原告就不会产生相应的损害,则被告的行为与原告的损害之间具有因果关系。因此,我们可以看到"But-for"判断标准其实是由原告在向法院描述一种设想,即假

---

[1] 葛洪涛:"论侵权法中的因果关系",山东大学2008年博士学位论文。
[2] [美]史蒂文·L.伊曼纽尔:《侵权法》,中信出版社2003年版,第137页。

若被告当时不是这样做的，结果会怎样。原告的这种设想实际上就是一种可能性的推断，我们谁也不能百分百的保证，所以原告的推理应该具有能为正常逻辑所接受的合理性，当然被告此时也完全可以提出有利于己的抗辩对原告进行反驳。至于谁的说法能够胜出则是由陪审团裁决。

一般认为，"But-for"规则有两种适用方法，分别适用于不同的案件情形。一种是剔除法，另一种是替代法。剔除法指的是将被告的行为从事物发展的因果流程中剔除，来看原告的损害是否依然存在，若答案是肯定的，则行为与结果无事实上的因果关系，反之则存在因果关系。替代法指的是将被告的加害行为置换成一个合法的行为，来检验损害是否依然存在，进而判断是否存在因果关系。

对于这两种方法的适用情形，多数学者认为，在被告之行为系作为时，应采剔除法；而在被告之行为系不作为时，则采替代法。例如，甲枪杀乙，若无甲之枪杀，乙是否仍将死亡？若乙仍会死亡，甲之枪杀与乙之死亡即无因果关系。再如，完全具备驾船能力但是没有向当局申请执照的船员驾驶的轮船发生碰撞的案件，设若船员向当局申请获得了执照，由于其驾船技术并未实质提高，或者说船主即使雇用了具备驾船执照的船员，碰撞仍将不可避免地发生，则不认为存在因果关系。

也有学者认为两种方法的不同并不在于适用范围，无论作为还是不作为，皆可适用剔除法与替代法，而在于适用结果的差异。一般而言，替代法对责任的限制程度要高于剔除法。例如，在"过错医疗行为中，如果适用剔除法，则要假定无该行为，损害是否会发生，一般而言若无该行为损害仍会发生，则因果关系不能认定；但如果适用替代法，则要假定该医疗行为如果被合法医疗行为所取代，损害是否会发生。这里引入的合法医疗行为，实际增加了一个据以排除责任的免责理由"。[1]

(2) "重要因素或实质性因素"规则。所谓"重要因素或实质性因素"规则，就是在事实因果关系的判断上，不要求被告的过失行为是原告受损害的必要条件或唯一条件，而只要是重要因素（material dement）或实质性因素（substantial factor）就可以。我们可以从两个方面来理解

---

[1] 张小义："侵权责任理论中的因果关系研究——以法律政策为视角"，中国人民大学2006年博士学位论文。

这一规则：首先，这一规则本身是一个比较模糊的概念而且没有经过细致的分化，所以很难套用几个具体的公式来得出什么因素是重要的或实质性的，什么是不重要的或没有实质性的。在很大程度上其实是通过法官自由裁量来解决的，我们只能说，足以单独引发最终结果的因素是重要的，而明显不会改变事情发展轨迹的因素就应该不算重要。其次，重要因素标准和"But-for"标准之间的差异并不如人们想象的那么大，甚至可以说两者的思路都是一样的，即把被告行为对后果产生影响力的大小作为衡量的依据，只是两者对于程度的要求是不同的："But-for"标准至少要求发生的可能性大于不可能，而重要因素则没有此类要求。也就是说，即使在适用重要因素标准时，我们也可以沿用"But-for"标准的思路来考虑问题，只不过需要适当地降低一些门槛罢了。

实质要素或重要因素规则在实际中主要是解决以下两类问题：一是包括侵权人的侵害行为在内的两个以上因素分别单独均足以造成性质相同的损害结果时产生的问题；二是侵权人的侵害行为对损害结果之发生起着明显促成作用时产生的问题，也就是说，在这类问题中虽然被告的行为既非必要原因，也非充分原因，但其仍然是导致损害的重要因素之一。[1]《美国侵权法重述（第2次）》也对该规则作了充分肯定，其第432条规定："①除第2款规定外，如果行为人没有过失行为，损害仍将发生，则行为人之过失行为即非引起他人损害之重要因素；②若同时有两项力量积极发生作用，其中一个是由于行为人之过失，另一个则非行为人之不法行为，但任何一项力量均足以导致他人损害，则行为人之过失可以认为是损害发生之重要因素。"作为法律上的因果关系判断方法的实质因素规则被规定在第431条："如果（a）行为人的过失行为是引致损害的实质要素，且（b）没有其他根据其过失行为引致损害的方式而对其予以免责的法律规则时，该行为是其致人损害的法律原因"。其实从该条规定中我们也可以看到，重要因素或实质性因素规则并不是"but-for"规则的完全替代，也不是对它的背叛或修正，而是对它的补充。在事实因果关系的判断中，仍然以"but-for"规则为基础，而以重要因素或实质性因素规则为辅助标准。正如英国学者劳森和马克西尼

---

〔1〕 赵秀文等译：《美国侵权法》，中国人民大学出版社2004年版，第111~112页。

曾指出的:"必须注意,此公式(重要因素或实质性因素规则)并不总是取代'but-for'检验法,而是对它加以改善。"也就是说,在一个具体案例中,如果法院觉得使用"but-for"规则会造成不公平的结果时,他们可以采用对证据要求比较低的重要因素或实质性因素规则来判断事实因果关系之有无。

(3)机会丧失规则。机会丧失规则广泛运用于医疗纠纷与药品案件中,其针对的是医生对于病人的医疗过错,使得病人丧失或减少了治愈的机会或生存的时间时,是否应赔偿病人损失的问题。例如,一个医生由于自己的过失没有诊断出病人的癌症,致使其在很久一段时间之后才发现,从而错失了最好的治疗期间,进而减少了其治愈的机会。

这类案件是否应给予赔偿,答案似乎很清楚。因为没有病人会对于这种机会的丧失无动于衷,这也是为什么能提供好的诊断的医生总是要求更高的医疗费的原因。就美国司法来说,虽然大多数的州在医疗事故或渎职的案件中都已采纳了"错失机会"原则,也还是有一些州的法院至今仍未予以采纳。[1]

在瓦芬诉健康和人类服务部案中,被告把诊断原告患有癌症的X光片放错了地方,以致原告在数月后才得知自己患有癌症,而此时原告的病情已经到了晚期。原告主张,其所遭受的损害并非必然死亡的后果,而是丧失了可能拥有的生存机会。法院同意了原告的主张,并且判定原告无须证明,若非被告的过错自己本来是可以幸免于死的,而是只要证明被告的过失剥夺了原告一次重要的生存机会。法院认为虽然原告很难确切地证明其所受损害的大小,但是只要原告所受的损害并非是微不足道的,原告就可以要求被告赔偿。

从上面的案例和相关的分析,我们可以看到,"减少或丧失机会"规则从某种程度上来说实际上就是重要因素或实质性因素规则的一个分支,是重要因素规则在医疗纠纷中的具体适用,因此,很多法官在医疗纠纷中适用该规则时也往往运用"(因被告的行为)而增加的危险(或丧失的机会)是某特定损害结果出现的重要因素"这样的表述,足见其相互关系的紧密性。另外,在该规则的适用中还需注意的是,其在一

---

[1] 赵秀文等译:《美国侵权法》,中国人民大学出版社2004年版,第113页。

般情况下所确定的事实因果关系中的损害是指病人因医生的不当或过失医疗行为而丧失的治愈机会,而不是最终的疾病结果,特别是当病人的最初治愈率不足50%的情况下尤为明显。当然,由于不同的法院对该规则的理解不尽一致,因此,在具体的损害及损害的赔偿额的确定上也是有所区别的。有的法院把损害赔偿额的计算和确定由陪审团来裁定,而陪审团则根据原告提供的有关生存概率的证据,以及个案中原告的具体情况来裁定损害赔偿额;有的法院则以过失致人死亡案件中原告可以获得的损害赔偿额乘以原告错失的生存机会的概率,作为减少或丧失机会类案件的损害赔偿额,在使用后一种计算方法时,一些法院还允许原告就加重的精神损失或肉体痛苦请求赔偿。可见,从整体上看,该规则更侧重的是对被告的可归责性或惩罚性上。因为对于一个病人来讲,医生的救治行为实在是太重要了。病人除了对医生的高度信赖以外,几乎没有其他选择余地。法院适用"丧失或减少机会"规则也在某种程度上符合了人们的这种心理,在现实中对规制医生的行为应该说也是有效的,只要不走向极端就好(因为在目前的医疗水平上,医疗过失也是不能完全免责的)。在这一点上,该规则同重要因素规则一样都带有一定的公共政策考量因素,虽然它也是作为事实因果关系的判断标准。

3. 法律因果关系[1]。事实上的因果关系处理的是事物之间自然的、科学意义上联系,法律上的因果关系的判断则渗入了更多的价值判断因素。法律上的因果关系判断的假设前提是,被告的加害行为与原告的损害之间的事物顺序链条已经被很好地证明,其需要处理的事情是加害行为与损害后果之间的联系是否紧密到足以施加责任。在这一阶段,英美法中最主要的判断规则有如下两个:直接结果规则与可预见性规则。

(1)直接结果规则:该规则的主要内容如字面意思所示:如果被告的损害是原告加害行为的"直接"后果,被告就应该对其负责,而不管这一结果是否能够被预见。在关于直接结果规则的理解上,应有如下注意:

第一,不是与"间接"而是与"遥远"相对应。这里的直接,并

---

[1] 葛洪涛:"论侵权法中的因果关系",山东大学2008年博士学位论文。

不是与间接相对而理解，而是与遥远相对应。[1]

第二，直接性判断与介入行为的关系。一方面，在加害行为与损害后果之间，不可有过多的介入行为。所谓因果关系之"最近性"，非时间或空间上最接近，而系在不法行为与损害之间，不可有太多新原因介入其中。具体而言，被告积极行为直接产生之结果，若无其他外在原因介入，独立发生积极作用，则无论损害是否可预见，通常即为最近原因。[2]

第三，该规则与政策判断的密切联系。诚如学者所言，整个法律上因果关系的判断都不过是一种政策上的考量，而直接因果关系规则也不例外。只要当法官觉得让被告承担损害的赔偿责任更公平、更合理、更符合公共政策的需要时，那么无论该损害结果对原告来说是多么的离奇或难以预测，法官都会肯定因果关系的"直接性"。[3]

(2) 可预见性规则：可预见性规则是指，被告是否对原告的损害负责的标准在于该损害可否被预见。如果可预见，则须负责，反之则无须负责。一般认为，该规则并不要求精确地预见到损害的范围与损害发生的方式，只要求预见到损害的一般种类即可。并且，侵权人必须承受他的受害人的特殊性。

在英美法系中，事实因果关系是陪审团需要解决的问题，法律因果关系则是在事实认定的基础上，法官对被告承担责任的情形及比例进行评判时需要参考的依据。笔者认为，我国国情下，在进行医疗损害技术鉴定时，应参考事实因果关系的相关理论。

二、大陆法系的因果关系理论

大陆法系针对侵权行为的因果关系认定，有条件说、原因说、相当因果关系说、客观归责说等多种理论。从司法实务以及对医疗损害技术鉴定的参考意义来说，相当因果关系理论都具有参考价值。故笔者仅对相当因果关系说做一介绍。

相当因果关系说的根本特征在于其"相当性"。对其基本内容，王

---

[1] [美] 理查德·A. 爱波斯里：《侵权法》，中信出版社 2003 年版，第 262~263 页。
[2] 陈聪富：《因果关系与损害赔偿》，北京大学出版社 2006 年版，第 101 页。
[3] 王守亮："英美侵权法因果关系理论研究"，山东大学 2006 年硕士学位论文。

伯琦先生的观点是："无此行为，虽不必生此损害，有此行为，通常即足生此种损害者，是为有因果关系。无此行为，必不生此种损害，有此行为，通常亦不生此种损害者，即无因果关系。"〔1〕史尚宽先生："以行为时存在而可为条件之通常情事或特别情事中，于行为时依吾人智识经验一般可得而知及为行为人所知之为基础，而且其情事对于其结果，为不可缺之条件，一般的有发生同一种结果之可能者，其条件与其结果，为有相当因果关系。"〔2〕

一般认为相当因果关系说是建立于条件说的基础之上，对于条件说予以限制与发展的一种学说。其包括两层结构，一是条件关系，二是相当性。即对因果关系的判断分两步进行，首先判断行为与损害之间有无必要的条件关系，若具备条件关系，则进行第二层次"相当性"的判断。王泽鉴教授认为，相当因果关系的这种二阶段的思考方法与英美侵权法对于"事实上的因果关系"与"法律上的因果关系"的划分相当。

1. 条件关系。即相当因果关系中的"无此行为，必不生此种损害"的判断。大致相当于英美法中的"But-for"规则。目的在于排除逻辑上与损害无关的事件。由于这种规则是一种反证规则，旨在认定："若A不存在，B仍会发生，则A非B的条件"，德国学说上称之为假设的消除程序。〔3〕

2. 相当性。上述王伯琦先生关于相当因果关系的定义已成为经典表述。相当性的判断，指的就是这个经典表述两句话中的后半段——"有此行为，通常即足生此种损害者，是为有因果关系"与"有此行为，通常亦不生此种损害者，即无因果关系"。一般认为，相当因果关系不仅是一个技术性的因果关系，更是一种法律政策的工具，乃侵权行为损害赔偿责任归属之法的价值判断。〔4〕应特别提出的是，在故意侵害行为的情形，加害人对于不具有相当因果关系的损害，亦应负责，盖

---

〔1〕（台）王伯琦：《民法债编总论》，台北正中书局1993年版，第71页。

〔2〕史尚宽：《债法总论》，中国政法大学出版社2000年版，第170页。

〔3〕（台）王泽鉴：《侵权行为法》（第1册），中国政法大学出版社2001年版，第193页。

〔4〕（台）王泽鉴：《侵权行为法》（第1册），中国政法大学出版社2001年版，第204页。

加害人对于某种通常不足发生之结果，所以不必负责，系因此种结果在其可预见及得控制的事态之外。加害人既然有意使发生此种非通常的结果，自无不必负责之理。[1]

第二节 医疗损害因果关系的判定

一、法医学的因果关系[2]

法医学中关于"因"、"果"的界定，法医学因果关系不同于法学违法行为与损害事实之间的因果关系，前者研究基础为医学，并涉及法医病理学和法医临床学。关系到刑法学的定罪量刑和民事赔偿问题。

法医学因果关系的因是指在必须发生纠纷事件和损伤的前提下，合并存在与损伤竞争而致损害后果加重的以下因素：①自身疾病；②医疗缺陷；③客观条件（因无法抗拒的客观原因而造成的后果）；④主观因素（伤者主观拒绝就医造成的后果）。"纠纷事件"独立使用的特定含义是指无明显损伤的情况，可见争吵、抓扯和推搡等行为。纠纷事件可引起心理应激障碍或情绪激动而诱发疾病，出现严重后果。

笔者认为，在医疗损害技术鉴定时，可以将导致患者损害的原因分为致害因素和参与因素两种。

致害因素即医疗损害因素，是指被侵害人在诊疗活动中由于医疗机构及其医务人员的过错导致的损害。

参与因素，是指与损害因素共同作用，导致被侵害人发生死亡或残疾的其他外界及自身因素。参与因素应包括以下条件：①参与因素在损害后果的发生中具有原因力作用；②参与因素与损害因素共同组成损害之因；③参与因素不必然包含违法要素。参与因素包括被侵害人自身因素、被侵害人主观因素和医疗意外因素。被侵害人自身因素，是指在被侵害人损害后果发生过程中起原因力作用的自身因素，具体包括既往伤病、病理基础、潜在疾病和体质的特殊性等。医疗意外因素，是指医务

---

[1]（台）王泽鉴：《侵权行为法》（第1册），中国政法大学出版社2001年版，第205页。
[2] 常林、刘鑫等："法医学因果关系论"，载《法律与医学杂志》1995年第1期。

人员在从事诊疗或护理工作过程中,由于患者的病情或患者体质的特殊性而发生难以预料和防范的患者死亡、残疾或者功能障碍等不良后果的行为。其基本特征包括:①不良损害后果发生诊疗护理工作中;②不良损害后果的发生,是医务人员难以预料和防范的,或不能抗拒的原因引起的。被侵害人主观因素,是指由于被侵害人拒绝就医、不配合治疗或者不执行治疗方案而导致损害发生的情形。

医疗损害技术鉴定中的人体损害后果分为:①死亡;②永久性功能障碍(我国通常沿用的劳动能力丧失或伤残)是指伤病治疗终结后,遗留的永久性和不可复性功能障碍,且致日常生活活动能力的任何受限和影响职业性劳动;永久性功能障碍的法医学评定不同于社会性残疾;③暂时性损害,是相对永久性功能障碍而言。

法医学因果关系表现特点是人身伤害案件中多因一果以及损伤难以解释后果的医学因果关系。鉴定实践中因果关系表现为逆推性特征,即在分析因果关系时,损害结果总是现实存在的。因此,我们在确定结果与损伤间有无因果关系时,只能坚持一个标准,即该损伤对该后果的产生是否起作用,起作用的"原因"都为原因,不起作用的"原因"都不是原因,如果某因素属于对该后果起作用的原因,则两者即为有因果关系。

二、医疗损害技术鉴定的基本原则

1. 同行评议原则。对医疗损害进行技术鉴定的活动,其本质是依法对一个已经发生的医疗行为(事实)作出专业的分析、评价和判断。其鉴定的对象是"行为",而非特定的"物(物证)"或者人体(尸体),类似于司法精神病学鉴定。

一个常规的医疗活动具有三方面特点:一是技术性强。临床医学分类越来越细,临床医生分工越来越多,其专业领域科学精细、经验独到,非业内资深人士难以熟知。二是程序性专。医院的专业化管理和医疗活动的规范化运作,既有规律性又有约定俗成的经验性。医学诊疗常规规范是临床医学长期经验的积累和总结,该常规规范随着医学科学以及科学技术的发展在不断变化和更新。基于病人之间病情的差异,非"文本"所能穷尽,也不可机械照搬照套。三是进展性快。临床医学虽为应用学科,因其关乎人类生命健康,医学技术进展和变化在现代科学中当属首位，外行不可能持续关注和掌握。因此，法医鉴定人没有亲力亲为的医疗经验，就是相对的"外行"，如何能够独立驾驭复杂、精细和专业的评价活动值得深思。对"已经发生的医疗行为"作出"对与错、好与坏"的评价应当遵循同行评议原则。

同行评议要求评议的主体应该与被评议方是同一专业，满足专业对口和资历相当的条件。也可以说，同行评议原则是医疗损害司法鉴定的主体原则，明确了承担医疗损害司法鉴定的鉴定人资格，或者是参与医疗损害司法鉴定的专家资格。当然，此原则并非剥夺法医学鉴定人参与鉴定的权利，只是要求医疗损害司法鉴定的鉴定人或者专家必须有同行参与。

2. 专门问题原则。对医疗损害违法性判断和确认，本质上是一个法律问题。因为医疗活动专业性较强，通常人们将技术分析评价等同于法律判断和确认。法官一般在处理医疗纠纷诉讼中，高度罹患"技术鉴定依赖综合征"，专门性问题与法律问题界限模糊，司法鉴定机构大包大揽，甚至导致损害赔偿的范围突破现行法律的规定。根据《侵权责任法》相关条款的规定，我们分析涉及专门性问题需要技术鉴定的大类（见表3）。专门问题原则就是要明确司法鉴定的范围和内容，法律问题归法官，技术问题归鉴定人，也是医疗损害司法鉴定的目的原则。

专门问题原则要研究和处理好与法律问题的关系及其界分，一般要明确三类问题，即纯技术问题、纯法律问题和技术与法律交叉或界限模糊问题。两者交叉的医疗损害鉴定与其他法医学鉴定无殊。例如，法官判断医院存在过错或者违法，仅需要法医进行残疾评定。两者界限模糊问题原则上不纳入医疗损害鉴定范围。

表3　侵权责任法专门性问题划分

分类	技术鉴定范围
伦理责任	部分需要鉴定
技术责任	需要鉴定
产品责任	非司法鉴定
管理责任	极少需要鉴定

3. 医法结合原则。医疗损害技术鉴定是对已经发生的医疗行为依法作出技术评价和判断的活动，本质上是医学和法律结合的产物。这里所说的法律有三方面的含义：①的相关法律规制了确认医疗损害的原则、内容和范围，明示如何认定医疗过失，何为医疗过失，哪些行为是医疗过失的问题，是医疗损害技术鉴定的法律标准，比如，确定医疗过失的法律依据；免责条款；产品责任的认定方式等等；②卫生行政相关法规、技术规章和行业操作规范通常是比照评价医疗行为的技术标准，广义的还包括教科书和约定俗成的惯例；③诉讼法、证据法和有关技术鉴定的行政法规是医疗损害司法鉴定活动必须遵循的程序标准，诸如专家的遴选和回避、鉴定过程公开公正的要件，以及鉴定意见基本要素和鉴定人出庭作证等。

任何一个医疗活动都比较复杂，医疗技术、医院管理和医务人员服务等诸多环节均可引起医疗纠纷，事后对已经发生的医疗行为进行分析评价，可以发现若干问题，我们是否要"事后诸葛亮"，"地毯式"、"理想化"地挑毛病？因此，遵循医法结合原则，首先，要明确划分医疗过失评价与医疗质量评价的界线，[1] 切忌将国外处理医疗纠纷的规范和方法借鉴引入实际医疗损害技术鉴定中，误导司法审判，超越我国现行法律规定。其次，从事医疗损害鉴定的鉴定人和专家要有基本的法律素养，特别是对医生鉴定专家提出了更高的要求，否则也会"好心帮倒忙"。这也是法医参与技术鉴定的理由。

4. 证据属性原则。医疗损害技术鉴定最终成果为鉴定意见，鉴定意见是处理医疗纠纷事（案）件的重要证据，有时是唯一证据，这就要求该鉴定意见必须具备证据属性，或者说要具备证据能力。证据属性原则有以下要点：第一，鉴定意见不同于一般的技术类文件，其文本所含基本要素由相关法律规范确认；第二，鉴定意见形成的本质是鉴定人和专家的意见，是公开的特定的自然人产生的意见，鉴定人和专家对自己的意见负责；第三，鉴定意见作为证据必须查证属实，鉴定人和专家参与质证，说明和解释鉴定意见并接受质询是其法定义务。

需要说明的是，司法鉴定的理论和经验也是医疗损害司法（技术）

---

[1] 刘鑫："医疗过错鉴定规则体系研究"，载《证据科学》2012年第3期。

鉴定的理论基础，很多司法鉴定方法和鉴定思路完全可以指导医疗损害技术鉴定工作。法医作为职业司法鉴定人，对司法鉴定的基本理论与技术，以及鉴定方法和鉴定意见表述方式十分熟知。因此，法医参与医疗损害技术鉴定可以发挥重要的作用，加之其身份的中立性，更易被双方当事人接受。

三、因果关系判定的基本规则[1]

1. "But-for"规则。"But-for"检验适用于"必要条件"理论，是因果关系中的最低要求。在大多数情况下，如果被告的行为可以定义为原告损害的"事实原因"的话，如果被告的行为适当，原告的损害将不会发生。换句话说，如果没有被告的过失行为，原告的损害不会发生。

在应用"But-for"检验时需要去分析患者的损害是如何发生的，同时要分析在特定的条件下如果没有医师的过失行为患者将会发生什么。如果我们相信没有医师的过失行为患者的损害不会发生，则患者损害的事实原因要件是充分的，医师的行为将被视为患者损害的事实原因。有人认为，在应用"But-for"检验确定事实因果关系的同时应根据一般医学经验，证明如果没有被告的过失行为，患者的损害后果是不会发生的。但也有人认为，没有必要去考虑如果没有医师的过失行为患者的损害是否会发生，因为正是由于医师的过失行为，使得患者的医疗后果变得无法确定。

2. 实质性因素规则。《美国民事侵权修正法案》（第2版）将所有具有法律因果关系的案例统称为实质性因素案例，根据该修正法案中的方法，大多数案例，尽管称之为实质性因素案例，但都需要通过"But-for"规则检验。

对于大多数案件来说，因果关系都可以通过"But-for"检验方法加以检验，但在那些可能存在两个或两个以上的行为人或过失行为的案件中，每一个行为人的行为或过失都足以引起患者的损害，对于任何一

---

[1] 朱广友："医疗纠纷鉴定：因果关系判定的基本原则"，载《法医学杂志》2003年第4期。

个被告来说,如果没有其行为,原告的损害都会发生。结果要根据"But-for"检验将无法认定事实原因。

所谓"实质性因素",是用来表示这样的事实,即被告的行为在引起的损害中有这样的作用,即导致一个合理的人认为它是一个原因,在通俗意义上使用这个名词含有责任的理念。

对于此类"多个充分原因"案件,有些法庭应用"实质性因素"替代"But-for"检验。如果陪审团认为被告的行为是引起原告损害的原因时,则将被告的行为视为原告损害的事实原因。

在认定医疗损害赔偿责任法律上因果关系时,笔者坚持运用相当因果关系理论认定医疗过失行为与损害结果之间是否存在因果关系。从逻辑联系上看,只要依据在实施医疗行为时的医学科学规律,某种医疗过失行为能够引起某种损害后果,二者之间就存在相当因果关系。法官在利用该理论分析法律因果关系时,不必要求医疗过失行为与损害后果之间有直接因果关系。如某一重症服毒自杀患者,即使经医方全力抢救也会死亡,但医师怠于施救,使这种不作为行为与死亡结果之间仍存在因果关系,因为医师主观上有过失、客观上违反了积极施救的义务。此外,医疗损害赔偿责任中因果关系的存在也不要求损害事实必然发生,只要是在当时的情形下有发生损害的可能性,即可认定存在因果关系。如在给某一患者做切除其病变组织手术时,本应一次性全部切除,由于病理检验报告有误,医师只进行了部分切除,导致患者进行第二次手术。虽然未造成事实上的重大损害,但实质上增加了产生损害的可能性,使患者又一次陷入产生损害的危险之中。因此,相当因果关系说的重点,在于行为人增加受害人既存状态的危险或使受害人面临与原本危险不相同的危险状态,行为人的行为即构成结果发生的相当性原因。

3. 推定因果关系规则。医疗损害责任的特殊性之一,就是医疗资讯在争议双方之间处于完全不对等的状况,医疗机构属于强势一方,而患者处于弱势一方。在这种场合确定因果关系,应当适用举证责任缓和规则,有条件地适用因果关系推定规则。

盖然性因果关系说、疫学因果关系说都是推定因果关系的学说和规则,其基本要点是保护弱者,在受害人处于弱势,没有办法完全证明因果关系要件时,只要受害人举证证明达到一定程度,就推定行为与损害

第四章 医疗损害技术鉴定中的因果关系判断

之间存在因果关系，然后由被告负责举证，证明自己行为与损害发生之间没有因果关系。

盖然性因果关系说也叫推定因果关系说，是在原告和被告之间分配举证责任的理论，即由原告证明侵权行为与损害后果之间存在某种程度的因果关联的可能性，原告就尽到了举证责任，然后由被告举反证，以证明其行为与原告损害之间无因果关系，不能反证或者反证不成立，即可判断因果关系成立。日本学者将这种学说称之为"优势证据"，在民事案件中心证的判断只要达到因果关系存在的盖然性大于因果关系不存在的盖然性这一程度，便可认定因果关系的存在。[1]

疫学因果关系说是用医学中流行病学原理来认定因果关系的理论，要点是，某种因素在某种疾病发生的一段时间存在着，如果发病前不存在该因素，则排除因果关系存在的可能；该因素发挥作用的程度越高，相应地患该病的罹患率就越高，换言之，该因素作用提高，患者就增多或病情加重；该因素作用降低，患者随之减少或降低；该因素的作用能无矛盾地得到生物学的说明。

这种理论改变了以往就诉讼中具体个体对因果关系证明的方法，而转以民众的罹患率为参照系，即只要原告证明被告的行为与罹患率之间的随动关系，即为完成了证明责任。

在确定医疗损害责任因果关系要件时，可以应用以上两种规则，判断违法诊疗行为与患者损害后果之间的推定因果关系。

医疗损害责任的因果关系推定方法如下：

第一，分清违法诊疗行为与患者损害事实的时间顺序。作为原因的违法诊疗行为必定在前，作为结果的患者损害事实必须在后。违背这一时间顺序性特征的，为无因果关系。

第二，证明违法诊疗行为与患者损害之间存在客观的、合乎规律的可能性。在案件中，如果在违法诊疗行为与患者损害之间存在盖然性，或者根据疫学因果关系进行分析具有可能性，则应解释为法律上存在因果关系。盖然性或者可能性因果联系的证明责任由受害人举证。

法官根据所积累的情况证明，如果可以作出与有关科学无矛盾的说

---

[1] [日] 加藤一郎：《公害法的生成与发展》，岩波书店1968年版，第29页。

明，即应当解释为法律上的因果关系得到了证明。

实行因果关系推定，就意味着受害人在因果关系的要件上不必举证证明到高度盖然性的程度，只需证明到盖然性或者可能性时，即由法官实行推定。受害患者只要证明自己受到损害，该损害与违法诊疗行为之间的因果关系有较大的可能性，就可以实行因果关系推定，受害患者不必证明诊疗行为与患者损害后果之间有高度盖然性。

实行因果关系推定，就意味着受害患者在因果关系的要件上减少了负担。受害人只要证明自己在医院就医期间受到损害，并且医疗机构的诊疗行为与其损害结果之间具有因果关系的可能性（即盖然性），就可以向法院起诉，不必证明医院的诊疗行为与损害后果之间因果关系的高度盖然性，更不是必然性。

第三，实行因果关系推定，要给医疗机构以举证机会，使其能够举出证据证明自己的诊疗行为与损害后果之间不存在因果关系，以保护自己不受推定的限制。如果医疗机构无因果关系的证明成立，则推翻因果关系推定，不构成侵权责任；医疗机构不能证明或者证明不足的，因果关系推定成立，成立因果关系要件。

四、典型案例评析

北京某司法鉴定中心法医鉴定意见书[1]

一、简要案情

据本案相关材料载：2008年4月25日原告李某因"一胎孕足月，腹痛1天"入住被告北京市房山区某医院，入院诊断"孕39W+2孕2产0；羊水过少"，原告及家属同意阴道试产。2008年4月27日原告产下一女婴，新生儿重度窒息，经抢救无效死亡。经尸检证实，新生儿系因宫内窒息、羊水吸入导致呼吸功能衰竭而死亡。原告认为，被告医院在其待产、分娩过程中，对其监护不利，未能及时行剖宫产结束分娩，造成新生儿宫内窘迫，窒息死亡，被告应承担赔偿责任。

---

[1] 选自"司法鉴定关键技术"（编号：2012BAK16B02-2）数据库。

第四章 医疗损害技术鉴定中的因果关系判断

二、病历摘要

北京市房山区某医院李某住院病历（病案号 95953）载：

住院时间：2008 年 4 月 25 日~2008 年 5 月 5 日。

产科入院记录（2008 年 4 月 25 日 18 时）：

主诉：一胎孕足月，腹痛 1 天。末次月经 2007 年 7 月 24 日，预产期 2008 年 5 月 1 日。既往生产史：流产 1 次，末次生产（或流产）2002 年 1 月。

产科检查：宫底高度：34，腹围：98cm；羊水：中，宫缩：不规则，胎位：RoA，胎心：140 次/分，胎先露：浅定；估计胎儿大小 3500 克。阴道检查：外阴未产型，阴道与穹隆畅，宫颈：软，未消失，开大 0cm；胎膜：未破，先露位置及方位：S-2。骨盆测量：25、28、24、8。血 HGB107.7g/L。诊断：孕 39W+2 孕 2 产 0；羊水过少。

2008 年 4 月 25 日 15 时 B 超报告单：胎头位于下腹，双顶径 9.9cm，头围 34cm，腹围 34cm，股骨长 7.5cm，胎心胎动正常。胎盘位于后壁，钙化点成环。羊水深度约：右上 0cm，左上 3.3cm，右下 0cm，左下 3.1cm。CDFI（-）。超声诊断：单胎头位妊娠，羊水量少。

2008 年 4 月 26 日 1:40Pm：入病房询问本人及家属是否剖宫产，本人及家属仍旧犹豫，再次向家属及本人交代病情，手术终止妊娠及阴道分娩，终止妊娠情况及风险，诉患者下腹隐痛，家属及本人要求试产，拒绝剖宫产，嘱其注意腹痛及胎动情况，试产。

2008 年 4 月 26 日 7:30Pm：患者自诉偶有下腹阵痛，自觉胎动好，听胎心 144 次/分，偶可触及不规律宫缩，嘱自数胎动，注意腹部阵痛情况，待产。

产科分娩方式及风险知情同意书：……最后本人明确表示选择（阴道分娩，剖宫产或剖宫产产钳方式分娩。患者签名："李某"。患者家属签名："吴某"。2008 年 4 月 27 日 8 时 30 分。

分娩记录：

阵缩开始 2008 年 4 月 26 日 11Pm；胎膜破裂：自然 2008 年 4 月 26 日 11（Pm）时 30 分；子宫口开全：2008 年 4 月 27 日 1Pm；胎儿娩出：2008 年 4 月 27 日 1（Pm）时 40 分；产式：纵；手术：胎吸术。胎盘娩出：2008 年 4 月 27 日 1（Pm）时 45 分；药剂：缩宫素，二乙酰氨乙酸二胺注射液；产程：一程 13 时，二程 40 分，三程 5 分，总程 13 时 45 分；婴儿窒息：重度；体重：3700 克；儿头变形：轻；产瘤部位大小：无。

特别情况及手术：于 2008 年 4 月 26 日 11Pm 开始规律宫缩，4 月 27 日 1Pm 宫口开全，查枕左横位，胎头棘下 2cm，产妇极不配合，通知大夫决定侧切胎吸结束分娩。1:40Pm 侧切胎吸助娩一女婴，出生时心率小于 60 次/分，躯干红，四肢紫，阿氏评分 2 分，给予清理呼吸道，胸外按压，正压给氧后无好转，给予气管插管，气道黏膜滴付肾继续抢救，后给予纳洛酮，气道黏膜滴入，继续给予抢救，纳洛酮 0.3mgim，继续抢救，一直无好转，5 分钟后胎盘胎膜完整娩出，出血约 100ml，会阴侧切可吸收线内缝合查肛未见异常，产后血压 115/80mmHg，在产房观察。诊断：孕 39W 孕 2 产 1 枕左横位胎吸助娩后；新生儿窒息（重度）。手术种类：会阴侧切缝合术；胎吸术。

2008 年 4 月 27 日 3Pm 抢救记录：于 2008 年 4 月 27 日 1Pm 宫口开全，因枕左横位，S+2，孕妇自身烦躁，产力不佳，于 1:40Pm 在侧切胎吸助产下娩一活女婴，出生后躯干红，四肢青紫，无呼吸，心率 60 次/分，即刻摆正体位，气管插管，吸氮，擦干全身，保暖，刺激足底，无反应，肌张力弱，盐酸肾上腺素 1:10 000 气管滴入，纳洛酮 0.2mg，气管滴入，正压给氧，胸外按压，仍无呼吸，心率 50 次/分，全身青紫，肌张力弱，持续正压给氧，胸外按压，刺激足底，仍无反应，心率 40 次/分，无呼吸，四肢青紫，继续予肾上腺素，纳洛酮 0.3mg 气管滴入，正压给氧，胸外按压，反复进行新生儿心肺复苏，积极抢救 1 小时后，新生儿仍无呼吸，心率 0 次/分，全身青紫，无肌张力，于 2:40Pm 停止抢救。

2008 年 4 月 30 日检验报告：HGB75g/L。

医嘱单：

起始		长期医嘱	停止	
日期	时间		日期	时间
25/4	6Pm	胎心外监护 3/日		

日期	时间	临床医嘱	执行时间
27/4	8Am	胎心外电子监护6次	8Am
27/4	8Am	吸氧2小时	8Am
27/4	2Pm	胎心电子监护3次	2Pm
27/4	2Pm	吸氧1h	2Pm
27/4	2Pm	5% GS 500ml + 缩宫素注射液5u/静点	2Pm
27/4	2Pm	会阴侧切缝合术	2Pm
27/4	2Pm	胎头吸引术	2Pm

出院诊断：孕39W+4孕2产1胎吸分娩；新生儿死亡，羊水过少；中度贫血；左肾结石。

三、相关材料

北京市尸检中心（北京大学病理系）2008年5月28日出具的李某之女尸体解剖报告书（尸检号A6072）载：

……

（二）尸检记录

1. 肉眼记录：女性尸婴一具，发育正常，营养尚可，体型中等……口唇黏膜和手足甲床显著青紫……

2. 组织学记录：呼吸系统，喉头及气管管壁血管扩张充盈。双肺肺膜较光滑，未见明显增厚。双肺肺泡间隔增宽，血管扩张淤血，大多数肺泡已扩张，肺泡腔内可见大量角化物质、胎脂小体、胎粪小体及破碎柱状上皮。部分肺泡膨胀不全。少数肺泡腔内可见少量浆液、单核淋巴细胞、中性粒细胞渗出，及少量红细胞漏出。未见明显透明膜形成。

（三）病理诊断

肺羊水吸入；肺局灶性膨胀不全；脑淤血水肿，心肌细胞、肝细胞空泡变性；肺淤血、水肿，心、肝、脾、肾、肾上腺等全身多脏器淤血；肝、脾等器官髓外造血；胎盘多发性小灶状梗死。

（四）结论

新生儿因宫内窒息、羊水吸入导致呼吸功能衰竭而死亡。

（五）讨论

1. 此例患儿宫内窒息的依据：

（1）两肺多量羊水吸入；

（2）心、肺、脑、肝、脾、肾、肾上腺等全身多脏器淤血，心肌细胞、肝细胞空泡变性；

（3）口唇黏膜及甲床明显紫绀。

2. 宫内窒息、胎儿缺氧可反射性引起呼吸反应，造成羊水吸入，出生后不能维持正常呼吸运动。呼吸功能衰竭为患儿死亡的直接原因。

3. 胎儿宫内窒息的原因包括母体、子宫、胎盘、脐带及胎儿等多方面因素。本例胎盘的小灶状梗死不足以造成胎儿的明显血供障碍，故需结合临床综合分析宫内窒息的原因。

四、医患双方争议焦点及鉴定过程

2009年5月4日在我所举行了由原、被告参加的司法鉴定听证会，双方确认了用于此次鉴定的病历资料，并陈述了各自观点。现将双方争议的焦点问题总结如下：

原告认为：入院B超提示胎儿双顶径9.9cm，羊水过少，在阴道分娩有困难的情况下，就应行剖宫产手术结束分娩。待产、分娩过程中对胎儿监护不利，入产房之前长达14小时，就产程经过没有任何记载，特别是胎心记录情况，胎心监护记录纸上的日期描述不清楚，无法判断其具体时间；使用催产素的指征、时间、观察是否符合常规，催产素的滴速不清。尸检报告证实胎儿在宫内发生窒息，是由于被告医院监护不利，未能及时行剖宫产手术结束分娩造成的。

被告认为：行阴道分娩是在征得产妇及家属的同意才进行的，手术知情同意书上有签字为证。待产及分娩过程中有多次胎心监护，未提示胎儿有宫内缺氧。5% GS500ml + 催产素5u/静点，一般开始时常规为18~20滴/分，根据宫缩持续时间，间歇时间，每次上调2滴。

在听取双方观点及鉴定费交纳以后，本案鉴定人会请有关专家对送检材料进行了分析、讨论，达成一致意见，制作了本鉴定文书。

五、分析说明

根据现有的病历材料，我们会请有关专家，就被告医院对李某的相关诊疗问题分析、评价如下：

（一）对被告医院医疗行为的评价

1. 被告医院在李某的分娩过程中观察、记录不到位。

（1）对羊水的观察。李某4月25日入院前超声检查诊断"羊水量少"，入、出院诊断均为"羊水过少"，入院后没有复查超声监测羊水的变化；病历记载胎膜破裂的时间是4月26日晚11时30分，但没有记录破膜时前羊水的量、羊水的性状和颜色；27日孩子出生后，记录的羊水量是"中"，与B超检查和临床诊断不符，色黄说明羊水被胎粪污染，提示胎儿宫内缺氧。羊水过少是胎儿危险的重要信号，容易发生胎儿宫内窒息与新生儿窒息，医生有必要注意观察，以监测胎儿的情况，但被告医院对李某的观察不仔细。

（2）产时观察记录不完善，不能清晰地反映出医生对胎心变化、宫缩情况、产程进展等的观察评估以及处理的思路。例如：① 27日上午8时13分产程已进入活跃期，胎心监测已第二次显示"基线偏平，吸氧观察"，这一阶段应仔细观察、评估是否适合阴道产，但在此之后的4个多小时内，没有宫缩的观察记录，对胎头下降延缓没有分析、评估。② 27日12时40分使用缩宫素之前胎位如何，缩宫素配制浓度较常规高一倍，但使用的滴速是多少，为何使用后宫缩反而更差，没有分析、记录。③ 产程图中27日12时对胎头位置的描记前后两页纸对不上，下午1时产程图描记胎头下降的位置与分娩记录中的描述不符。④ 共9张胎心监测图，监护过程中没有记录宫缩曲线，也没有进行人工标记。27日11时11分以后至13时40分胎儿出生，没有进行过胎心电子监护，这一阶段产程图中胎心率描记到13时30分，但反映不出胎心检查的间隔时间。⑤ 李某血红蛋白化验结果显示，其产后血红蛋白大幅度下降，用分娩记录中的"出血量100毫升"难以解释。

（3）缺少胎头吸引助产记录。吸引的负压是多少、吸引了几阵宫缩、有没有滑脱、共吸了多长时间，期间胎儿的状况如何，等等，未见有记录。

2. 被告医院在李某的分娩过程中有处理不当之处。

李某入院后即被诊断为羊水过少，B超显示胎儿双顶径9.9cm而测量骨盆出口横径相对偏小，分娩过程中又出现了异常情况，3时36分和8时13分两次胎心监测基线偏平（说明胎儿储备能力出现了问题），产程进入活跃期后胎头下降延缓明显、继发性宫缩乏力，在使用缩宫素后产程无进展，有行剖宫产的适应证。由于李某当时宫缩仅为5～8分钟 10~20 秒，胎头位置是棘下 2cm，在这种条件下采取胎头吸引助产风险较大。被告医院医生对上述问题重视不够，对产妇和胎儿的观察、评估不够及时，未能适时选择剖宫产术结束分娩以尽力规避风险。

综上所述，笔者认为，医生在对李某分娩的观察、评估和处理上没有尽到相应的义务，存在医疗过失。

（二）医院观察处理不当与李某新生儿死亡的关系

经尸体解剖检验证实，被鉴定人李某的新生儿系因宫内窒息、羊水吸入导致呼吸功能衰竭发生死亡。李某羊水过少、试产过程中发生异常情况固然与其自身因素有关，但监测母亲及胎儿，及时发现异常和危险因素，及时选择适当的处理方法进行救治，尽力避免不良后果发生是医生的职责。如果被告医院对李某观察、重视到位、适时进行剖宫产，新生儿有很大的生存机会。因此笔者认为，被告医院出现的上述医疗过失，是致使李某之新生儿发生死亡的重要因素，医疗过失参与度考虑为 E 级（理论系数值为 75%）。

六、鉴定意见

被告医院对李某羊水过少等问题重视不够、对其分娩过程观察不够仔细、对异常分娩处理不当，存在医疗过失；上述医疗过失是致使李某的新生儿发生死亡的重要因素，医疗过失参与度为 E 级。

案例评析：

本案中，李某之子的最终损害后果为死亡。在分析损害之因与死亡之间的因果关系时，需要采用实质性因素原则，结合患者自身情况与医院的医疗行为进行考察。首先，李某羊水过少、试产过程中发生异常情况等自身不利因素，但如果不存在其他致害因素，该不利因素不足以导致新生儿死亡。而被告医院在对李某分娩的观察、评估和处理上没有尽到相应的义务，存在医疗过失，该过失与产妇自身因素综合，共同导致损害后果的发生。

五、因果关系判定的基本程序和方法[1]

医疗损害因果关系鉴定，应当在查明各种阐述医疗损害因果关系的

---

[1] 刘鑫：“医疗损害鉴定之因果关系研究”，载《证据科学》2013 年第 3 期。

相关理论的前提下，采用科学方法进行分析，对各种可能引发损害结果的原因加以判断，进一步区别各种致害因素在损害后果发生上各自发挥的作用，再参照司法鉴定有关因果关系的定量理论，对各个致害因素的因果关系作出定量判断。具体来说，医疗损害因果关系鉴定，应当按照以下四个步骤进行。

1. 理论检索。患者身体上出现的任何损害，都是有原因的，不可能出现无原因的损害。至于损害发生的机理是什么，具体原因有哪些，一般都有学者做过研究。医学的目的在于防病治病，因此医学研究中的一个重要任务就是查找病因，解释发病机理，从而寻找有针对性的预防疾病的方法。尤其是近年发展起来的循证医学，更是要求临床医师既要努力寻找和获取最佳的研究证据，又要结合个人的专业知识包括疾病发生和演变的病理生理学理论以及个人的临床工作经验，结合他人（包括专家）的意见和研究结果；既要遵循医疗实践的规律和需要，又要根据"病人至上"的原则，尊重患者的个人意愿和实际可能性，而后再作出诊断和治疗上的决策。循证医学的核心思想是在医疗决策中将临床证据、个人经验与患者的实际状况和意愿三者相结合。临床证据主要来自大样本的随机对照临床试验和系统性评价或荟萃分析。因此，关于疾病发生、发展规律的研究就显得非常重要。

流行病学便是为了完成这一使命的重要医学分支学科，流行病学调查方法中已经建立起较为完备的病因调查与病因分析的机制，这种机制对医疗损害因果关系鉴定具有非常重要的借鉴意义。尤其是通过流行病学调查得到的数据和确认的发病规律，更是可以直接为医疗损害因果关系分析所采用。经过现代医学几百年的研究和经验积累，很多病症的发生、发展规律都已经搞清楚，并已经形成了系统的学说和理论，这些学说和理论已经成为指导临床医师诊治疾病的重要依据。这些前人总结的医学上的间接经验，是开展医疗损害因果关系鉴定的重要理论根据，因此，在实施医疗损害因果关系鉴定之前，鉴定人应当对相关的医学理论学说、临床资料、流行病学调查数据等进行收集，对相关的理论和知识进行梳理，找出有用的信息，用于具体案件鉴定。

2. 经验咨询。医学是一门实践性非常强的学科，没有实践就没有医学，很多医学理论和学说都是在临床实践的基础上逐渐摸索、总结出来的，很多学说也是在临床实践过程中提出假设，然后进行临床试验，经过多次试验、校正，最终上升为医学理论。在很多情况下，临床医师更是依据长期医疗实践的病例总结而获得的有关的基本知识和经验。而且由于现代医学的迅猛发展，各种理论学说提出的速度也非常之快，理论和学说更新的速度也非常快，这些学说和观点是否符合实践情况，在什么情况下符合，在什么情况下不符合，尤其是实践中会否出现例外情况，恐怕就不是理论学说的提出者能够顾及的。因此，在有关疾病的发生、发展规律方面，具有丰富临床经验的医师应该更有发言权。

医疗损害因果关系鉴定的过程中，向有经验的临床专家咨询是必经程序。即便现成的医学理论已经将医疗行为与损害后果发生之间的因果关系阐述清楚，仍然有必要向资深的该学科的临床专家进行咨询。咨询中要注意是否有例外发生，例外发生的可能性有多大。过去人们在讨论医疗损害技术鉴定制度时，曾经提出过鉴定专家的资质不一定非常权威，因为医疗过错的认定需要结合具体被鉴定医疗机构所处的地域和级别。但是，参与医疗损害因果关系鉴定的临床专家，则必须是在该医学学科领域资深的权威专家。因为只有资深而权威的专家才能对医疗行为与损害后果发生之间的因果关系了解更清楚，分析得更透彻。见得多读得多总结得多，对其中可能存在的例外才有掌握。

3. 因果关系分析。在对医疗损害结果发生的因果关系分析上，可以采用"事件树分析法"和"鱼骨图分析法"两种方法。

（1）事件树分析法。事件树分析法是一种时序逻辑的归纳法，它在给定一个初因事件的情况下，按照事故发展顺序，分析与初因事件相关联的各种事件序列的结果，从而定性与定量地评价系统的特性，并帮助分析人员以获得正确的决策。[1]

事件树分析过程包括定性分析和定量分析两个阶段。事件树的定性分析：首先确定初因事件，对那些可能导致相同事件的初因事件划分为一类；其次，确定和分析可能导致系统安全性后果的初因事件并进行分类。确定和分析初因事件发生后，找出可能相继发生的后续事件，并进

---

[1] 杜振国、罗鹏程、厉海涛等："基于动态事件树的安全风险分析方法"，载《科学技术与工程》2011年第22期。

一步确定这些事件发生的先后顺序，按后续事件发生或不发生分析各种可能的结果，找出后果事件，建造事件树，事件树的建造过程也是对系统的一个再认识过程。事件树的定量分析：对所建完的事件树，收集、分析各事件的发生概率及其相互间的依赖关系，定量计算各后果事件的发生概率，并进一步分析、评估其风险。

（2）鱼骨图分析法。1953年，日本管理大师石川馨先生所提出的一种把握结果（特性）与原因（影响特性的要因）的极方便而有效的方法，故名"石川图"。这是一种发现产生问题"根本原因"的方法，是一种透过现象看本质的分析方法。因其形状很像鱼骨，也既称为"鱼骨图"或者"鱼刺图"。[1]

问题的特性总是受到一些因素的影响，我们通过头脑风暴法找出这些因素，并将它们与特性值一起，按相互关联性整理而成的层次分明、条理清楚，并标出重要因素的图形就叫"特性要因图"、"因果图"。在医疗损害事件中，引发医疗损害结果发生的原因包括患者身体原因、疾病因素、药物因素、检查因素、环境因素、医师因素、护士因素等等，每一个因素中又有许多中间因素，这些中间因素可以进一步发现下一级中间因素。这样如此探寻下去，就可以把所有可能引发损害结果的因素都找出来，在此基础上进一步分析各因素在损害后果发生上的作用和贡献，进而可以评价致害因素在损害后果发生上的因果关系影响程度，即参与度。

4. 实案验证。通过前面的步骤，基本上可以准确地将引发医疗损害结果的致害因素找出来，并判断其对医疗损害结果发生的参与程度。不过，这样的分析结论是否准确，是否符合医学科学理论和医学规律，有必要进一步加以检验。用于司法鉴定检验的例子，可以通过文献检索，或者在有关医疗研究机构的病例库中检索，查找类似的病例，看本次司法鉴定确定的致害因素是否在实践中引发了类似的医疗损害结果。也可以通过临床专家咨询的途径来了解临床实践案例。

---

[1] 皮圣雷：《综合鱼骨图及其在项目管理中的应用研究》，载《中国软科学》2009年第4期。

第五章
医疗损害技术鉴定中的参与度评定

第一节 原因力理论与医疗损害参与度

一、原因力理论

原因力是指在侵权损害赔偿责任的共同原因中，违法行为和其他因素对损害结果的发生或扩大所发挥的作用力。也有学者认为，原因力是指在引起同一损害结果的数个原因中，每个原因对该损害结果的发生或扩大所发挥的作用力。还有学者认为，原因力是指违法行为对损害结果的发生所起的作用力。简言之，原因力的区分实际上就是因果关系程度的区分。[1]原因力的基本规则是，在数个原因引起一个损害结果的侵权行为案件中，各个原因构成共同原因，每一个原因对损害结果具有不同的作用力；无论共同原因中的每一个原因是违法行为还是其他因素，行为人只对自己的违法行为所引起的损害结果承担与其违法行为的原因力相适应的赔偿责

---

[1] 王利明：《侵权行为法归责原则研究》，中国政法大学出版社1992年版，第382页、第389页。

第五章 医疗损害技术鉴定中的参与度评定

任份额,对于非因自己的违法行为所引起的损害结果,行为人不承担赔偿责任。

就各国的立法而言,原因力规则主要体现在与有过失责任赔偿范围的确定和数个共同侵权行为人之间责任分担的两种情形中,并且一国法律对与有过失责任赔偿范围的确定和数个共同侵权行为人之间的责任分担的标准往往又是类似的。[1] 当代各国的立法和实践都十分重视原因力及其规则。对于原因力及其规则的规定,具体做法有两种:①以日本、瑞士、意大利、荷兰、埃塞俄比亚以及美国大多数州为代表的国家或地区采用过错和原因力的综合比较说。日本法院在进行过失相抵时,要综合考虑受害人与加害人过失的大小、原因力的强弱以及其他事项而作出决定。[2] 瑞士法院主要通过斟酌过失轻重及原因力的强弱来决定数人的责任范围。[3] 美国在考虑是否存在法律上的因果关系时,所关注的不是事实本身,而是法律的规定和司法政策,以及社会福利和公平正义等价值方面的要素。[4]《荷兰民法典》第六章第 101 条、[5]《埃塞俄比亚民法典》第 2098 条 [6] 也作了类似规定。②以德国为代表的部分国家采用原因力比较说。《德国民法典》第 254 条规定:"根据损害在多大程度上是由加害人或受害人一方造成的来确定损害赔偿义务和赔偿范围。"[7] 而对于共同侵权行为人的内部求偿,德国法律却没有明文规定。但是,自 1910 年以来,德国联邦法院多次在判决中表示应类推适用《德国民法典》第 254 条规定的过失相抵规则,[8] 即采用原

---

〔1〕〔德〕克雷斯蒂安·冯·巴尔:《欧洲比较侵权行为法》(下),焦美华译,法律出版社 2001 年版,第 662 页、第 581~582 页。

〔2〕〔日〕于保不二雄:《日本民法债权总论》,台北五南图书出版公司 1998 年版,第 141 页。

〔3〕(台)王泽鉴:《民法学说与判例研究》(第 1 册),中国政法大学出版社 2005 年版,第 63~64 页。

〔4〕张新宝:"侵权法上的原因力研究",载《中国法学》2005 年第 2 期。

〔5〕张新宝译:《荷兰民法典》,载杨立新主编:《民商法前沿》(第 1 辑),法律出版社 2003 年版,第 233 页。

〔6〕薛军译:《埃塞俄比亚民法典》,中国法制出版社 2002 年版,第 384 页。

〔7〕王利明:《侵权行为法研究》(上卷),中国人民大学出版社 2004 年版,第 735 页。

〔8〕(台)王泽鉴:《民法学说与判例研究》(第 1 册),中国政法大学出版社 2005 年版,第 63~64 页。

因力比较的标准。[1]

二、医疗损害参与度

1. 医疗损害参与度的含义。医疗损害参与度的概念是由法医学鉴定中的损伤参与度的概念引申出来的，对其定义可以参照损伤参与度的定义。所谓损伤参与度，是指在外伤与疾病共同存在的案件中，诸因素共同作用导致某种后果，即暂时性损害、永久性功能障碍和死亡，外伤在其中所起作用的定量分割（或因果比例关系）。

因此，医疗损害参与度，是指在同时存在医疗过错行为、患者疾病因素等众多致害因素的医疗纠纷事件中，判断医疗过错行为在患者发生的损害后果上的参与程度。只有同时存在几个可能引发患者损害后果发生的原因时，才需要判断参与度，即判断过错医疗行为与损害后果之间是否具有因果关系以及关联程度，以及关联程度如何，也就是对过错医疗行为与损害后果的发生之间的定量因果关系作出评价。医疗损害参与度的确定，是对过错医疗行为与损害结果之间因果关系的定量划分，是因果关系的进一步具体化、直观化，便于司法人员理解和适用，从而判断医疗机构是否应当承担侵权责任以及承担多大的侵权责任。不过，在医疗侵权案件中，并非什么情况都要确定参与度，只有直接作用因果关系、间接作用因果关系、临界作用因果关系可以从参与度的角度判断定量因果关系，而机会丧失（误诊、选择）不宜直接判断参与度，而是阐述机会丧失的多少，再由审判人员依据法律原则来确定赔偿比例。

2. 参与度概念的提出以及演变。法学家对损伤相关伤病在人身伤害事件结果中的相关程度判断早已认为不能单纯地以"有或无"的二者择一的思考方法去判断。在美国的司法实践中，早已经抛弃了是和否的二分法因果关系，而是已经采用比例因果关系，这为因果关系的定量划分提供了基础。1968年，日本的加藤一郎、野村好弘就提出在多种因素共同作用引起损害时，必然涉及如何采用分割的方法将损害结果归结各自不同原因的判断问题。1969年，野村好弘进一步提出在判断外

---

[1] 杨立新："论医疗过失赔偿责任的原因力规则"，载《法商研究》2008年第6期。

因和损害之间的因果关系时，应该采用定量比例制的方法去分析。[1]

1980年，渡边富雄在日本文部省科学研究的资助下，对交通事故和死亡以及伤害，后遗障碍之间采用定量比例制方法进行了比较深入地研究，提出了因果关系的判断标准，即渡边富雄标准。为法医学界和法学界采用医学的方法判定因果关系进行了有益的尝试。1982年日本赔偿医学会成立。1986年日本赔偿医学的成果介绍到我国，极大地影响和推动了我国赔偿医学的理论研究和实践工作的开展。[2]

1989年吴军等提出了因果关系赔偿比率的构想，在有直接关系时，损伤对后果发生的作用大小比率分别100%、75%、50%、25%，无因果关系时，比率0%，共5等。这个建议对日本的赔偿医学中外因的参与度制定有不小的影响。我国对损伤参与度标准的制定也开始趋向于五等级划分。1991年常林、郭红斌在分析61例损伤与疾病法医学鉴定中，提出了损伤和自身疾病与所致后果之间的5等级比例关系表。1994年北京市高级人民法院法医室伤与病关系研究组制定出5等级10段的《外伤在疾病共同存在的案件中参与度的评判标准（草案）》，[3]从因果关系参与度、损伤程度评定、赔偿三个方面探讨了具有我国特色的伤病因果关系评定标准内容，是符合侵权法基本赔偿原则的参与度评定方法，因而具有深远的影响意义。

医疗损害参与度是一个事实因果关系的关联程度，与民事损害赔偿比例应该区别对待，二者具有联系又有区别。医疗过错行为参与度是一个纯粹技术方面的概念，没有考虑案件的其他情况和责任划分，这一点必须向审判人员说明清楚。因此，在运用医疗损害参与度判案的时候，医疗损害参与度的理论系数值仅仅只代表特定过错医疗行为作为原因与患者损害结果之间的关联程度。就是鉴定意见中提出的赔偿参考范围，也不是所有的赔偿项目都用这一百分比例加以分割，只有需要考虑因果关系的赔偿项目才能使用（如伤残者生活补助费、伤前被抚养人的生活

---

[1] 何颂跃："损伤参与度的评定标准"，载《法律与医学杂志》1998年第1期。
[2] 刘鑫："法医临床学鉴定因果关系论"，载邓振华、陈国第主编：《法医临床学理论与实践》，四川大学出版社2004年版，第353~370页。
[3] 刘鑫："法医临床学鉴定因果关系论"，载邓振华、陈国第主编：《法医临床学理论与实践》，四川大学出版社2004年版，第353~370页。

费等），而其他的一些与事件直接相关的费用，如医疗费、营养费、交通费等，要根据具体情况来确定。[1]但在实际审判工作中，法官通常会将所有赔偿项目均按照法医给出的参与度标准进行按比例分割。

三、原因力与参与度

实际上，医疗损害参与度是指医疗过失赔偿责任的原因力程度。一般认为，疾病参与度或者损伤参与度，是指在医疗事故造成的损害结果与患者自身疾病共同存在的情况下，前者在患者目前疾病状态中的介入程度。[2]也有专家认为，所谓损害参与度，是指侵权行为因素、其他因素与现存损害结果之间的联系程度，其实质就是人身损害的侵权行为与损害结果的因果关系大小问题。医疗损害参与度的认定所要解决的是医疗损害行为对损害结果的发生所起作用的比例和概率大小问题，并进而确定医疗损害主体的赔偿责任范围和比例。

在医疗过失赔偿责任中，医疗过失行为与其他因素（如患者自身的疾病原因）共同结合造成了同一个医疗损害结果。由于医疗过失行为与其他因素各有其不同的原因力，因此医疗机构仅对自己的过失医疗行为所引起的那一部分损害结果承担赔偿责任，而对于患者自身原因等引起的损害结果部分不承担赔偿责任。可见，原因力规则，在法医学上就被表述为损害参与度。而损害参与度就是原因力规则在医疗过失赔偿责任中的具体应用，是侵权行为法在理论和实践中"挪用"了法医学上的概念。

第二节 医疗损害参与度评定

一、参与度评定规则

在医疗损害技术鉴定中，参与度评定与医疗过错判定通常是同时进

---

[1] 刘鑫："法医临床学鉴定因果关系论"，载邓振华、陈国第主编：《法医临床学理论与实践》，四川大学出版社2004年版，第353~370页。
[2] 参见陈志华："医疗事故赔偿项目及计算方法（五）"，载《中国医学论坛报》2003年9月4日。

行的。参与度对审判法官更具有参考价值,从判例回顾来看,通常法官会按照法医评定的损害参与度进行赔偿分割,参与度的评定在司法鉴定中也引起了很大争议,迫于患者的上访压力,目前北京法医学会暂时取消了医疗损害参与度评定的内容。

如前所述,在英美法系中,通过"But-for"规则、实质因素规则确定的医疗过错,是一个事实因果关系,而具体的赔偿范围及赔偿比例,则是一个法律因果关系,需要法官从政策、公平、公序良俗等多方面综合考量。而目前我国在引入原因力与参与度的概念后,将其划归为专门性问题,由法医在司法鉴定中提出意见。我国现在也有人反对原因力的提法,认为原因力实际指的是法律因果关系,是侵权行为与损害结果的因果联系强度。[1]

在进行医疗损害参与度评定时,需要明确其具体适用范围。在医疗损害责任四种类型中,正常诊疗行为造成的医疗技术损害责任,属于专门性问题,属于医疗损害技术鉴定范围。产前检查及诊断不当造成的错误出生,属于专门性问题,但此类问题目前在理论界尚存在争议,建议由法院进行评判。医疗伦理损害责任中的侵犯患者知情同意权,需要结合技术责任统一判断:①告知存在缺陷,不存在技术损害,且医疗措施有益,不宜评定参与度;②告知存在缺陷,造成被侵害人机体痛苦,不存在技术损害,参与度不宜超过 B 级;③告知存在缺陷,存在技术损害,造成患者死亡或残疾,参与度在参考范围内取上限。侵犯隐私权的案件,则不属于专门性问题,不宜进行鉴定。管理不当造成的医疗管理损害责任,应由法院评判,不宜进行鉴定。单纯质量问题引起的医疗产品损害,应由具有鉴定资质的专门机构进行鉴定。但如果发生医疗产品责任与医疗技术责任的竞合,应在进行产品质量鉴定的基础上,对具体的技术性问题进行鉴定。

目前,法医学界常用的参与度比例划分标准为六分法标准(见表4)。

A 级:损害之果由参与因素造成,不存在损害因素的作用。

B 级:损害之果主要绝大部分由参与因素造成,损害因素起轻微作用。

---

[1] 刘信平:"侵权法因果关系理论之研究",武汉大学 2007 年博士学位论文。

C级：损害之果主要由参与因素造成，损害因素起次要作用。

D级：损害之果由损害因素和参与因素共同作用造成，二者原因力程度相当。

E级：损害之果主要由损害因素造成，参与因素起次要作用。

F级：损害之果完全由损害因素造成，不存在参与因素的作用。

表4 损害因素参与度对照表

划分等级	理论系数值（%）	原因力程度	参与度参考范围(%)
A	0	无	0
B	10	轻微	5~20
C	25	次要	21~40
D	50	同等	41~60
E	75	主要	61~90
F	100	全部	91~100

二、医疗技术损害参与度等级划分依据

1. A级参与度的划分依据。

（1）损害之果与患者自身因素、患者主观因素以及医疗意外因素之间存在直接因果关系；

（2）医疗行为不存在违反诊疗规范、业内共识之处；

（3）医疗行为与损害之果之间不存在因果关系；

（4）在抢救危重患者等紧急情况下，对医务人员的注意能力的要求应有所降低，并允许为了抢救患者生命而放弃其他较小利益。

2. B级参与度的划分依据。

（1）损害之果与患者自身因素、患者主观因素以及或医疗意外因素之间存在直接因果关系；

（2）医疗行为没有违反法律法规、诊疗规范的强制性规定，但存在违反业内共识之处；

（3）医疗技术损害因素对损害之果的发生有促进或诱发作用；

（4）即使不存在医疗技术损害因素，患者的损害之果仍不可能完

全避免。

3. C 级参与度的划分依据。

（1）存在患者自身因素、患者主观因素以及医疗意外因素，是损害之果发生的实质性要件；

（2）医疗行为没有违反法律法规、诊疗规范的强制性规定，但存在违反业内共识之处；

（3）医疗技术损害因素对损害之果的发生有促进、诱发或加重作用，是其形成的实质性要件；

（4）综合判断医疗技术损害因素与参与因素，二者均为损害之果发生的实质性要件，但后者的原因力程度更为显著。

4. D 级参与度的划分依据。

（1）存在患者自身因素、患者主观因素以及医疗意外因素，是损害之果发生的实质性要件；

（2）医疗行为违反法律法规、诊疗规范的强制性规定；

（3）医疗技术损害因素与参与因素单独存在，损害之果一般不会发生；

（4）综合判断医疗技术损害因素与参与因素，二者均为损害之果发生的实质性要件，二者原因力程度基本相当。

5. E 级参与度的划分依据。

（1）医疗行为违反法律法规、诊疗规范的强制性规定，是损害之果发生的实质性要件；

（2）如果不存在医疗技术损害因素，损害之果的发生极有可能避免；

（3）存在患者自身因素、患者主观因素以及医疗意外因素；

（4）综合判断医疗技术损害因素与参与因素，前者原因力水平显著。

6. F 级参与度的划分依据。

（1）医疗行为严重违反法律法规、诊疗规范的强制性规定；

（2）医疗技术损害因素直接导致损害之果的发生；

（3）如果不存在医疗技术损害因素，损害之果必然不会发生；

（4）不存在患者自身因素、患者主观因素以及医疗意外因素；或者以上参与因素存在,但无医学证据证明其与损害之果的发生存在相关性。

三、典型案例评析

北京某司法鉴定中心法医学司法鉴定意见书[1]

一、案情摘要及鉴定经过

据相关材料载:患者蓝某分别于 2006 年 1 月 19 日和 2007 年 2 月 5 日至北京某医院就诊并入院治疗,住院期间医院对其行相应手术治疗。患者蓝某认为北京某医院在两次手术前均未履行告知义务,侵犯其知情权,手术效果差,给其带来巨大精神打击和经济损失。遂诉至法院要求医院赔偿。

接受鉴定委托后,我们对送检材料进行了文证审查,并对被鉴定人蓝某进行了躯体检查,在鉴定过程中咨询了相关专家,并最终经过鉴定人认真分析、讨论,达成一致意见,制作本鉴定文书。

二、资料摘要

北京某医院蓝某出院总结(住院号 N010125)载:①住院日期:2006 年 1 月 19 日。②出院日期:2006 年 1 月 24 日。③住院时情况:主要症状体征:左足趾变形 10 余年,伴疼痛 5 年。查体:一般可,心肺腹无异常,左拇趾外翻畸形,拇囊红肿,第 2 趾锤状趾,第 2 跖骨头下、2 趾近趾间背侧胼胝形成,左拇囊 2 跖骨头压痛(+),第 2 跖趾关节屈曲受限,并感关节松弛,2 趾近趾间关节伸直受限。X 射线:左拇趾外翻,第 2 跖趾关节脱位,ⅠⅡ跖间角 14°。住院经过:入院后,完善各项相关检查,无手术禁忌证,经讨论于 2006 年 1 月 20 日行"左足第 1 跖骨,第 2 跖骨基底楔形截骨,2 趾近指(趾)间关节成形,趾深屈肌腱移位术",手术过程顺利,术后予以抗感染治疗,现患者病情稳定,请示上级,准予出院。④出院时情况:未诉不适,不发热,饮食、精神可,二便正常。查体:一般情况可,心肺腹无异常,敷料固定,无渗液,末梢血运良好,感觉正常,活动可。X 射线:截骨及固定

---

[1] 选自"司法鉴定关键技术"(编号:2012BAK16B02-2)数据库。

良好。手术名称：左足第1跖骨，第2跖骨基底楔形截骨，2趾近趾间关节成形，趾深屈肌腱移位术，伸趾肌腱延长。出院时诊断：左拇囊炎，第2跖趾关节脱位，左第2趾锤状趾。

北京某医院骨科出院志（住院号N10125）载：①住院日期：2007年2月5日。②出院日期：2007年2月12日。③住院时情况：主要症状体征：左足拇外翻矫形术后1年，伴左第二趾僵直。查体：左足第一跖骨内侧缘及Ⅰ/Ⅱ跖骨头之间各见纵向切口瘢痕，长约10/5cm。愈合良好。第二趾间关节背侧有一横形切口瘢痕，无明显压痛。足底无明显胼胝。被动活动各关节，第二跖趾关节活动轻度受限，近节趾间关节僵硬。主动活动足各关节，除第二趾不能活动外，余各关节活动可。前足横向挤压症（-），各跖骨间挤压试验（-）。双跖拇关节活动可，背伸20<=>35跖屈，其余趾活动正常，跖楔关节无松弛。双足趾肌力Ⅴ级，感觉未查及明显异常，足背动脉搏动可。X射线：左足截骨矫形术后，第一、二跖骨干螺钉遗留，左足骨性关节炎症。住院经过：入院后，完善相关查体，于2007年2月7日在局部神经阻滞下行"左足第二趾伸屈肌腱探查松解，螺钉取出，第二跖骨干截骨矫形钢板螺钉内固定术"，手术顺利，术后安返病房，抗炎、输液、镇痛等对症治疗，术后及时给予换药。④出院时情况：查体：患足无菌辅料包扎，敷料无渗透，打开敷料，伤口干净，无渗出。皮缘对合好，患足轻度肿胀，末梢血运可，皮肤感觉未查及明显异常。X射线：左足第二跖骨截骨矫形术后。出院诊断：左足骨性关节炎，左第二趾僵直，左拇外翻术后。

三、检查记录

被鉴定人蓝某自诉左足第二趾不能活动，近节趾骨增粗。

检查：一般情况可，神志清楚，步入检查室，回答切题，查体合作。左足背可见一8.6cm×0.1cm的手术疤痕，左足拇趾外观基本正常，关节活动尚可。左足第2趾呈上抬状，关节僵直，较对侧短缩，长度为2.5cm（右侧3.2cm）。余查体未见异常。

阅片记录：

阅其X线片示：2005年12月22日（PID：1039876），左拇趾外翻，左第二跖趾关节脱位。2006年1月23日（8013432），2006年3月8日，2006年4月10日（ID：1039876），左足第1跖骨、第2跖骨楔形截骨术后，螺钉在位，左拇外翻已矫正，截骨断端骨痂逐渐形成。2007年2月6日（8013432），左足第1跖骨、第2跖骨楔形截骨术后，螺钉在位，截骨断端骨性愈合。2007年4月4日（ID：1039876），左足第2跖骨及第2趾近节趾骨截骨矫形术后，跖骨内固定钢板在位。2008年4月22日（ID：1039876），内固定钢板已取出，第2跖骨干截骨断端愈合良好。

四、分析说明

（一）关于北京某医院在蓝某诊疗过程中医疗行为的评价

现有材料显示，被鉴定人蓝某于2006年1月1日因"左足趾变形10余年，伴疼痛5年"至北京某医院就诊，医院收住入院，入院后经相关检查后诊断：左拇囊炎，第2跖趾关节脱位，左第2趾锤状趾。经行"左足第1跖骨，第2跖骨基底楔形截骨，2趾近指（趾）间关节成形，趾深屈肌腱移位术"。术后1年余，被鉴定人蓝某因"左足拇外翻矫形术后1年，伴左第2趾僵直"再次到北京某医院就诊，医院经检查后行"左足第2趾伸屈肌腱探查松解，螺钉取出，第2跖骨干截骨矫形钢板螺钉内固定术"。目前检查，被鉴定人蓝某左足第2趾较对侧明显短缩，呈上抬状。

经审阅现有鉴定材料、影像学片及检查被鉴定人蓝某，被鉴定人蓝某左足拇囊炎，左拇趾外翻，第2跖趾关节脱位，左第2趾锤状趾诊断明确。左足拇趾外翻有相应症状体征，北京某医院手术适应证掌握得当，手术方案、操作无不当。左足第2趾为锤状趾，跖趾关节半脱位，结合症状体征及X线片显示有手术指征，从蓝某第一次术后效果分析，北京某医院在术中截骨不当是导致其足趾上抬的主要原因。第二次手术是挽救性手术，有手术指征，手术过程及操作无不当。

同时需要说明的是，足跖骨手术治疗效果往往不明确，有可能出现手术效果不良。尤其是只处理单个跖骨的情况，足底跖骨不能完全保证在同一个承重平面上，就会出现受力不均的问题。现有病历资料中无证据显示北京某医院将此手术预后风险充分告知患者。

（二）北京某医院医疗行为过失与蓝某目前后果因果关系分析

被鉴定人蓝某目前检查左拇趾外翻已矫正，第2趾呈上抬状，较对侧短缩，关节僵直。按照《人体损伤致残程度鉴定标准（试行）》相关规定，被鉴定人蓝某目前情况尚不构成伤残。

北京某医院在被鉴定人蓝某治疗过程中存在术中左第 2 跖骨截骨不当及术前告知风险不充分等过失，术中截骨不当是其左第 2 趾术后呈上抬状的主要原因。同时考虑到足跖骨手术疗效的不确定性，笔者认为北京某医院医疗行为的过失与不当在蓝某目前后果中的参与度以 D 级为宜（理论系数 50%）。

案例点评：本例中，北京某医院在为蓝某进行足跖骨手术过程中，存在着手术不当和告知不足的两种过错。手术不当造成患者的损害，同时告知不足使患者丧失选择权，以上两种不足构成致害因素，而患者本身病情特殊性则构成参与因素，二者共为损害后果的实质性因素，且从原因力比例来看，致害因素相对较高。因此，在进行医疗损害技术鉴定的参与度分析时，应首先对技术性问题进行鉴定，在明确参与度的基础上，将伦理责任进行累加，宜在参与度范围内取上限。

北京某司法鉴定中心法医学司法鉴定意见书[1]

一、简要案情

2005 年 7 月 29 日被鉴定人张某车祸致颈 7 椎体压缩性骨折伴截瘫，同年 7 月 30 日入住中国人民解放军总医院，行手术治疗。同年 8 月 10 日转入北京某医院住院治疗，于 2005 年 10 月 5 日死亡。

原告认为北京某医院在诊治过程中存在过错，导致被鉴定人张某死亡，故起诉至法院要求赔偿。

二、鉴定材料

1. 中国人民解放军总医院张某门诊及住院病历（门诊号 941850，住院号 529631）载：患者于 2005 年 7 月 29 日下午 4 时许，在车祸中致头颈、颌面部外伤导致四肢感觉运动障碍。于 7 月 30 日在全麻下行椎体次全切钛网自体骨植骨融合钛板内固定术，术后颈托固定、抗生素预防感染及激素等治疗，病情平稳。出院时生命体征平稳，切口无感染，已拆线，I/甲愈合。截瘫平面下降到剑突平面以下，上肢肌力 3 级，下

---

[1] 选自"司法鉴定关键技术"（编号：2012BAK16B02-2）数据库。

肢0级。出院诊断：颈椎7骨折脱位伴截瘫，面颈部挫裂伤。2005年8月10日出院。

2. 北京某医院张某住院病历（病案号219931）载：住院时间：2005年8月10日。

主诉：车祸后13天，颈部手术后12天。

体格检查：体温37℃，脉搏80次/分，呼吸18次/分，血压15/10Kpa。颈部对称，颈托外固定，气管居中。胸廓对称，无畸形，双侧呼吸运动对称，未见异常增强及减弱，肋间隙无增宽，双侧触觉语颤查体不合作，未触及胸膜摩擦感及皮下捻发感，双肺叩诊清音，双肺呼吸音粗，未闻及罗音，未闻及胸膜摩擦音及皮下捻发音。

专科检查：神志清楚。双下肢痛触觉丧失，双乳线下痛触觉丧失，胸部第三肋间至锁骨触觉减弱，双上肢痛触觉存在。四肢肌肉萎缩，无肌束震颤。双下肢肌力0级，双上肢肌力Ⅲ级，双手肌力Ⅰ级，四肢肌张力减弱。腹壁反射、跟腱、膝腱反射未引出，双侧巴氏征阴性，左踝肿胀、青紫，无畸形。

治疗计划：完善血尿常规，生化、离子系列乙丙肝等辅助检查。甘露醇脱水，丽扶新抗感染，营养神经治疗。支持对症治疗。

2005年8月12日，尿常规示红细胞0~2/高倍，白细胞2~3/高倍，提示有泌尿系感染，继续抗感染治疗。

2005年8月15日，近日发热，体温在38℃左右，痰少，咳出困难，昨日身上出现皮疹。查体：双肺呼吸音粗，未闻及干湿罗音，全身多处红色皮疹，压之褪色。皮肤科会诊，考虑药疹，停用丽扶新改用克林霉素抗感染治疗，给予西替利嗪、炉甘石洗剂、乐肤液及鲁米松治疗。

2005年8月18日，近日体温37℃左右，痰少，查体：双肺呼吸音粗，未闻及干湿罗音，全身红疹基本小腿。胸部平片示左下肺部感染，左侧胸腔少量胸腔积液不除外。现患者高压氧治疗。

2005年8月22日，神志清楚，精神弱，感胸憋明显，查体：呼吸28次/分，呼吸浅快，双肺呼吸音弱，可闻及散在痰鸣音。建议行气管切开。

上午9点15分突然出现呼吸停止。查体：双瞳孔等大等圆，直径约 3mm，口唇发绀，双肺无呼吸运动，未闻及呼吸音，心音弱，脉搏触不到，吸痰，给予尼可刹米、洛贝林、肾上腺素各一支静推，心电监测心电图呈直线，请麻醉科气管插管，吸痰，吸出较多痰液，为黏痰，人工胸外按压，约两分钟后，心电监护出现室速，给予利多卡因 50mg 静推，心电图出现正常波形，心率 80 次/分，律齐，可触及动脉搏动，血压 106/78mmHg，自主呼吸未恢复。转 ICU 病房。

入 ICU 情况：深昏迷，对外界刺激均无反应，无自主呼吸，呼吸机辅助呼吸。持续心电监护示：P100 次/分，R16 次/分，BP147/74mmHg，SPO299%，T35.8℃。查体：神志不清，球睑结膜无水肿，双瞳孔等大等圆，直径约 1.0mm，直间接对光反射消失。双肺呼吸音粗，两下肺可闻及少量湿罗音。心音尚有力，未闻及奔马律，腹未见明显异常。上肢肌张力较高，呈屈曲抱在胸前，下肢肢体肌张力正常，双侧巴氏征阴性。急查血气示：PH7.330，PCO252.5mmHg，PO2124.1mmHg，BE0.7mmol/L，BB48.7mmol/L，HCO327.7mmol/L，O2sat98.4%；血细胞分析：WBC5.1×109/L，RBC2.81×1012/L，HGB83g/L，PLT176×109/L，N88.5%，L9.0%，M2.5%；急诊全项：CLU6.8mmol/L，K4.86mmol/L，Na127mmol/L，CL91mmol/L。治疗计划：①给予"铃兰欣""莱美特宁"抗炎，控制肺部、泌尿系感染，"法莫替丁"抑酸，防止应激性溃疡；②给予经口气管插管接呼吸机辅助呼吸；持续使用进口多功能监护仪监测生命体征；膀胱冲洗治疗泌尿系感染；③给予"佛迪"抑制自由基及组织胺的释放，减轻脑细胞损伤；"昂丹司琼"改善胃肠道症状，抑制呕吐反射，防止误吸；"双歧三联活菌"调节胃肠道菌群，防止二重感染；"京瑞平（七叶皂甙钠）"加强神经细胞脱水，减轻脑细胞水肿，降低颅内压；持续泵入多巴胺维持循环稳定，保持器官有效灌注；④行呼吸力学监测为调整呼吸机条件提供理论依据，监测血糖为肠外营养胰岛素的用量提供理论依据，肢体功能锻炼预防深静脉血栓形成；⑤积极给予对症治疗，维持水电解质平衡；⑥完善各项相关检查，积极向家属交代病情，下病危通知书。

2005 年 8 月 23 日上午 8 点，夜间表现为窦缓，心率最低时为 50 次/分左右，间断给予小剂量"阿托品"静推，效果好。口腔分泌物为血性，量较多，给予口腔冲洗，效果不佳。8PM，P62次/分，R16次/分，BP118/53mmHg，SPO298%，T38.3℃。查：深昏迷，双瞳等大等圆，直径约1mm，直间接对光反射消失；双肺呼吸音粗，左下肺可闻及少量湿罗音；心音有力，窦性心动过缓；腹软，肠鸣音1~2次/分；上肢肌张力较高，呈屈曲抱在胸前，下肢肢体肌力正常，双侧巴氏征阴性。指示：①继续物理降温，艾比西对症治疗，减轻脑细胞代谢；②目前患者循环时有波动，及时根据血压调整升压药物剂量，保持器官有效灌注；③余治疗同前。

2005年8月24日，患者昏迷，大声呼叫略有睁眼动作，生命体征基本平稳，多巴胺20mg/h持续静脉泵入，持续心电监护示：P63次/分，R16次/分，BP109/56mmHg，SPO299%，T38℃。

2005年8月25日，目前仍处于昏迷状态，痰多，黏稠，不易咯出，决定行颈前气管切开术。

此后，患者一直昏迷，呼吸机辅助呼吸（自主呼吸未恢复），体温波动，间断高热，双肺呼吸音粗，可闻及痰鸣音。2005年9月20日骶尾部皮肤发红，9月24日破溃。给予物理降温，吸痰，气切伤口换药，营养支持，维持水电解质平衡，药物对症治疗，骶部皮肤贴膜等处置。病情未好转，于2005年10月5日死亡。

血液分析结果

日期	白细胞 ×10⁹/L	中性粒%	红细胞 ×10¹²/L	血红蛋白 g/L	血小板 ×10⁹/L
2005-08-11	10.1	90.9	3.02	91	169
2005-08-16	5.1	77.6	2.92	86	148
2005-08-22	5.1	88.5	2.81	83	176
2005-08-25	4.9	83.8	3.28	100	209
2005-08-28	8.3	89.5	2.64	79	198
2005-08-29	9.9	90.4	2.74	84	190
2005-08-31	11.7	91.8	2.30	69	146
2005-09-03	8.2	88.1	1.97	60	168

续表

日期	白细胞 ×109/L	中性粒%	红细胞 ×1012/L	血红蛋白 g/L	血小板 ×109/L
2005-09-04	8.0	90.3	2.08	59	200
2005-09-05	8.9	88.7	2.31	68	177
2005-09-06	6.8	85.7	2.16	62	191
2005-09-07	7.0	87.3	2.63	77	220
2005-09-09	6.7	92.0	2.82	85	211
2005-09-12	4.2	85.0	2.49	74	131
2005-09-15	3.7	84.8	2.58	74	99
2005-09-17	3.5	81.7	2.81	79	61
2005-09-18	3.5	75.9	2.74	77	43
2005-09-19	3.1	70.7	2.68	75	30
2005-09-21	3.4	64.4	2.35	66	23
2005-09-24	1.6	63.6	2.05	59	24
2005-09-28	2.4	79.4	1.98	59	50
2005-10-04	8.4	87.3	2.38	68	45

胸片及纤维支气管镜检查结果

检验日期	结果
20050-08-10（胸片）	两肺纹理清晰，未见明显斑片状阴影，肋膈角锐利
2005-08-15（胸片）	双侧肺纹理明显增重，左下心缘仍可见密度减低区，膈面、肋膈角模糊不清。印象：左下肺部感染，左侧胸腔少量积液不除外
2005-08-22（胸片）	双肺纹理增重，左下密度较右侧增高。印象：考虑左下感染
2005-08-29/09-06（纤维支气管镜）	慢支，气管切开，两肺感染

细菌培养及药敏结果

检验日期	标本	细菌	药敏	抗生素	停止日期
2005-08-10	/	/	/	丽扶新	2005-08-15
2005-08-15	/	/	/	克林霉素	/
2005-08-22	/	/	/	铃兰欣,莱美特宁	2005-08-29,2005-09-08
2005-08-30	痰	斯氏普罗威登斯菌	氨曲南		
2005-08-31	痰	铜绿假单胞菌	氨曲南,哌拉西林/他唑巴坦		
2005-09-01	痰	铜绿假单胞菌	氨曲南,哌拉西林/他唑巴坦	万迅	2005-09-15
2005-09-03	痰	铜绿假单胞菌	哌拉西林/他唑巴坦		
2005-09-08				福德,利君特舒	2005-09-15,/
2005-09-10	单套刷	铜绿假单胞菌	哌拉西林/他唑巴坦		
2005-09-15	/	/	/	爱益	2005-09-26
2005-09-20	痰	栖稻黄色单胞菌			
2005-09-24	痰	肺炎克雷伯菌	头孢替坦,头孢他啶,亚胺培南,头孢曲松,环丙沙星,头孢比肟,氨曲南,左旋氧氟沙星		
		铜绿假单胞菌	哌拉西林/他唑巴坦		
2005-09-26	/	/	/	博士多他粉针剂	/
2005-09-27	痰	醋酸钙鲍曼复合不动杆菌	亚胺培南		
2005-09-30	痰	醋酸钙不动杆菌	亚胺培南		

出院诊断：颈 7 椎体压缩骨折伴脱位术后，呼吸骤停，高位截瘫，左踝骨折，泌尿系感染，肺部感染，低蛋白血症，贫血。

三、鉴定过程

我所于 2007 年 10 月 23 日接受北京市门头沟区人民法院委托，受理该鉴定。于 2008 年 5 月 21 日在我所进行听证，原、被告双方主要观点如下：

原告方认为：被告医院在对张某治疗过程中存在抗生素使用不当，高压氧治疗不当，气管切开延误，未有效调整呼吸机等过错，导致患者张某死亡。

被告方认为：患者死亡主要是本身病情严重所致，医院在治疗过程中无不当。

鉴定人员详细审阅了送检材料，听取了双方陈述意见，就有关问题进行分析、讨论，达成一致意见，形成本鉴定文书。

四、分析说明

根据现有鉴定材料，对被鉴定人张某病情及诊疗情况分析如下：

1. 病情及死亡原因：根据现有病历材料，被鉴定人张某因车祸致颈 7 椎体压缩性骨折于 2005 年 7 月 30 日在中国人民解放军总医院行手术治疗。同年 8 月 10 日，以颈 7 椎体压缩性骨折伴高位截瘫转入北京某医院住院治疗，住院治疗期间出现肺部感染，8 月 22 日突发呼吸骤停，经心肺复苏后，一直处于昏迷状态，间断高热，治疗无效，于 2005 年 10 月 5 日死亡。

由于未经尸检，根据上述情况考虑被鉴定人张某死亡原因为颈 7 椎体压缩性骨折、颈髓损伤伴高位截瘫，继发肺部感染，终因呼吸循环衰竭死亡。

2. 诊疗评价：被鉴定人张某出现肺部感染，是由于高位截瘫及长期卧床等自身原因所致的难以避免的并发症，与医院诊疗行为无关。

本例无使用高压氧治疗的绝对禁忌证，采用高压氧治疗未违反常规，亦未见因高压氧治疗所致的不良后果。

但医院在针对肺部感染的治疗上存在如下缺陷：

（1）根据病历记载，2005 年 8 月 22 日患者感胸憋明显，呼吸 28 次/分，呼吸浅快，双肺呼吸音弱，可闻及散在痰鸣音，虽然建议行气管切开，但未能及时实施，致患者 9 时 15 分突然出现呼吸停止。提示医生对患者病情的严重性认识不够，而且对家属的告知不到位。

（2）目前对使用何种抗生素尚无明确规定，临床上常根据医院本身的惯例和经验以及实际情况来决定。本例抗生素的应用存在由头孢呋欣钠（丽扶新）改用克林霉素，以及联合应用去甲万古霉素（万迅）和头孢类抗生素时加用克林霉素的不合理之处，在一定程度上影响了对肺部感染的有效治疗。

3. 因果关系：由于医院存在上述缺陷，致使被鉴定人张某肺部感染控制不满意、病情进展，最终死亡。结合被鉴定人张某的具体病情特点、医院的实际医疗经验和水平，综合考虑，笔者认为北京某医院在对被鉴定人张某诊治过程中存在上述缺陷，在张某死亡结果中起到一定的作用（建议参与度为 C 级）。

案例点评：

本例中，法医师对被告医院的医疗水平作出了客观的评价，符合侵权责任法中关于"与当时医疗水平相当"的规定。患者长期住院卧床，其肺部感染情况应属于院内感染，医方在为患者治疗过程中，存在告知和技术性不足，与患者自身情况共同构成死亡的实质性因素，其中，医疗因素为致害因素，患者自身情况为参与因素。但是，从患者最终死亡回顾性研究来看，其自身情况在死亡中所占原因力比例较大，医疗因素较弱，因此，综合判断评定 C 级是合理的。

北京某司法鉴定中心法医学意见书[1]

一、简要案情

据本案相关材料载：1995 年 1 月 20 日原告何某在被告某医院顺产一女婴，产时发生了会阴部裂伤，予以缝合。原告诉称，其产后即感便急，2008 年经多家医院诊断为大便失禁。原告认为，被告医院在助产过程中没有为其实施会阴侧切术，发生会阴严重撕裂后，未如实告知病情，延误治疗，造成了不良后果，被告应予以赔偿。

---

[1] 选自"司法鉴定关键技术"（编号：2012BAK16B02-2）数据库。

二、病历摘要

（一）首都医科大学某医院何某住院病历（病案号304317）载：

住院时间：1995年1月20日~23日。

主诉：怀孕40+周腹阵痛2+小时。

产科检查：宫底高度32cm，腹围94cm，羊水未见，有宫缩，胎位LoA，胎心140次/分，胎先露浅定，估计胎儿大小3100克。

阴道检查或肛门检查：外阴已婚型，宫颈软、已消失，开大2cm，胎膜未破，先露位置及方位S－2，LoA。骨盆测量TO 8cm，DC＞11.5cm。

诊断：妊40+周G2P0LoA临产，乙肝病毒携带者。

处理计划：患者身高1.60米，骨盆测量正常，估计胎儿3100克，可阴道分娩……

分娩记录如下：

阵缩开始：1995年1月20日1时0分；胎膜破裂：手术，1995年1月20日3时50分；子宫口开全：1995年1月20日3时50分；胎儿娩出：1995年1月20日4时20分，自然（娩出），纵产式；胎盘娩出：1995年1月20日4时25分，自然（娩出）。

"会阴"：一栏未填写。

出血量：估计量100ml。药剂：Pitocin 10u iv

产程：一程2时50分，二程0时30分，三程0时5分，总程3时25分。

婴儿体重：3000克。

会阴切开：左（？）侧切，局麻＋阻滞，内缝数针。

诊断：妊40+周，G2P1，LOA，自然分娩。

手术种类：人工破膜术，会阴裂伤缝合术。

产后记录单

日期	产后日期	恶露				会阴	附注
		色	质	量	嗅味		
1995-01-20	当	红	血	少	(-)	(-)	u-2F
1995-01-21	1	红	血	少	(-)	(-)	u-2F
1995-01-22	2	红	血	少	(-)	(-)	u-1F
1995-01-23	3	红	血	少	(-)	(-)	u-3F

（二）北京地区医疗机构门急诊何某病历手册载：

（北京二龙路医院）肛肠科 2008 年 8 月 27 日：便急 13 年，13 年（前）顺产后感便急，无稀便，无血便，大便 1 次/1~2 日，成形，无脓血。既往：（-）。PE：肛门混合痔，肛门收缩无力，指诊未及肿物，无血染。Imp：便急待查。Rx：练习收缩肛门，不适随诊。

301 普外科 2008 年 9 月 8 日：大便失禁，要求行肌电图检查。

解放军总医院妇产科门诊 2008 年 9 月 12 日：大便失禁 10 年，加重 3 月。G2P1。查：外阴阴性，阴道阴性，宫颈光；肛诊：肛门括约肌及提肛肌收缩力差。Rx：手术。（Imp）大便失禁。

（三）中国人民解放军总医院出具的何某 2008 年 9 月 11 日肌电图检查报告单载：

检查日期：2008 年 9 月 11 日

肌肉名称	自发电位 插入 纤颤 正相 其他	轻收缩时运动单位电位 时限 增减 电压 多相 (ms) ↑↓ (uV)	重收缩时运动单位电位 波型　峰值电压（mV）
肛门括约肌	- - - -	9.5 ↓5% 491 -	混合相　　2.0
肌电印象：未见特征性改变			

（四）中国人民解放军总医院何某病案首页载：

门诊诊断：大便失禁（产伤？）

接诊日期：2008 年 9 月 12 日。

三、鉴定过程

2010年7月23日在我所举行了由原、被告参加的司法鉴定听证会，双方确认了用于此次鉴定的病历资料，并陈述了各自观点。现将双方争议的焦点问题总结如下：

原告认为：①分娩时未行会阴侧切术，造成会阴严重撕裂；②分娩记录中"会阴切开"一栏写成左侧切，与事实不符；③发生会阴严重撕裂后，被告未如实交代病情，延误了治疗，造成原告日后出现大便失禁。

被告认为：①原告不具备会阴切开的手术指征；②分娩记录中"会阴切开"一栏书写有误，未做会阴切开；③原告当时会阴Ⅱo撕裂，予以缝合。只有Ⅲo以上严重的撕裂才需要告知。分娩是女性的自然生理过程，这一过程本身就有可能引起肛门失禁的后遗症，何某十几年后主诉的肛门失禁与我院的医疗行为无关。

我们会请有关专家对被鉴定何某进行了妇科和肛肠科检查，并就本案相关问题进行了讨论，鉴定人达成一致意见后，制作本鉴定文书。

四、检查所见

自诉：1995年产后7个月左右上班，发现憋不住大便，偶尔会排到内裤上，稀便或成形便区别不大。大便1次/1～2日，不干。小便正常。近两年症状有加重。

检查：外阴形态正常，未见侧切疤痕，后联合长约2.5cm，未见明显疤痕。会阴局部外观及触诊检查与正常无明显差别。肛门外形未见异常。肛门指诊：肛门括约肌完整，括约肌自然张力存在。嘱提肛，收缩不明显。

五、分析说明

根据现有病历材料，我们会请有关专家，就某医院对何某的诊治相关问题进行分析、评价如下：

1. 被鉴定人何某1995年1月20日孕40+周初产在被告医院分娩，当时查体未见有妊娠并发症，胎儿正常，头位，未见头盆不称等，估计胎儿体重3100千克，产程虽然偏短，但在正常范围之内，也未实施阴道助产术，故没有明确的必须行会阴侧切的适应证。初产妇头位分娩是会阴侧切的相对适应证，一般由医生根据其经验对孕妇的状况进行估计，决定是否给予会阴侧切。

被告医院在何某分娩过程中未对其实施阴道侧切手术，不违反诊疗常规。

2. 何某发生会阴裂伤，是阴道分娩的并发症，被告医院给予缝合处理，符合治疗原则，但关于何某行会阴侧切的记录与事实不符，对其会阴裂伤的部位和程度没有记录，不符合病历书写规范。病历首页中"出院时建议"一栏有"产后42天复查"的记载，但医生的这一"建议"是否告知了患者，医患双方存有异议。

3. 根据目前何某的妇科和肛肠科检查所见，其会阴部形态、外观及触诊检查基本正常，估计其当时会阴裂伤的程度可能是在Ⅱ等。

4. 被鉴定人何某主诉其产后出现了控便困难，偶有大便失禁。根据目前我们检查所见，其肛门括约肌自然张力存在，括约肌、提肛肌主动收缩力弱，但客观检查（肌电图）没有明确的阳性发现。

一般情况下，会阴裂伤如果伤及肛门括约肌，在损伤当时就会出现相应的表现，并应及时对症治疗。本案被鉴定人何某所述的症状表现主要有近两年的记录，缺乏2008年以前的相关就诊证据。鉴于控便和排便过程是一个主、客观多重因素共同参与的生理活动，我们无法认定何某目前所述的控便障碍与其1995年的会阴裂伤有关。

综上所述，被告医院相关病历书写不符合规范，但与其目前所述的控便障碍没有因果关系。

六、鉴定意见

1. 被告首都医科大学某医院在被鉴定人何某1995年住院分娩期间，未对其实施会阴侧切，不违反诊疗常规。其会阴裂伤属于阴道分娩的并发症。

2. 根据目前资料，尚无法认定何某目前所述的控便障碍与上述会阴裂伤有关。

3. 被告医院相关病历书写不符合规范，但与何某目前所述的控便障碍没有因果关系。

案例分析：

在进行医疗损害技术鉴定时，首先应明确医疗机构是否存在过错，以及具体的过错情形,此为致害因素。其次,需要明确是否存在可能导致损害的参与因素,如患者自身情况、医疗意外等。在此基础上,综合分析致害因素与参与因素的原因力对比情况。具体到本案,医院的病历书写瑕疵并不属于可能导致损害的医疗过错,而患者因为特殊体质出现的并发症独立可能引起损害后果的发生,故本例中只有并发症一种实质性要素。

第六章

损害后果与医疗损害鉴定

第一节 医疗损害中的损害后果

在医疗侵权纠纷的因果关系判断中,在患者身上到底发生了什么损害结果,这是判断因果关系的关键,因为损害结果是现成的、"可视"的,也是患者据此对医疗机构的医疗行为提出异议,并据此主张医疗机构承担医疗侵权责任的直观依据。法医师进行医疗损害技术鉴定时,采用逆推和回顾性研究的思路,因此,患者身体上呈现的损害结果,是追索因果关系的重要线索,是判断医疗行为是否构成侵权的起始证据。所以,医疗损害技术鉴定中的损害后果也应该首先把患者身体上具体发生的损害结果搞清楚。

一、损害后果概述

"无损害则无责任",只有在损害结果发生的情况下,才需要考虑医疗机构及其医护人员是否存在过错,是否要由医疗机构承担医疗损害责任。损害后果必须是法律明确规定的后果,必须是侵害了患者的受法律保护的合法权利。根据《侵权责任法》第 2 条的规定，侵权责任法所保护的民事权益包括生命权、健康权、姓名权、名誉权、荣誉权、肖像权、隐私权、婚姻自主权、监护权、所有权、用益物权、担保物权、著作权、专利权、商标专用权、发现权、股权、继承权等人身、财产权益。而医疗损害责任主要侵害患者的权利包括生命权、健康权、财产权益，在一定情况下还会侵害患者的隐私权、监护权等权利。也就是说，医疗机构及其医护人员的行为必须侵害了患者的上述合法权利，产生了一定的损害后果，才可能构成医疗损害责任。[1]

　　从法律意义上讲，损害是指受害人因他人的加害行为（举动）或者物的内在危险之实现而遭受的人身或财产方面的不利后果。[2]但是，我们在讨论医疗损害鉴定因果关系时，更关注的是医学意义上的损害结果。从医学意义上讲，损害结果就是指在患者身体上发生的造成患者组织、器官的破坏，或者是患者生理机能障碍，是患者身体在客观上造成了损害，是一种事实。在医疗损害赔偿责任构成上所要求的损害结果，必须要把握两个问题：一是损害结果必须是实际已经发生的，而不是可能发生的。损害一般应当为现实已经存在的"不利后果"，但法律另有规定的，即使实际损害尚未出现，也认为存在法律上的损害或者侵权行为的构成不以实际损害已经出现为要件。[3]因此，在医疗机构及其医务人员实施了可能具有侵害性的医疗行为之后，如果患者没有发生实际损害后果，而仅以将来可能会出现损害为由起诉，不能得到法律上的支持。二是损害结果必须是肉眼可见或者可以通过仪器设备检测得到的。对于患者是否实际发生了损害结果，在诉讼中是需要患方予以证明的，损害结果的举证责任在患者一方。那么患者如何证明损害结果已经发生呢？肉眼可见的损害可以事实存在为证明，无须特别举证。比如，患者在医疗过程中被截肢了，患者肢体的残缺状况自然就证明了损害结果的发生。但是，有时患者身上发生的损害是通过肉眼或者肢体感官难以察觉的，比如肝功能损害、智力损害、内脏器官缺如等，则需要采用医学

---

〔1〕 刘鑫、孙东东、陈特主编：《医疗损害赔偿诉讼实务》，中国法制出版社 2012 年版，第 51 页。
〔2〕 张新宝：《侵权责任法原理》，中国人民大学出版社 2005 年版，第 53 页。
〔3〕 张新宝：《侵权责任法原理》，中国人民大学出版社 2005 年版，第 53 页。

辅助检查、检测设备予以证明。[1]

二、医疗损害结果类型化

在王云波收集的 610 起经法院判决的医疗侵权案例中，作者将医疗纠纷的损害结果归纳为死亡、终生护理、残疾、严重伤害、轻微伤害、精神伤害等 6 种。这种分类其实是不合理的，因为终身护理并非一种独立的损害结果，而是患者出现残疾后由于身体的原因不能生活自理而存在的一种完成生活起居等基本需要的一种帮助，严重伤害和轻微伤害并非最终结果，可能会出现两种结局：一是最终造成残废；二是治疗痊愈。因此，关于患者身体上发生的损害结果，无外乎应该是可治愈的损害、残疾、死亡和精神痛苦。不过，关于损害结果，在法学上常常把一些危害结果也纳入其中。在讨论刑事责任、行政责任等问题上，危害结果当然是一种重要的法律要件，也是一种非常重要的法律事实，这实际上是一个法律问题。但是，在讨论医疗侵权的鉴定问题时，我们更关注的是医学意义上的损害结果，而非法律意义上的危害事实。

三、常见的损害后果类型及其判定

1. 死亡。死亡是指在外界损害因素和/或自体疾病和或其他外界因素的共同作用下，导致被侵害人发生的丧失生命的情况。本书所指的死亡，还包括死因不明的死亡，即通过对尸体进行系统的解剖后，根据现在的医学知识仍无法认清死因的死亡。

在涉及病人死亡的医疗纠纷中，大致可以分为三种情况：

第一种情况：病人的死亡完全是由于医务人员的医疗过失行为所造成的，与患者自身病情没有关系。如医务人员违反医疗常规未进行药物过敏试验，致使病人用药后因药物过敏而死亡的。

第二种情况：病人的死亡是由于医务人员的医疗过失行为与患者自身疾病和/或其他参与因素共同作用所造成的，如果没有医疗过失行为的发生，病人是可以康复的，或者说是不会死亡的。如失血休克的病人，由于医务人员检查不仔细，漏诊误诊以致延误抢救造成病人死亡的。

---

[1] 刘鑫："医疗损害鉴定之因果关系研究"，载《证据科学》2013 年第 3 期。

第三种情况：病人死亡的原因是自身疾病过于危重或者情况过于紧急，现有医疗条件无法挽救生命，患者死亡的后果是因为自身疾病的转归。

2. 残疾。在损害因素和/或参与因素的作用下，被侵害人发生的组织器官功能丧失或者异常，可并发精神障碍，使其从事某种活动的能力受到限制或有所缺乏的情形。与死亡相类似，医疗损害责任中的残疾，也可以分为三种情况：

第一种情况：残疾完全是由于医务人员的医疗过失行为所造成的，与患者自身疾病无关。如进行阑尾切除手术时，由于医务人员对解剖结构不熟悉而误切卵巢造成生育能力丧失的。再如需切除病侧器官（如肾脏、卵巢等）而误切健侧器官的造成功能障碍的（如肾功能不全、生育能力丧失）。

第二种情况：残疾是由于医疗过失行为与患者自身疾病共同作用所造成的，如果没有医疗过失行为的发生，残疾是可以避免的。如由于误诊误治，误将异位甲状腺作为甲状软骨囊肿切除而造成病人甲状腺功能缺如的。再如骨折病人因为复位或固定不当造成骨折畸形愈合、影响骨关节功能。

第三种情况：残疾是由于病人本身病情所决定，医疗行为没有过失。如脊柱侧弯矫正手术中，并发症导致的截瘫。

3. 存活机会丧失。恶性肿瘤或危重病人，由于医疗误诊、误治等医疗过失，可能会出现两种损害的结果，一是病人死亡，二是恶性肿瘤诊治延迟。此类案件有其特殊性：①病人在医院误诊前，已罹患致命性疾病；②因原本疾病的自身因素，病人生存时间有限，或存活机会低；③医院误诊误治非病人死亡的直接原因，病人多因恶性肿瘤死亡，医疗过失是病情恶化或加速病人死亡的因素。

对上述问题，日本法律界称为"期待权侵害理论"或"延命利益丧失论"。当医疗方的不作为有重大过失，但又无法认定如果实施该作为患者就能够免除死亡时，可以将损害的内容由"死亡"改变为"得到适当治疗的机会或者期待利益的丧失"。延命利益侵害是指由于医生的过失使患者的死期提前，患者的延命可能性被剥夺。日本司法界接受了该理论，但由于生存可能性实质上只是某种概率程度的救命可能性，具有相当的不透明性，且产生的损害及其核算相当困难。所以，主张考虑精神损害赔偿更具实际意义,当然,在算定赔偿额时应该适当考虑生存可能性的大致程度。

英美国家称其为"存活机会丧失"损害赔偿。存活机会丧失系属期待权之侵害。首先讨论赔偿什么?当病人主因恶性肿瘤死亡,死亡很难作为医疗过失的损害后果。因此,学者提出将"机会丧失"作为损害的赔偿对象,并得到了法官的支持和认可。其次如何赔偿?有两种观点,一是被告应依据丧失机会的比例,赔偿原告的损失;二是应赔偿治愈机会丧失所产生的身体损害、精神痛苦及其他衍生性损害(如误诊造成的额外医疗成本)。再次如何计算赔偿?赔偿与因果关系理论密切相关:①传统因果关系"全有或全无"原则,由于医疗过失导致患者丧失在诊疗时可能拥有低于51%的生存机会,患者无法请求损害赔偿,反之,超过51%,被告应对原告的损害负全部赔偿责任;②比例因果关系原则,例如,若被害人的存活机会为40%,因被告的过失而降低为25%,则被害人机会丧失的损害为15%(40%至25%)。学者和法院倾向采用比例因果关系原则。[1]

针对该问题,我国司法实践没有明确的赔偿原则,因此,确立鉴定原则和标准比较困难。笔者认为,涉及恶性肿瘤(或极危重疾病)的医疗事故鉴定,可以作如下简单处理,医疗过失在损害后果中的责任程度低于50%(即次要责任和轻微责任)的,按四级医疗事故处理,责任程度超过50%的按现行标准执行。

4. 错误出生。由于医生的过失未能发现胎儿存在严重畸形或其他严重残疾,最终导致先天残疾儿童出生,由此产生的诉讼,在美国的审判实践中被称为"wrongful life"、"wrongful birth"之诉。"wrongful birth"通常被译为"错误出生",是指"因医疗失误致使有缺陷的婴儿出生,其父母可提起诉讼,主张因过失的治疗或建议而使他们失去了避孕或终止妊娠的机会"。[2]

错误出生之诉大概从20世纪60年代开始在美国频繁出现,其经历

---

[1] 鲁涤:"医疗损害赔偿案件因果关系的判定",载《中国医院》2009年第8期。
[2] [德]克雷斯蒂安·冯·巴尔:《欧洲比较侵权行为法》(上),张新宝译,法律出版社2004年版,第708页。

了一个从被否定到被肯定的过程。从 1967 年美国新泽西法院的 Gleitman v. Cosgrove 案提出该问题以后，对于该类诉讼的争论就没有停止过，到 1978 年 Becker v. Schwartz 一案错误出生才得到支持。父母的损害赔偿请求逐渐得到了广泛的承认，截止到 2003 年 6 月，已有 28 个州承认了"错误出生"之诉，仅有 9 个州禁止此类诉讼。[1]

错误出生在我国目前存在争议，在司法实践中，常见患儿父母起诉医院时，要求赔偿残疾赔偿金等项目，此为"生命残疾"之诉，即要求医院承担患儿残疾的责任，在英美法系国家和大陆法系国家均不被支持，因为患儿残疾为自身发育所致，医院没有施以外力影响。正确的理解应为医院的过失，导致严重残疾没有被发现，患儿出生后，应以父母为原告，需解决的专门性问题也应为"医疗过错与残疾患儿出生之间的因果关系"。

5. 财产损失。因医疗损害而发生的财产损失，有两种情况，既包括医疗机构侵犯患者生命健康权造成的医疗费、护理费等费用的支出，也包括《侵权责任法》第 63 条规定的过度检查造成的额外的医疗费用。对第一种情况，应当依据《最高人民法院关于人身损害案件适用法律若干问题的解释》，在明确医方责任的基础上由法院裁定，不属于损害后果范围。第二种情况，属于单纯的财产损失，应由法院裁判。

6. 一过性伤害与单纯的精神伤害。在很多医疗损害案件中，患者损害的表现是一过性的，医务人员及时发现损害，通过补救、改变治疗方案等，使患者最终得到治愈，但由于前期医疗过错，使患者的治疗时间延长、痛苦增加，表现为单纯的精神损害。

第二节　损害后果与医疗损害技术鉴定

一、概述

鉴定实践中因果关系表现为逆推性特征，即在分析因果关系时，损

---

[1] "Is Wrongful Birth Malpractice?", available at http://www.cbsnews.com/stories/2003/06/19/60minutes/main559472.shtml.

害结果总是现实存在的。因此，我们在确定结果与医疗过失间有无因果关系时，只能坚持一个标准，即该医疗过失对该后果的产生是否起作用，起作用的"原因"都为原因，不起作用的"原因"都不是原因，如果某因素属于对该后果起作用的原因，则两者即为有因果关系。

属于医疗损害技术鉴定中的损害后果，可以进行鉴定的情形有死亡、残疾、丧失生存时机等情况。错误出生、单纯财产损失、一过性的伤害和单纯精神伤害不属于鉴定范围。

二、典型案例评析

北京某司法鉴定机构法医临床意见书[1]

一、案情摘要

据本案相关送检材料载：2005年3月16日，患者黄某"怀孕足月腹疼10小时"到被告某县人民医院就诊，行相关检查后于当天下午入院待产，并行静脉滴注药物促胎肺成熟，3月19日院方告知患者及家属"胎儿胎音不正常"并立即剖宫产手术。谢某出生后，出现呼吸困难等缺血缺氧表现，立即送到儿科抢救，后一直处于脑瘫状态。

现患方认为：由于被告某县人民医院在对患者黄某的诊疗过程中存在剖宫产不及时的医疗过错，导致胎儿宫腔内缺血缺氧状态，最终造成缺血缺氧性脑病的损害后果，故起诉至法院要求赔偿；此前，两级医学会鉴定，结论均不构成医疗事故。现江苏省某县人民法院委托我所进行医疗损害技术鉴定制度。

二、资料摘要

1. 某县人民医院黄某住院病案（住院号200502211）载：

入院时间：2005年3月16日；出院时间：2005年3月27日。

主诉：孕8月，下腹痛10小时。现病史：孕次3、产次1，孕周8月，末次月经不清，预产期不清，停经8月，腹痛不规则，腹坠胀，阴道见红，停经20周出现胎动。既往史：1994年曾患心肌炎，1994年2月足月剖宫产。个人史：月经史：初潮年龄15岁，周期6~7/30~60

---

[1] 选自"司法鉴定关键技术"（编号：2012BAK16B02-2）数据库。

第六章 损害后果与医疗损害鉴定

日，月经量中，轻度痛经，白带少。妊娠及生产史：足月产 1 次。体格检查：BP 90/60mmHg，身高 156cm，体重 76kg。一般情况：发育正常，营养中等，面容正常，神志清醒，全身皮肤无黄染，浅表淋巴结不肿，浮肿 I°，瞳孔等圆，巩膜无黄染，甲状腺不肿大。胸廓对称，乳房丰满，乳头不凹，两肺呼吸音清晰，肝肋下未触及，脾肋下未触及，脊柱生理弯曲、下肢无畸形。外阴无瘢痕、无浮肿、无静脉曲张，肛门无痔核。产科检查：宫高 30cm，腹围 103cm，估计胎儿大小 3100g，胎方位 LOA，胎心 148 次/分，胎心位置 Tx，强度中，先露头，位置 −5cm，衔接浮，胎膜未破，宫颈质地硬，宫颈扩张未检。高危因素记录：疤痕子宫。入院诊断：G3P1 孕 9 月、LOA。

待产记录：

日期	时间	宫底	胎先露	胎方位	胎心	胎动	衔接	血压 mmHg	水肿	宫缩	处理
2005-03-16	15:00	无	头	LOA	140	正常	浮	90/60	I°	未检查	保胎
	19:00	无	头	LOA	140						外出
	23:00	无	头	LOA	142						
	03:00	无	头	LOA	128~130						
	03-17 07:00	无	头	LOA	118~128						左侧卧位+吸氧
	09:40	无	头	LOA	125~138						
	13:40	无	头	LOA	132						
	16:30	无	头	LOA	125						
	20:30	无	头	LOA	126~132						
2005-03-16	00:30	无	头	LOA	128~134						
	04:30	无	头	LOA	126~130						

续表

日期	时间	宫底	胎先露	胎方位	胎心	胎动	衔接	血压mmHg	水肿	宫缩	处理
2005-03-18	08:30	无	头	LOA	136						
	12:30	无	头	LOA	134						
	16:00	无	头	LOA	124~134						
	20:00	无	头	LOA							人不在
	00:20										私自外出
2005-03-19	07:30	无	头	LOA	136						

病程记录：

2005年3月19日，孕妇黄某……因"孕8+月、下腹痛10小时"入院。LMP不清，早孕反应轻，孕晚期无头晕及阴道流血、流水现象，月经史15岁、6~7/30~60日，生育史1-0-1-1。体检：T 37℃，P 80次/分，R 20次/分，BP 90/60mmHg。心肺（-），腹隆，肝脾肋下未及，双下肢无水肿，下腹正中一陈旧性疤痕。产检：宫高30cm，腹围103cm，估胎重3100g，胎心148次/分，Tx，LOA，头浮，胎膜未破，宫口未开，骨盆24-26-19-9cm。初步诊断：G3P1孕9月头位待产，疤痕子宫。处理：入院后行B超检查，双顶径9.5cm，胎盘Ⅱ+级，羊水7.1cm，脐带绕颈可能。因疤痕子宫，经阴道分娩有子宫破裂可能，汇报夏XX副主任医师，嘱行剖宫产终止妊娠，遵嘱执行。

B超报告单：2005年3月17日。声像记录：胎儿双顶径9.5cm，头位颈部见"V"型压迹，胎心规律，底后壁胎盘"Ⅱ+"级，羊水深约7.1cm。B超提示：单胎宫内晚孕；脐带绕颈可能。

手术同意书：

2005年3月19日，患者于2005年3月16日入住我院产科，根据患方所述的病情、存在的症状及有关检查，术前拟诊断为疤痕子宫。由于病情需要，经治医师建议于2005年3月19日，拟行剖宫产手术以达到娩出胎儿的治疗目的。手术仍有可能发生如下医疗风险：①麻醉过程中，可能发生呼吸、心脏骤停等意外危险；②手术过程中，因病变浸润、炎症、解剖异常等因素，可能发生术中难以控制的出血，并有损伤、切除邻近脏器或组织的可能，手术中发现病变不能切除，则行姑息性手术或仅作探查；③术后可能发生切口感染、化脓、瘘或窦道形成，切口不愈合，组织和器官粘连，术后再出血或再次手术的可能以及心、肝、肺、肾、脑等器官或系统的并发症或疾病本身发展所致的不良转归；4. DIC，羊水栓塞，新生儿窒息、死亡、畸形可能。患者或近亲属或法定代理人签字：同意手术，谢友东、黄某。日期：2005年3月19日。

剖宫产手术记录：

日期：2005年3月19日，开始时间9时20分至10时10分止。手术经过：孕妇取仰卧位向左倾斜15°，腹部皮肤常规消毒、铺巾。于下腹中线脐耻之间作一长约12cm切口，逐层切开皮肤、脂肪、筋膜、腹膜。用盐水纱布保护肠曲，见子宫色泽深红，向右偏转；于子宫下段作横弧形切开浆膜层，向膀胱侧作钝性分离，将子宫肌层作一小横切口插入两食指分向两侧高处横形分离、剪开，到足够娩出胎儿之长度。先露高浮，羊水量800ml，羊水色清，性质稀，胎位及胎儿娩出方法：头。胎儿评分：1～6分，5～8分，无畸形，送儿科治疗。胎盘：自然剥离。宫缩剂：催产素宫体20单位，静注20单位。输卵管：正常……手术备注：……子宫行倒T型切口。出血量300ml，补液750ml。

术后病程：

2005年3月19日11时，产妇因"疤痕子宫"于今在连硬麻下行子宫下段剖宫产术，术中见子宫下段形成良好，羊水清稀，胎儿助娩顺利，评分1～6分，5～8分，送儿科病房，胎盘胎膜娩出完整，子宫复旧好，麻醉满意，术中出血300ml，术毕安返病房。

2005年3月20日8时，术后第一天，体温正常，血压平稳，心肺（－），腹部切口敷料清洁、无渗液，子宫复旧好，恶露正常。夏主任查视病人后嘱母乳喂养，以刺激泌乳及促进子宫复旧，今拔除尿管及清洁感染治疗。

侵权责任法之医疗损害责任三方解读

    长期医嘱单摘要：

起　　始		医　嘱	停　　止	
日期	时间		日期	时间
2005-03-16	15:00	产科护理常规	日期	时间
		Ⅱ级护理		
		软食		
2005-03-16	15:00	注意宫缩及胎心音		
2005-03-19	10:30	术后医嘱		
		产科护理常规	2005-03-20	08:00
		硬麻术后护理常规	2005-03-20	08:00
		Ⅱ级护理		
		禁食	2005-03-20	08:00
		平卧	2005-03-20	08:00
		测 BP、P、R、qh	2005-03-20	08:00
		保留导尿	2005-03-20	08:00
		会阴护理　Bid		
		注意切口情况		
		注意阴道流血		
2005-03-19	10:30	切口沙袋压迫	2005-03-20	08:00
2005-03-20	08:00	流质	2005-03-21	08:00
		5%GS 500ml+美洛西林 2.0/ ivgtt　qd	2005-03-24	08:00
2005-03-20	08:30	甲硝唑 1.0 ivgtt　qd	2005-03-27	08:00
2005-03-21	08:00	软食		
2005-03-27	10:00	出院		

临时医嘱单摘要：

日期	时间	医　嘱	执行时间
2005-03-16	16:00	血、尿常规	16:00
		5%GS 500ml ivgtt	16:50
		VitC 2.0	
2005-03-16	16:00	地塞米松 10mg	
2005-03-17	08:00	5%GS 500ml ivgtt	09:00
		VitC 2.0	
		地塞米松 10mg	
2005-03-18	08:00	5%GS 500ml ivgtt	08:50
		VitC 2.0	
		地塞米松 10mg	
2005-03-19	08:30	取消术后医嘱	
		定于09:00在联合腰麻下行子宫下段剖宫产术	08:30
		禁食	
		备皮	08:30
		术前保留导尿	08:35
		苯巴比妥 0.1 Ⅴ m 术前30′	
		阿托品 0.5mg	08:40
		5%GS 500ml ivgtt	10:30
		头孢曲松 2.0	
2005-03-19	08:30	平衡液 1500 ivgtt	11:20
2005-03-19	10:30	术后医嘱	
		继术中输液	
2005-03-20	08:00	5%GS 1000ml ivgtt	08:00
		VitC 2.0	
		缩宫素 20u	
2005-03-20	08:00	平衡液 500ml ivgtt	11:00

续表

日期	时间	医 嘱	执行时间
2005-03-20	08:30	青霉素皮试（阴性）	09:00
2005-03-21	08:30	腹部换药	
		平衡液 500ml ivgtt	08:00
		缩宫素 20 u	
		5% GS 500ml ivgtt	10:00
		VitC 2.0	
2005-03-21	08:00	血常规	09:00
2005-03-22	08:00	肝肾功能	08:00
		心电图	08:00
		5% GS 500ml ivgtt	08:10
		VitC 2.0	
2005-03-22	08:00	缩宫素 20 u	
2005-03-24	08:00	5% GS 500ml ivgtt	08:00
		磷霉素钠 8.0	
2005-03-25	08:00	5% GS 500ml ivgtt	08:00
2005-03-25	08:00	磷霉素钠 8.0 加上液 ivgtt	08:20
2005-03-26	08:00	5% GS 500ml ivgtt	08:00
		磷霉素钠 8.0	
2005-03-27	08:00	腹部拆线	

出院记录：

入院日期：2005年3月16日；手术日期：2005年3月19日；出院日期：2005年3月27日。入院时情况：孕9月、下腹痛1小时，末次月经不清，胎心148次/分，Tx：LOA，估胎重3100g，头位，宫口未开，有剖官产史。住院经过：入院促胎肺成熟及B超检查，于2005年3月19日行剖宫产术终止妊娠，术后预防感染，恢复良好。出院情况：伤口愈合Ⅱ/甲，心肺（-），子宫复旧好，恶露正常。出院诊断：

G3P2 孕 9 月，疤痕子宫。

2. 某县人民医院谢某（黄某之子）住院病案（住院号 200502285）载：入院时间：2005 年 3 月 19 日，出院时间：2005 年 3 月 27 日。

病程记录：

2005 年 3 月 19 日，11:30，谢某，男，1 小时，因"面色紫绀一小时"入院。患儿系第二胎、第二产足月生产，因其母疤痕子宫，本院妇产科行剖官产娩出，产前无羊水早破混浊史，产时青紫窒息无哭声，给予拍背弹足心等一系列对症处理约 5 分钟后，患儿青紫消失，始有哭声，但患儿哭声低弱、反应低下，见阵发性面色紫绀，时有呻吟、不惊，未见抽搐，体温正常，无咳喘、无恶心呕吐，腹无胀气，急转我科治疗，患儿病程中嗜睡，精神萎、反应差，未开奶，二便均未排出。查体：T 35℃，P 116 次/分，R 46 次/分，W 2.81kg。嗜睡，精神萎靡，刺激反应差，面色苍灰，呼吸较促，营养发育欠佳，全身皮肤黏膜无黄染、无皮疹，未见出血点，四肢末梢紫绀，头颅无畸形、无头皮血肿，前囟平软、张力不高，两侧瞳孔等大等圆，对光反射存在，无鼻偏，口唇紫绀，咽无充血，颈软，两肺呼吸音清，未闻及干湿性罗音，心音中等、无杂音，腹无胀气，脐部包扎无渗血，肝脾肋下不肿大，两下肢无硬肿及水肿，四肢肌张力高，吸吮觅食反射未引出。根据患儿男、1 小时，产时青紫窒息无哭声、阵发性面色紫绀、时有呻吟、嗜睡、精神萎、面色苍灰、反应差、四肢末梢紫绀、唇发绀、四肢肌张力高、各原始反射未引出，入院初步诊断：新生儿缺血缺氧性脑病，予以吸氧、暖箱保暖、预防继发感染、镇静不惊、营养脑细胞药物应用及其他对症处理，完善辅检，新病人病重、请细观。

2005 年 3 月 20 日，08:00，患儿体温基本正常，易惊，时有呻吟，未见抽搐，无阵发性面色紫绀及呼吸暂停现象，无恶吐、尿有、胎粪已排……今王主任看患儿后认为患儿产时有明显的青紫窒息史，无哭声，给予对症处理后仍见阵发性面色紫绀、时有呻吟、反应低下，入院时精神萎、面色及口唇发绀、四肢末梢紫绀、肌张力高、各原始反射未引出，给予吸氧改善微循环及其他一系列对症处理后，患儿紫绀消失，但仍见呻吟，且两下肢出现水肿，符合新生儿缺血缺氧性脑病诊断，同意

侵权责任法之医疗损害责任三方解读

目前治疗，嘱今予以甘露醇应用以减轻脑水肿，已遵嘱执行，继观。

2005年3月21日，08:00，患儿体温正常，不咳，未见恶心吐，未见阵发性面色紫绀及呼吸暂停现象，尿量可，排出胎粪少，患儿仍见嗜睡，精神反应差，面色红，呼吸尚平，无黄染及皮疹，唇不绀，心肺听诊无异常，腹无胀气，肝脾肋下不肿大，两下肢仍见水肿，四肢肌张力正常，吸吮觅食反射减弱，血生化示"谷草转氨酶68u/L，肌酸激酶549u/L，乳酸脱氢酶683u/L，伴低蛋白血症，Cr 159mmol/L"，提示诊断成立，今治疗如前，予以温生理盐水30mg以促进胎粪排出。

2005年3月22日，08:00，患儿一般情况尚可，无热咳，不惊，未见吐泻，排出大量胎粪，精神差，反应一般，全身皮肤呈轻度黄染，前囟平软，两侧瞳孔等大等圆，对光反射存在，唇不绀，心肺（-），腹无胀气，两下肢仍见水肿，四肢肌张力正常，鉴于患儿一般情况较入院时有所好转，今停吸氧、试喂糖水，注意防止呛咳。

2005年3月23日，08:00，患儿体温正常、不咳、无惊厥、无哭闹不安，喂食糖水后无呛咳，食纳可，二便正常。神清、精神差、反应可，全身皮肤见黄染，前囟平软，唇不绀，心肺听诊无异常，腹无胀气，触软，两下肢大腿外侧见水肿少许，四肢肌张力正常，今予以母乳喂养，延长甘露醇使用时间，停苏打应用，余治疗不变，继观。

2005年3月24日，08:00，患儿一般情况可，无热咳、不惊、无吐泻，吃奶一般，二便正常。精神差、反应可，生后第2天全身见中度黄染，前囟平软，两眼活动自如，唇不绀，心肺（-），腹无胀气，两下肢无硬肿及水肿，四肢肌张力正常，病情较入院时明显好转，今停甘露醇应用，予以头颅CT检查，余治疗如前。

2005年3月25日，08:00，患儿一般情况可，无热咳、不惊、未见吐泻，吃奶可，二便正常。全身皮肤仍见中度黄染，前囟平软，唇不绀，心肺（-），腹无胀气，脐部干洁，肝脾不大，两下肢无硬肿及水肿，四肢肌张力正常，今予以肝酶诱导剂应用，停钙剂，余继前巩固治疗。头颅CT提示"新生儿缺血缺氧性脑病"诊断成立。

CT诊断报告书：检查日期：2005年3月25日，检查部位：颅脑，位置：轴位，检查方法：平扫。CT所见：两侧颞顶叶见均匀对称低密度影，CT值+16HU左右，边界欠清，颅内中线结构居中，脑室的大小、形态、位置无变化，脑池、脑沟无改变，颅壁完整。CT 诊断：新生儿缺氧缺血性脑病。

2005 年 3 月 27 日，08:00，患儿体温正常，不咳，无惊厥，未见恶心呕吐，腹无胀气，吃奶好，二便正常。全身皮肤黄染较前 2 日有所减轻，前囟平软，唇不绀，心肺听诊无异常，两下肢无硬肿及水肿，四肢活动自如，病情好转，今要求出院……

长期医嘱单摘要：

起	始	医 嘱	停	止
日期	时间		日期	时间
2005-03-19	10:20	儿科护理常规		
		Ⅱ级护理		
		Ⅰ级护理		
		病重		
		禁食	2005-03-22	08:00
		陪客一人		
		吸氧	2005-03-22	08:00
		睡暖箱	2005-03-25	08:00
		Vit K1 3mg Ⓥ v qd	2005-03-22	08:00
		平卧	2005-03-20	08:00
		5%GS 5ml Ⓥ qd		
		头孢孟多 0.4		
		5%GS 30ml Ⓥ st qd	2005-03-23	17:00
		5%SB 10ml		
		5%GS 100ml Ⓥ st qd	2005-03-22	08:00
		0%GS 20ml		
		itC 0.5		
		itB6 0.05		
		ATP 20mg		

续表

起始		医嘱	停止	
日期	时间		日期	时间
		CoA 50u		
		5% GS 20ml + 脑组织液 5ml /Ⓥ st qd		
2005-03-20	08:00	20%甘露醇 8ml Ⓥ q8h	2005-03-23	08:00
2005-03-21	08:00	5% GS 20ml Ⓥ gtt qd	2005-03-25	17:00
		0%葡萄糖酸钙 5ml		
2005-03-22	08:00	%GS 80ml Ⓥ gtt qd		
		0% GS 10ml		
		ATP 20mg		
		辅酶A 50u		
		VitC 0.5		
		VitB6 0.05		
		二磷胆碱 0.1		
2005-03-22	08:00	试喂糖水	2005-03-23	08:00
2005-03-23	08:00	0%甘露醇 8ml Ⓥ q12h	2005-03-24	08:00
2005-03-23	08:00	母乳		
2005-03-24	08:00	10%氯化钠 2ml 加入 ATP ivgtt qd		
2005-03-25	08:00	米那 5mg Tid		
2005-03-25	08:00	尼可刹米 0.125 Tid		
2005-03-27	08:00	出院		

临时医嘱单摘要:

日期	时间	医嘱	执行时间
2005-03-19	10:20	血、尿、粪常规	10:00
		生化大套	
		苯巴比妥 70mg Ⓥ	10:00

续表

日期	时间	医　嘱	执行时间
		5%GS　10ml　Ⓥ stt	11:00
2005-03-19	10:20	白蛋白　2.0	
2005-03-19	11:35	纳洛酮　0.3mg　Ⓥ	11:35
2005-03-19	11:35	东莨菪碱　0.15mg　Ⓥ q15′×4次	11:35
2005-03-19	14:15	5%GS　50mg　Ⓥ gtt 泵入 5mg/h	14:15
		多巴胺　9mg	
		多巴酚丁胺　18mg	
2005-03-19	14:15	地塞米松　2mg　Ⓥ	14:15
2005-03-19	23:30	5%GS　30ml　ivgtt	23:30
		纳洛酮　0.3mg	
2005-03-20	08:00	苯巴比妥　20mg　Ⓥ	08:00
		5%GS　50ml　Ⓥ 泵入 5mg/h	08:10
		多巴胺　9mg	
		多巴酚丁胺　18mg	
		5%GS　10ml　ivgtt	10:00
2005-03-20	08:00	白蛋白　2.0	
2005-03-20	08:00	5%GS　5ml　ivgtt	
		呋塞米　3mg	08:00
2005-03-20	14:40	地塞米松　2mg　Ⓥ	2005-03-20
2005-03-21	08:00	呋塞米　3mg　Ⓥ	08:00
2005-03-21	08:00	地塞米松　2mg　Ⓥ	2005-03-21
	08:00	温生理盐水　30ml　Ⓥ	08:00
2005-03-22	08:00	呋塞米　3mg　Ⓥ	
2005-03-22	08:00	5%GS　10ml　Ⓥ gtt	10:10
		白蛋白　2.0	
2005-03-23	08:00	5%GS　10ml　Ⓥ gtt	08:00

续表

日期	时间	医　嘱	执行时间
		白蛋白　2.0	
2005-03-26	08:00	总胆红素测定	08:00
		直接胆红素测定	08:00
		5%GS　10ml　Ⓥ gtt	10:20
2005-03-26	08:00	白蛋白　2.0	

出院记录：

入院日期：2005年3月19日，出院日期：2005年3月27日。住院经过：入院后予以吸氧、暖箱保暖、预防继发感染、纠酸保证热量供给及其他对症处理后，患儿病情渐好转，3月25日患儿全身皮肤见中度黄染，无惊厥，及时予以肝酶诱导剂应用，头颅CT提示诊断成立，余无其他特殊病情变化及并发症发生。出院情况：患儿一般情况可，无热咳、不惊，未见吐泻，吃奶好，二便正常，呼吸平，全身皮肤仍见黄染，前囟平软，两眼活动自如，心肺（－），腹无胀气，四肢肌张力正常。出院诊断：新生儿缺血缺氧性脑病。

3. 江苏省淮安仁慈医院——淮安市第二人民医院谢某（黄某之子，又名谢盛泽）住院病案载：

第一次住院出院记录（住院号：604530）摘要：

入院日期：2006年3月27日，出院日期：2007年8月17日。入院时情况：因出生后12月坐不稳入院。患儿系G2P2出生时窒息缺氧，后生长发育落后，12月坐不稳，在当地医院行高压氧治疗。入院查体：神志清，心肺无异常，腹平软，全身肌张力高，四肢对称伸展，双手能持物，坐位后前倾，足背曲角120°，股角100°，膝腱反射亢进。住院经过：入院后伸捷营养脑细胞、促进神经细胞再生、上田疗法降低肌张力，Vosat、Bobath等综合治疗，现患儿康复治疗效果好。出院情况：患儿一般情况好，康复训练效果好，现患儿已能坐稳，协调四爬，能扶站。出院诊断：脑性瘫痪。

第二次住院出院记录（住院号：714728）摘要：

入院日期：2007年8月20日，出院日期：2009年8月20日。入院时情况：患儿因"出生后29个月不能独站"入院。查体：神清，精神好，呼吸平，咽无充血，颈软，心肺未及明显异常，腹平软、无压痛，四肢肌张力稍高，手能捏取物品，面部表情正常，语言交流好，坐位向站立位转换不好，但扶物能站立，不能独站，膝腱反射稍亢进。住院经过：入院期间辅助检查：尿常规未见明显异常，血常规：WBC 6.1×10^9/L，RBC 4.58×10^{12}/L，Plt 18.3×10^9/L，N% 38.5%，L% 52.7%，治疗上予以功能训练，于2008年12月8日因病情需要给予喜炎平、地塞米松治疗，同时病程中据实际情况给予相关对症及支持疗法，现患儿病情好转，予以出院。出院情况：患儿无发热、无咳喘、无吐泻，食纳睡眠较好，大小便正常。查体：神清，精神好，呼吸平，心肺听诊未及明显异常，腹平软，肝脾未及，四肢肌张力正常，病理反射未引出。出院诊断：脑性瘫痪。

4. 上海明珠医院谢盛泽（黄某之子，又名谢某）住院病案（住院号NO 2004894）载：

入院日期：2010年4月24日，出院日期：2010年4月29日。入院时主要症状及体征：二下肢畸形、功能影响，目前仍只能缓慢行走几步，步态不稳且呈交叉，查股内收肌稍紧。病程与治疗结果：入院后经术前各项检查无明确手术禁忌，于2010年4月25日在全麻下行双侧内收长肌、股薄肌松解，术中病情稳定，手术顺利，术后双下肢石膏固定。出院时症状与体征：双下肢外展位石膏固定中，足趾不伸，末梢好。出院诊断：脑瘫后遗症。

5. 北京卫人医院谢盛泽（黄某之子，又名谢某）住院病案（病案号2010113）载：

入院日期：2010年7月21日，出院日期：2010年9月29日。入院病情摘要：患儿，男，5岁，主因"至今5岁，独站独行不能"，以"小儿脑瘫"收住入院。患儿出生时有缺氧窒息史，运动发育明显迟缓。入院检查：双上肢肌力4级，张力稍有，双下肢肌力3级，腘绳肌张力稍有，双下肢于仰卧位时处于外旋位，直腿抬高，侧抬，左伸不能，运动能力差，独站、独行不能。初步诊断：小脑瘫（痉挛型、四肢瘫、中度）。诊疗经过及效果：入院完善各项相关检查及康复评定，根据患儿病史、症状及体征，初步诊断明确，给予按摩、OT、PT、神经促通、感觉统合等综合康复治疗及训练，现患儿双下肢负重力量有明显提高，可独站片刻。出院诊断：小脑瘫（痉挛型、四肢瘫、中度）。

6. 北京路安康复医院谢盛泽（黄某之子，又名谢某）住院病案（病案号D110035）载：

入院日期：2011年2月28日，出院日期：2011年12月31日。入院病情摘要：患儿，男，6岁，主因"至今6岁不能独行"，以"脑瘫"为主诉入院。患儿系足月，出生时缺氧窒息史，产后运动发育迟缓。查体：四肢肌力差，骨盆负重及控制能力差，体位转换能力差，可独站片刻，但稳定性较差，动态平衡能力差，不可独行。初步诊断：脑性瘫痪。诊疗经过及效果：入院完善各项相关检查及康复评定，根据患儿病史、症状及体征，初步诊断明确，给予按摩、OT、PT、感觉统合、理疗等综合康复治疗及训练，现患儿四肢肌力较前明显提高，可以蹲位转换成站立位，独站时间延长，动态平衡能力有所提高，但仍有所欠缺，可独行数米，独行姿势有待进一步提高。出院诊断：脑性瘫痪（痉挛型、四肢瘫、中度）。

三、检验过程

（一）检验及听证过程

接受鉴定委托后，我们对送检材料进行了文证审查，于2012年4月25日，举行了有医、患双方参加的听证及专家咨询会，本案鉴定人向医、患双方告知了本案鉴定人员及鉴定相关事项，会上，医、患双方分别对病历资料进行了认可并签字，陈述了各自意见，并回答了鉴定人员及临床专家的提问。现将各方意见归纳如下：

1. 患方认为：

（1）患者黄某3月16日入院时存在"瘢痕子宫、高龄产妇"等高危因素，同时（3月17日）B超提示"脐带绕颈可能"，有剖宫产手术指征，但院方直至3月19日才行剖宫产手术，存在延误手术时间的过错。

（2）在患者黄某入院至剖宫产术前，院方滥用激素、催产素等药物，致使胎儿宫内缺氧，造成出生后患儿缺血缺氧性脑病的发生。

（3）患儿谢某出生后即表现为缺血缺氧性脑病征象，但院方未将患儿的实际病情明确告知家属，仅向家属解释为缺钙表现，同时未对患儿采取有效得当的治疗措施，在其病情未得到控制的情况下即让患儿出院，存在延误治疗。

(4) 院方对患者黄某的术前查体不到位，胎音记录不全面，病历记录中存在前后不一致、术前无病程记录等过错。

总之，某县人民医院对患者黄某、患儿谢某进行的诊疗行为存在明显医疗过错，导致患儿目前缺血缺氧性脑病的损害后果，应承担赔偿责任。

2. 医方认为：

(1) 患者黄某月经不规律，院方无法准确推算出预产期，其入院时宫缩不明显、宫口未开、胎膜未破，故院方未行剖宫产，而给予输注地塞米松激素促进胎肺成熟。

(2) 患者黄某3月16日入院至3月19日剖宫产手术期间，院方未给予催产素，临时医嘱无相应使用记录，不存在滥用药物。

(3) 本例患儿谢某出生后窒息表现属剖宫产手术存在的医疗风险，院方在剖宫产术前已向患者及家属履行此风险告知。

(4) 新生儿缺血缺氧性脑病的病因较多，临床考虑多与先天性因素有关，本例患儿谢某出生后儿科初步诊断为"新生儿缺血缺氧性脑病"，并给予吸氧、暖箱保暖、预防继感染等治疗，其病情已向家属告知，并待患儿病情平稳后院方才让其出院，故不存在未履行告知及延误治疗。

总之，院方对患者黄某、患儿谢某进行的医疗行为符合诊疗常规，诊断明确，治疗措施得当，患儿谢某"缺血缺氧性脑病"的病情与自身先天性因素有关，与医院的诊疗行为之间不存在因果关系。

(二) 检查记录

被鉴定人谢某之母黄某诉其目前情况：脑瘫，生后一直行康复治疗。

检查：一般情况可，由家长抱入检查室，神志清楚，对答切题，查体合作。可独立坐位，但腰肌乏力。主观视力：右眼0.8，左眼0.6，双眼交替外斜约15°左右。右上肢肌力Ⅴ级；左上肢肌张力高、肌力Ⅴ-级，左上肢腱反射较对侧活跃，双侧霍夫曼氏征（-）。双下肢肌肉欠饱满，肌张力不高，双足呈跖屈状下垂，近端肌力Ⅳ级、远端肌力Ⅱ+级，膝、跟腱反射亢进，左侧踝阵挛（+），双侧巴彬斯基氏征（-）。双侧腹壁反射对称、提睾反射正常。双侧腹股沟处分别可见手术瘢痕，右侧为 2.4cm×0.5~2.0cm、左侧为 2.4cm×2.0cm，片状瘢痕。余常规检查未见明显异常。

（三）阅片意见

头颅 CT 片（SI YANG PEOPLE'S HOSPITAL, XIE MAO MAO, 2005 年 3 月 25 日，片号 38844）示：头颅无明显畸形，颅骨完整，囟门正常，双侧颞顶叶可见均匀对称的低密度影、边界欠清，脑沟、裂、池无明显异常，脑室大小、形态、位置无明显异常，中线结构居中。

复查头颅 CT 片（HUAI AN NO.2 HOSPITAL, XIE MAO MAO, 2006 年 3 月 21 日，片号 91734）示：颅骨骨质完整，双侧脑室体部增宽，以右侧为著，两侧不对称，脑白质形态窄薄，脑组织界面清晰，其内未见异常密度影，脑沟、池无明显异常，中线结构居中，小脑未见明显异常。HUAI AN NO.2 HOSPITAL, XIE SHEN ZE, 2009 年 4 月 24 日，片号 146298 示：颅骨骨质完整，双侧脑室形态基本对称，脑白质形态窄薄，脑组织界面清晰，其内未见异常密度影，脑沟、池无明显异常，中线结构居中，小脑未见明显异常。

四、分析说明

根据现有病历资料，并请有关专家会诊，现就相关问题分析如下：

被鉴定人黄某、谢某的诊疗经过简述：

被鉴定人黄某于 2005 年 3 月 16 日因"怀孕足月腹疼 10 小时"到某县人民医院就诊，行相关检查后于当天下午入院待产，并给予静脉滴注地塞米松激素药物促胎肺成熟治疗，3 月 17 日 B 超检查提示"脐带绕颈可能"，3 月 19 日行剖宫产手术，谢某出生后，出现新生儿窒息及呼吸困难表现，立即送到儿科抢救，给予吸氧、暖箱保暖、预防继发感染等治疗，病情相对平稳后，于 2005 年 3 月 27 日出院，出院诊断为"新生儿缺血缺氧性脑病"。

后患儿谢某在多家医院就诊，进行康复及相应治疗，目前遗留脑性瘫痪（痉挛型、四肢瘫、中度）等后遗障碍。

关于某县人民医院的诊疗行为评价：

1. 产科方面的诊疗行为评价。

（1）被鉴定人黄某于 2005 年 3 月 16 日入院至 3 月 19 日剖宫产手术，期间无病程记录，虽对胎心有所检查，但未见胎动情况的记录，亦缺乏胎心监护资料，提示该院产前检查不完善，对母亲及胎儿生理及病理情况监测不足。

（2）审阅该院长期及临时医嘱单，自入院当日至3月19日剖宫产术前，院方分别在三天内给予被鉴定人黄某滴注地塞米松激素类药物，促进胎肺成熟，该处置无原则性错误（目前临床常应用地塞米松肌注Q12h）。

该院对于目前双方争议的焦点之一———催产素的应用情况，记录不完整（与收据单中13支催产素的数量不相符），存在医疗缺陷；但仅从医嘱单来看，催产素的使用不存在明显不当之处。

（3）被鉴定人黄某于2005年3月19日行剖宫产手术，无证据表明其属于择期手术，虽其待产记录自入院后至产前未见异常征象的描述，但不排除黄某出现某种症状而需急诊手术之可能，提示该院产前可能存在观察不到位之情况。

（4）剖宫产的子宫切口分为横切口和纵切口（也叫直切口、竖切口）两种，而临床上常采用"子宫下段横切口"，只有在少数紧急情况下才加上"⊥"形切口，以满足牵引娩出胎儿。而本例3月19日剖宫产手术记载"子宫行倒T型切口"，提示手术过程可能不顺利。

（5）3月19日剖宫产分娩一胎儿后，院方根据新生儿评分"1～6分，5～8分"，将其转至儿科治疗，处理得当。

2. 新生儿科方面的诊疗行为评价。

（1）根据被鉴定人谢某出生后呈缺氧状态的临床表现及体征，院方考虑"新生儿缺血缺氧性脑病"的诊断正确，并给予了一定的处理。

（2）院方针对被鉴定人谢某"新生儿缺血缺氧性脑病"的危重病情，监测力度不足（如未给予血氧饱和度等相应检查），同时在给予患儿持续吸氧（3月19日10时20分至次日3月20日8时）而症状体征无改善的情况下，院方未行进一步有效的处置措施（如给予插管或正压给氧等处置），存在医疗过错。

（3）院方针对被鉴定人谢某出生后即表现为缺血缺氧性脑病征象，未将患儿病情明确告知家属，存在告知缺陷；同时对病情严重性预估不足，未建议患儿家属到上级医院诊治。

某县人民医院的医疗过错与被鉴定人谢某损害后果的因果关系分析：

被鉴定人谢某目前查见左上肢肌张力高，左侧上下肢、右侧下肢三肢不全瘫（双下肢为著），双眼外斜等征，结合其影像学片，提示脑发育差，考虑为新生儿缺血缺氧性脑病的后遗障碍。

新生儿缺血缺氧性脑病，主要病因系围产期窒息，凡是造成母体和胎儿间血液循环和气体交换障碍，致使血氧浓度降低者均可造成。常见原因包括：母体因素（妊娠高血压综合征等）、胎盘异常（胎盘功能不良或结构异常等）、胎儿因素（宫内发育迟缓、早产儿、过期产、先天畸形）、脐带血液阻断（如脐带绕颈等）、分娩过程因素（滞产、急产、胎位异常）、新生儿疾病（如反复呼吸暂停、RDS等）多种因素。

上述多种因素现无法一一查证，母体及胎儿自身可能存在的因素，对后果影响的可能性存在，但难以准确分析。根据现有病历材料，本例被鉴定人黄某入院后，院方存在产前检查不到位、可能存在对宫内缺氧处理不及时等医疗过错；同时，儿科对被鉴定人谢某"新生儿窒息、缺血缺氧性脑病"病情监测及治疗力度不够；上述医疗过错考虑与被鉴定人谢某的不良后果存在一定程度的因果关系。

综合分析：某县人民医院的上述诊疗过失在被鉴定人谢某不良后果中的参与度以30%～40%为宜。

五、鉴定意见

1. 某县人民医院产科在对被鉴定人黄某的诊疗行为中，存在产前检查不到位、可能存在对宫内缺氧处理不及时等医疗过错；同时，该院儿科存在对被鉴定人谢某"新生儿窒息、缺血缺氧性脑病"病情监测不到位，针对其"缺氧状态"的治疗措施力度不够等医疗过错。

2. 该院上述医疗过错与被鉴定人谢某的不良后果存在一定程度的因果关系，医疗过错参与度考虑以30%～40%为宜。

案例评析：

新生儿缺血缺氧脑病是一类常见的产科损害后果，其病因及可能的危害因素目前学界也有共识。在鉴定中，需要查明医方是否存在未及时结束产程、未及时检测胎心、宫缩素使用不当等情况，同时也要考虑是否存在宫内感染、发育迟缓、妊高征、早产等因素。就本例而言，鉴定文书未分析可能存在的母体因素，但医疗过错是客观存在的，在没有明确参与因素的情况下，笔者认为参与度30%~40%略低。

北京某鉴定中心法医临床意见书[1]

一、据本案相关材料载：2006年7月24日，郭某怀孕14周后到被告北京市房山区某医院建册，在该院一共进行了4次产前B超检查，未发现异常。2007年1月21日郭某剖宫产娩出一男婴，即郭某之子，但生后发现为先天脊柱裂。现原告认为，被告医院产前检查不认真，没有查出胎儿的先天性畸形，被告医院应承担赔偿责任。

二、病历摘要

1. 郭某孕产妇系统管理记录资料摘要：

郭某，22y，孕2产0，末次月经2006年4月14日，预产期2007年1月21日。建册单位：房医。建册日期2006年7月24日，孕周14+，体重57公斤，血压110/75mmHg。

日期	孕周	体重	血压	宫高	腹围	胎位	胎心	先露	处理
2006-07-24	14+	57	110/75	13	79		140/分		增加营养，一月返
2006-10-31	28+	72	100/70	25	95	LOA	146	浮	血尿+B超，明日糖筛+肝功
2006-12-05	33+	73	110/80	32	102	LOA	140		B超+尿，病人一直未来糖筛，已过期，故明日务必做上述检查，尿WBC1+。
2007-01-10	38+	83	100/60	36	108	LOA	136		血尿，B超，尿WBC 3-5，胎心监护异常，建议住院观察
2007-01-11	病人已办手续，但不愿住院，复查胎心监护，基线率138次/分，变异可，NST（+），请示杨主任暂不住院，3天复查，自数胎动，有情况随诊								

---

[1] 选自"司法鉴定关键技术"（编号：2012BAK16B02-2）数据库。

日期孕周体重血压宫高腹围胎位胎心先露处理 7.2414＋57110/751379140/分增加营养，一月返 10.3128＋72100/702595LOA146 浮血尿＋B 超，明日糖筛＋肝功 12.533＋73110/8032102LOA140B 超＋尿，病人一直未来糖筛，已过期，故明日务必做上述检查，尿 WBC1＋。1.1038＋83100/6036108LOA136 血尿，B 超，尿 WBC3－5，胎心监护异常，建议住院观察 2007 年 1 月 11 日下午 2 时病人已办手续，但不愿住院，复查胎心监护，基线率 138 次/分，变异可，NST（＋），请示杨主任暂不住院，3 天复查，自数胎动，有情况随诊。

2. 北京市房山区某医院郭某超声检查报告单载：

2006 年 7 月 24 日，超声所见（经腹壁扫查）：宫内胎儿，头颅直径 2.6cm，顶臀长 8.1cm，胎心胎动可见，胎盘位于前壁，羊水深约 3.4cm。超声诊断：单胎妊娠，符合孕周 14。

2006 年 10 月 31 日，超声所见（经腹壁扫查）：耻上胎头，双顶径 7.5cm，股骨长 5.3cm，胎心、胎动可见，胎盘位于前壁，Ⅰ级，羊水深度约 7.0cm。超声诊断：单胎头位，符合孕 29 周＋。

2006 年 12 月 5 日，超声所见（经腹壁扫查）：耻上胎头，双顶径 8.4cm，股骨长 6.4cm，胎心、胎动可见，胎盘位于前壁，Ⅰ级，羊水深约为 5.3cm。超声诊断：单胎头位，符合孕 33 周＋。

2007 年 1 月 10 日，超声所见（经腹壁扫查）：耻上胎头，双顶径 9.1cm，股骨长 7.0cm，胎心、胎动可见，胎盘位于前壁，Ⅱ级，羊水深度约为 6.9cm。超声诊断：单胎头位，符合孕 37 周＋。

2007 年 1 月 20 日，超声测量：双顶径 9.4cm，股骨长 7.1cm，羊水指数 2.4＋2.8＋2.8＋1.0＝9.0cm。超声所见（经腹壁检查）：耻上胎头，胎心、胎动可见，胎盘位于前壁，Ⅱ～Ⅲ级。超声诊断：单胎头位，符合孕 40 周。

3. 北京市房山区良乡医院郭某超声检查报告单载：

2006 年 9 月 13 日，单活胎，头位，双顶径 5.4cm，股骨长 3.5cm，头围 18.7cm，腹围 16.6cm，羊水深 5.4cm，胎盘前壁，0 级，脐带绕颈无。超声提示：单活胎。

4. 北京市房山区某医院郭某住院病历（病案号 211917）资料摘要：
住院时间：2007 年 1 月 20 日～2007 年 2 月 2 日。

产科入院记录：主诉：孕9个月，第一胎，待产。此次妊娠经过：平素月经规律，停经34天化验尿妊免阳性，37天有早孕反应，4+个月自觉胎动，孕5个月发烧一次，体温38℃，未治疗，2天体温正常。无阴道出血，在本院产检4次，骨盆、血压、胎位、胎心均正常，9月13日在良乡医院B超检查一次，未发现异常，此次因到预产期，故入院待产。产科检查：子宫底37/108，胎位ROA，胎心140次/分，先露浮，宫缩无。骨盆测量：髂棘间径27，髂脊间径28，骶耻外径21，出口横径9，耻骨弓＞90°。肛诊：宫口未开，颈唇未消。印象：妊娠39+6周，孕2产0，ROA。

分娩记录：该妇一胎，孕足月，头位，于昨日13:30入院，于今日16:30开始有不规律宫缩，渐加重，于21:20肛查宫口未开急诊去手术室行剖宫产术。术中见子宫不旋，下段形成好，行下段横切口，破膜，羊水Ⅱ°污染，量约500ml，于22:50以LOT娩一活男婴，胎头顺利，新生儿不窒息，腰骶部有一囊性膨出物，直径约8cm，壁薄，体重3700克，胎盘、胎膜完整……

2007年1月22日，查体：婴儿面色红润，哭声好，心肺正常，腰骶部膨出物壁薄，完整，无破损处，嘱其家属少翻动婴儿。

2007年1月30日，20:50，家属诉胎儿腰骶部膨出物壁破裂，少量清亮液体流出，查看胎儿腰骶部膨出已塌陷，未见活动性液体渗出，急请儿科会诊，建议去上级医院进一步检查治疗……

2007年1月31日，患儿生命体征平稳，哭声好，食奶好，查看新生儿腰骶部囊腔再次包裹少量液体，无破裂渗出，家属要求到上级医院，即刻予知道总值班，联系120急救车将其送往儿童医院诊治，嘱其途中注意少翻动新生儿，注意保护脊柱裂膨出部位。

出院诊断：新生儿畸形（脊柱裂），孕40周，孕2产1，LoT，手术分娩一活男婴。

5. 首都医科大学附属北京儿童医院门诊病历载：

2007年1月22日，新生儿腰骶肿物，双下肢活动可。查：一般可，腰骶肿物，φ4cm，囊壁薄，双下肢活动可。诊断：腰骶肿物。Rx：MRI，神经外科会诊。

2007年1月29日复诊，本院脊髓MRI示：L2水平脊髓纵裂；L1~5

水平椎管脊侧皮下囊性病灶。Rx：建议先行囊肿切除，二期再行椎管畸形矫正。

2008年2月14日，脊髓纵裂骨嵴及椎管内囊肿切除术后3个月，双下肢活动较前好转，搀扶下能走。查：一般情况可，伤口好，双下肢发育好，对称，膝腱反射正常，肌张力可，肌力3～4级，搀扶下能走。诊断：脊髓骨嵴及囊肿切除术后。

三、鉴定过程

2008年10月23日，在我所举行了由原、被告参加的司法鉴定听证会，双方确认了用于此次鉴定的病历资料，并陈述了各自观点。现将双方争议的焦点问题总结如下：

1. 原告认为：

（1）被告医院在检查胎儿先天畸形的关键孕期没有告知孕妇检查。

（2）B超检查不细致，没有检查出胎儿的先天畸形。

（3）B超医生不具备专业资质，使产前诊断缺乏技术保障。

（4）新生儿护理不当，致使囊肿破溃。

2. 被告认为：

（1）先天性致死畸形的最佳检查时期是孕16至24周，14周时曾告知孕妇"一月返"，病历有记录，但产妇去了别家医院。

（2）我院为郭某提供的仅仅是一般的B超常规产前检查而非系统筛查医疗服务，不具备产前诊断资质。

（3）B超检查仅仅是一种物理的影像诊断，其存在技术方面的局限性，不能100%查出先天畸形。

会后本案鉴定人对送检材料进行了认真分析，于2009年1月14日请妇产科专家会诊，结合专家会诊情况，本案鉴定人经讨论达成一致意见，制作本鉴定文书。

四、检查记录

被鉴定人郭某之子，1岁9个月来我所检查。

其父母诉：不爱走路，走路不稳，抵抗力差，脊髓纵裂骨嵴及椎管内囊肿切除术后无明显疼痛。

查体：依偎母亲怀中，查体不配合。神清，眼神灵活，体格发育基本正常。抓物可，双上肢活动可。腰背部可见纵向手术瘢痕，大小约

17.8cm×0.1cm~0.4cm。能站立，不愿走路，肌张力正常，四肢肌力无法查。腱反射正常引出，巴氏征阴性。

五、分析说明

根据现有的病历材料，就相关问题分析、评价如下：

1. 关于北京市房山区某医院对郭某及郭某之子的医疗行为评价。

郭某末次月经为2006年4月14日，孕14周时到房山区某医院建册并进行产前检查。

为减少出生缺陷，经产妇及家属同意院方要对胎儿唐氏综合征和开放性神经管缺陷筛查。孕14周可以进行筛查，但院方未告知也未进行此项目的筛查，导致错过了筛查开放性神经管畸形生化的时机，院方存在告知方面的缺陷。

郭某在房山区某医院产前一共进行了4次B超检查，时间分别为孕14周、28周、33周、38周。但是，B超检查的项目过于简单，没有筛查胎儿脊柱，不符合相关规范。此外，根据被鉴定人郭某之子先天性脊柱裂的位置、脊膜膨出的大小以及郭某羊水量分析，产前应有机会做出先天性脊柱裂、脊膜膨出的诊断，院方产前未能明确诊断，存在过失。

被鉴定人郭某之子出生后，发现腰骶部有一囊性包裹液体的膨出物，直径约8厘米，壁薄，院方急请儿科大夫查看，并建议去上级医院进一步检查治疗，这一处置是正确的，此外，从病历中未见有院方存在明显违反常规之处。

2. 关于北京市房山区某医院医疗过失行为与被鉴定人郭某之子目前状态之间关系的评价。

先天性脊柱裂是被鉴定人郭某之子自身所患疾病，与院方的医疗行为无关。由于北京市房山区某医院上述医疗过失，产前漏诊了胎儿先天性脊柱裂、脊膜膨出，致使郭某夫妇丧失了选择是否让患有先天脊柱裂胎儿出生的机会。

关于被鉴定人郭某之子自身残疾程度的评定，鉴于郭某之子不满2周岁，其肢体运动的发展尚不稳定，不符合残疾评定的时机，建议待肢体运动趋于稳定后再进行残疾评定。

案例评析：

本例是一起因错误出生而引发的医疗纠纷。在笔者整理相关鉴定文书资料时，发现相类似的案例，在不同鉴定中心出具的鉴定意见相差甚远，部分鉴定意见认为医疗机构应承担患儿损害的部分赔偿责任，这是对错误出生问题认识的严重偏差。

具体到本例，鉴定文书中已经明确，虽然医疗行为存在不当，但患儿残疾是由于其自身发育所致，与医院行为无关。但是，如果医院及时发现该发育不足，患儿家属可以及时选择引产，这也符合我国优生优育的基本国策。因此，实际需要解决的专门性问题并不是医疗过错与残疾之间的因果关系，而是①患儿发育异常是否属于法定必须发现的畸形或者严重的可能及时发现的畸形；②医疗机构是否有及时发现发育异常的机会；③医疗机构是否及时将相关信息如实披露患儿父母，帮助其作出正确决策；④医疗过错与错误出生之间的因果关系。相关问题，在本例司法鉴定中已经做出了明确阐述。